Die Haftung für fehlerhafte Software im Wettbewerb der Rechtsordnungen

Europäische Hochschulschriften

European University Studies
Publications Universitaires Européennes

Reihe II **Rechtswissenschaft**

Series II Law

Série II Droit

Band/Volume **5586**

Olaf Fiss

Die Haftung für fehlerhafte Software im Wettbewerb der Rechtsordnungen

Eine rechtsvergleichende Analyse

PL ACADEMIC RESEARCH

Bibliografische Information der Deutschen Nationalbibliothek
Die Deutsche Nationalbibliothek verzeichnet diese Publikation in der Deutschen Nationalbibliografie; detaillierte bibliografische Daten sind im Internet über http://dnb.d-nb.de abrufbar.

Zugl.: Berlin, Humboldt-Univ., Diss., 2013

11
ISSN 0531-7312
ISBN 978-3-631-64490-4 (Print)
E-ISBN 9978-3-653-03329-8 (E-Book)
DOI 10.3726/978-3-653-03329-8

PL Academic Research ist ein Imprint der Peter Lang GmbH.
Peter Lang – Frankfurt am Main · Bern · Bruxelles · New York · Oxford · Warszawa · Wien

Dieses Buch wurde vor Erscheinen peer reviewed.

www.peterlang.com

Vorwort

Die vorliegende Arbeit wurde im Wintersemester 2012/2013 von der Humboldt-Universität zu Berlin als Dissertation angenommen.

Mein besonderer Dank gilt Herrn Prof. Dr. Theo Bodewig für die Betreuung der Arbeit sowie Herrn Prof. Dr. Artur-Axel Wandtke für die zügige Erstellung des Zweitgutachtens.

Herzlich danken möchte ich auch meinen Eltern für ihre aufopferungsvolle und innige Unterstützung auf meinem bisherigen Lebensweg. Ihnen ist die vorliegende Arbeit gewidmet, ebenso wie meiner Frau Laura, die mit ihren aufmunternden Worten und ihrer grenzenlosen Geduld ganz erheblich zum Gelingen dieser Arbeit beigetragen hat.

Berlin, Dezember 2013

Olaf Fiss

Inhaltsverzeichnis

Abkürzungsverzeichnis

A.	Atlantic Reporter
A.2d	Atlantic Reporter, Second Series
A.A.	anderer Ansicht
A.C.	Law Reports, Appeal Cases, Third Series
ABA	American Bar Association
ABl.EG	Amtsblatt der Europäischen Gemeinschaft, Ausgabe C und L
Abs.	Absatz
AcP	Archiv für civilistische Praxis
Ala.	Alabama
Ala. L. Rev.	Alabama Law Review
Alb. L. J. Sci & Tech.	Albany Law Journal of Science and Technology
All E.R.	All England Law Reports
All E.R. (Comm)	All England Law Reports (Commercial Cases)
ALI	American Law Institute
ALR	Annotated Law Reports
Am. J. Comp. L.	American Journal of Comparative Law
Anglo-American L. Rev.	Anglo-American Law Review
Ann.	Annotated
AnwBl	Anwaltsblatt
App.	Appeals
App.Div.	Appellate Division
Ariz.	Arizona
Ark.	Arkansas
Art.	Article
Ave Maria L. Rev.	Ave Maria Law Review
BB	Betriebs-Berater
B.L.R.	Business Law Review: journal of commercial law and practice

BT-Drs.	Bundestags-Drucksache
Berkeley Tech. L. J.	Berkeley Technology Law Journal
Bus.Law.	Business Lawyer
Bzgl.	bezüglich
Bzw.	beziehungsweise
C.A.	Court of Appeals
C.B.	Common Bench Reports
C.D.	Central District
C.P.D.	Law Reports, Common Pleas Division
C.T.L.R.	Computer and Telecommunications Law Review
ca.	zirka
Cal.	California
Cal.App.3d	California Appelate Reports, Third Series
Cal.Rptr.	California Reporter
Cabrian L. R.	Cambrian Law Review
Camp.	Campell's Nisi Prius Cases
Cardozo L. Rev.	Cardozo Law Review
Cath. U. L. Rev.	Catholic University Law Review
CBNS	Common Bench Reports, New Series
Ch.	Court of Chancery bzw. Chapter
Ch.D.	Law Reports, Chancery Division, Second Series
Cir.	Circuit
Civ.	Civil
CL & P	Computer Law & Practice
CLC	Commercial Law Cases
CLJ	Cambridge Law Journal
Co.	Company
Com. L. J.	Commercial Law Journal
Corp.	Corporation
CPA 1987	Consumer Protection Act 1987
CR	Computer und Recht
Cr.App.R.	Criminal Appeal Reports
CRi	Computer und Recht International
Ct.	Court
Cumb. L. Rev.	Cumberland Law Review

D.	District
D.F. & J.	De Gex, Fisher & Jones Chancery Reports
DB	Der Betrieb
Del.	Delaware
ders.	derselbe
Div.	Division
Dougl. K.B.	Douglas King's Bench Reports
DRiZ	Deutsche Richterzeitung
DStR	Deutsches Steuerrecht
Duq. L. Rev.	Duquesne Law Review
DVBl	Deutsches Verwaltungsblatt
E.D.	Eastern District
E.I.P.R.	European Intellectual Property Review
EDV	Elektronische Datenverarbeitung
EG	Europäische Gemeinschaft
EITO	European Information Technology Observatory
EMLR	Entertainment and Media Law Reports
E.R.	English Reports
EULA	End User License Agreement
EWG	Europäische Wirtschaftsgemeinschaft
EWHC	High Court of England and Wales
Exch.	Exchequer Division
f.	folgende Seite
F.2d	Federal Reporter, Second Series
F.3d	Federal Reporter, Third Series
F.Supp.	Federal Supplement
F.Supp.2d	Federal Supplement, Second Series
F.2d	Federal Reporter, Second Series
FAZ	Frankfurter Allgemeine Zeitung
ff.	folgende Seiten
Fla.	Florida
Fn.	Fußnote
FS	Festschrift
F.S.R.	Fleet Street Reports

Ga.	Georgia
gem.	gemäß
GRUR	Gewerblicher Rechtsschutz und Urheberrecht
GRUR Int.	Gewerblicher Rechtsschutz und Urheberrecht, Internationaler Teil
h.M.	herrschende Meinung
Harv. L. Rev.	Harvard Law Review
Hastings L. J.	Hastings Law Journal
HGB	Handelsgesetzbuch
High Tech L. J.	High Technology Law Journal
H.L.C.	Clark & Finnelly's House of Lords Reports New Series
How. L. J.	Howard Law Journal
Hrsg.	Herausgeber
i.H.v.	in Höhe von
i.S.d.	im Sinne des
i.V.m.	in Verbindung mit
Ill.	Illinois
Inc.	Incorporated
Ind.	Indiana
Ind. L. J.	Indiana Law Journal
Int. JLIT	International Journal of Law and Information Technology
IT	Informationstechnik
ITRB	Der IT-Rechts-Berater
J. Marschall J. Computer & Info L.	John Marshall Journal of Computer & Information Law
J.B.L.	Journal of Business Law
J.C.L.	Journal of Contract Law
JuS	Juristische Schulung
JZ	Juristenzeitung
K.B.	King's Bench Division
K&R	Kommunikation und Recht
Kan.	Kansas
KG	Kammergericht

L.Q.R.	Law Quarterly Review
L. Rev.	Law Review
L. J.	Law Journal
L.R.	Law Reports, First Series
La.	Louisiana
LG	Landgericht
Loy. L.A. L. Rev.	Loyola of Los Angeles Law Review
LT	Law Times Reports
Ltd.	Limited
M. & W.	Meeson & Welsby's Exchequer Reports
M.D.	Middle District
M.L.R.	Monthly Law Review
Mass.	Massachusetts
Md.	Maryland
Md. L. Rev.	Maryland Law Review
MDR	Monatsschrift für Deutsches Recht
Mercer L. Rev.	Mercer Law Review
Mich.	Michigan
Mich. L. Rev.	Michigan Law Review
Miss. L. Rev.	Mississippi Law Review
MMA	Magnuson-Moss Consumer Warranty Act
MMR	Multimedia und Recht
Mo.	Missouri
MüKo	Münchener Kommentar zum Bürgerlichen Gesetzbuch
N.C. L. Rev.	North Carolina Law Review
N.D.	Northern District
N.E.	North Eastern Reporter
N.E.2d	North Eastern Reporter, Second Series
N.H.	New Hampshire
N.J.	New Jersey
N.M. L. Rev.	New Mexico Law Review
N.W.	North Western Reporter
N.W.2d	North Western Reporter, Second Series
N.Y.	New York
N.Y. Civ. Ct.	New York Civil Court

N.Y.S.2d	New York Supplement Reporter, Second Series
N.Y.U. L. Rev.	New York University Law Review
NCCUSL	National Conference of Commissioners on Uniform State Laws
Neb. L. Rev.	Nebraska Law Review
New Eng. L. Rev.	New England Law Review
Nebraska Rev. Stat.	Revised Statutes of Nebraska
NJW	Neue Juristische Wochenschrift
NJW-RR	NJW-Rechtsprechungs-Report
Nova L. Rev.	Nova Law Review
NSWLR	New South Wales Law Reports
Nw. U. L. Rev.	North Western University Law Review
OEM	Original Equipment Manufacturer
Okla. L. Rev.	Oklahoma Law Review
OLG	Oberlandesgericht
Or.	Oregon
P.2d	Pacific Reporter, Second Series
P.3d	Pacific Reporter, Third Series
P.I.Q.R.	Personal Injuries and Quantum Reports
Pa.	Pennsylvania
Pepp. L. Rev.	Pepperdine Law Review
PLI/Pat	Practising Law Institute/Patents, Copyrights, Trademarks, and Literary Property Course Handbook Series
ProdHaftG	Produkthaftungsgesetz
Prod. Liab. L. & Strategy	Product Liability Law and Strategy
Q.B.	Queen's Bench Division
Reg.	Regulation
Rich. J. L. & Tech.	Richmond Journal of Law & Technology
Rn.	Randnummer
Rutgers Computer & Tech. L.J.	Rutgers Computer & Technology Law Journal
Rutgers L. Rev.	Rutgers Law Review

S.	Seite bzw. Satz
S.D.	Southern District
S.C.	South Carolina
S. Cal. L. Rev.	Southern California Law Review
S.C.L. Rev.	South Carolina Law Review
S.E.2d	South Eastern Reporter, Second Series
s.o.	siehe oben
S.O.2d	Southern Reporter, Second Series
s.u.	siehe unten
S.W.2d	South Western Reporter, Second Series
San Diego L. Rev.	San Diego Law Review
sec.	Section
So.2d	Southern Reporter, Second Series
Santa Clara Computer & High Tech. L. J.	Santa Clara Computer & High Technology Law Journal
SGA 1979	Sale of Goods Act 1979
SGSA 1982	Supply of Goods and Services Act 1982
sog.	sogenannt
St. John's L. Rev.	St. John's Law Review
St. Mary's L. J.	Saint Mary's Law Journal
Supp.	Supplement
Syracuse L. Rev.	Syracuse Law Review
T.R.	Durnford & East's Term Reports, King's Bench
Tenn.	Tennessee
Tenn. L. Rev.	Tennessee Law Review
Tex.	Texas
Tex. App.	Texas Court of Appeals
Tex. Int'l L. J.	Texas International Law Journal
Tort & Ins. L. J.	Tort & Insurance Law Journal
Tul. L. Rev.	Tulane Law Review
Tulsa L. J.	Tulsa Law Journal
u.a.	unter anderem
U.C.C. Rep Serv.2d	Uniform Commercial Code Reporting Service, Second Series
U. Dayton L. Rev.	University of Dayton Law Review

U. Mem. L. Rev.	University of Memphis Law Review
U. Pa. L. Rev.	University of Pennsylvania Law Review
U.S.	United States bzw. United States Reports
U.S.P.Q.2d	United States Patents Quarterly, Second Series
U.S.A.	United States of America
U.S.C.	United States Code
U.S.F. L. Rev.	University of San Francisco Law Review
UCC	Uniform Commercial Code
UCITA	Uniform Computer Information Transactions Act
UCTA 1977	Unfair Contract Terms Act 1977
UrhG	Urheberrechtsgesetz
v.	versus
Va.	Virginia
Va. L. Rev.	Virginia Law Review
vgl.	vergleiche
Vt.	Vermont
W.3d	Western Reporter, Third Series
W.D.	Western District
W. Va. L. Rev.	West Virginia Law Review
Wash.	Washington
Wash. & Lee L. Rev.	Washington and Lee Law Review
Wash. L. Rev.	Washington Law Review
Wash. U. L. Q.	Washington University Law Quarterly
Wis.	Wisconsin
WL	Westlaw
W.L.	Water Law
W.L.R.	Weekly Law Reports
WM	Wertpapier-Mitteilungen
Yale L. J.	Yale Law Journal
Yale J. L. & Tech.	Yale Journal of Law and Technology
z.B.	zum Beispiel
ZEuP	Zeitschrift für Europäisches Privatrecht
ZfRV	Zeitschrift für Rechtsvergleichung

ZGS	Zeitschrift für Vertragsgestaltung, Schuld- und Haftungsrecht
ZIP	Zeitschrift für Wirtschaftsrecht und Insolvenzpraxis
ZPO	Zivilprozessordnung

Den weltweiten Wettbewerb der Rechtsordnungen besteht am besten, wer ihn unverzagt annimmt und an ihm wächst.

Horst Köhler,
Bundespräsident a.D.
67. Deutscher Juristentag
Erfurt, September 2008

Teil 1: Einleitung

A. Das Problem

Der zunehmende Einfluss der elektronischen Datenverarbeitung hat in den letzten Jahrzehnten weite Teile des geschäftlichen und des privaten Lebens revolutioniert. Eine unternehmerische Tätigkeit ist mittlerweile ohne die Verwendung von Computern kaum mehr vorstellbar und auch im Alltag des Normalbürgers spielt die Verwendung von IT-Produkten eine immer größere Rolle. Die elektronische Verarbeitung von Daten ist zwingend auf Software angewiesen, deren anfänglich unterstützende Funktion sich in vielen Bereichen zu einer vollständigen Abhängigkeit entwickelt hat. Weltweit wurden im Jahr 2006 mehr als 200 Mrd. Euro mit Software umgesetzt, wovon ca. 80 % auf Europa und die USA entfallen[1]. Die seit Jahren konstant hohen Wachstumsraten lassen darauf schließen, dass die Bedeutung der Software in Zukunft noch größer wird.

Allerdings kann eine Software, die über ein Trivialprogramm hinausgeht, nach dem heutigen Wissensstand nicht fehlerfrei erstellt werden. Die dem Programm immanente Komplexität führt vielmehr dazu, dass eine Software trotz größtmöglicher Sorgfalt bei der Entwicklung zwingend Fehlfunktionen aufweist. Über die Folgen von Softwarefehlern wird in den Medien fast täglich berichtet[2]. In extremen Fällen können diese zu katastrophalen Ereignissen wie Flugzeugabstürzen und

---

1 Quelle: EITO 2007 (European Information Technology Observatory), S. 190ff.

2 Die Online-Archive der überregionalen Tageszeitungen und Zeitschriften liefern bei Eingabe der entsprechenden Suchbegriffe zahlreiche Artikel zu softwarebedingten Vorfällen. Für eine ausführliche Zusammenstellung (ab dem Jahr 1985)

tödlich endenden Strahlentherapien führen. Vergleichsweise harmlos, aber dennoch mit hohen Schäden verbunden sind die regelmäßig auftretenden Ausfälle von Mobilfunknetzen und Computersystemen von Unternehmen. Auch die auf fehlerhafte Software zurückzuführenden Fälle von Datendiebstahl und fehlgeleiteten Kraftfahrzeugen treten vermehrt in den Fokus der Öffentlichkeit.

In Anbetracht dieses hohen Schadenspotentials ist es sowohl für die Hersteller als auch die Nutzer von elementarer Bedeutung, unter welchen Voraussetzungen für Schäden, die auf der Fehlerhaftigkeit der Software beruhen, gehaftet wird und ob diese Haftung vertraglich begrenzt oder ausgeschlossen werden kann. Die haftungsrechtlichen Regeln der nationalen Rechtsordnungen stehen dabei in einem Wettbewerb um potentielle Anwender, in dem nur solche Rechtsordnungen überzeugen können, die die gegenläufigen Interessen in ein ausgewogenes Verhältnis bringen. Der Wettbewerb zwischen den Rechtsordnungen findet auf verschiedenen Ebenen statt. Zum einen können sich Unternehmen im Rechtsverkehr mit anderen Unternehmen darauf einigen, dass ein Vertrag einer bestimmten Rechtsordnung unterliegt. Dies wird im Regelfall ein Recht sein, das nach Auffassung der beteiligten Unternehmen eine angemessene Regelung ihrer Rechtsbeziehungen ermöglicht. Zum anderen ist zu berücksichtigen, dass sich viele Länder für ihre nationale Gesetzgebung an dem Recht erfolgreicher Industrienationen orientieren. Überzeugende und erfolgreiche Lösungen für den unternehmerischen Geschäftsverkehr, aber auch Verbraucherschutzregelungen, werden von diesen Ländern in die nationale Rechtsordnung übernommen.

Bei diesem auch aus anderen Rechtsgebieten bekannten Wettbewerb der Rechtsordnungen[3] stehen sich insbesondere der kontinentaleuropäische und der angloamerikanische Rechtskreis gegenüber. Zwei Vertreter dieser Rechtsordnungen sind kürzlich durch Werbemaßnahmen für ihre Rechtsordnungen in den Fokus der Betrachtung geraten. So hat die Law Society of England and Wales eine Broschüre mit dem Titel „England and Wales: The Jurisdiction of Choice“ verfasst, in dem sie offensiv die vermeintlichen Vorzüge des angloamerikanischen Rechts hervorhebt[4]. Als Reaktion hierauf hat das deutsche Bundesjustizministerium in Zusammenarbeit mit sämtlichen Kammern und Verbänden der Justizberufe ein „Bündnis für das deutsche Recht“ geschlossen und in der Broschüre „Law

---

von Softwarefehlern, die zu Gefahren für die Allgemeinheit geführt haben, vgl. das Online-Forum ‚The Risk Digest‘, abrufbar unter http://catless.ncl.ac.uk/Risks.

3 Siehe für einen zivilrechtlichen Überblick Kötz, AnwBl 2010, 1ff. sowie für das öffentliche Recht Michael, DVBl 2009, 1062ff.

4 Die Broschüre Jurisdiction of Choice ist abrufbar unter: www.lawsociety.org.uk.

– Made in Germany“ die Überlegenheit des kontinentaleuropäischen, insbesondere deutschen Rechts, angepriesen[5]. Die hiermit bezweckte erhöhte Akzeptanz des deutschen Rechts ist unter mehreren Gesichtspunkten von Bedeutung. Neben dem kulturellen Erbe, den eine solche Rechtsordnung verkörpert, stehen hier auch ökonomische Interessen auf dem Spiel. Verträge, die dem deutschen Recht unterliegen, ziehen in aller Regel eine Beratung durch deutsche Anwaltskanzleien nach sich; gleichzeitig profitiert hiervon auch die deutsche Exportindustrie in Form von geringeren Rechtsberatungskosten[6]. Darüber hinaus bietet die Übernahme von deutschen Rechtsprodukten durch andere Länder die Möglichkeit, das deutsche Recht auf strategisch wichtigen Zukunftsmärkten zu etablieren.

B. Ziel und Begrenzung der Untersuchung

Im Schrifttum und in der Praxis wird die Ansicht vertreten, dass der angloamerikanische Rechtskreis im Wettbewerb der Rechtsordnungen grundsätzlich besser positioniert ist[7]. Das Ziel der Untersuchung ist daher, ob sich diese Auffassung im Hinblick auf die Haftung für fehlerhafte Software bewahrheitet. Zu diesem Zweck stellt die Arbeit die relevanten Haftungsregelungen der deutschen Rechtsordnung den entsprechenden englischen[8] und U.S.-amerikanischen[9] Regelungen gegenüber[10] und untersucht, wie die Interessen der Hersteller und der Nutzer in den jeweiligen Rechtsordnungen gewichtet werden.

---

5 Kötz, AnwBl 2010, 1f.; Die Broschüre Law – Made in Germany ist abrufbar unter www.lawmadeingermany.de. Siehe hierzu auch Kamphausen, DRiZ 2009, 2ff.; Gehb, DRiZ 2008, 222ff.; sowie den Artikel von Jahn, Bündnis für das deutsche Recht, erschienen in der FAZ am 20.11.2008, S. 11.

6 Kötz, AnwBl 2010, 1, 2.

7 Vgl. hierzu Frank, DRiZ 2008, 21; Dauner-Lieb/Axer, ZIP 2010, 309ff.; Creutz, Deutschland hechelt dem britischen Recht hinterher, in: Handelsblatt v. 22. März 2012, S. 54.

8 Das als englisches Recht bezeichnete Recht gilt neben England auch in Wales. Das Vereinigte Königreich besteht aus Großbritannien und Nordirland, wobei zu Großbritannien die Länder England, Wales und Schottland gehören. Während sich das common law in England und Wales einheitlich entwickelt hat, weist das Fallrecht in Nordirland und insbesondere Schottland erhebliche Eigenheiten auf.

9 Unter dem Begriff „U.S.-amerikanisches Recht“ wird im Folgenden sowohl das Recht der einzelnen Bundesstaaten als auch das für die Untersuchung relevante Bundesrecht verstanden.

10 Die Einbeziehung sowohl des englischen als auch des U.S.-amerikanischen Rechts widerspricht nicht dem in der rechtsvergleichenden Methodenlehre häufig vertretenen

Die Untersuchung beschränkt sich dabei auf die Haftungssituation im Rahmen der dauerhaften Überlassung einer Standardsoftware gegen Zahlung eines Einmalentgelts. Hierbei werden sowohl der Rechtsverkehr mit Verbrauchern als auch der unternehmerische Geschäftsverkehr berücksichtigt. Nicht behandelt werden hingegen Haftungsfragen, die bei der Erstellung von Individualsoftware oder der zeitlich begrenzten Überlassung von Standardsoftware auftreten. Auch die Haftung des Herstellers gegenüber dem Zwischenhändler sowie die Haftung des Zwischenhändlers gegenüber dem Anwender werden von der Untersuchung ausgeklammert.

Weiterhin beschränkt sich die Untersuchung auf das materielle Recht und lässt kollisionsrechtliche Vorfragen außer Betracht. Die im Grundsatz nationalen Regelungen[11] des internationalen Privatrechts beschäftigen sich bei grenzüberschreitenden Sachverhalten mit der Frage, welche der betroffenen Rechtsordnungen im konkreten Fall Anwendung findet. Die in diesem Zusammenhang anzustellende Untersuchung der gerichtlichen Zuständigkeit und der jeweiligen nationalen Kollisionsnormen würde die Betrachtung vielgestaltiger Varianten erfordern, die ihrerseits wiederum einem Vergleich und einer Bewertung zugeführt werden müssten. Berücksichtigung finden jedoch Fragen der öffentlichen Ordnung (ordre public), wenn diese der Vollstreckung einer nationalen Regelung in den anderen untersuchten Rechtsordnungen entgegensteht.

C. Gang der Untersuchung

Die Diskussion der Haftung für fehlerhafte Software findet im zweiten, rechtsvergleichenden Teil statt. Dieser untergliedert sich in die Themenbereiche der vertraglichen und außervertraglichen Haftung sowie der Haftung für Aussagen im vorvertraglichen Bereich. Die einzelnen Themenbereiche enthalten neben den Länderberichten eine rechtsvergleichende Analyse, welche zunächst die nationalen Ergebnisse gegenüberstellt und anschließend das bestehende Haftungsrisiko des Softwareherstellers sowie die damit verbundenen Folgen für die Nutzer bewertet.

Grundsatz, dass sich bei der Einbeziehung der Mutterordnung die Untersuchung der Tochterordnung erübrigt, da die Tochterordnung USA mittlerweile eine eigenständige Entwicklung genommen hat, vgl. Zweigert/Kötz, § 3 IV., S. 40.

11 Durch die europäischen Verordnungen 593/2008 („Rom I“) und 864/2007 („Rom II“) wurden die nationalen Kollisionsregeln der Mitgliedsstaaten mit Wirkung zum 17.02.2009 (Rom I) und 11.01.2009 (Rom II) für solche Schuldverhältnisse vereinheitlicht, die ab diesem Zeitpunkt entstanden sind.

Der rechtsvergleichende Teil beginnt mit der vertraglichen Haftung für fehlerhafte Software, wobei zwischen dem Direktvertrieb der Software und einem Vertrieb über Zwischenhändler zu unterscheiden ist. Im Rahmen des Direktvertriebs der Software wird zunächst die Diskussion um die vertragstypologische Einordnung von Standardsoftware in den untersuchten Rechtsordnungen dargestellt. Die sich anschließende Untersuchung der Haftungsvoraussetzungen und der Rechte und Ansprüche des Anwenders stellt einen ersten Schwerpunkt der Arbeit dar.

Die Darstellung wendet sich anschließend der Frage der außervertraglichen Haftung für fehlerhafte Software zu. Zwar haben diese Ansprüche in der gerichtlichen Entscheidungspraxis bislang keine bedeutende Rolle gespielt. Aufgrund der zunehmenden Verbreitung von Software ist jedoch davon auszugehen, dass die außervertraglichen Ansprüche zukünftig an Bedeutung gewinnen werden, so dass sie auch im Rahmen dieser Untersuchung berücksichtigt werden.

Im Anschluss folgt eine Darstellung der Haftung für Aussagen, die im vorvertraglichen Bereich erfolgen. Hierzu zählen beispielsweise Aussagen im Rahmen eines Beratungsgesprächs, welches gerade im Softwarebereich von einem Wissensgefälle zwischen dem Verkäufer und dem Anwendern geprägt ist. Weiterhin treffen Hersteller häufig produktbezogene Aussagen auf ihren Webseiten oder in der Werbung, die eine Haftung begründen können. Insbesondere im U.S.-amerikanischen Recht sind selten softwarebezogene Gerichtsverfahren anzutreffen, bei denen die Klage nicht auch auf die Verletzung einer solchen Beratungspflicht gestützt wird.

Als zweiten Schwerpunkt wendet sich die Arbeit anschließend der Frage zu, unter welchen Voraussetzungen die Haftung für fehlerhafte Software vertraglich ausgeschlossen oder begrenzt werden kann. In diesem Zusammenhang ist wiederum zwischen dem Direktvertrieb und dem Vertrieb über Zwischenhändler zu unterscheiden. Bei beiden Vertriebsarten stellt sich das Problem, ob die von den Herstellern verwendeten Schutzhüllenverträge und vergleichbare Einbeziehungsmodelle zur Wirksamkeit ihrer Vertragsbedingungen führen.

Der dritte Teil enthält eine abschließende Gesamtbetrachtung, welche zunächst der Zusammenfassung der Vergleichsergebnisse und der abschließenden Bewertung der Haftungssituation dient. Anschließend wird – da das deutsche Recht nach Ansicht des Verfassers in einem entscheidenden Punkt den angestrebten angemessenen Interessenausgleich nicht bewerkstelligt – ein Vorschlag zur Verbesserung der Rechtslage unterbreitet.

Teil 2: Rechtsvergleich

A. Vertragliche Rechte und Ansprüche bei Lieferung einer fehlerhaften Software

I. Vertragliche Ansprüche im Direktvertrieb

Zu untersuchen ist zunächst, unter welchen Umständen von der Überlassung einer fehlerhaften Software auszugehen ist und welche Rechte dem Anwender in diesem Fall gegen den Hersteller zustehen. Zu diesem Zweck ist die dauerhafte Überlassung von Standardsoftware zunächst vertragstypologisch einzuordnen. Weiterhin ist zwischen dem im Folgenden behandelten Direktvertrieb der Software und dem im nächsten Abschnitt[12] behandelten Vertrieb über Zwischenhändler zu unterscheiden, da der Grundsatz der Relativität der Schuldverhältnisse bzw. der privity-Doktrin insofern zu unterschiedlichen Ergebnissen führt.

In der Anfangszeit der Softwareindustrie stellte der Direktvertrieb der Software den Regelfall dar, wobei die Verträge mit dem Endbenutzer zumeist individuell ausgehandelt wurden. Aufgrund der später eintretenden Entwicklung der Software zur Massenware gingen die Hersteller jedoch dazu über, die Software über ein Netz von Zwischenhändlern zu vertreiben. Erst mit der zunehmenden Verbreitung des Internets ist auch der Direktvertrieb der Software durch den Hersteller wieder verstärkt anzutreffen. Die Übertragung erfolgt hier durch einen Download der Software von der Webseite des Herstellers, so dass dieser mit dem Nutzer in einer direkten Geschäftsbeziehung steht.

1. Deutsches Recht

Um die Voraussetzungen für die Geltendmachung eines Anspruchs oder sonstiger Rechte gegen den Verkäufer zu bestimmen, ist zunächst eine vertragstypologische Einordnung der dauerhaften Softwareüberlassung vorzunehmen.

---

12 Siehe S. 116ff.

a) Vertragstypologische Einordnung

Die Diskussion um die vertragstypologische Einordnung der Softwareüberlassung im deutschen Recht ist durch eine große Vielzahl an Stellungnahmen gekennzeichnet[13]. Nach der nicht unumstrittenen Rechtsprechung des BGH ist die Überlassung von Standardsoftware gegen Zahlung eines Einmalentgelts dem Kaufrecht zuzuordnen. Diese Einordnung ist unter mehreren Gesichtspunkten von Bedeutung[14]. So führt sie zunächst zur Anwendung des kaufrechtlichen Gewährleistungsrechts. Weiterhin hat die vertragstypologische Einordnung einen entscheidenden Einfluss darauf, nach welchen Regeln sich die gesetzliche Kontrolle von vertraglichen Haftungsausschlüssen richtet. So enthalten die Kataloge in §§ 308f. BGB Klauseln, die nur bei Vorliegen eines Kaufvertrags unwirksam sind. Die Festlegung einer Vertragsart ist auch entscheidend dafür, ob die verwendete Freizeichnung gem. § 307 Abs. 2 Nr. 1 BGB von dem wesentlichen Grundgedanken einer gesetzlichen Regelung abweicht oder ob sie gem. § 307 Abs. 2 Nr. 2 BGB mit der Natur des Vertrages unvereinbar ist.

aa) Kaufvertrag

Der BGH hat die dauerhafte Überlassung von Standardsoftware gegen Zahlung eines Einmalentgelts schon frühzeitig dem Sachkauf zugeordnet. Dabei hat er die kaufrechtlichen Vorschriften teilweise für direkt[15], meistens jedoch für zumindest entsprechend[16] anwendbar erklärt. Dem ist auch das Schrifttum in weiten Teilen gefolgt[17].

Das Vorliegen eines Sachkaufs gem. § 433 BGB setzt bekanntlich voraus, dass eine bewegliche Sache i.S.v. § 90 BGB den Kaufgegenstand stellt und dass sich der Verkäufer verpflichtet, das Eigentum an dieser Sache, zusammen mit dem Besitz, an den Käufer zu übertragen, wofür er als Gegenleistung den Kaufpreis

---

13 Siehe hierzu die umfassenden Darstellungen bei Marly, Softwarerecht, Rn. 614ff.; Schneider, Handbuch EDV-Recht, Rn. D 20; Diedrich CR 2002, 473ff.

14 Über die hier angeführten Gründe ist die vertragstypologische Einordnung auch unter urheberrechtlichen Aspekten von Bedeutung. So erfordert das Benutzungsrecht aus § 69c Nr. 3 S. 2 UrhG eine Veräußerung der Software. Eine solche Veräußerung würde beispielsweise bei der Einordnung als Mietvertrag ausscheiden, vgl. Baus, S. 25f.

15 BGH CR 1990, 24, 26.

16 BGH CR 1988, 124; 1990, 384, 386; 1990, 707, 708; 2000, 207, 208.

17 Brandi-Dohrn, CR 1986, 63, 66; Mehrings, GRUR 1985, 189, 191. Dabei wurde zum einen die Auffassung vertreten, es handele sich um einen echten Kaufvertrag, vgl. Bartsch, CR 1992, 393, 395; Goldmann/Redecke, MMR 2002, 3; Wäßle/Gatzweiler, K&R 2010, 18, 19. Nach anderer Ansicht wurde das Kaufrecht, der späteren Ansicht des BGH folgend, zumindest für entsprechend anwendbar erklärt, vgl. Eickmeier/Eickmeier, CR 1993, 73; Möhring/Niccolini, UrhG, § 69c Rn. 14.

erhält. Als neuralgische Punkte haben sich dabei die Einstufung der Software als Sache sowie der Aspekt der Eigentumsübertragung erwiesen.

(1) Software als Sache

Die mit der Einstufung von Software als Sache verbundenen Schwierigkeiten sind auf deren Wesen zurückzuführen. So kann es wohl als unstreitig angesehen werden, dass Software als solche, also die Abfolge von Handlungsanweisungen an die Hardware, keinen körperlichen Gegenstand darstellt und damit nicht die Voraussetzungen des § 90 BGB erfüllt[18]. Ebenfalls unbestritten ist allerdings, dass der Programmträger, also das Speichermedium, auf dem sich die Software befindet, eine Sache darstellt und dass die Software zwingend auf die Verkörperung auf einem solchen Speichermedium angewiesen ist. Insoweit besteht eine Parallele zu der Überlassung eines Buches. Auch hier ist im Prinzip strikt zwischen dem unstreitig als Sache einzuordnenden Träger, dem Papier, und dem geistigen Inhalt an sich zu unterscheiden. Dabei ist allgemein anerkannt, dass auf die dauerhafte „Überlassung" des Buches gegen Zahlung eines Einmalentgelts Kaufrecht anzuwenden ist. Der Überlassung des darin enthaltenen geistigen Eigentums, welches den Beschränkungen des Urheberrechts unterliegt, kommt somit keine typenprägende Bedeutung zu.

Der BGH hat bei der vertragstypologischen Einordnung von Standardsoftware stets den Aspekt der zwingenden Verkörperung auf einem Speichermedium betont[19]. Da die Software als immaterielles Gut nicht ohne eine Verkörperung auf einem Speichermedium existieren könne, sei sie als Sache i.S.v. § 90 BGB anzusehen. Dass der BGH an dieser Auffassung auch unter der Geltung des neuen Schuldrechts festhält und diese Argumentation selbst bei einer unkörperlichen Übertragung, beispielsweise durch einen Download aus dem Internet, anwendet, lässt sich aus einer Entscheidung zu einem sog. ASP-Vertrag[20] schließen[21]. Hier hat der BGH erneut

---

18 Müller-Hengstenberg, NJW 1994, 3128, 3129f. Vgl. auch die Definition von Software in DIN 44300, die auf das Erfordernis der Verkörperung verzichtet.

19 BGHZ 102, 135, NJW 1988, 406. Aus der Entscheidung des BGH NJW 2007, 2394f. zum ASP-Vertrag ergibt sich, dass die Verkörperung auf einem Datenträger an irgendeiner Stelle im Rahmen des Anwendungsprozesses ausreichend ist. Siehe auch Bydlinski, AcP 1998, 287, 305f.

20 ASP steht für Application Service Providing. Hierbei handelt es sich um ein System, bei dem der Anbieter auf seinem Server Software bereit stellt und dem Kunden gestattet, die Software für eine begrenzte Zeit über das Internet oder andere elektronische Netze zu nutzen. Über den externen Server fordert der Computer des Kunden nur noch die für den jeweiligen Arbeitsschritt erforderlichen Programmeinheiten an.

21 BGH NJW 2007, 2394.

betont, dass Software als Sache anzusehen sei[22]. Dem stehe auch nicht der Umstand entgegen, dass die Software online übertragen werde, da im Ergebnis auch hier eine Verkörperung gegeben sei[23]. Um die Funktion auf dem Computer des Anwenders erbringen zu können, sei nämlich eine Verkörperung des Programms auf einem Speichermedium erforderlich, auf welches der Server zugreifen kann. Unbeachtlich sei dabei, dass die Speicherung beim Anbieter der Dienste erfolge[24].

Die im Schrifttum mittlerweile wohl überwiegende Meinung hält jedoch diese, aus der zwingenden Verkörperung auf einem Speichermedium folgende Einstufung der Software als Sache für verfehlt[25]. Das Speichermedium stelle nämlich lediglich eine (Transport)-Hülle dar, deren Wert im Vergleich zu dem der Software verschwindend gering sei, so dass es für die Bestimmung der Sachqualität der Software nicht ausschlaggebend sein könne[26]. Der Schwerpunkt sei vielmehr in der mit der Erstellung der Software verbundenen geistigen Schöpfung zu sehen, der für sich gesehen keine Sachqualität zukomme.

Dem Streit um die Sachqualität kam insbesondere unter Geltung des alten Schuldrechts Bedeutung zu, da das ausdifferenzierte Gewährleistungsrecht der §§ 459ff. a.F. BGB nur bei Vorliegen einer Sache Anwendung fand. Der Käufer eines Rechts hingegen war gem. § 437 a.F. BGB nur im Hinblick auf dessen Verität, nicht aber dessen Bonität geschützt. Mit der Einführung des § 453 Abs. 1 n.F. BGB im Rahmen der Schuldrechtsreform hat dieser Streit jedoch an Bedeutung verloren. Hiernach finden die Vorschriften über den Kauf von Sachen auf den Kauf von Rechten und sonstigen Gegenständen entsprechende Anwendung. Ausweislich der Gesetzesbegründung soll zu dem Bereich der sonstigen Gegenstände auch Software gehören[27]. Damit ermöglicht diese Vorschrift die Anwendung der §§ 434ff. BGB auch den Vertretern der Ansicht, die die Sachqualität von Software

---

22 Diesen Ausführungen lag eine Einordnung der Softwareüberlassung als Mietvertrag zugrunde, der zwingend das Vorliegen einer körperlichen Sache erfordert. Ob der BGH eine solche Einordnung als Sache auch im Kaufrecht vertreten wird, bleibt aufgrund der Einführung des § 453 BGB abzuwarten.

23 BGH NJW 2007, 2394.

24 BGH NJW 2007, 2394.

25 Siehe nur Müller-Hengstenberg, NJW 1994, 3128ff.; Stichtenoth, K & R 2003, 105, 106; Hilty MMR 2003, 3f.; a.A. Marly, Softwarerecht, Rn. 674ff.

26 Dies zeige sich schon daran, dass bei modernen Übertragungsformen kein Datenträger mehr erforderlich sei, vgl. Müller-Hengstenberg, NJW 1994, 3128, 3130f. Siehe auch Heussen, GRUR 1987, 779; Kilian, CR 1986, 187, 193; Moritz, CR 1989, 1049, 1053.

27 Siehe hierzu BT-Drucks. 14/6040, S. 242.

verneinen[28]. Der BGH und die ihm folgende Literatur, die Software als Sache i.S.v. § 90 BGB ansehen, können hingegen das kaufrechtliche Gewährleistungsrecht weiterhin direkt anwenden[29]. Eine vermittelnde Meinung geht hingegen nur bei der Übertragung einer Software auf einem Datenträger von der direkten Anwendbarkeit des § 433 BGB aus. Bei einer unkörperlichen Übertragung sei hingegen auf § 453 BGB abzustellen[30].

Auch wenn die Qualifizierung von Software als Sache i.S.v. § 90 BGB somit im Hinblick auf die dauerhafte Überlassung von Standardsoftware entbehrlich geworden ist, hat sich die Diskussion durch die Schuldrechtsreform im Ergebnis nur auf eine andere Norm verlagert. Von entscheidender Bedeutung ist die Einordnung als Sache nunmehr im Rahmen von § 651 BGB, dessen wortlautgetreue Anwendung auch die Erstellung von Individualsoftware sowie die Modifikation von Standardsoftware dem Kaufrecht unterstellt[31].

(2) Vorliegen eines Kaufs

Die Einordnung als Kaufvertrag erfordert gem. § 433 Abs. 1 BGB weiterhin, dass sich der Verkäufer verpflichtet, dem Käufer das Eigentum an der Sache zu verschaffen. Da das geistige Eigentum an der Software selbst gar nicht übereignet werden soll, hält ein Teil des Schrifttums die Annahme eines Kaufvertrags für verfehlt[32]. Hiergegen führen der BGH und die ihm folgende Literatur allerdings

28 Stichtenoth, K & R 2003, 105, 106.

29 Dass der BGH auch unter Geltung des neuen Schuldrechts von der Einstufung als Sache ausgeht, legt die Entscheidung BGH NJW 2007, 2394 nahe, vgl. Marly, Softwarerecht, Rn. 707.

30 Vgl. Palandt/Weidenkaff, § 433 Rn. 9; § 453 Rn. 8.

31 Unter Berücksichtigung der bisherigen Rechtsprechung des BGH ist davon auszugehen, dass er Software auch i.R.v. § 651 S. 1 BGB als Sache einstuft. Die Folge hiervon ist, dass modifizierte Standardsoftware, unabhängig von dem Grad der Modifizierung, dem Kaufrecht zuzuordnen ist. Diese wortlautgetreue Anwendung des § 651 S. 1 BGB legt die nicht softwarespezifische Entscheidung BGH NJW 2009, 2877 nahe. Zwar sind aufgrund der individuellen Anpassung des Programmcodes im Regelfall die in § 651 S. 3 BGB angeführten werkvertraglichen Vorschriften ergänzend anzuwenden, jedoch sind von dieser Verweisung weder das Abnahmeerfordernis noch die Mitwirkungspflichten des Bestellers erfasst. Im Schrifttum wird hingegen zur Abgrenzung zum Werkvertrag auf den Grad der Modifikation abgestellt, vgl. Lejeune, K & R 2002, 441, 446f.; Schmidl, MMR 2004, 590, 592; Marly, Softwarerecht, Rn. 633ff.; Müller-Hengstenberg, CR 2004, 161, 166. Im Ergebnis liegt dieser Auffassung also die Absorptionstheorie des BGH NJW 1975, 305 zugrunde, vgl. Bräutigam/Rücker, CR 2006, 361, 363.

32 Lehmann, CR 1987, 422f.; siehe hierzu auch Hoeren, GRUR 1988, 340, 344.

an, dass zwischen der zur Nutzung überlassenen Kopie der Software und dem urheberrechtlichen geschützten Werk zu unterscheiden sei[33]. Im Hinblick auf die konkrete Kopie der Software erwarte der Erwerber, dass ihm die uneingeschränkte Sachherrschaft zukomme, die ihm den Ausschluss Dritter von jeder Einwirkung ermögliche[34]. Dem stehe auch nicht entgegen, dass die Nutzungsbefugnis häufig zahlreichen urheberrechtlichen Beschränkungen unterliegt. Vielmehr lasse § 903 S. 1 2. HS BGB eine solche Beschränkung ausdrücklich zu. Auch auf die dauerhafte Übertragung von Büchern, Tonträgern und sonstigen urheberrechtlich geschützten Werken werde unstreitig Kaufrecht angewendet, obwohl diese urheberrechtlichen Nutzungsbeschränkungen unterliegen[35]. Diese Ansicht scheint auch dem Willen des Gesetzgebers zu entsprechen, da er Software ausdrücklich im Rahmen der Gesetzesbegründung zu § 453 Abs. 1 BGB erwähnt hat[36].

bb) Lizenzvertrag und Vertrag sui generis

Trotz der Gesetzesbegründung zu § 453 Abs. 1 BGB und der einheitlichen Rechtsprechung des BGH wird in der Literatur auch nach der Schuldrechtsreform vertreten, dass die dauerhafte Überlassung von Software nicht als Kaufvertrag, sondern vielmehr als Lizenzvertrag zu qualifizieren sei[37]. Unter einem Lizenzvertrag, der gesetzlich zwar erwähnt, aber nicht definiert ist[38], versteht man die Einräumung eines positiven Nutzungsrechts an einem immateriellen Gut[39]. Vertragstypologisch wird ein solcher Vertrag überwiegend als Vertrag sui generis angesehen, der unter anderem kauf-, miet- und pachtrechtliche Elemente enthalte, wobei die hierzu bestehenden gesetzlichen Regelungen auf das im Einzelfall betroffene Element heranzuziehen sind[40]. Die Annahme eines Lizenzvertrags rechtfertige sich daraus, dass Software ein urheberrechtlich geschütztes Werk oder zumindest gesetzlich geschütztes Know-How darstelle, an welchem durch detaillierte vertragliche

33 Vgl. BGH NJW 2007, 2394f.

34 BGH CR 1988, 994; 1990, 112. Siehe hierzu auch Marly, Softwarerecht, Rn. 708f.

35 Bydlinski, AcP 1998, 287, 306.

36 Vgl. BT-Drucks. 14/6040, S. 242.

37 Wandtke/Grunert, in: Wandtke/Bullinger, Vor §§ 31ff. UrhG, Rn. 134; Hilty, MMR 2003, 3, 15; Siehe auch die Ausführungen von Müller-Hengstenberg, NJW 1994, 3128, 3134; Lehmann, CR 1994, 277, 279. Zum Know-How-Lizenzvertrag, vgl. Moritz, CR 1994, 257, 261f.

38 Vgl. etwa die Erwähnung in § 15 Abs. 2 PatG.

39 Marly, Softwarerecht, Rn. 653.

40 BGH NJW 1989, 456; Marly, Softwarerecht, Rn. 654.

Regelungen Nutzungsrechte eingeräumt werden[41]. Diese Regelungen seien erforderlich, um der Besonderheit von Software, insbesondere im Hinblick auf die schnelle und praktisch kostenlose Möglichkeit der Vervielfältigung, Rechnung zu tragen. Darüber hinaus sei der Umstand, dass Software werde, mittlerweile im Geschäftsverkehr anerkannt[42].

Die Einordnung als Lizenzvertrag wird jedoch überwiegend abgelehnt. Dies wird zunächst damit begründet, dass auch die Einstufung als Lizenzvertrag im Einzelfall einen Rückgriff auf die gesetzlich geregelten Vertragstypen erfordere und somit nicht geeignet sei, die Problematik der Softwareüberlassung in rechtlicher Hinsicht zu erfassen[43]. Weiterhin sei zu beachten, dass der Abschluss eines Lizenzvertrags gem. § 69d UrhG für das Recht zur Benutzung der Software nicht zwingend erforderlich sei[44]. Jedenfalls komme dem lizenzrechtlichen Aspekt der Softwareüberlassung keine typenprägende Funktion zu[45]. Das maßgebliche Leitbild bestimme sich vielmehr nach der individuellen Vereinbarung der Parteien und bei deren Fehlen nach typischen und berechtigten Interessen des durchschnittlichen Kunden.[46]. Dieser erwarte aber gerade, dass er das Computerprogramm zur freien Verfügung erhalte und zwar zeitlich unbegrenzt, so dass nur eine Einstufung als Kaufvertrag in Betracht komme[47]. Nicht jedoch könne der Vertragszweck durch die in dem vorformulierten Überlassungsvertrag enthaltenen Nutzungsbeschränkungen später zu einem Lizenzvertrag umdefiniert werden[48]. Gleiches gelte für die in der Praxis zumeist verwendete Bezeichnung als Softwarelizenzvertrag, da diese nicht für die vertragstypologische Einordnung entscheidend sei[49].

---

41 Kindermann, GRUR 1983, 150, 152.

42 Ulmer, CR 2000, 493, 495; Baus, S. 37.

43 Baus, S. 38 unter Verweis auf Lehmann, in: FS Schricker, S. 543, 548f., der zwar von einem Lizenzvertrag ausgeht, aber bei Leistungsstörungen das Haftungs- und Gewährleistungsrecht des BGB und HGB anwenden will.

44 Baus, S. 38f. Gegen die Einordnung als Know-How-Lizenzvertrag wird darüber hinaus geltend gemacht, dass dem Endbenutzer gerade kein Know-How über das bei der Entwicklung aufgewendete Wissen offenbart werde, vgl. Marly, Softwarerecht, Rn. 658.

45 Marly, Softwarerecht, Rn. 714.

46 Fuchs, in: Ulmer/Brandner/Hensen, § 307, Rn. 246ff.

47 BGH CR 1988, 994; 1990, 112.

48 Marly, Softwarerecht, Rn. 715. Diesen Gedanken betont auch BGH CR 1997, 470, 472.

49 BGH NJW 1983, 1489, 1490; AGB-Klauselwerke/Hoeren, IT-Verträge, Rn. 4; Marly, Softwarerecht, Rn. 710ff.

cc) Ergebnis

Die dauerhafte Überlassung von Standardsoftware gegen Einmalentgelt wird im deutschen Recht nach ganz überwiegender Ansicht dem Kaufrecht zugeordnet. Soweit von der Sachqualität von Software ausgegangen wird, geschieht dies in direkter Anwendung des § 433 Abs. 1 BGB. Soweit die Sachqualität verneint wird, erfolgt die Anwendung des Kaufrechts über § 453 Abs. 1 BGB.

b) Kaufrechtlicher Mangel

Auf der Grundlage des vorstehenden Ergebnisses wird nunmehr der Frage nachgegangen, unter welchen Voraussetzungen eine Software als fehlerhaft anzusehen ist. Gem. § 433 Abs. 1 S. 2 BGB hat der Verkäufer die Pflicht, den Kaufgegenstand frei von Mängeln zu übertragen, wobei sich die Bestimmung eines kaufrechtlichen Mangels nach §§ 434f. BGB richtet. Der Mangelbegriff umfasst sowohl den Sach- als auch den Rechtsmangel. Entscheidend für die Anwendbarkeit der kaufrechtlichen Gewährleistungsvorschriften ist der Zeitpunkt des Gefahrübergangs. Dieser tritt gem. § 446 BGB grundsätzlich mit Übergabe des Datenträgers ein[50]. Bei einer elektronischen Übertragung der Software ist der Abschluss des Download-Vorgangs entscheidend[51].

aa) Sachmangel, § 434 BGB

§ 434 BGB weist einen gestuften Mangelbegriff auf. Maßgeblich ist zunächst die vereinbarte Beschaffenheit. Sofern eine solche nicht vereinbart wurde, ist auf die Eignung zur vorausgesetzten bzw. gewöhnlichen Verwendung abzustellen.

In diesem Zusammenhang stellt sich das Problem, ob die zwingende Fehlerhaftigkeit von Software bei der Bestimmung der Mangelhaftigkeit zu berücksichtigen ist[52]. So weisen die Softwarehersteller in ihren Vertragsbestimmungen regelmäßig darauf hin, dass es aufgrund der begrenzten geistigen menschlichen Kapazitäten ab einer gewissen Komplexität des Programms nicht mehr möglich ist, das Programm fehlerfrei im Sinne der Informatik zu erstellen[53]. Ein solcher Hinweis in

---

50 Beim Versand eines Datenträgers bestimmt sich der Zeitpunkt des Gefahrübergangs nach § 447 BGB. Zu beachten ist jedoch, dass diese Vorschrift im Rechtsverkehr mit Verbrauchern gem. § 474 Abs. 2 S. 2 BGB keine Anwendung findet.

51 Koch, ITRB 2008, 131, 133.

52 Siehe hierzu Heussen, CR 2004, 1ff.

53 Junker/Benecke, Rn. 265. Vgl. auch die Microsoft Office Endbenutzer Lizenzvertragsbestimmungen (Version 2003), in denen unter Ziffer 17. folgende Regelung enthalten ist: „[…] Sie erkennen an, dass keine Software fehlerfrei ist […].

den Vertragsbestimmungen ist jedoch nach der überwiegenden Auffassung nicht geeignet, eine Modifizierung des kaufrechtlichen Mangelbegriffes herbeizuführen[54]. Entscheidend sei vielmehr, ob die Fehlfunktion gemessen an der vereinbarten Qualität bzw. der vorausgesetzten oder gewöhnlichen Verwendung i.S.v. § 434 BGB einen Mangel darstellt. Eine Abweichung von diesem Maßstab lasse sich nicht mit der Komplexität von Software begründen, da der allgemeine kaufrechtliche Mangelbegriff auch bei anderen komplexen Produkten auf den Gebieten der Technik, Wissenschaft und Landwirtschaft gelte[55].

(1) Vereinbarte Beschaffenheit

Gem. § 434 Abs. 1 S. 1 BGB ist die Sache frei von Sachmängeln, wenn sie bei Gefahrübergang die vereinbarte Beschaffenheit hat. § 434 BGB stellt somit vorrangig auf einen subjektiven Fehlerbegriff ab[56]. Sofern die Parteien eine Beschaffenheit vereinbart haben, ist diese Vereinbarung nach dem Grundsatz der Privatautonomie allein maßgeblich für die Bestimmung der Mangelhaftigkeit[57], so dass die allgemeinen Qualitätsstandards des § 434 Abs. 1 S. 2 BGB in diesem Fall unberücksichtigt bleiben.

Regelmäßig vereinbaren die Parteien die Qualitätsanforderungen an die Software ausdrücklich im Vertrag. Die Beschaffenheit der Software kann sich aber auch aus den vom Hersteller veröffentlichten Produkt- und Leistungsbeschreibungen oder Demoversionen ergeben[58]. Gem. §§ 133, 157 BGB kann der Käufer davon ausgehen, dass die Software diese Eigenschaften aufweist[59]. Darüber hinaus kann die Vereinbarung einer Beschaffenheit auch stillschweigend erfolgen[60], beispielsweise indem der Käufer zum Ausdruck bringt, dass es ihm auf eine bestimmte Beschaffenheit ankommt, der fachkundige Verkäufer dies zur Kenntnis nimmt und die Sache ohne Widerspruch verkauft[61].

54 Vgl. OLG Düsseldorf CR 1995, 269; Junker/Benecke, Rn. 266; Marly, Rn. 1360ff.

55 Marly, Softwarerecht, Rn. 1363.

56 MüKo/Westermann, § 434 Rn. 6.

57 Staudinger/Matusche-Beckmann, § 434 Rn. 58.

58 Marly, Softwarerecht, Rn. 1371.

59 Wenn die Leistungsbeschreibung einer Software ausdrücklich bestimmte Funktionen des Programms anführt, so sind diese Funktionen mit dem Erwerb der Software als konkludent vereinbart anzusehen. Werden diese Aussagen öffentlich getätigt, beispielsweise in der Werbung, handelt es sich allerdings um einen Fall des § 434 Abs. 1 S. 3 BGB.

60 Staudinger/Matusche-Beckmann, § 434 Rn. 55.

61 BGH WM 1977, 1088.

(2) Eignung zur vorausgesetzten Verwendung

Wenn die Vertragsparteien die Beschaffenheit der Software nicht vereinbart haben, ist diese gem. § 434 Abs. 1 S. 2 Nr. 1 BGB mangelfrei, wenn sie sich für die nach dem Vertrag vorausgesetzte Verwendung eignet. Diese Vorschrift erlangt immer dann Bedeutung, wenn der Käufer dem Verkäufer mitgeteilt hat, für welche Aufgabe er die Software verwenden will und der Verkäufer daraufhin eine scheinbar passende Software auswählt, die im Ergebnis die Anforderungen nicht erfüllt[62]. Die Abgrenzung zur konkludenten Vereinbarung einer Beschaffenheit erfolgt hier danach, ob die Parteien eine verbindliche Willenseinigung über Funktionen der Software getroffen haben oder ob lediglich über den Verwendungszweck gesprochen wurde[63].

Insbesondere bei Kaufverträgen über alltägliche Programme, beispielsweise zur Textverarbeitung, werden konkrete Beschaffenheitsmerkmale der Software häufig nicht vereinbart. Hier wird vielmehr von den Parteien vorausgesetzt, dass sich die Software für deren erkennbare Verwendung, also das Erstellen von Textdokumenten, eignet. Die Software ist in diesem Fall mangelhaft, wenn sie nicht die Funktionen erfüllt, die zur Erreichung des erkennbar mit dem Kauf verfolgten Verwendungszwecks erforderlich sind[64].

(3) Eignung zur gewöhnlichen Verwendung

Sofern die Parteien keine vertragliche Regelung zur Beschaffenheit der Software getroffen haben und auch kein Verwendungszweck vorausgesetzt wurde, findet der Maßstab des § 434 Abs. 1 S. 2 Nr. 2 BGB Anwendung. Hiernach muss sich die Kaufsache zumindest für eine gewöhnliche Verwendung eignen und eine Beschaffenheit aufweisen, die bei einer Sache der gleichen Art üblich ist und die der Käufer nach der Art der Sache erwarten kann[65]. Die gewöhnliche Verwendung ist dabei aus der Art der Sache und dem Erwartungshorizont eines vernünftigen Durchschnittskäufers abzuleiten[66]. So werden viele Softwareversionen mittlerweile für Verbraucher und Unternehmer in unterschiedlichen Versionen angeboten[67]. Die Eignung ist dann nicht gegeben, wenn die Software die Anforderungen des konkreten Verkehrskreises nicht erfüllen kann.

---

62 Siehe hierzu Schinkels, ZGS 2004, 226.

63 Ermann/Grunewald, § 434 Rn. 15, 17.

64 Staudinger/Matusche-Beckmann, § 434 Rn. 61.

65 § 434 Abs. 1 S. 2 Nr. 2 BGB kommt somit die Funktion eines Auffangtatbestands zu, vgl. MüKo/Westermann, § 434 Rn. 24.

66 Vgl. Staudinger/Matusche/Beckmann, § 434 Rn. 69; Bamberger/Roth/Faust, § 434 Rn. 57.

67 Windows XP ist beispielsweise als Home und als Professional Edition erhältlich.

Für die Erwartung, dass die Software einen Qualitätsstandard aufweist, der bei Software der gleichen Art üblich ist, ist zunächst die im Regelfall auf der Verpackung abgedruckte Leistungsbeschreibung der Software maßgeblich. Abgesehen von Funktionen, die so selbstverständlich sind, dass sie keiner gesonderten Erwähnung bedürfen, führen diese Angaben zu einer Beschränkung der objektiv berechtigten Käufererwartungen[68]. Im Übrigen ist der Qualitätsstandard entscheidend, der sich innerhalb der betroffenen Softwareklasse herausgebildet hat. Hierfür ist häufig auf die Qualität einer vergleichbaren Software eines Konkurrenzunternehmens abzustellen[69]. Entgegen einer früher vertretenen Ansicht in der Rechtsprechung, ist ein Qualitätsstandard im Hinblick auf Software trotz ständiger technischer Weiterentwicklungen feststellbar[70]. So gehört es mittlerweile zu dem Standard eines Textverarbeitungsprogramms, dass in den Text auch Grafiken eingefügt werden können[71]. Stets kann der Käufer voraussetzen, dass die Software die gesetzlichen Vorgaben erfüllt, so beispielsweise bei einem Finanzbuchhaltungsprogramm, das die geltende Finanzrechtslage beinhalten muss[72].

Zur Bestimmung, ob sich die Software zur gewöhnlichen Verwendung eignet, können gem. § 434 Abs. 1 S. 3 BGB auch solche Eigenschaften herangezogen werden, die der Käufer nach den öffentlichen Werbeäußerungen des Verkäufers, des Herstellers oder seines Gehilfens erwarten kann[73]. Entlasten kann sich der Verkäufer nur, indem er seine Nichtkenntnis der Äußerung trotz Lektüre der relevanten Fachzeitschriften nachweist bzw. die Äußerung berichtigt wurde oder die Kaufentscheidung nicht beeinflussen konnte.

(4) Regelmäßig auftretende Softwaremängel

Die regelmäßig auftretenden Mängel der Software lassen sich in bestimmte Kategorien aufteilen, von denen im Folgenden kurz auf die Funktions-, Bedienungs- und

---

68 Gaul, MDR 2000, 549, 551.

69 Bamberger/Roth/Faust, § 434 Rn. 59.

70 So hatte das OLG Stuttgart, CR 1996, 1683 entschieden, dass ein standardisierter oder gewöhnlicher Inhalt eines Programms nicht feststellbar sei. Dem sind verschiedene Gerichte entgegengetreten, vgl. KG, CR 1995, 151; OLG Köln, NJW 1996, 1683; OLG Düsseldorf, NJW-RR 1998, 345, 346. Siehe hierzu Marly, Softwarerecht, Rn. 1373.

71 Marly, Softwarerecht, Rn. 1374.

72 OLG Hamm, NJW-RR 1995, 941, 942.

73 PWW/Schmidt, § 434 Rn. 58. Die Form der Äußerung ist irrelevant, ebenso die Frage, ob die Äußerungen im Rahmen des Vertragsschlusses diskutiert wurden.

Kompatibilitätsmängel eingegangen wird[74]. Diese sind, je nach den konkreten Umständen des Einzelfalls, in eine der Kategorien des § 434 BGB einzuordnen.

Die Software weist einen Funktionsmangel auf, wenn sie eine für den vertraglich vereinbarten oder den gewöhnlichen Gebrauch erforderliche Funktion nicht oder nicht in vollem Umfang aufweist[75]. Hierzu zählen insbesondere häufige Abstürze des Programms[76] und ein aufgrund fehlerhafter Algorithmen falsch rechnendes Programm[77]. Ein Mangel aufgrund der Nichteignung zum vorausgesetzten Gebrauch liegt bei einem Programm zur Organisation von Warensendungen vor, das keine Umlaute drucken kann[78] oder wenn Schnittstellenkarten dauerhaft ausfallen und daher der mit dem Programm verfolgte Zweck nicht erreicht werden kann[79].

Unter Bedienungsmängeln sind solche Mängel zu verstehen, die die Benutzung des Programms betreffen[80]. So kann im Einzelfall der eingeschränkte Komfort eines Programms – beispielsweise wenn die Benutzung des Programms zu Problemen der Speicherkapazität führt – einen Mangel begründen[81]. Weiterhin stellt das Fehlen von Benutzerhilfen, wie z.B. Menüsteuerung, Hilfe-Funktion und Fehlermeldungen einen Mangel gem. § 434 Abs. 1 BGB dar[82]. Zu den Bedienungsmängeln zählen auch ungewöhnlich lange Zugriffszeiten des Programms[83] sowie mangelnde Robustheit gegenüber Bedienungsfehlern[84].

Ein Kompatibilitätsmangel kann vorliegen, wenn eine Software nicht mit einer anderen Software zusammen verwendet werden kann, ohne dass zuvor Änderungen an einem der beiden Programme vorgenommen werden[85]. So kann

---

74 Zu den im Folgenden dargestellten und anderen Softwaremängeln, vgl. ausführlich Schneider, Handbuch EDV-Recht, Rn. D 832ff.; Junker/Benecke, Rn. 270ff.; Marly, Softwarerecht, Rn. 1397ff.; Lejeune, Der internationale Softwarevertrag, Rn. 498ff., AGB-Klauselwerke/Hoeren, IT-Verträge, Rn. 43ff.

75 Lejeune, Der internationale Softwarevertrag, Rn. 500.

76 LG Bonn, CR 2008, 767; OLG Köln, NJW-RR 1998, 1353.

77 LG Heidelberg, CR 1989, 197, 198.

78 LG Augsburg, CR 1989, 22, 24; OLG München, CR 1990, 646, 648.

79 OLG Köln, CR 1997, 412.

80 Junker/Benecke, Rn. 280.

81 OLG Karlsruhe, CR 1995, 397.

82 AGB-Klauselwerke/Hoeren, IT-Verträge, Rn. 44.

83 LG Karlsruhe, CR 1993, 499.

84 Junker/Benecke, Rn. 285.

85 Lejeune, Der internationale Softwarevertrag, Rn. 502.

beispielsweise ein an sich funktionstüchtiger Treiber einen Mangel darstellen, wenn er für die vorhandene Systemumgebung ungeeignet ist[86].

bb) Rechtsmangel, § 435 BGB

Gem. § 435 S. 1 BGB ist die Sache frei von Rechtsmängeln, wenn Dritte in Bezug auf die Sache keine oder nur die im Kaufvertrag übernommenen Rechte gegen den Käufer geltend machen können.

Die Software ist daher mit einem Rechtsmangel behaftet, wenn der Verkäufer aufgrund von Rechten Dritter nicht zu ihrem Vertrieb berechtigt ist[87]. Dabei reicht es aus, wenn die fremden Rechte objektiv bestehen. Irrelevant ist hingegen, ob der Rechtsmangel die vereinbarte oder nach dem Vertrag vorausgesetzte Verwendung beeinträchtigt[88]. Als typische Rechtsmängel sind der Verkauf eines raubkopierten Programms[89] oder einer Software, die durch die Verwendung von geschützten Programmbausteinen eines anderen Softwareherstellers „verunreinigt" wurde, anzusehen.

c) Rechte des Käufers

Wenn die Software entsprechend den vorstehenden Ausführungen als mangelhaft anzusehen ist, bestimmen sich die Rechte und Ansprüche des Käufers nach § 437 BGB. Dieser sieht zunächst einen Anspruch auf Nachbesserung vor. Im Weiteren kann der Verkäufer gegebenenfalls zurücktreten oder den Kaufpreis mindern bzw. Schadensersatz oder den Ersatz seiner vergeblichen Aufwendungen verlangen.

Zu beachten ist in diesem Zusammenhang, dass sämtliche Rechte des Käufers aus § 437 BGB gem. § 442 Abs. 1 S. 1 BGB ausgeschlossen sind, wenn der Käufer den Mangel bei Vertragsschluss kennt. Gleiches gilt gem. § 442 S. 2 BGB bei grob fahrlässiger Unkenntnis des Mangels, es sei denn der Verkäufer hat den Mangel arglistig verschwiegen oder eine Garantie für die Beschaffenheit der Sache übernommen. Allerdings kann allein aufgrund der Diskussion bestimmter Softwarefehler in der Fachpresse nicht auf eine positive Kenntnis oder fahrlässige Unkenntnis des Käufers geschlossen werden[90]. Auch kann eine vor dem Kauf bestehende Überprüfungsmöglichkeit anhand einer Demoversion der Software nur dann eine Kenntnis des Käufers begründen, wenn diese Demoversion von ihrem

86 LG Tübingen, CR 1995, 222.
87 MüKo/Westermann, § 435 Rn. 4.
88 Junker/Benecke, Rn. 299.
89 OLG Nürnberg, CR 1992, 723; Bartsch, CR 2005, 1, 5.
90 Vgl. Marly, Softwarerecht, Rn. 1253.

Erscheinungsbild und den Funktionen her mit der Vollversion vergleichbar ist[91]. Darüber hinaus ist für den unternehmerischen Geschäftsverkehr zu beachten, dass eine Verletzung der gem. § 377 HGB bestehenden Untersuchungs- und Rügeobliegenheiten die Rechte des Käufers ausschließen kann[92].

aa) Nacherfüllung

Voraussetzung für die Geltendmachung der weiteren Rechte aus § 437 Nr. 2 und 3 BGB ist regelmäßig, dass der Käufer den Verkäufer zunächst gem. §§ 437 Nr. 1, 439 BGB auf Nacherfüllung in Anspruch genommen hat[93]. Hierdurch soll dem Verkäufer eine letzte Möglichkeit zur Erbringung einer vertragsgemäßen Leistung eingeräumt werden. Der Käufer hat dabei die Wahl, ob er die Beseitigung des Mangels oder die Lieferung einer mangelfreien Sache verlangt. Die Kosten, die im Rahmen der Nacherfüllung anfallen, sind gem. § 439 Abs. 2 BGB vom Verkäufer zu tragen. Eine Nachfristsetzung ist nur ausnahmsweise unter den in § 440 BGB angeführten Umständen entbehrlich.

Allerdings ist die Anwendung des Anspruchs auf Nacherfüllung im Zusammenhang mit mangelhafter Standardsoftware problematisch[94]. Zwar gilt dies nicht im Hinblick auf Rechtsmängel. Diese können nämlich zumeist dadurch – behoben werden, dass der Verkäufer nachträglich vom Rechteinhaber die erforderlichen Rechte beschafft. Schwieriger ist aber die Behandlung von Mängeln, die auf eine fehlerhafte Programmierung der Software zurückzuführen sind. Entscheidet sich der Käufer nämlich für Nacherfüllung durch Neulieferung, so wird bei einer Standardsoftware auch das andere Exemplar denselben Programmierfehler aufweisen, da dieser regelmäßig der ganzen Serie anhaftet[95]. Andererseits ist der Verkäufer, auch wenn es sich um den Hersteller handelt, zur Mängelbeseitigung häufig nicht berechtigt, da diese für ihre Programme in vielen Fällen urheberrechtlich geschützte Teile anderer Softwarehäuser und Zulieferer verwenden. Hier kann der Käufer häufig nur die Rechte aus § 437 Nr. 2 und 3 BGB geltend machen, da der Verkäufer dem gesamten Nacherfüllungsanspruch regelmäßig das Verweigerungsrecht aus § 439 Abs. 3 BGB entgegenhalten kann oder

91 Vgl. LG Oldenburg, CR 1995, 222; Marly, Softwarerecht, Rn. 1253.

92 Wäßle/Gatzweiler, K&R 2010, 18.

93 Dies ergibt sich aus §§ 281 Abs. 1, 323 Abs. 1 BGB, die voraussetzen, dass dem Schuldner die Möglichkeit zur Nacherfüllung gegeben wurde.

94 Vgl. Goldmann/Redecke, MMR 2002, 3, 4f.; Marly, Softwarerecht, Rn. 1233; AGB-Klauselwerke/Hoeren, IT-Verträge, Rn. 62; Koch, ITRB 2008, 131.

95 Koch, ITRB 2008, 131, 132.

das Vorliegen subjektiver Unmöglichkeit sogar zum Erlöschen des Anspruchs gem. § 275 Abs. 1 BGB führt.

Wenn die fehlerhafte Version der Software zwischenzeitlich durch eine neuere Version ersetzt wurde, welche den Mangel nicht enthält, dann hat der Verkäufer nach der überwiegenden Ansicht im Schrifttum das Recht, die neue Version zu liefern. Obwohl dem Käufer damit sein gesetzliches Wahlrecht genommen wird, soll er verpflichtet sein, den neuen Programmstand anzunehmen, sofern ihm hierdurch keine erheblichen Nachteile entstehen[96]. Wenn die neue Version zusätzliche Funktionen enthält, die für den Käufer einen Mehrwert darstellen, hat er hierfür nach überwiegender Auffassung einen Ausgleich zu leisten[97].

Durch den Verweis in § 439 Abs. 4 BGB auf die Vorschriften zum Rücktritt kann der Verkäufer bei Neulieferung einer Sache im Rahmen der Nacherfüllung sowohl die mangelhafte Sache herausverlangen als auch für deren Nutzung – im geschäftlichen Verkehr – Ersatz verlangen. Für das Vorliegen eines Verbrauchsgütekaufs gem. § 474 Abs. 1 BGB hat der BGH[98] allerdings nach Vorlage an den EuGH[99] entschieden, dass der Käufer dem Verkäufer trotz des eindeutigen Verweises auf die Vorschriften über den Rücktritt in § 439 Abs. 4 BGB keinen Nutzungsersatz schuldet.

bb) Rücktritt und Minderung

Ein Mangel der Software kann weiterhin ein Rücktrittsrecht des Käufers gem. §§ 437 Nr. 2, 323 BGB zur Folge haben. Danach kann der Gläubiger von einem gegenseitigen Vertrag zurücktreten, wenn der Schuldner eine fällige Leistung nicht oder nicht vertragsgemäß erbringt und der Gläubiger ihm eine angemessene Frist zur Leistung oder Nacherfüllung bestimmt hat. Der Rücktritt erfolgt dabei gem. § 349 BGB durch eine empfangsbedürftige Erklärung gegenüber dem Vertragspartner.

Von besonderer Bedeutung ist das Erfordernis der Nachfristsetzung. Diese muss eine eindeutige Aufforderung zur Leistung enthalten und dem Schuldner

---

96 Bartsch, CR 2001, 649, 654 macht dies an der Formulierung des § 439 Abs. 3 S. 2 BGB („ohne erhebliche Nachteile“) fest; siehe auch AGB-Klauselwerke/Hoeren, IT-Verträge, Rn. 62.

97 Nach Bartsch, CR 2001, 649, 654; Goldmann/Redecke, MMR 2002, 3, 4f.; Marly, Softwarerecht, Rn. 1233 ist hierbei der schadensrechtliche Grundsatz „Abzug neu für alt“ maßgeblich. A.A. Koch, ITRB 2008, 131, 134 unter Berufung auf den Grundsatz aus § 439 Abs. 2 BGB.

98 BGH CR 2009, 75.

99 EuGH, MDR 2008, 733ff.

klar vor Augen führen, dass er eine letzte Chance zur Leistung erhält[100]. Allerdings können die in §§ 437 Nr. 2, 440 BGB angeführten Umstände dazu führen, dass das Erfordernis einer Nachfrist entfällt. Neben den allgemeinen Gründen aus § 323 Abs. 2 BGB gehören hierzu die kaufrechtsspezifischen Umstände, dass der Verkäufer beide Arten der Nacherfüllung gem. § 439 Abs. 3 BGB verweigert[101] oder die vom Käufer gewählte Art der Nacherfüllung fehlgeschlagen oder ihm unzumutbar ist[102]. §§ 437 Nr. 3, 326 Abs. 5 BGB bestimmen weiterhin, dass der Verkäufer von der Pflicht zur Nacherfüllung aus einem der in § 275 Abs. 1 bis 3 BGB genannten Gründe befreit ist.

Das Rücktrittsrecht nach § 323 Abs. 1 BGB besteht allerdings nur dann, wenn die Pflichtverletzung nicht unerheblich i.S.v. § 323 Abs. 5 S. 2 BGB ist. Zur Bestimmung der Erheblichkeit einer Pflichtverletzung ist eine Interessenabwägung im konkreten Einzelfall vorzunehmen[103]. Hierbei ist neben der Auswirkung des Mangels auf die Funktionsfähigkeit der Software der Aufwand für die Behebung des Mangels einzubeziehen[104]. Eine Unerheblichkeit der Pflichtverletzung ist jedenfalls dann nicht gegeben, wenn der Verkäufer einen Mangel arglistig verschwiegen hat[105].

Die Rechtsfolgen des Rücktritts bestimmen sich nach §§ 346ff. BGB, nach welchen ein Rückgewährschuldverhältnis unter Erlöschen der vertraglichen Primärpflichten entsteht[106]. Gem. § 346 Abs. 1 BGB sind die empfangenen Leistungen zurückzugewähren und die gezogenen Nutzungen herauszugeben. Nach Ansicht des BGH, der entgegen dem herrschenden Schrifttum von der Anwendbarkeit des Abstraktionsprinzips im Urhebervertragsrecht ausgeht, muss der Käufer neben dem erhaltenen Datenträger auch das Nutzungsrecht an der Software

---

100 PWW/Medicus, § 323 Rn. 16.

101 Der Verkäufer kann die vom Käufer gewählte Art der Nacherfüllung gem. § 439 Abs. 3 S. 1 BGB trotz Vorliegens eines Mangels verweigern, wenn sie nur mit unverhältnismäßigen Kosten möglich ist. Bei der Bestimmung der Unverhältnismäßigkeit der Kosten sind gem. § 439 Abs. 3 S. 2 BGB der Wert der Software in mangelfreiem Zustand und die Bedeutung des Mangels zu berücksichtigen sowie die Frage, ob auch die andere Art der Nacherfüllung ohne erhebliche Nachteile für den Käufer zurückgegriffen werden könnte.

102 Gem. § 440 S. 2 BGB gilt eine Nachbesserung nach dem erfolglosen zweiten Versuch als fehlgeschlagen, wenn sich nicht insbesondere aus der Art der Sache oder des Mangels oder den sonstigen Umständen etwas anderes ergibt.

103 MüKo/Ernst, § 323 Rn. 243f.

104 Siehe hierzu ausführlich Marly, Softwarerecht, Rn. 1391.

105 BGH NJW 2006, 1960; ZGS 2008, 195.

106 MüKo/Gaier, § 346 Rn. 15.

zurückübertragen[107]. Eine solche Rückübertragung ist allerdings zumeist konkludent in der Rückgabe des Datenträgers zu sehen[108]. Im Hinblick auf den Wert der herauszugebenden Nutzungen findet § 287 ZPO Anwendung. Das Recht, darüber hinaus Schadensersatz zu verlangen, ist gem. § 325 BGB nicht ausgeschlossen.

Statt zurückzutreten, kann der Käufer gegenüber dem Verkäufer auch die Minderung des Kaufpreises gem. §§ 441, 437 Nr. 2 2. Alt. BGB erklären[109]. Im Unterschied zum Rücktritt besteht bei der Minderung aufgrund der Regelung des § 441 Abs. 1 S. 2 BGB kein Ausschluss für den Fall der Unbeachtlichkeit der Pflichtverletzung. Allerdings ist das Minderungsrecht bei fehlerhafter Software zumeist von geringer Bedeutung. So führen Rechtsmängel regelmäßig dazu, dass die Software für den Käufer gänzlich unbenutzbar ist[110].

cc) Schadensersatz

Weiterhin kann dem Käufer einer mangelhaften Software nach der Verweisungsnorm des § 437 Nr. 3 BGB ein Anspruch auf Schadens- oder Aufwendungsersatz gegen den Verkäufer zustehen.

Die Grundnorm für die Geltendmachung eines Anspruchs auf Schadensersatz ist § 280 Abs. 1 BGB. Hiernach kann der Gläubiger den Schaden ersetzt verlangen, den der Schuldner durch die Verletzung einer Pflicht aus dem Vertragsverhältnis verursacht, es sei denn der Schuldner hat die Pflichtverletzung nicht zu vertreten. Dieser einheitliche Haftungstatbestand, der die Grundlage aller kaufrechtlichen Schadensersatzansprüche bildet, wurde durch die Schuldrechtsreform mit Wirkung zum 1. Januar 2002 geschaffen und ersetzt die separaten Regelungssysteme des alten Schuldrechts für die verschiedenen Arten der Leistungsstörungen, namentlich Unmöglichkeit, Verzug und Schlechtleistung[111].

---

107 BGHZ 27, 90, 94ff; Marly, Softwarerecht, Rn. 1238; vgl. aber auch die Entscheidung BGH GRUR 1982, 308, in welcher der BGH die Anwendbarkeit des Abstraktionsprinzips abzulehnen scheint.

108 Marly, Softwarerecht, Rn. 1238.

109 Die Minderung wird gem. § 441 Abs. 4 S. 1 BGB durch eine verhältnismäßige Herabsetzung des Kaufpreises vollzogen. Dabei gilt die folgende Formel: Der ursprüngliche Preis verhält sich zu dem herabgesetzten Preis wie der Wert der mangelfreien Sache zu dem Wert der mangelhaften Sache.

110 Vgl. Goldmann/Redecke MMR 2003, 3, 4; Marly, Softwarerecht, Rn. 1244.

111 Fikentscher/Heinemann, Rn. 357. Allerdings hat auch das neue Schuldrecht diesen einheitlichen Ansatz nicht vollständig umgesetzt. In §§ 281-283, 286 BGB finden sich weiterhin spezielle Voraussetzungen für einen Anspruch auf Schadensersatz wegen Unmöglichkeit und Verzug; vgl. hierzu Medicus/Lorenz, Schuldrecht I, Rn. 335.

Die grundlegende Voraussetzung des § 280 Abs. 1 BGB ist, dass der Schuldner die Pflichtverletzung zu vertreten hat. Dabei wird das Vertretenmüssen des Schuldners gem. § 280 Abs. 1 S. 2 BGB vermutet, so dass der Verkäufer beweispflichtig dafür ist, dass ihn am Vorliegen der Pflichtverletzung kein Verschulden trifft. Im Gegensatz zu einem Zwischenhändler, dem regelmäßig kein Verschuldensvorwurf gemacht werden kann[112], ist diese Vermutung für einen Verkäufer, der gleichzeitig Hersteller der Software ist, schwerer zu widerlegen. Dieser muss beispielsweise einen Gegenbeweis dahingehend führen, dass die mangelhafte Eigenschaft nicht zum vertraglichen Leistungsumfang gehört oder dass die Entwicklung der Software unter Einhaltung aller relevanten Standards und Normen erfolgt ist[113].

Ein schuldhaftes Handeln des Verkäufers ist allerdings nicht erforderlich, wenn der Verkäufer eine Garantie gem. § 443 Abs. 1 BGB übernommen hat[114]. So bringt der Verkäufer durch eine Beschaffenheitsgarantie zum Ausdruck, dass er verschuldensunabhängig für das Vorliegen einer bestimmten Beschaffenheit der Sache bei Gefahrübergang einstehen will. Eine Haltbarkeitsgarantie hat hingegen zur Folge, dass der Verkäufer verschuldensunabhängig für einen Mangel haftet, der während der Garantiefrist auftritt.

(1) Schadensersatz statt der Leistung und Aufwendungsersatz

Den Minderwert der fehlerhaften Software kann der Käufer über den Schadensersatz statt der Leistung gem. §§ 437 Nr. 2, 280 Abs. 1 und 3, 281 bzw. 283 BGB geltend machen. Wenn der Mangel der Software unbehebbar ist, richtet sich der Schadensersatzanspruch nach den §§ 283 bzw. 311a Abs. 2 BGB, wobei in diesen Fällen kein Erfordernis zur Bestimmung einer Nachfrist besteht. Wenn der Mangel der Software hingegen behebbar ist, richtet sich der Anspruch nach § 281 Abs. 1 S. 1 BGB. Danach kann der Käufer, wenn der Verkäufer die fällige Leistung nicht oder nicht wie geschuldet erbringt, unter den Voraussetzungen

112 Der Zwischenhändler von industriell hergestellten Massenartikeln, also auch von Standardsoftware, ist grundsätzlich nicht zur Untersuchung der an den Endverbraucher verkauften Waren verpflichtet, so dass ihm der Entlastungsbeweis zumeist gelingt, vgl. BGH NJW 2008, 2837, 2840. Eine solche Pflicht besteht nur dann, wenn konkrete Hinweise auf die Mangelhaftigkeit der Ware vorliegen, vgl. BGH NJW 1968, 2238, 2239.

113 Vgl. zu diesen und weiteren Möglichkeiten des Gegenbeweises, Heussen, CR 2004, 1, 6.

114 Die Haftung des Softwareherstellers aus einer Herstellergarantie wird ausführlich im Rahmen des Vertriebs über Zwischenhändler behandelt. Siehe hierzu unten, S. 117ff.

des § 280 Abs. 1 BGB Schadensersatz statt der Leistung verlangen, wenn er dem Schuldner erfolglos eine angemessene Frist zur Leistung oder Nacherfüllung bestimmt hat. Eine zentrale Bedeutung kommt damit wie beim Rücktritt dem Erfordernis der Bestimmung einer angemessenen Nachfrist zu, welche in den Fällen der §§ 281 Abs. 2, 440 BGB entbehrlich ist[115].

Der Umfang des Schadensersatzanspruchs berechnet sich nach den §§ 249ff. BGB. Der Schuldner ist daher so zu stellen, wie er bei ordnungsgemäßer Erfüllung stehen würde[116]. Dabei hat der Käufer die Wahl zwischen dem kleinen und großen Schadensersatz[117]. Bei Geltendmachung des kleinen Schadensersatzes[118] behält der Käufer die mangelhafte Software und verlangt Ersatz für die Wertdifferenz zwischen der Software im mangelhaften und im mangelfreien Zustand. Beim großen Schadensersatz[119] stellt der Käufer den Kaufgegenstand zur Verfügung und verlangt Schadensersatz statt der Leistung für die Nichterfüllung des ganzen Vertrages, was gem. § 281 Abs. 4 BGB zum Entfallen des Kaufpreisanspruchs führt. Aus § 281 Abs. 1 S. 3 BGB ergibt sich jedoch, dass die Geltendmachung des großen Schadensersatzes ausgeschlossen ist, wenn die Pflichtverletzung unerheblich ist, wobei auch hier die im Rahmen des Rücktritts angeführten Kriterien gelten[120].

Ersatzfähig ist gem. § 252 BGB auch der entgangene Gewinn, den der Käufer beispielsweise durch einen konkret belegbaren Weiterverkauf realisiert hätte[121]. Die Grenze der Ersatzfähigkeit ist hier zunächst bei solchen Schadenspositionen zu ziehen, bei denen die Schadensentwicklung nicht mehr adäquat kausal ist. Dies ist immer dann der Fall, wenn die Möglichkeit eines Schadenseintritts so entfernt ist, dass sie nach der Erfahrung des Lebens vernünftigerweise nicht in Betracht gezogen werden kann[122] bzw. außerhalb aller Wahrscheinlichkeit liegt[123]. Gegenüber

---

115 Siehe hierzu bereits oben, S. 40f.

116 BGH NJW 1998, 2901, 2902.

117 MüKo/Ernst, § 281 Rn. 125. Teilweise wird diese Terminologie, die aus dem alten Schuldrecht herrührt, unter Geltung des neuen Schuldrechts abgelehnt, vgl. PWW/Schmidt-Kessel, § 280, Rn. 54.

118 MüKo/Ernst, § 281 Rn. 126ff.

119 MüKo/Ernst, § 281 Rn. 136ff.

120 Siehe oben, S. 40f.

121 Um einem Kaufmann die hierfür erforderliche Offenbarung von Geschäftsinterna zu ersparen, kann dieser seinen entgangenen Gewinn auch abstrakt berechnen. Die Rechtsprechung hilft dem Kaufmann daher mit einer Vermutung dahingehend, dass er seine Ware mit dem üblichen Gewinn abgesetzt hätte, vgl. BGH NJW-RR 2006, 243.

122 RGZ 78, 272.

123 RGZ 158, 38.

der Theorie der conditio sine qua non führt die Adäquanz allerdings nur zu einer geringfügigen Beschränkung des Haftungsumfangs. So hat der BGH beispielsweise einen Impfschaden bei einer Schadenswahrscheinlichkeit von 0,01 Prozent als adäquat kausal angesehen[124]. Darüber hinaus findet daher eine Beschränkung des Haftungsumfangs durch den Schutzzweck der Norm statt. Hierbei handelt es sich um eine wertende Betrachtung, nach welcher nur solche Schäden zu ersetzen sind, die nach ihrer Art und Entstehungsweise in den Schutzbereich der verletzten Norm fallen[125]. Auch diese Theorie führt jedoch nur selten zu einer Beschränkung des Haftungsumfangs. Es gilt vielmehr der Grundsatz, dass die Nichtersatzfähigkeit von Nachteilen die Ausnahme darstellt[126].

Gem. §§ 437 Nr. 3, 284 BGB kann der Käufer anstelle des Schadensersatzes statt der Leistung den Ersatz der Aufwendungen verlangen, die er im Vertrauen auf den Erhalt der Leistung gemacht hat und billigerweise machen durfte, es sei denn, deren Zweck wäre auch ohne die Pflichtverletzung des Verkäufers nicht eingetreten. Der Käufer der mangelhaften Software kann auf diesem Weg beispielsweise die Aufwendungen für die Hardware ersetzt verlangen, die ausschließlich zum Betrieb der Software erworben wurde oder die Beauftragung von Beratern für die Umsetzung des Projekts[127]. Allerdings kann der Ersatz von nutzlos gewordenen Aufwendungen auch im Rahmen des Schadensersatzes statt der Leistung gefordert werden, da vermutet wird, dass der Käufer die Aufwendungen bei ordnungsgemäßer Erfüllung des Vertrags wieder eingebracht hätte[128]. Diese zum alten Schuldrecht entwickelte Rentabilitätsvermutung soll nach überwiegender Auffassung auch nach neuem Recht gelten und dem Käufer neben § 284 BGB zur Verfügung stehen[129].

(2) Schadensersatz neben der Leistung

Der Käufer kann gem. §§ 437 Nr. 3, 280 Abs. 1 BGB auch solche Schäden ersetzt verlangen, die nicht in einem Minderwert der Software selbst liegen, sondern an anderen Rechtsgütern entstanden sind. Der Grund für diese Haftung ist eine Verletzung der in § 241 Abs. 2 BGB enthaltenen Pflicht, das Integritätsinteresse des Vertragspartners zu schützen. Hierunter fällt die allgemeine Pflicht, sich bei der

124 BGH NJW 1955, 1876.
125 BGH NJW 2003, 1929, 1930.
126 MüKo/Oetker, § 249 Rn. 125.
127 Schuster, CR 2011, 215, 218.
128 BGH NJW 1991, 2708.
129 MüKo/Ernst, § 284 Rn. 4.

Abwicklung des Schuldverhältnisses so zu verhalten, dass der Körper, das Leben, das Eigentum und sonstige Rechtsgüter des anderen Teils nicht verletzt werden[130].

So wird beispielsweise der reine Vermögensschaden, der durch ein mangelhaftes Programm zur Anfertigung von Steuerklärungen verursacht wird, als Schadensersatz neben der Leistung ersetzt. Gleiches gilt, wenn die fehlerhafte Software einen Schaden an den bereits vorhandenen Daten des Käufers verursacht[131]. Darüber hinaus erfasst § 280 Abs. 1 BGB auch den entgangenen Gewinn, der dadurch entsteht, dass aufgrund der mangelhaften Software Störungen im Geschäftsablauf des Anwenders entstehen (Betriebsausfallschaden)[132]. Weiterhin kann der Käufer auch die Kosten einer unter Umständen aufwendigen Neuinstallation der Software ersetzt verlangen[133].

(3) Berücksichtigung von Mitverschulden

Gem. § 254 Abs. 1 BGB ist bei der Berechnung der Schadenshöhe das Mitverschulden des Geschädigten zu berücksichtigen[134]. Danach hängen, wenn bei der Entstehung des Schadens ein Verschulden des Beschädigten mitgewirkt hat, die Verpflichtung zum Ersatz sowie der Umfang des zu leistenden Ersatzes von den konkreten Umständen des Einzelfalls ab. Hierbei ist insbesondere relevant, inwieweit der Schaden vorwiegend von dem einen oder dem anderen Teil verursacht worden ist. Ein typischer Fall von Mitverschulden liegt beispielsweise vor, wenn der Softwareanwender es versäumt hat, in regelmäßigen Abständen eine Sicherung der Daten vorzunehmen, um hierdurch den Schaden durch Datenverlust möglichst gering zu halten[135].

2. Englisches Recht

Um die Voraussetzungen für die Geltendmachung von vertraglichen Rechten und Ansprüchen zu bestimmen, ist auch im englischen Recht zunächst von Bedeutung, wie die dauerhafte Überlassung von Standardsoftware vertragstypologisch einzuordnen ist.

---

130 AGB-Klauselwerke/Hoeren, IT-Verträge, Rn. 76.

131 BGH NJW 1983, 2813, 2814.

132 Emmerich, Besonderes Schuldrecht, § 5 Rn. 24.

133 Entsprechend den Ausführungen in BGH NJW 2008, 2837, 2840.

134 Dieser Grundsatz ist auf alle Schadensersatzansprüche anwendbar, siehe Erman/Ebert § 254 Rn. 7.

135 OLG Karlsruhe NJW-RR 1997, 544.

a) Vertragstypologische Einordnung

Zwar hat die typologische Einordnung eines Vertrags im common law grundsätzlich eine geringere Bedeutung als im kontinentaleuropäischen Recht[136]. Dies gilt jedoch nicht, wenn eine Einordnung als Kaufvertrag (sale of goods) in Betracht kommt, da das gesetzlich normierte Recht (statutory law) in diesem Fall zwingende Regelungen enthält[137]. So hat eine solche Einordnung beispielsweise die Einbeziehung der implied terms der sec. 14 Sale of Goods Act 1979 (im Folgenden: SGA 1979) zur Folge[138]. Darüber hinaus findet mit sec. 6 Unfair Contract Terms Act 1977 bei Vorliegen eines Kaufvertrags eine besondere Regelung für die Wirksamkeitskontrolle von Haftungsfreizeichnungen Anwendung[139].

aa) „Sale of Goods"

Die überwiegende Ansicht, die in dem obiter dictum[140] von Glidewell LJ in der Entscheidung St. Albans City & District Council v International Computers Ltd zum Ausdruck kommt, geht jedenfalls bei der dauerhaften Überlassung von Software auf einem Speichermedium vom Vorliegen eines Kaufvertrags aus.

Gem. sec. 2 (1) SGA 1979 ist ein Kaufvertrag dadurch gekennzeichnet, dass der Verkäufer das Eigentum an Sachen (goods) an den Käufer überträgt oder sich hierzu verpflichtet und dafür als Gegenleistung den Kaufpreis erhält. Wie im deutschen Recht ist damit auch hier entscheidend, ob die Software als Sache anzusehen ist und ob der Verkäufer das Eigentum an der Software übergibt bzw. sich hierzu verpflichtet.

---

136 Grundsätzlich geht das common law von einem einheitlichen Vertragsrecht für alle Vertragsarten aus. Bezeichnenderweise wird dieses Rechtsgebiet daher „law of contract" und nicht „law of contracts" genannt.

137 Dieses Gesetz beinhaltet einen Großteil des geltenden Kaufvertragsrechts. Soweit der SGA 1979 keine ausdrückliche Regelung enthält, sind weiterhin die Grundsätze des common law entscheidend, worunter das von der englischen Rechtsprechung überlieferte Recht zu verstehen ist.

138 Siehe hierzu ausführlich S. 57ff. Wenn keine gesetzlich normierte Vertragsart vorliegt, gelten die Grundsätze des common law. Nach diesen findet eine Einbeziehung von implied terms statt, wenn dies für die Herstellung ausgeglichener Vertragsbeziehungen erforderlich ist.

139 Siehe hierzu ausführlich, S. 256ff.

140 Zwar kommt diesem obiter dictum – anders als den tragenden Urteilsgründen – technisch gesehen keine Bindungswirkung zu. Faktisch führt jedoch auch ein obiter dictum zu einer Befolgung durch die unterinstanzlichen Gerichte, da diese hieran die Auffassung des höheren Gerichts erkennen und somit – bei Anwendung dieser Rechtsauffassung – eine spätere Aufhebung ihrer Entscheidung verhindern können.

(1) Software als „good"

Auch im englischen Recht ist die Diskussion um die Sacheigenschaft von Software im Wesentlichen auf deren spezielle Eigenschaften zurückzuführen. So ist auch hier zunächst von Bedeutung, dass Software als solche eine geistige Leistung darstellt. Gleichzeitig ist aber zu berücksichtigen, dass das Speichermedium unstreitig als Sache anzusehen ist und die Software, um bestimmungsgemäß zu funktionieren, einer Verkörperung auf einem solchen Speichermedium bedarf[141].

Goods werden in sec. 61 SGA 1979 als all personal chattels other than things in action and money definiert. Ein personal chattel wiederum ist eine Sache, die eigentumsfähig ist[142]. Voraussetzung für die Eigentumsfähigkeit einer Sache ist, dass sie als Gegenstand verkörpert ist (tangibility)[143].

(a) Überlassung auf Speichermedium

Nach der überwiegenden Ansicht liegt die erforderliche Verkörperung, welche die Annahme einer Sache rechtfertigt, bereits dann vor, wenn die Software auf einem Speichermedium, beispielsweise einer Diskette, übergeben wird[144]. Zwar wird an dem Abstellen auf das Speichermedium teilweise kritisiert, dass dies dem primär geistigen Charakter der Software zuwiderlaufe und damit die Rolle des Datenträgers überbewerte[145]. Dem wird jedoch entgegengehalten, dass die Annahme einer

---

141 Zum Wesen der Software siehe die Ausführungen von Glidewell LJ in St. Albans City & District Council v International Computers Ltd, [1996] 4 All E.R. 481, S. 491ff.

142 Scott [1987] 4 CL & P 133 definiert den Begriff personal chattel wie folgt: „A personal chattel is a chose in possession, which is a form of personal property, that is, a thing in which a person has property rights."

143 Garner, Black's Law Dictionary, S. 1456.

144 Scott-Baker J führt hierzu in der ersten Instanz von St. Albans City & District Council v International Computers Ltd [1995] F.S.R. 686, 699.aus: „However, I am of the view that software probably is goods within the Act. Programs are, as has been pointed out, of necessity contained in some physical medium, otherwise they are useless.". Siehe auch die australische, aber von englischen Gerichten häufig angeführte Entscheidung Toby Constructions Products Pty Ltd v Computa Bar (Sales) Pty Ltd [1983] NSWLR 48, wonach die Lieferung eines Systems, also Hardware und Software, als Kaufvertrag anzusehen ist.

145 [1996] F.S.R. 367, 376. Lord Penrose führt hierzu aus: „The reasoning [Sacheigenschaft von Software] appears to me to be unattractive, at least, in the context with which this case is concerned. It appears to emphasise the role of the physical medium and to relate the transaction in the medium to sale or hire of goods. It would have the somewhat odd result that the dominant characteristic of the complex product, in terms of the value or the significant interests of the parties, would be subordinated to

reinen geistigen Leistung den funktionellen Aspekt der Software verkenne, da diese konkrete Handlungsanweisungen an die Hardware erteile[146]. Weiterhin entspreche das Abstellen auf die Verkörperung der Rechtslage bei traditionellen Medien, wie beispielsweise Büchern oder Videokassetten. So stellt Glidewell LJ zur Begründung der Sacheigenschaft in der Entscheidung St. Albans City & District Council v International Computers Ltd[147] einen Vergleich zwischen Software und einem Reparaturbuch für Kraftfahrzeuge an. Sofern die Befolgung einer falschen Reparaturanleitung zu einem Schaden an dem Motor des Fahrzeugs führt, würden die Regelungen des SGA 1979 auf die in dem Buch verkörperte Reparaturanleitung Anwendung finden. Das Gleiche, also die Anwendbarkeit des Kaufrechts, müsse dann daher aber auch für Software gelten, die sich auf einem Datenträger befindet[148].

Weiterhin wird im Schrifttum teilweise vertreten, dass der urheberrechtliche Schutz der Software einer Einstufung als good entgegenstehe[149]. Die Definition von goods in sec. 61 SGA 1979 schließt nämlich ausdrücklich things in action aus, worunter unter anderem geistige Eigentumsrechte wie das Urheberrecht fallen[150]. Die Überlassung von Software sei aber im Kern eine Einräumung von Nutzungsrechten am geistigen Eigentum des Herstellers. Hiergegen wird jedoch vorgebracht, dass der Ausschluss in sec. 61 SGA 1979 lediglich solche Rechtsgeschäfte erfassen soll, die primär der Übertragung von geistigen Eigentumsrechten dienen.

---

the medium by which it was transmitted to the user in analysing the true nature of the effect of the contract.".

146 Rowland/Macdonald, S. 144.

147 [1996] 4 All E.R. 481. In dem Fall erwarb die Bezirksregierung von St. Albans von International Computers Ltd. eine Software zur Berechnung der von den Bürgern zu zahlenden steuerlichen Abgaben. Das Programm war jedoch mangelhaft, was zur Ermittlung einer zu geringen Bevölkerungszahl führte. Aus diesem Grund wurde auch die Steuerlast der einzelnen Bürger falsch berechnet, so dass dem Bezirk im Ergebnis ein Schaden von £1,3 Millionen entstand.

148 Vgl. Glidewell LJ in St. Albans City & District Council v International Computers Ltd, [1996] 4 All E.R. 481, S. 493: „If this [Anwendbarkeit Kaufrecht auf falsche Reparaturanleitung] is correct, I can see no logical reason why it should not also be correct in relation to a computer disc onto which a program designed and intended to instruct or enable a computer to achieve particular functions has been encoded. If the disc is sold or hired by the computer manufacturer, but the program is defective, in my opinion there would prima facie be a breach of the terms as to quality and fitness for purpose implied by the Sale of Goods Act."

149 Bainbridge, S. 228.

150 Bainbridge, S. 226.

Dies sei bei Software wie auch bei Büchern aber gerade nicht der Fall. Im Vordergrund stehe hier die Übertragung des Produkts selbst und die damit verbundenen Möglichkeiten für den Anwender[151]. Der Einräumung von Nutzungsbefugnissen komme dabei eine wichtige, aber nicht vertragstypenprägende Bedeutung zu[152].

(b) Unkörperliche Übertragung

Problematisch ist aber, ob Software auch dann als Sache i.S.v. sec. 61 SGA 1979 anzusehen ist, wenn sie nicht auf einem Datenträger, sondern beispielsweise durch einen Download aus dem Internet übertragen wird. Mangels Verkörperung im Zeitpunkt der Überlassung verneint die herrschende Rechtsprechung in diesem Fall das Vorliegen eines goods und damit auch die Anwendbarkeit des SGA 1979[153].

Eine häufig vertretene Ansicht geht hingegen auch hier von der Anwendbarkeit des SGA 1979 aus[154]. Sie erkennt zwar die Erforderlichkeit der Verkörperung an, da nur hierdurch der Besitz und die damit zusammenhängende Ausschlussfunktion begründet werden können. Jedoch sei Software auch bei einem Download aus dem Internet stets in einem verkörperten Zustand anzutreffen. Zum einen liege

---

151 Vgl. Steyn J in Eurodynamics Systems v General Automation Ltd (1988) unreported: Although the ideas and concepts involved in software remained [the defendants'] intellectual property, the reality of the transaction is that there has been the transfer of a product."

152 Rowland/Macdonald, S. 145f. Dies könne nur dann anders zu beurteilen sein, wenn das urheberrechtliche Schutzrecht im konkreten Fall derart in den Vordergrund tritt, dass die Überlassung der Software an sich zu vernachlässigen ist. Bei Software sei dies aber nur schwer vorstellbar, da es dem Anwender regelmäßig gerade auf die Überlassung des Produkts ankommen wird.

153 In einer neueren Entscheidung zu diesem Problem, Horace Holman Group Limited v Sherwood International Group Ltd [2000] WL 491372 hat das Gericht sich auf die Ausführungen von Glidewell LJ berufen und diese vollumfänglich auf den zu entscheidenden Fall angewendet. Daher war die unkörperliche Übertragung von Software nicht als sale of goods anzusehen, jedoch wurde die strikte Haftung durch einen implied term zur Gewährleistung des Verwendungszwecks über das common law in den Vertrag einbezogen.

154 Dies ergibt sich nach der Ansicht vieler Autoren bereits aus dem pragmatischen Grund, dass alle anderen Vertragsarten kein passendes Instrumentarium bieten, vgl. Macdonald [1995] 58 M.L.R. 585, 589; Napier [1992] CLJ 46, 55. Siehe auch die Ausführungen von Scott Baker J in St. Albans City & District Council v International Computers Ltd [1995] F.S.R. 686, 699: If the supply of software is not a supply of goods, it is difficult to see what it could be other than something which no statutory rules applied, thus leaving the recipient unprotected in the absence of an express agreement.".

sowohl am Anfang als auch am Ende des Übertragungsvorgangs eine Verkörperung auf einem Speichermedium vor. Aber selbst während des Übertragungsvorgangs bestehe eine relevante Verkörperung in der Anordnung von elektrischen Impulsen[155].

Die praktischen Auswirkungen dieses Meinungsstreits halten sich jedoch in Grenzen. Auch die herrschende Rechtsprechung hat nämlich anerkannt, dass die häufig zufällig gewählte Form der Übertragung nicht zu einem unterschiedlichen Schutzstandard für den Anwender führen könne[156]. So vertritt Glidewell LJ in der Entscheidung St. Albans City & District Council v International Computers Ltd die Auffassung, dass bei einer körperlosen Übertragung eine dem SGA 1979 vergleichbare Rechtslage über das common law herzustellen sei. Die in dem SGA 1979 angeführten implied terms stellen nämlich nur eine unvollständige Wiedergabe der common law-Rechtsprechung zu den implied terms dar[157]. Sofern die berechtigten Interessen des Softwareanwenders dies erfordern, können daher die implied terms des SGA 1979 in den Vertrag einbezogen werden, auch wenn das Vorliegen eines sale of goods abzulehnen ist. Aus diesem Grund hat Glidewell LJ die Einbeziehung eines der sec. 14 (3) SGA 1979 vergleichbaren implied term über das common law befürwortet:[158].

(2) Vorliegen eines sale

Nach der Definition in sec. 2 (1) SGA 1979 ist für das Vorliegen eines Kaufvertrags weiterhin erforderlich, dass der Verkäufer das Eigentum an Sachen (goods) an den Käufer überträgt oder sich zumindest hierzu verpflichtet.

Da der Verkäufer dem Käufer den Besitz und das Eigentum an der konkreten Kopie der Software überträgt, hält die überwiegende Ansicht diese Voraussetzung für erfüllt. Der Käufer erwirbt nämlich das dauerhafte Recht, die Software

---

155 Green/Saidov [2007] March J.B.L. 161, S. 166. Nach Guest, Benjamin's Sale of Goods, Rn. 1-084 kann auch Elektrizität als good anzusehen sein.

156 Dies gilt insbesondere vor dem Hintergrund, dass mittlerweile jede Information entweder auf einem Datenträger oder online übermittelt werden kann. Dies gilt nicht nur für Software, sondern auch für Bücher und Filme. Die Verwendung unterschiedlicher Vertriebswege darf aber nicht zu unterschiedlichen Schutzstandards für den Anwender führen. Siehe hierzu Chissik/Kelman, S. 70, Rn. 3.08 sowie Kawawa, 5.4.

157 White, (1994) JILT 1, S. 4.

158 [1996] 4 All E.R. 481, 494: „In the absence of any express term as to quality or fitness for purpose, or any term to the contrary, such a contract is subject to an implied term that the program will be reasonably fit for, i.e. reasonably capable of achieving the intended purpose."

zu verwenden und kann Dritte von der Verwendung der Software ausschließen. Zwar unterliegt der Gebrauch der Software bestimmten Beschränkungen. So hat der Käufer beispielsweise nicht das Recht, die Software zu vervielfältigen oder zu verbreiten. Jedoch ist zu berücksichtigen, dass der Käufer derartige Rechte auch nicht bei dem Kauf eines Buches erwirbt. Gem. sec. 12 (2) SGA 1979 können die Parteien die Übertragung einer begrenzten Verfügungsgewalt vereinbaren, solange der Verkäufer vor dem Vertragsschluss den Käufer über den beschränkten Rechtserwerb informiert hat[159].

Zwar wird im Schrifttum teilweise kritisiert, die aus der Einordnung als Kaufvertrag resultierende verschuldensunabhängige Haftung aus sec. 14 SGA 1979 stünde im Widerspruch zur zwingenden Fehlerhaftigkeit der Software. Jedoch bieten die nach dieser Vorschrift einbezogenen Vorschriften genügend Interpretationsspielraum, um diesen Umstand zu berücksichtigen. So sieht der implied term in sec. 14 (3) SGA 1979 beispielsweise lediglich die hinreichende Eignung zum Verwendungszweck vor. Dies führt dazu, dass Software auch im Rahmen der strengen Haftung keine absolute Fehlerfreiheit aufweisen muss. Weiterhin habe der Verkäufer die Möglichkeit, die Haftung innerhalb der Lieferkette hochzureichen[160].

In diesem Zusammenhang ist auch zu beachten, dass die Anwendbarkeit der strengen Haftung nicht zwingend die Annahme eines Kaufvertrags voraussetzt. So besteht auch bei einer anderweitigen Überlassung einer Sache eine vergleichbare strenge Haftung aus sec. 8-10 SGSA 1982[161].

bb) Andere Einordnungen

Neben der Annahme eines Kaufvertrags, werden auch andere Ansätze zur Einordnung der dauerhaften Softwareüberlassung vertreten. Da diese sich aber nicht durchsetzen konnten, beschränken sich die folgenden Ausführungen auf einen Überblick.

So wird, wie auch im deutschen Recht, vertreten, die Überlassung von Software stelle keinen sale of goods, sondern einen Lizenzvertrag dar[162]. Die Software unterstehe nämlich einem urheberrechtlichen Schutzrecht, welches gerade nicht im Rahmen eines Kaufes übertragen werden soll. Vielmehr verbleibe das geistige Eigentum beim Hersteller, so dass die Überlassung der Software als Einräumung

159 Green/Saidov [2007] March J.B.L. 161, S. 178.
160 Atiyah/Adams/MacQueen, S. 81.
161 Vgl. Rowland/Macdonald, S. 138.
162 Siehe hierzu Niranjan [2009] Aug. J.B.L. 799.

einer Lizenz anzusehen sei. Nach der überwiegenden Ansicht müsse jedoch zwischen der lizenzrechtlichen Komponente und der kaufrechtlich einzuordnenden Überlassung der Software unterschieden werden, wobei letztere bei einer Gesamtschau der Umstände typenprägend sei[163].

Eine weitere Auffassung im Schrifttum geht davon aus, dass es sich bei einem Vertrag zur Lieferung von Standardsoftware um einen Dienstvertrag (service contract) handele[164]. Dies ergebe sich aus dem überwiegenden Zweck der Softwareüberlassung, welcher ausschließlich in der Lieferung einer funktionierenden Software, also der Erbringung einer Dienstleistung liege. Die Folge dieser Ansicht wäre, dass die verschuldensabhängige Haftung i.S.v. sec. 13 SGSA 1982 Anwendung findet, wonach der gewerbsmäßig handelnde Dienstleister die Dienste mit reasonable skill and care zu erbringen hat. Die Annahme eines Dienstvertrags wird jedoch überwiegend mit dem Argument abgelehnt, dass dieser eine besondere Beziehung zwischen den Vertragsparteien (unique contractual relationship) erfordere[165]. Bei der Lieferung von Standardsoftware liege eine solche gerade nicht vor, da dieses ein alltägliches Massengeschäft darstelle. Vor diesem Hintergrund lehnt Rogers J in der australischen, aber von englischen Gerichten häufig zitierten Entscheidung Toby Constructions Products Ltd v Computer Bar Sales Pty Ltd auch das Argument ab, die Lieferung einer Standardsoftware sei mit der Anfertigung und Lieferung eines Gemäldes zu vergleichen, weshalb die Rechtsbeziehung als service contract anzusehen sei. Nach seiner Auffassung sei vielmehr ein Vergleich mit der Lieferung einer massenproduzierten Kopie eines Gemäldes angebracht, so dass eine kaufrechtliche Beziehung vorliege[166].

Schließlich wird teilweise von einer Einstufung als Vertrag sui generis ausgegangen. Diese Ansicht hat insbesondere das schottische Outer House of the Court of Session in der Entscheidung Beta Computers (Europe) Ltd v Adobe Systems (Europe) Ltd[167] vertreten. Das Gericht lehnte hier zunächst die Annahme von

---

163 Green/Saidov [2007] March J.B.L. 161, S. 174f.

164 Bainbridge, S. 226.

165 Chissick/Kelman, Rn. 3.09, S. 71.

166 [1983] 2 NSWLR 48, 51: „Whilst representing the fruits of much research work, the software was in current jargon, off the shelf, in a sense, mass produced. There can be no comparison with a one off painting. Rather is the comparison with a mass produced print of painting."

167 [1996] F.S.R. 367. Die Beklagte erwarb hier von der Klägerin eine Standardsoftware der Firma Informix S.I. per Telefon. Da die Beklagte die als shrink wrap license auf der Verpackung abgedruckten Lizenzbestimmungen nicht akzeptieren wollte, beabsichtigte sie die Software an die Klägerin zurückzugeben, um den Preis

zwei verschiedenen Verträgen, nämlich einen sale of goods im Hinblick auf den Datenträger und einen Lizenzvertrag im Hinblick auf die Einräumung von Nutzungsrechten ab. Es sei vielmehr von einem einheitlichen Vertrag auszugehen, der insgesamt auf die Überlassung von Standardsoftware abziele. Dieser stelle einen Vertrag sui generis dar, welcher Elemente eines Warenkaufs und eines Lizenzvertrages enthalte[168]. Bei dieser Entscheidung handelt es sich allerdings um eine schottische Entscheidung, welche für das englische Recht keine Bindungswirkung, sondern nur persuasive evidence besitzt. Auch hat Lord Penrose den Fall nicht unter dem Gesichtspunkt der Haftung bzw. Gewährleistung und der damit verbundenen Frage der implied terms betrachtet, so dass die Ausführungen auf diese Themenbereiche nur bedingt anwendbar sind. Mittlerweile können Bücher und Filme wie auch Software digital übertragen werden. Dies dürfe aber nicht dazu führen, dass es sich stets um einen Vertrag sui generis handele, der einer Kontrolle durch den SGA 1979 entzogen ist[169].

cc) Ergebnis

Die dauerhafte Überlassung einer Standardsoftware, die sich auf einem Datenträger befindet, ist nach überwiegender Ansicht als sale of goods anzusehen, so dass die Vorschriften des SGA 1979 Anwendung finden. Sofern die Software unkörperlich übertragen wird, beispielsweise bei einem Download aus dem Internet, findet nach einer häufig vertretenen Literaturansicht ebenfalls der SGA 1979 Anwendung. Die herrschende Rechtsprechung lehnt hier jedoch das Vorliegen eines sale of goods ab. Im Ergebnis gelangt sie aber ebenfalls zur strengen Haftung des Verkäufers, indem sie über das common law solche implied terms in den Vertrag einbezieht, die denen des SGA 1979 entsprechen.

---

zurückzuerhalten. Die Klägerin verweigerte jedoch die Rücknahme und erhob Zahlungsklage.

168 [1996] F.S.R. 367, 377: „In my opinion the only acceptable view is that the supply of proprietary software for a price is a contract sui generis which may involve elements of nominate contracts such as sale, but would be inadequately understood if expressed wholly in terms of any of the nominate contracts. Further, it is in my opinion unacceptable to analyse the transaction in this case as if it were two separate transactions relating to the same subject matter. There is but one contract. If on a proper analysis it does not fit the basic characteristics of any one nominate contract, the preferable view to suggesting that it is two contracts is that it is innominate but reflects elements also found typically in nominate contracts forms."

169 Atiyah/Adams/MacQueen, S. 79.

b) Fehlerhafte Software als Vertragsverletzung

Aufbauend auf dem vorstehenden Ergebnis wird im Folgenden der Frage nachgegangen, unter welchen Voraussetzungen die Lieferung einer fehlerhaften Software als Vertragsverletzung (breach of contract) anzusehen ist. Die Untersuchung beschränkt sich dabei auf die Rechtslage nach dem SGA 1979, auch wenn dieser unmittelbar nur auf die dauerhafte Überlassung einer Software Anwendung findet, die auf einem Speichermedium verkörpert ist. Soweit die herrschende Rechtsprechung für die Überlassung der Software über das Internet auf die Grundsätze des common law abstellt, wird dies im Rahmen der folgenden Untersuchungen ausgeklammert. Zum einen liegen hierzu noch keine aussagekräftigen Entscheidungen vor, so dass die Ausführungen spekulativ wären. Zum anderen ist die Rechtsprechung auch bei dieser Übertragungsform bestrebt, eine dem SGA 1979 entsprechende Rechtslage herbeizuführen, so dass sich die praktischen Unterschiede im Ergebnis in Grenzen halten.

aa) „Express terms“

Die Qualitätsanforderungen an eine Ware bestimmen sich vorrangig danach, welche Beschaffenheit die Vertragsparteien ausdrücklich vereinbart haben (express terms). Diese ausdrückliche Vereinbarung der Beschaffenheit geht auch dem Inhalt eventuell einbezogener implied terms vor[170]. Die express terms sind im SGA 1979 nicht ausdrücklich geregelt, so dass die Parteien grundsätzlich frei vereinbaren können, welchen Qualitätsstandard die Software erfüllen muss, um nicht als fehlerhaft zu gelten. Dabei gilt der Grundsatz, dass jede Abweichung von dem express term eine Vertragsverletzung darstellt[171].

Problematisch ist die Annahme eines express term immer dann, wenn dieser nicht ausdrücklich Inhalt des schriftlichen Vertrags wird. So tätigt der Verkäufer häufig auf seiner Webseite oder im Rahmen des Verkaufsgesprächs Aussagen, die den Käufer zum Kauf veranlassen. Sofern diese Aussagen nicht als unbeachtliche marktschreierische Anpreisung (advertising puff) zu qualifizieren sind[172], stellt sich die Frage, ob sie einen Vertragsbestandteil (term) oder eine Nebenabrede (representation) darstellen, da dies Auswirkungen auf die

---

170 Guest, in: Chitty on Contracts, S. 647, Rn. 13-009.

171 Atiyah/Adams/MacQueen, S. 148. Die aus der Vertragsverletzung resultierenden Rechte des Käufers bestimmen sich nach der Abgrenzung condition, warranty und innominate term, siehe S. 62ff.

172 Siehe hierzu Poole, Rn. 5.2.2.1, S. 195f.

Rechte und Ansprüche hat, die der Käufer gegenüber dem Verkäufer geltend machen kann[173].

Für die Abgrenzung zwischen representation und term ist entscheidend, ob der Erklärende ein vertraglich bindendes Versprechen im Hinblick auf die Richtigkeit seiner Aussage machen wollte[174]. Wenn die Aussage keinen Eingang in den schriftlichen Vertrag gefunden hat, muss das Vorliegen eines entsprechenden Bindungswillens durch Auslegung ermittelt werden[175]. Hierbei ist zunächst von Bedeutung, inwieweit die Aussage für den Abschluss des Vertrags maßgeblich war[176]. Weiterhin ist gerade beim Kauf einer Software zu berücksichtigen, ob der Verkäufer ein überlegenes Fachwissen hat, auf welches der Käufer vertraut hat[177]. So hat eine englische solicitor-Kanzlei in der Entscheidung Mackenzie Patten & Co v British Olivetti Ltd[178] eine Software erworben, die sich als hochgradig fehlerhaft erwies. Aufgrund des überlegenen Fachwissens des Softwarelieferanten sowie des Vertrauens der Anwälte hierauf, ging das Gericht von einem Anspruch aus breach of contract aus, da die vorvertraglichen Angaben zu den Funktionen der Software Bestandteil des Vertrages geworden sind.

Wenn die Parteien einen schriftlichen Vertrag abgeschlossen haben und der Käufer geltend macht, dass eine mündliche Aussage im Rahmen der Vertragsverhandlungen Bestandteil des Vertrags wurde, dann wird der Verkäufer diesem Vorbringen allerdings regelmäßig die parol evidence rule entgegenhalten. Bei einer traditionellen, strikten Anwendung dieser Regel wäre das Vorbringen des Käufers irrelevant, da hiernach der schriftliche Vertrag die maßgebliche und abschließende Vereinbarung der Parteien darstellt. Aus Gründen der Rechtssicherheit seien daher solche Beweise nicht zuzulassen, welche dem Inhalt des schriftlichen Vertrags etwas hinzufügen, diesen abändern oder ihm widersprechen[179]. Um die hieraus

---

173 McKendrick, S. 299f.

174 Cartwright, Rn. 8.05.

175 Siehe hierzu ausführlich: Beatson, in: Anson's Law of Contract, S. 129. Zusätzlich zu den angeführten Kriterien stellen die Gerichte auch auf die Zeitspanne zwischen der Tätigung der Aussage und dem eigentlichen Vertragsschluss ab. Je mehr Zeit vergangen ist desto eher ist von einer representation auszugehen. Weiterhin tendieren die Gerichte dazu, eine Aussage als Bestandteil des Vertrages anzusehen, wenn die Parteien diesen Umstand als besonders wichtig angesehen haben.

176 Bannerman v White (1861) 10 CBNS 844.

177 Rowland/Macdonald, S. 128.

178 (1984) Entscheidung vom 11. Januar, unveröffentlicht.

179 Jacobs v Batavia and General Plantations Trust [1924] 1 Ch 287, S. 295; Rabin v Gerson Berger Association Ltd [1986] 1 W.L.R. 526, S. 531.

resultierenden Folgen in Einzelfällen zu umgehen, ist die Rechtsprechung teilweise vom Vorliegen eines collateral contract ausgegangen, dessen Inhalt dem Hauptvertrag nicht widerspricht, sondern einen gänzlich unabhängigen Vertrag darstellt[180].

Mittlerweile wird die parol evidence rule allerdings nicht mehr in dieser Strenge angewendet[181]. Zumeist bewirkt sie nur noch eine Vermutung, dass der schriftliche Vertrag abschließende Funktion haben sollte, welche aber durch einen entsprechenden Gegenbeweis widerlegt werden kann[182]. Im Regelfall ist der Verkäufer daher bestrebt, über eine vertragliche Klausel im EULA (merger clause) den schriftlichen Vertrag als einzig maßgeblich und abschließend zu vereinbaren und damit die traditionell abschließende Wirkung der parol evidence rule herbeizuführen.

bb) „Implied terms“

Sofern die express terms keinen Maßstab für die Fehlerhaftigkeit der Software enthalten, ist auf die implied terms abzustellen[183]. Hierbei handelt es sich um solche Pflichten, die abhängig vom Typ des Vertrages in den Vertrag einbezogen werden, ohne dass die Parteien einen dahingehenden Willen gezeigt haben[184]. Die Einbeziehung solcher Bestimmungen soll die berechtigten Erwartungen der Käufer schützen[185]. Die implied terms können einen Großteil des Vertrages ausmachen und sind nur in begrenztem Umfang ausschließbar[186]. Die für einen Kaufvertrag relevanten implied terms ergeben sich aus den sec. 12-14 SGA 1979[187].

---

180 Vgl. Mann v Nunn (1874) 30 L.T. 526. Die für den Abschluss des collateral contract erforderliche consideration ist in dem Abschluss des Hauptvertrags zu sehen; Treitel/Peel, Law of Contract, Rn. 6-026ff, S. 221ff.

181 Siehe den Bericht der Law Commission of England and Wales Nr. 154 (1986) zur parol evidence rule. Zu den zahlreichen Ausnahmen siehe auch Treitel/Peel, Law of Contract, Rn. 6-013ff, S. 214ff.

182 Rowland/Macdonald, S. 130.

183 Die Einbeziehung von implied terms findet allerdings dort seine Grenze, wo der Vertrag substantielle Fragen offen lässt. In diesen Fällen ist der Vertrag nämlich nichtig wegen mangelnder Bestimmtheit (void for uncertainty), vgl. Richards, S. 137.

184 Siehe die Ausführungen von Lord Steyn in Society of Lloyd's v Clementson [1995] CLC 117, 131; Guest, in: Chitty on Contracts, Rn. 13-003.

185 McKendrick, S. 349.

186 Im Rechtsverkehr mit Verbrauchern kann die zwingende Anwendung dieser implied terms gem. sec. 6 (2) UCTA 1977 nicht ausgeschlossen werden. Im Rechtsverkehr zwischen Unternehmen ist ein Ausschluss gem. sec. 6 (3) UCTA 1977 nur unter der Bedingung zulässig, dass dieser angemessen (reasonable) ist.

187 Im Rahmen des common law galt lange der Grundsatz caveat emptor, der das Risiko des Warenkaufes dem Käufer auferlegte. Aufgrund von immer komplizierteren

(1) Übereinstimmung mit Beschreibung („Correspondance with description“)

Nach sec. 13 SGA 1979 wird ein implied term in den Vertrag einbezogen, dass die Ware immer dann fehlerhaft ist, wenn sie nicht mit ihrer Beschreibung übereinstimmt (correspondance with description)[188]. Allerdings ist zu beachten, dass nicht alle Beschreibungen der Ware unter sec. 13 SGA 1979 fallen. Vielmehr liegt nach der Rechtsprechung eine relevante Beschreibung nur dann vor, wenn sie zur Identifizierung der Ware dient. Nach Ashington Piggeries v Christopher Hill[189] kommt aber nur den wesentlichen Eigenschaften eines Produkts eine solche Identifizierungsfunktion zu. Welche Eigenschaften als wesentlich anzusehen sind, richtet sich nach der Verkehrsanschauung (men in the marketplace test). Wenn beispielsweise eine Textverarbeitungssoftware angepriesen wird[190], dann dürfte die Software, wenn sie einen unwesentlichen Fehler aufweist, nach der Verkehrsanschauung weiterhin als eine Textverarbeitungssoftware anzusehen sein. Nur wenn der Fehler ein überwiegendes Ausmaß einnimmt oder gar ein aliud, beispielsweise ein Buchhaltungsprogramm, geliefert wird, liegt mithin ein Verstoß gegen sec. 13 SGA 1979 vor.

(2) Gewähr für hinreichende Qualität („satisfactory quality“)

Weiterhin kann gem. sec. 14 (2) SGA 1979 ein implied term in den Vertrag einbezogen werden, dass die Ware hinreichende Qualität (satisfactory quality) aufweist[191]. Grundlegende Voraussetzung ist dabei, dass der Verkäufer geschäftsmäßig (in the course of a business) handelt[192]. Dieses Merkmal ist aber regelmäßig erfüllt, da das Gericht in Stevenson v Rogers klargestellt hat, dass ein geschäftsmäßiges Handeln nur dann zu verneinen ist, wenn der Verkauf einen rein privaten Charakter aufweist[193].

---

technischen Kaufgegenständen wurde dieser Grundsatz zunehmend als unbillig empfunden. Nach den Regelungen des SGA 1979 liegt das Risiko des Geschäfts mittlerweile überwiegend beim Verkäufer, vgl. White, JILT 1993, S. 1; Lloyd, Rn. 26.26.

188 Erforderlich ist auch hier, dass die Beschreibung einen term und nicht lediglich eine representation darstellt, vgl. Atiyah/Adams/MacQueen, S. 149ff.

189 [1972] A.C. 441.

190 Beispiel entnommen aus Rowland/Macdonald, S. 162.

191 Durch den Sale and Supply of Goods Act 1994 wurde das Konzept der merchantable quality durch das der satisfactory quality ersetzt.

192 Sec. 14 (2) SGA 1979 lautet: „Where the seller sells goods in the course of a business, there is an implied term that the goods supplied under the contract are of satisfactory quality.“

193 [1999] Q.B. 1028.

Die Häufigkeit von Verkäufen oder die Erheblichkeit für das Geschäft des Verkäufers sind hingegen nicht relevant[194].

Nach der allgemeinen Definition in sec. 14 (2A) SGA 1979 weist die Kaufsache immer dann eine hinreichende Qualität auf, wenn eine verständige Person (reasonable person) den anzutreffenden Qualitätsstandard unter Berücksichtigung der Warenbeschreibung, gegebenenfalls des Preises und der sonstigen Umstände des Einzelfalls als hinreichend (satisfactory) ansehen würde[195].

Zur Konkretisierung der allgemeinen Definition führt das Gesetz in sec. 14 (2B) SGA 1979 weitere Kriterien an, die bei der Bestimmung der Qualitätsanforderungen zu beachten sind. Nach dessen lit. (a) ist beispielsweise von Bedeutung, ob die Sache sich für die Verwendungszwecke eignet, für welche Sachen dieser Art gewöhnlich geliefert werden. In diesem Zusammenhang ist regelmäßig ein Vergleich zu konkurrierenden Softwarelösungen anderer Unternehmen anzustellen[196]. Nicht ausschlaggebend ist allerdings, ob die Software eines Herstellers bei anderen Anwendern fehlerfrei läuft. Ein entsprechendes Argument des Verkäufers hat das Gericht in SAM Business Systems Ltd v Hedley & Co Ltd abgelehnt[197]. Weiterhin kommt nach lit. (c) dem Umstand Bedeutung zu, in welchem Umfang die Ware kleinere Defekte aufweist. Mehrere kleine Fehler, die für sich gesehen unbeachtlich sind, können sich dabei zu einem relevanten Fehler addieren. So hat die Langsamkeit des Programms in Saphena Computing Ltd. v Allied Collection Agencies Ltd. erst im Zusammenhang mit anderen Komplikationen zu einem

---

194 McKendrick, S. 348; Rowland/Macdonald, S. 164ff. Siehe aber auch den engere Auffassung von geschäftsmäßigem Handeln in R & B Customs Brokers v United Dominion Trust [1988] 1 All E.R. 847.

195 Gerade der Preis lässt bei Software nur in begrenztem Maß einen Rückschluss auf die Qualität zu. So hat eine neue, innovative Software häufig einen höheren Preis als die nachfolgenden Imitate anderer Hersteller. Dennoch rechtfertigt dies nicht einen niedrigeren Qualitätsstandard der Imitate, vgl. Rowland/Macdonald, S. 169 unter Verweis auf Lloyd, (1991) 32 Reliability Engineering and System Safety, S. 193.

196 Zur Problematik eines solchen Vergleichs siehe Lloyd, Rn. 26.35.

197 Vgl. [2003] 1 All E.R. 465. Judge Bowsher QC hat hierzu ausgeführt: I am no more impressed by it than if I were told by a garage that there were 1000 other cars of the same type as the one I had bought where there was no complaint of the defect that I was complaining of so why should I be complaining of a defect? We have all heard of Monday cars, so maybe this was a Monday software program.“. Allerdings bietet sich ein solcher Vergleich nur bedingt an. Die Mängel eines Fahrzeugs sind nämlich zumeist auf Fehler in der Produktionsphase zurückzuführen, wohingegen Softwarefehler zumeist in der Planungsphase entstehen, vgl. hierzu Lloyd, CRi 2003, 186, 187 sowie Macdonald [2005] Int JLIT 118, 133.

breach of contract geführt[198]. Ein weiterer Aspekt ist nach lit. (d) die Sicherheit des Produkts. Wenn die Software in einem Bereich eingesetzt werden soll, der mit einem hohen Schadensrisiko behaftet ist, dann kann von der Software ein höherer Sicherheitsstandard erwartet werden.

Ein Mangel des Produkts wird jedoch gem. sec. 14 (2C) SGA 1979 nicht berücksichtigt, wenn der Käufer vor Abschluss des Vertrages auf diesen hingewiesen wurde oder er die Gelegenheit hatte, die Ware vor dem Kauf zu untersuchen und hierbei den Mangel hätte entdecken können[199]. Stand dem Käufer vor dem Kauf ein Probestück zur Verfügung, dann ist ein Mangel unbeachtlich, wenn er bei Untersuchung des Probestücks hätte bemerkt werden können. Die Möglichkeit des Käufers, die Software für einen gewissen Zeitraum kostenfrei zu testen (trial version), kann daher den Ausschluss des Anspruchs nach sich ziehen.

Wenn der Käufer ein Verbraucher ist, werden gem. sec. 14 (2D) SGA 1979 zur Bestimmung der Qualität auch öffentliche Angaben, die der Verkäufer oder der Hersteller über die Eigenschaften des Produkts getroffen hat, berücksichtigt[200]. Hierzu zählen beispielsweise Aussagen in der Werbung oder auf der Beschriftung des Produkts. Dies gilt gem. sec. 14 (2E) SGA 1979 dann nicht, wenn der Verkäufer beweisen kann, dass er im Zeitpunkt des Vertragsschlusses berechtigter Weise nichts von der Aussage des Herstellers wissen konnte, die Äußerung berichtigt wurde oder die Kaufentscheidung nicht beeinflussen konnte.

(3) Gewähr für bestimmten Verwendungszweck
(„Fitness for particular purpose“)

Im Gegensatz zu den generellen Qualitätsanforderungen, die von sec. 14 (2) SGA 1979 aufgestellt werden, schützt der implied term aus sec. 14 (3) SGA 1979 die individuellen Interessen des Käufers. Nach dieser Vorschrift müssen die aufgrund des Vertrags gelieferten Waren dem konkreten Verwendungszweck des Käufers hinreichend gerecht werden (reasonably fit for buyer's particular purpose), sofern der Verkäufer geschäftsmäßig handelt und der Käufer ausdrücklich oder konkludent den Verwendungszweck der Ware mitgeteilt hat.

Durch die Verwendung des Zusatzes „hinreichend“ (reasonably) wird klargestellt, dass sec. 14 (3) SGA 1979 keine perfekte Eignung für den konkreten

198 [1995] F.S.R. 616, 644.

199 Bei Standardsoftware testet der Käufer – wenn überhaupt – nur eine Kopie der später erworbenen Software, so dass die Anwendbarkeit von sec. 14 (2C) SGA 1979 auf Software fraglich ist, Rowland/Macdonald, S. 167.

200 Diese Vorschrift dient der Umsetzung der Richtlinie 99/44/EG.

Verwendungszweck voraussetzt[201]. Diese Einschränkung ist insbesondere für Standardsoftware relevant, da diese aufgrund ihrer massenhaften Verwendung nicht die konkreten Bedürfnisse jedes einzelnen Anwenders in vollem Umfang befriedigen kann[202].

Der konkrete Verwendungszweck des Käufers ergibt sich zumeist bereits aus dem Kauf der Software. So bringt der Käufer eines Textverarbeitungsprogramms beispielsweise konkludent zum Ausdruck, dass er die Software zum Erstellen von Texten verwenden will. Sofern der Käufer allerdings eine unübliche Verwendung der Kaufsache beabsichtigt oder spezielle Anforderungen an die Software stellt, muss er dies dem Verkäufer mitteilen. Darüber hinaus muss er sicherstellen dass der Verkäufer diese Ansprüche verstanden hat[203]. So hat es der Käufer in der Entscheidung Micron Computer Systems Ltd v Wang[204] versäumt, den Verkäufer zu informieren, dass die Funktion „transaction logging" für ihn von besonderer Bedeutung ist. Nach dem Kauf der Software stellte sich heraus, dass die Software diese Funktion nicht erfüllt. Da der Käufer nicht beweisen konnte, dass er seinen speziellen Wunsch dem Verkäufer mitgeteilt hatte, lehnte das Gericht einen breach of contract ab.

(4) Rechtsmangel

Gem. sec. 12 (1) SGA 1979 wird ein implied term in den Kaufvertrag einbezogen, dass der Verkäufer das Recht hat, die Ware zu verkaufen und dass der Käufer mit Ausnahme der vertraglich vorgesehenen Beschränkungen die volle Verfügungsgewalt über die Sache erhält[205].

Weiterhin wird dem Käufer gem. sec. 12 (2) (b) SGA 1979 der ungestörte Besitz (quiet possession) an der Sache zugesichert. Dies bedeutet, dass weder der Verkäufer noch ein Dritter den vertragsgemäßen oder gesetzlich zugesicherten Gebrauch der Sache behindern darf[206]. Ein breach of contract liegt daher vor, wenn der Softwarehersteller oder ein Dritter Rechte an der Software geltend macht, die den Käufer davon abhalten, die Software im vertraglich oder gesetzlich vorgesehenen

---

201 Auch wenn auf reasonable fitness abgestellt wird, handelt es sich dennoch um einen Fall der strikten Haftung, da der Verkäufer sich nicht seiner Haftung entziehen kann, indem er fehlendes Verschulden nachweist.

202 Reed/Angel, S. 9.

203 Anglo Group v Wither Brown 1 March 2000.

204 (1990) Entscheidung vom 9. Mai, unveröffentlicht.

205 Die Möglichkeit der vertraglichen Beschränkung der Verfügungsgewalt des Käufers befindet sich in sec. 12 (3) SGA 1979.

206 Lloyd, Rn. 26.27f.

Umfang zu nutzen. Ein typisches Beispiel hierfür ist, dass ein Konkurrent des Softwareherstellers behauptet, die Software enthalte Programmteile, für die er die Schutzrechte innehat[207].

c) Rechte des Käufers

Wenn die Software entsprechend den vorstehenden Ausführungen einen Fehler aufweist und damit ein breach of contract vorliegt, stehen dem Käufer nach dem SGA 1979 verschiedene Rechte und Ansprüche zu[208]. Im Folgenden wird untersucht, unter welchen Voraussetzungen er ein Recht zur Verweigerung der Annahme hat oder einen Anspruch auf Schadensersatz geltend machen kann. Darüber hinaus werden das Recht auf specific performance sowie die speziellen Rechtsbehelfe des Käufers im Verbraucherverkehr diskutiert.

aa) Verweigerung der Abnahme („rejection")

Die Lieferung einer fehlerhaften Ware kann den Käufer dazu berechtigen, die Abnahme der Ware zu verweigern (rejection). Durch eine entsprechende Erklärung gegenüber dem Verkäufer entfällt die Pflicht zur Kaufpreiszahlung und bereits geleistete Zahlungen kann der Käufer gem. sec. 54 SGA 1979 zurückfordern[209]. Weiterhin steht ihm in diesem Fall häufig ein Anspruch auf Schadensersatz gem. sec. 51 SGA 1979 zu, da der Verkäufer im Falle einer rechtmäßigen Zurückweisung so zu behandeln ist, als hätte er gar nicht geleistet[210]. Auch ist mit dem Recht zur Abnahmeverweigerung das Recht zur Kündigung (termination) des Kaufvertrags eng verbunden, da die Voraussetzungen hierfür mit denen der Abnahmeverweigerung identisch sind[211]. In vielen Fällen ist bereits die Zurückweisung der Ware als Kündigung des Vertrags auszulegen. Diese Auslegung begegnet nur dann Bedenken, wenn die Leistungszeit noch nicht abgelaufen ist. In diesem Fall steht

---

207 Die geltend gemachten Schutzrechte müssen dabei nach dem Erwerb der Software entstanden sein, da ansonsten bereits eine Verletzung von sec. 12 (1) SGA 1979 vorliegt.

208 Zur Begrenzung des Untersuchungsgegenstands auf die Rechtslage nach dem SGA 1979 siehe bereits oben, S. 55.

209 Atiyah/Adams/MacQueen, S. 114, 505f. Dogmatisch gesehen beruht das Rückforderungsrecht auf der Annahme, dass der Käufer bei der rechtmäßigen Annahmeverweigerung keine Gegenleistung (consideration) für die Zahlung des Kaufpreises erhalten hat.

210 Lloyd, Rn. 26.63.

211 Vgl. Guest, Benjamin's Sale of Goods, Rn. 17-087. Der entscheidende Unterschied in der Rechtsfolge besteht darin, dass durch eine termination im Gegensatz zur rejection der Primäranspruch erlischt.

dem Verkäufer regelmäßig das Recht zu, bis zum Ablauf der Leistungszeit eine vertragsgemäße Leistung zu erbringen[212].

Um ein right to reject zu begründen muss der Fehler der Software allerdings derart ausgeprägt sein, dass er to the root of the contract geht[213]. Dies ist immer dann der Fall, wenn ein Verstoß gegen eine condition oder eine schwerwiegende Verletzung eines innominate term vorliegt.

Traditionell werden die Bestandteile eines Vertrages in unwesentliche (warranties) und wesentliche (conditions) Vertragsbestandteile eingeteilt[214]. Die Vertragsbestandteile, die nicht den Hauptzweck des Vertrags betreffen, sind gem. sec. 61 SGA 1979 als warranties anzusehen. Deren Verletzung gibt der betroffenen Partei zwar einen Schadensersatzanspruch, jedoch kein Recht zur Zurückweisung der Ware oder Kündigung des Vertrages[215]. Ein Vertragsbestandteil ist hingegen als condition anzusehen, wenn er den Hauptzweck des Vertrags betrifft oder in sonstiger Weise eine besondere Bedeutung aufweist. Die Einordnung als condition kann sich dabei sowohl aus dem Gesetz als auch aus dem Willen der Parteien ergeben. Die implied terms der sec. 13-15 werden beispielsweise durch den SGA 1979 zu einer condition erhoben, so dass deren Verletzung im Rechtsverkehr grundsätzlich die Zurückweisung der Ware ermöglicht[216]. Bei einer express warranty ist für eine Einstufung als condition hingegen entscheidend, ob der Regelung nach dem Willen der Parteien eine grundlegende Bedeutung für den gesamten Vertrag zukommen soll[217]. Auf diesem Weg kann auch eine Regelung, die von ihrer objektiven Bedeutung her nicht als wesentlicher Vertragsbestandteil anzusehen wäre, durch eine Vereinbarung der Parteien zu einer condition werden[218].

---

212 Borrowman Phillips & Co Ltd v Free & Hollis (1878) 4 Q.B. 500; siehe auch Atiyah/Adams/MacQueen, S. 499, 505f.

213 Atiyah/Adams/MacQueen, S. 499.

214 Dem Begriff der condition kommen im englischen Recht mehrere Bedeutungen zu, vgl. Treitel, (1990) 106 L.Q.R. 185. Zunächst sind hierunter Vertragsbestimmungen generell (i.S.v. terms and conditions) zu verstehen. Weiterhin werden von dem Begriff condition Bedingungen (contingent conditions) erfasst, die aufschiebend (precedent) oder auflösend (subsequent) gestellt werden können. Darüber hinaus ist der Begriff condition in Abgrenzung zur warranty für die Rechte des Gläubigers beim Vorliegen einer Vertragsverletzung relevant (promissory condition).

215 Siehe hierzu auch die Ausführungen von McKendrick, S. 789.

216 Vgl. sec. 13 (1A), 14 (6) und 15 (3) SGA 1979. Siehe hierzu Brownsword, (1992) 5 J.C.L. 83.

217 Koffman/Macdonald, S. 150.

218 McKendrick, S. 777. Bei der Auslegung des Parteiwillens sind die Gerichte nicht an den Wortlaut gebunden. So kann ein Gericht trotz des eindeutigen Wortlauts

Seit der Entscheidung Hong Kong Fir Shipping Co. v Kawasaki Kisen Kaisha[219] tendiert die Rechtsprechung allerdings aus Flexibilitätsgründen dazu, potentiell wichtige Vertragsbestandteile nicht als condition, sondern vielmehr als innominate term einzustufen[220]. Zwar ist eine solche Einstufung als innominate term im SGA 1979 nicht ausdrücklich vorgesehen, jedoch ist ein Rückgriff auf das entsprechende Konzept aus dem common law gem. sec. 62 (2) SGA 1979 möglich. Charakteristisch für einen solchen innominate term ist, dass eine a priori-Einstufung als condition oder warranty hier nicht zielführend ist, da auf verschiedene Weise gegen die Bestimmung verstoßen werden kann. Die Ansprüche und Rechte des Käufers bestimmen sich daher nach der Schwere des Verstoßes. So kommt beispielsweise die einer condition vergleichbare Einstufung, welche unter anderem zur Abnahmeverweigerung oder Vertragsbeendigung berechtigt, nur dann in Betracht, wenn sich die Verletzung als besonders schwer darstellt. Ein solcher Verstoß liegt nach Ansicht von Diplock LJ immer dann vor, wenn er dazu führt, dass der betroffenen Partei substantially the whole benefit[221] des Vertrages entzogen wird.

(1) Maßstab im Unternehmensverkehr

Der Umstand, dass traditionell auch eine nur sehr geringfügige Verletzung einer condition das Recht zur Abnahmeverweigerung nach sich zieht, wurde von Käufern bei fallenden Marktpreisen teilweise dazu genutzt, die Warenlieferung abzulehnen, um hierdurch die Folgen eines schlechten Geschäfts abzuwenden[222]. Um diesem Missbrauch entgegenzuwirken ist das Recht zur Zurückweisung der Ware im Rechtsverkehr zwischen Unternehmen seit der Einführung der sec. 15A (1) SGA 1979 ausgeschlossen, wenn der Verstoß gegen die implied terms aus sec. 13-15 SGA 1979 als so unwesentlich (slight) anzusehen ist, dass eine Zurückweisung unangemessen wäre[223]. Die Beweislast für die Geringfügigkeit des Mangels liegt gem. sec. 15A (3) SGA 1979 beim Verkäufer.

(„condition“) vom Vorliegen einer warranty ausgehen, vgl. L Schuler AG v Wickman Machine Tool Sales Ltd [1974] A.C. 235 sowie Treitel, Landmarks, S. 124.

219 [1962] 2 Q.B. 26.

220 Koffman/Macdonald, S. 148.

221 [1962] 2 Q.B. 26, 70.

222 McKendrick, S. 777.

223 Die Einführung der sec. 15A SGA 1979 durch den Sale and Supply of Goods Act 1994 ist damit als Reaktion auf die Entwicklung des common law zu sehen. Hier haben die innominate terms dazu geführt, dass das Hauptmerkmal nicht mehr auf der Klassifizierung der vertraglichen Regelung als condition oder warranty liegt, sondern vielmehr auf

Zu beachten ist allerdings, dass sec. 15A SGA 1979 nur dann Anwendung findet, wenn die Verletzung einer gesetzlichen Qualitätsanforderung aus sec. 13-15 SGA 1979 in Frage steht[224]. Er ist daher nicht anwendbar, wenn eine ausdrückliche Regelung der Parteien vorliegt, beispielsweise im Hinblick auf eine für den Käufer besonders bedeutsame Funktion der Software, so dass der beschriebene Missbrauch in diesen Fällen weiterhin möglich ist.

(2) Erlöschen durch Abnahme („acceptance")

Die Abnahme der Ware (acceptance) hat zur Folge, dass der Käufer das Recht verliert, die Ware zurückzuweisen oder den Vertrag zu kündigen. Es verbleibt ihm allerdings die Möglichkeit, Schadensersatz zu verlangen.

Unter einer acceptance ist nicht nur die körperliche Entgegennahme der Ware zu verstehen, sondern darüber hinaus die Anerkennung der Ware als vertragsgemäß. Gem. sec. 35 (1) SGA 1979 ist daher von der Abnahme einer Ware auszugehen, wenn der Käufer dem Verkäufer mitgeteilt hat, dass er sie akzeptiert oder wenn er an der gelieferten Ware eine Handlung vornimmt, die dem Eigentumsrecht des Verkäufers zuwiderläuft. Als eine solche Handlung ist grundsätzlich das Öffnen der Verpackung der Software anzusehen, da dies mit einer Beschädigung der Verpackung verbunden ist. Allerdings tritt ein Verlust des Rechts zur Abnahmeverweigerung dann nicht ein, wenn das Öffnen der Verpackung für die Überprüfung der Vertragsgemäßheit der Software erforderlich ist[225].

Voraussetzung für das Vorliegen einer Abnahme ist gem. sec. 35 (2) SGA 1979, dass der Käufer einen angemessenen Zeitraum zur Verfügung hatte, die Vertragsgemäßheit der Sache zu untersuchen. Gem. sec. 34 SGA 1979 muss dem Käufer daher vor oder nach dem Kauf hinreichend Gelegenheit zur Überprüfung der Software gegeben werden. In diesem Zusammenhang stellt sich die Frage, ob die Möglichkeit, eine in den Geschäftsräumen des Verkäufers ausgestellte Software zu überprüfen, einen Ausschluss des Ablehnungsrechts im Hinblick auf die erworbene Kopie mit sich bringt. Dies ist wohl zu bejahen, da die einzelnen Kopien der Software als identisch anzusehen sind[226].

---

der Art und Weise der Verletzung. Eine ähnliche Regelung bewirkt auch sec. 15A SGA 1979. Zu beachten ist allerdings, dass im common law eine Verletzung nur dann vorliegt, wenn die Verletzung schwerwiegend ist. Gem. sec. 15A SGA 1979 liegt ein Verstoß nur dann nicht vor, wenn er geringfügig ist. Siehe hierzu Koffman/Macdonald, Rn. 8.32.

224 Zur Kritik an dieser Begrenzung auf implied terms, vgl. Atiyah/Adams/MacQueen, S. 500.

225 Reed/Angel, S. 24, Rn. 1.2.3.3.

226 Lloyd, S. 516, Rn. 26.64.

Die Länge des Zeitraums, der für die Untersuchung benötigt wird, ist dabei abhängig von der Komplexität der Software. Häufig ist dieser Zeitraum mit mehreren Wochen anzusetzen. Einen Zeitraum von 17 Monaten hat das Gericht in SAM Business Systems Ltd v Hedley & Co Ltd[227] jedenfalls als zu lang angesehen. Unerheblich für den Eintritt der Abnahmefiktion ist, ob der konkrete Fehler bei der Untersuchung entdeckt werden konnte. Nach der Entscheidung Bernstein v Pamsons Motors (Golders Green) Ltd[228] führt das Verstreichenlassen der Rügefrist auch bei versteckten Fehlern zum Ausschluss des Rechts zur Abnahmeverweigerung. Jedoch wird der Käufer hierdurch nicht rechtlos gestellt, da ihm die Möglichkeit offen steht, Schadensersatz geltend zu machen.

bb) Schadensersatz

Prinzipiell steht dem Käufer bei jeder Art der Vertragsverletzung seitens des Verkäufers ein Anspruch auf Schadensersatz zu[229]. Dieser Anspruch auf Schadensersatz ist unabhängig vom Verschulden des Verkäufers[230].

Bei einer Vertragsverletzung hat der Verkäufer grundsätzlich das Erfüllungsinteresse (expectation oder performance interest) zu ersetzen. Der Käufer ist daher so zu stellen wie er bei ordnungsgemäßer Erfüllung des Vertrags stünde[231]. Zu unterscheiden ist hierbei zwischen general und special damages.

(1) „General damages“

Zunächst sind solche Schäden zu ersetzen, bei denen die Vertragsverletzung zu einem direkten Wertverlust geführt hat (general damages). Gem. sec. 51 (2), 53 (2) SGA 1979 zählen hierzu solche Schäden, die direkt und natürlich beim

---

227 [2002] EWHC 2733 (TCC), Rn. 140.

228 [1987] 2 All E.R. 220.

229 McKendrick, S, 830.

230 Das fehlende Verschuldenserfordernis ist darauf zurückzuführen, dass das englische Recht Verträge traditionell als Garantieversprechen ansieht. Der wohl berühmteste Entscheidung zu diesem Grundsatz ist Paradine v Jane Aleyn (1647) 82 ER 897, in dem der Verpächter auf die Zahlung des ausstehenden Pachtzinses klagte. Der Pächter wendete ein, dass er von dem Land vertrieben wurde, da „alien born, enemy to the king and kingdom had invaded the realm with an hostile army of men“. Dennoch wurde dem Verpächter der Pachtzins zugesprochen, da der Pächter es versäumt hat, sich gegen diese Gefahr vertraglich abzusichern. Allerdings wurde der Grundsatz in dieser Absolutheit nicht aufrechterhalten. Das common law sieht etwa eine Ausnahme von der strikten Haftung für Vertragsbruch für den Fall des nachträglich eintretenden Leistungshindernisses (frustration) vor.

231 Robinson v Harmann (1880) 5 A.C. 25, S. 35.

gewöhnlichen Lauf der Dinge aus der Vertragsverletzung des Verkäufers resultieren. Im Ergebnis handelt es sich hierbei um eine Kodifizierung der ersten Regel aus der Entscheidung Hadley v Baxendale[232]. Für die Berechnung von general damages enthalten sec. 51 und sec. 53 SGA 1979 konkrete Vorgaben.

Wenn der Käufer die Abnahme einer fehlerhaften Software verweigert hat, bestimmt sich der zu ersetzende Schaden nach sec. 51 (3) SGA 1979, da diese Situation der Nichtlieferung gleichzustellen ist. Der Schaden des Käufers besteht hier in der Differenz zwischen dem Marktpreis und dem Kaufpreis (market price rule). Maßgeblich für den Marktpreis ist der Zeitpunkt, in dem die Lieferung erfolgen sollte. Sofern der Käufer einen Deckungskauf vorgenommen hat, kann er die hierdurch anfallenden Mehrkosten im Rahmen des Schadensersatzes gem. sec. 51 SGA 1979 geltend machen. Dabei sehen die Gerichte den Preis, den der Käufer bei einem Deckungskauf bezahlt hat, als den relevanten Marktpreis an[233].

Für den Fall, dass der Käufer die Ware angenommen hat, regelt sec. 53 SGA 1979 den Ersatz solcher Schäden, die auf der Verletzung einer warranty beruhen. Allerdings erfasst diese Vorschrift auch die Verletzung von conditions, wenn der Käufer sich nach sec. 11 (2) SGA 1979 entscheidet, diese wie die Verletzung einer warranty zu behandeln[234]. Gem. sec. 53 (3) SGA 1979 liegt der Schaden hier in dem Wertunterschied zwischen der gelieferten fehlerhaften Ware und dem Wert, den die Sache ohne den Fehler hätte[235]. Alternativ kann der Käufer auch die Kosten ersetzt verlangen, die für die Reparatur des Vertragsgegenstandes angefallen sind, da dieser Betrag regelmäßig die Differenz zwischen dem Wert der geschuldeten Ware und dem tatsächlichen Wert der Ware darstellt[236].

(2) „Special damages“

Der Ersatz eines Schadens ist grundsätzlich schwieriger zu erlangen, wenn dieser sich nicht in einem verminderten Wert der Ware selbst ausdrückt, sondern einen

232 (1854) 9 Ex. 341, S. 355. Bestätigt wurde diese Entscheidung in Koufos v Czarnikow Ltd [1969] 1 A.C. 350 sowie Parsons (H) [Livestock] v Uttley Ingham & Co Ltd. [1978] 1 All E.R. 525.

233 Siehe hierzu Adams [2002] J.B.L. Sep 553, S. 555.

234 Erfasst ist auch die Verletzung von innominate terms, obwohl sie nicht ausdrücklich von sec. 53 SGA 1979 erwähnt werden.

235 Der Marktpreis ist hier kein direkter Maßstab. Jedoch wird er häufig als Wert herangezogen, um den Wert der fehlerhaften Ware zu bestimmen.

236 Poole, S. 358, Rn. 9.3.3. Wenn der Betrag für die Reparatur wesentlich höher liegt als die Anschaffung einer neuen Software, kann in der Reparatur ein Verstoß gegen die Schadensminderungspflicht zu sehen sein.

Mangelfolgeschaden (special damages)[237] darstellt. Dass der Ersatz eines solchen Schadens grundsätzlich möglich ist, ergibt sich aus dessen Erwähnung in sec. 54 SGA 1979. Da der SGA 1979 jedoch keine Vorgaben für die Berechnung von special damages aufstellt, ist insofern gem. sec. 62 (2) SGA 1979 auf die Grundsätze des common law zurückzugreifen. In Anwendung der zweiten Regel aus Hadley v Baxendale ist der Ersatz eines solchen Schadens immer dann möglich, wenn die Parteien bei Vertragsschluss den Eintritt eines solchen Schadens bedacht haben und der Verkäufer das Risiko eines solchen Schadens übernommen hat. Im Laufe der Zeit hat die Rechtsprechung die beiden Regeln aus Hadley v Baxendale dahingehend reduziert, dass der Käufer solche Schäden ersetzt verlangen kann, die für den Verkäufer bei Vertragsschluss vernünftigerweise als Folge der Vertragsverletzung vorhersehbar waren[238].

Wenn der Verkäufer an einen Unternehmer eine fehlerhafte Software liefert, ist daher regelmäßig der Schaden zu ersetzen, der dem gewöhnlichen Geschäftsbetrieb durch die vorübergehende Nichtverfügbarkeit der Software entsteht. Wenn diese an ein Unternehmen verkauft wird, ist der Eintritt solcher Schäden nämlich vorhersehbar[239]. Grundsätzlich nicht ersatzfähig ist hingegen der Verlust eines außergewöhnlich lukrativen Geschäfts, das mit dieser Software verwirklicht werden sollte, es sei denn der Verkäufer hatte Kenntnis von diesem Geschäft[240].

(3) Begrenzung der Haftung

Problematisch ist, ob ein Mitverschulden (contributory negligence) des Käufers bei der Höhe des vertraglichen Schadensersatzanspruchs zu berücksichtigen ist. Die überwiegende Ansicht hält eine solche Berücksichtigung des Mitverschuldens für verfehlt, da es sich bei der vertraglichen Haftung um eine verschuldensunabhängige strict liability handele[241]. Aus diesem Grund könne insbesondere der für

---

237 Diese special damages werden häufig auch als indirect oder consequential loss bezeichnet, vgl. Reed/Angel, Rn. 1.3.8.4., S. 36.

238 Vgl. Asquith LJ in der Entscheidung Vicotoria Laundry (Windsor) v Newman Industries [1949] 2 K.B. 528.

239 Nach Hughes v Lord Advocate [1963] A.C. 837 ist dabei entscheidend, ob die generelle Art des Schadens vorhersehbar war. Nicht erforderlich ist die Vorhersehbarkeit des genauen Schadensausmaßes.

240 Siehe die Konstellation in Victoria Laundry (Windsor) Ltd v Newman Industries [1949] 2 K.B. 528.

241 Siehe Hobhouse J in Vesta v Butcher [1986] 2 All E.R. 488. Nach dessen Ausführungen kann die Berücksichtigung von Mitverschulden nur dann stattfinden, wenn der vertraglich vereinbarte Sorgfaltsmaßstab dem Maßstab aus dem tort-Recht entspricht,

das tort-Recht verfasste Law Reform (Contributory Negligence) Act 1945 auf vertragliche Ansprüche keine Anwendung finden, da diesem, beispielsweise in sec. 4, ein verschuldensbasiertes Konzept zugrunde liege.

Allerdings trifft den Anspruchsteller eine Schadensminderungspflicht (duty to mitigate)[242]. Er kann daher einen solchen Schaden nicht ersetzt verlangen, den er durch angemessenes Verhalten nach dem Eintritt der Vertragsverletzung hätte verhindern können[243]. Unter Berücksichtigung der Schadensminderungspflicht kann bei Lieferung einer fehlerhaften Software daher der Neuerwerb einer anderen Software anstelle der Reparatur einer fehlerhaften Software geboten sein[244]. Einen solchen Verstoß gegen die Schadensminderungspflicht hat das Gericht in SAM Business Systems Ltd v Hedley & Co Ltd[245] abgelehnt. Es sah daher die Kosten für die Beratung durch ein Drittunternehmen über mögliche Alternativen zu der fehlerhaften Software trotz der dadurch anfallenden Mehrkosten als einen erstattungsfähigen Schaden an[246].

cc) „Specific performance"

In bestimmten Fällen kann das Gericht gem. sec. 52 (1) SGA 1979 auch eine specific performance zugunsten des Käufers anordnen. Hierdurch kann der Verkäufer zur Erbringung der vertraglich vereinbarten Leistung verpflichtet werden, wenn die Gewährung von Schadensersatz ausnahmsweise nicht als angemessen anzusehen ist[247]. Die Zurückhaltung der Gerichte bei der Anordnung einer specific performance ist darauf zurückzuführen, dass diese ihren Ursprung im equity-Recht hat, welches traditionell nur zu dem Zweck herangezogen wurde, als unbillig empfundene Ergebnisse des common laws zu korrigieren. Voraussetzung für die Anwendbarkeit von sec. 52 SGA 1979 ist weiterhin, dass specific oder ascertained goods den Vertragsgegenstand bilden. Nach der Definition von

---

also beispielsweise bei der Pflicht, hinreichende Sorgfalt und Fertigkeit (reasonable care and skill) auszuüben.

242 Bridge, (1989) 105 L.Q.R. 398.

243 British Westinghouse Electric and Manufacturing Co Ltd v Underground Electric Rlys Co of London [1912] A.C. 673.

244 Vgl. The Salvage Association v CAP Financial Services Ltd [1995] F.S.R. 654, 680.

245 [2003] 1 All E.R. (Comm) 465.

246 Bowsher QC hat hierzu in [2003] 1 All E.R. (Comm) 465, Rn. 155 ausgeführt: „It is perfectly reasonable if a firm finds itself in a mess to go to a consultant for help in getting out of the mess whether or not they employed a consultant to take the course that got them into the mess."

247 Koffman/Macdonald, S. 598, Rn. 21.110.

specific goods in sec. 61 SGA 1979 ist für deren Vorliegen erforderlich, dass sich die Leistungspflicht bei Vertragsschluss auf eine bestimmte Sache konkretisiert hat. Nicht ausreichend ist hingegen eine Bestimmung der Gattung nach[248]. Die Verpflichtung zur Lieferung von Standardsoftware bezieht sich aber in aller Regel nicht auf eine bestimmte konkretisierte Kopie der Software, so dass der specific performance im Zusammenhang mit Standardsoftware keine Bedeutung zukommt.

dd) Zusätzliche Rechte des Verbrauchers: Nacherfüllung und Minderung

Durch die Sale and Supply of Goods to Consumers Regulations[249] wurde der SGA 1979 in sec. 48Aff. um einen Abschnitt ergänzt, der dem Käufer, der als Verbraucher handelt, zusätzliche Rechte verleiht. Diese Rechte stehen dem Verbraucher neben den bereits angeführten Rechten zur Abnahmeverweigerung und auf Schadensersatz zu[250]. Unter einem Verbraucher ist dabei eine natürliche Person zu verstehen, die ein Rechtsgeschäft abschließt, das weder ihrer gewerblichen noch selbständigen Tätigkeit zugerechnet werden kann[251].

Wenn die Ware nicht vertragsgemäß ist, steht dem Verbraucher grundsätzlich ein Recht auf Nacherfüllung gem. sec. 48A (2) (a), 48B SGA 1979 zu[252]. Gem. sec. 48F SGA 1979 ist die Ware nicht vertragsgemäß, wenn sie gegen eine ausdrückliche vertragliche Vereinbarung oder einen implied term aus sec. 13-15 SGA 1979 verstößt[253]. Dem Käufer steht gem. sec. 48B SGA 1979 das Wahlrecht zwischen Nachbesserung (repair) und Neulieferung (replace) zu. Wenn sich der Käufer für die Nacherfüllung entscheidet, kann er während des hierfür erforderlichen Zeitraums gem. sec. 48D (2) SGA 1979 sein Recht zur Abnahmeverweigerung oder Beendigung des Vertrags nicht ausüben.

Die Nacherfüllung muss gem. sec. 48B (2) SGA 1979 innerhalb eines angemessenen Zeitraums ohne wesentliche Behinderung des Käufers erfolgen und der Verkäufer muss die dabei anfallenden Kosten tragen. Wenn das

248 Sealy, in: Benjamin's Sale of Goods, Rn. 1-116.

249 Diese dienen der Umsetzung der Richtlinie 99/44/EG.

250 Dies folgt aus einem Umkehrschluss aus sec. 48D (2) (a) SGA 1979.

251 Vgl. Keenan/Riches, S. 328. Siehe auch Art. 1 (1) (a) der Richtlinie 99/44/EG. Dieser definiert einen Verbraucher als „a natural person who is acting for purposes which are not related to his trade or profession".

252 Zu beachten ist, dass hierzu kein spiegelbildliches Recht des Verkäufers auf zweite Andienung besteht, bevor der Käufer weitergehende Rechte geltend machen kann.

253 Gem. sec. 48A (3) SGA 1979 wird vermutet, dass ein Fehler im Zeitpunkt der Lieferung vorlag, wenn er innerhalb eines Zeitraums von 6 Monaten nach der Lieferung auftritt.

Nacherfüllungsbegehren erfolglos war, kann der Käufer darüber hinaus berechtigt sein, gem. sec. 48C (1) SGA 1979 den Kaufpreis um einen angemessenen Betrag zu mindern (price reduction) oder den Vertrag aufzulösen (rescission). Voraussetzung hierfür ist gem. sec. 48C (2) (a), 48B (3) SGA 1979, dass eine Nacherfüllung unmöglich ist oder dass die geforderte Form der Nacherfüllung im Vergleich zu der anderen Form der Nacherfüllung einen unverhältnismäßig hohen Aufwand erfordert[254]. Alternativ entfällt das Erfordernis eines vorgeschalteten Nacherfüllungsbegehrens gem. sec. 48C (2) (b) SGA 1979, wenn der Verkäufer die Nacherfüllung nicht innerhalb eines angemessenen Zeitraums vornimmt oder hierbei gegen die Pflicht verstößt, den Käufer nur unwesentlich zu behindern.

Wie im deutschen Recht ist allerdings auch hier zu beachten, dass die Geltendmachung des Nacherfüllungsanspruchs bei fehlerhafter Standardsoftware problematisch ist. So kann die Neulieferung der Software regelmäßig nicht zur Behebung des Fehlers führen, da dieser der gesamten Version der Software anhaftet. Weiterhin kann der Verkäufer, auch wenn es sich um den Hersteller handelt, aufgrund rechtlicher oder tatsächlicher Hindernisse häufig keine Reparatur der Software vornehmen. Hier ist der Käufer auf die Geltendmachung seiner übrigen Rechte und Ansprüche beschränkt. Ob sich in diesem Zusammenhang das in sec. 48C (1), (2) (a) SGA 1979 normierte Minderungsrecht anbietet, hängt von dem Grad der Fehlerhaftigkeit ab. Jedenfalls steht dem Käufer aber das Recht auf Schadensersatz und gegebenenfalls auch auf Verweigerung der Abnahme zu.

3. Recht der USA

Auch im Recht der USA ist für die Bestimmung einer Vertragsverletzung sowie der daraus resultierenden Rechte und Ansprüche des Endbenutzers zunächst erforderlich, die vertragstypologische Einordnung der Überlassung von Standardsoftware zu untersuchen.

---

254 Als Kriterien für die Unverhältnismäßigkeit sind gem. sec. 48B (4) SGA 1979 der Wert der Ware im mangelfreien Zustand, der Grad der Abweichung vom geschuldeten Zustand sowie die Zumutbarkeit einer anderen Form der Nacherfüllung zu berücksichtigen. Bei Software ist zu beachten, dass bereits ein kleiner Fehler, beispielsweise eine inkorrekte Zeile im mehrere Hunderttausend Zeilen umfassenden Programm, einen hohen Abweichungsgrad vom geschuldeten Zustand bewirken kann, vgl. auch Atiyah/Adams/MacQueen, S. 527.

a) Vertragstypologische Einordnung

Auch im U.S.-amerikanischen Recht kommt der vertragstypologischen Einordnung grundsätzlich weniger Bedeutung zu als im deutschen Recht. Dies gilt jedoch nicht, wenn eine Einordnung als Kaufvertrag in Betracht kommt, da diese zur Anwendbarkeit des Art. 2 Uniform Commercial Code (im Folgenden: UCC) führt. Dieser enthält unter anderem spezielle Vorgaben zur Einbeziehung von implied warranties, zu den Ansprüchen und Rechten des Käufers und zur Schadensberechnung[255]. Weiterhin kommt der Regelung zur unconscionability in § 2-302 UCC eine zentrale Rolle für die Bestimmung der Wirksamkeit von Haftungsfreizeichnungen zu.

Der UCC, der eine umfassende Regelung der mit der Kaufabwicklung zusammenhängenden Rechtsgebiete bezweckt, bezieht sich trotz der Bezeichnung Uniform ‚Commercial' Code nicht bloß auf Handelsgeschäfte, sondern ist auch bei Beteiligung von Verbrauchern anwendbar[256]. Von großer Bedeutung ist allerdings, dass der UCC selbst keine eigenständige Rechtswirkung entfaltet, da die Gesetzgebungskompetenz für das Recht des Warenkaufs bei den einzelnen Bundesstaaten liegt[257]. Er stellt vielmehr einen einheitlichen Modellentwurf (Uniform Act) dar, der von der National Conference of Commissioners on Uniform State Laws (NCCUSL)[258] und dem American Law Institute (ALI) unter der Leitung von Professor Karl Llewellyn entwickelt und von allen Bundesstaaten, außer Louisiana, zwecks Rechtsvereinheitlichung ab dem Jahr 1952 in state law umgesetzt wurde[259]. Dabei weisen die einzelnen Commercial Codes der Bundesstaaten, abgesehen von geringfügigen sprachlichen Abweichungen, im Wesentlichen denselben Inhalt auf[260].

255 Vgl. Boss/Woodward, 43 Bus. Law. 1513 (1988) S. 1526.

256 In manchen Bestimmungen, beispielsweise § 2-314 UCC, trifft der Code jedoch Sonderregelungen für Kaufleute (merchants).

257 Ein Beispiel für eine einzelstaatliche Umsetzung des UCC stellt der Commercial Code von Minnesota dar, abrufbar unter: https://www.revisor.mn.gov/statutes/?id=336.

258 Die NCCUSL ist eine gemeinnützige Organisation, die im Jahr 1892 gegründet wurde, um Vorschläge für Gesetze zu erarbeiten, die in die Kompetenz der einzelnen Bundesstaaten fallen, um hierdurch die Rechtseinheit zu fördern. Sie hat über 300 Mitglieder, die sich aus Richtern, Professoren und Rechtsanwälten zusammensetzen.

259 Der UCC hat den Uniform Sales Act ersetzt, der, unter der Leitung von Samuel Williston entworfen, im Jahr 1906 von der NCCUSL verabschiedet und von den Bundesstaaten in den folgenden 30 Jahren ratifiziert wurde, vgl. Farnsworth, Bd. I, § 1.9, S. 41.

260 Zweigert/Kötz, S. 248.

Im Jahr 2003 haben die NCCUSL und das ALI eine Revision des UCC verabschiedet. Jedoch haben neben anderen Kritikpunkten insbesondere Unklarheiten im Hinblick auf den Anwendungsbereich dazu geführt, dass bis zum Jahr 2010 nur der Bundesstaat Oklahoma die revidierte Fassung des Art. 2 UCC umgesetzt hat und dies auch nur in sehr beschränktem Umfang[261]. Lediglich zwei weitere Staaten, Nevada und Kansas, haben überhaupt eine Umsetzung in Betracht gezogen, dann aber doch nicht für erforderlich gehalten. Es ist daher davon auszugehen, dass keine weiteren Staaten die revidierte Fassung des Art. 2 UCC in state law umsetzen werden. Die folgenden Ausführungen legen daher die vor der Revision maßgebliche Fassung des UCC zugrunde.

aa) „Sale of goods“

Die herrschende Rechtsprechung sieht die dauerhafte Überlassung von Software als Kaufvertrag (sale of goods) an, so dass die Vorschriften des Art. 2 UCC Anwendung finden[262].

Auch wenn Art. 2 UCC gem. § 2-102 UCC generell auf transactions in goods Anwendung findet, setzten insbesondere die Vorschriften zu den warranties gem. §§ 2-313ff. UCC das Vorliegen eines sale voraus, was im Vergleich zur transaction der engere Begriff ist[263]. Man versteht hierunter gem. § 2-106 (1) UCC die sofortige oder zukünftige Eigentumsübertragung an einer Sache vom Verkäufer an den Käufer gegen Zahlung des Kaufpreises. Wie in den anderen untersuchten Rechtsordnungen haben sich in diesem Zusammenhang insbesondere die Einordnung von Software als Sache und das Erfordernis der Eigentumsübertragung als problematisch erwiesen.

---

261 Die Umsetzung erfolgte im Jahr 2005. Sie beschränkt sich auf den Ausschluss der Informationen von Anwendungsbereich des Art. 2 UCC. Andere Vorschriften des UCC wurden nicht übernommen.

262 Communications Group, Inc. v. Warner Communications, Inc., 527 N.Y.S.2d 341 (N.Y. Civ. Ct. 1988) S. 343f.; Olcott International & Co., Inc. v. Micro Data Base Systems, Inc., 793 N.E.2d 1063 (Ind. Ct. App. 2003) S. 1070; RRX Industries, Inc. v. Lab-Con, Inc. 772 F.2d 543 (9th Cir. 1985) S. 546; Advent Systems Ltd v. Unisys Corporation 925 F.2d. 670 (3rd Cir. 1991). Für Fälle, in denen beide Parteien von der Anwendbarkeit des Art. 2 UCC ausgehen und das Gericht daher von Ausführungen absieht, siehe M.A. Mortenson Co. v. Timberline Software Corporation 998 F.2d 305 (1999) S. 310; Aubrey's R.V. Center, Inc. v. Tandy Corporation, 46 Wash.App. 595 (Wash. Ct. App. 1987) S. 600.

263 Eine hieraus für den Anwendungsbereich des Art. 2 UCC folgende Relevanz ablehnend, Farnsworth, Bd. 1, § 1.9a, S. 56f.

(1) Software als „good“

Auch im Recht der USA haben die speziellen Eigenschaften der Software die Einordnung als Sache erschwert. Die Software als solche ist nämlich unstreitig als geistige Leistung anzusehen, wohingegen das Speichermedium, auf dem die Software zwingend verkörpert sein muss, in jedem Fall eine Sache darstellt.

Unter den Begriff good fallen gem. § 2-105 (1) UCC alle Sachen (inklusive speziell angefertigte Waren), die im Zeitpunkt der Konkretisierung beweglich (movable) sind[264]. Unter Hervorhebung der zwingenden Verkörperung der Software auf einem Speichermedium ist nach Auffassung der herrschenden Rechtsprechung eine solche movibility gegeben[265]. Dabei hat das Gericht in Advent Systems Ltd. v Unisys Corporation[266] einen Vergleich mit anderen urheberrechtlich geschützten Werken angestellt. Auch eine Musikkomposition oder die Vorlesung eines Professors stellten zunächst kein good dar[267]. Wenn diese aber auf einer CD oder in einem Buch verkörperlicht werden, dann seien sie unstreitig als good anzusehen. Ganz überwiegend wird die Sacheigenschaft auch bei einer Übertragung der Software über das Internet bejaht, da auch hier eine relevante Verkörperung erfolgt[268].

---

264 Die vollständige Definition in § 2-105 UCC lautet: „‚Goods‘ mean all things (including specially manufactured goods) which are movable at the time of identification to the contract for sale other than the money in which the price is to be paid, investment securities (article 8) and things in action. ‚Goods‘ also includes the unborn young of animals and growing crops and other identified things attached to realty as described in the section on goods to be severed from realty.“

265 Vgl. Advent Systems Ltd. V Unisys Corporation, 925 F.2d 670 (3rd Cir. 1991) S. 675: „That a computer programme may be copyrightable as intellectual property does not alter the fact that once in the from of a floppy disc or other medium, the program is tangible, moveable and available in the marketplace.“ Dieses Argument gilt auch dann, wenn die Software bereits auf der Hardware installiert ist (sog. bundling), vgl. Scott, 67 Md. L. Rev. 425 (2008) S. 435; Communications Group, Inc. v. Warner Communications, Inc. 527 N.Y.S.2d 341 (N.Y. Civ. Ct. 1988) S. 344.

266 925 F.2d 670 (3rd Cir. 1991).

267 Collins, 111 W. Va. L. Rev. 531 (2009) S. 541.

268 Insbesondere könne auch die Verkörperung in magnetischen Impulsen zur Annahme einer Sache führen, vgl. Collins, 111 W. Va. L. Rev. 531 (2009) S. 542; Brennan, 38 Duq. L. Rev. 459 (2000) S. 465f. Siehe auch Specht v Netscape Communications Corp., 150 F.Supp.2d 585 (S.D.N.Y. 2001) S. 592; Communications Groups Inc v Warner Communications, Inc, 527 N.Y.S.2d 341 (N.Y. Civ. Ct. 1988) S. 344: „Regardless of the software's specific form or use, it seems clear that computer software, generally, is considered by the courts to be a tangible, and movable item, not merely

An der herrschenden Rechtsprechung wird teilweise das Abstellen auf die Verkörperung auf einem Datenträger kritisiert, da dessen Bedeutung im Vergleich zu dem der Software als nebensächlich (incidental) zu beurteilen sei[269]. Weiterhin stelle die Software als solche eine rein geistige Leistung dar, so dass die Annahme einer Sache insgesamt verfehlt sei[270]. Diese Argumente werden jedoch überwiegend abgelehnt. So verwende der UCC statt des Merkmals tangible bewusst den Begriff movable und erfasse hierdurch auch Informationen, die in beweglichen Gegenständen verkörpert sind[271]. Für eine Einordnung als Sache spreche schließlich auch die Vorschrift § 1-103 (a) UCC. Danach ist der UCC großzügig auszulegen und anzuwenden, um dessen Zweck, namentlich die Vereinfachung von Handelsbeziehungen, zu fördern[272].

Auch die revidierte Fassung des UCC aus dem Jahr 2003 enthält im Hinblick auf die Anwendbarkeit von Art. 2 UCC auf Softwareüberlassungsverträge keine eindeutige Regelung. So befindet sich in § 2-103 (1) (k) der revidierten Fassung die aus § 2-105 (1) UCC bekannte Definition von goods, allerdings mit einem Zusatz, der Informationen vom Anwendungsbereich des Art. 2 UCC ausdrücklich ausschließt[273]. Da der Begriff der Information nicht definiert wird[274], besteht jedoch Unklarheit, ob Software tatsächlich von diesem Ausschluss erfasst sein soll. Für Verwirrung sorgt in diesem Zusammenhang auch der Proposed Official Comment zur revidierten Fassung[275]. Einerseits spricht dieser davon, dass Softwaretransaktionen, insbesondere der Download von Software aus dem Internet,

---

an intangible idea or thought and therefore qualifies as a „good“ under Article 2 of the UCC.“

269 Adobe Systems, Inc. v. Stargate Software, Inc., 216 F.Supp.2d 1051 (N.D. Cal. 2002) S. 1058f.; Brennan, 38 Duq. L. Rev. 459 (2000) S. 534.

270 Data Processing Services, Inc. v L.H. Smith Oil Corporation, 492 N.E.2d 314 (Ind. Ct. App. 1986), siehe auch Wharton Management Group v. Sigma Consultants, Inc. 50 U.C.C. Rep. Serv.2d 678 (Del. 1990) S. 681. Siehe auch Nimmer, Ch. 6.02 [2], S. 6-9.

271 Lautsch, § 9.2. S. 232f.

272 Collins, 111 W. Va. L. Rev. 531 (2009) S. 534.

273 Satz 2 von § 2-103 (1) (k) der revidierten Fassung des UCC (2003) beginnt mit den Worten: „This term does not include information…“.

274 Die NCCUSL schlug die folgende Definition des Begriffs ‚information‘ vor, die sich im Ergebnis aber nicht durchgesetzt hat, vgl. Proposed Amendments to Art. 2 UCC (2002): „‚Information‘ means data, text, images, sounds, mask works, computer programs, software, databases, or the like, including collections and compilations. The terms includes computer information.“.

275 Vgl. Proposed Official Comment zu § 2-103 UCC (2002).

nicht in den Anwendungsbereich von Art. 2 falle. Jedoch soll in diesem Fall die Möglichkeit bestehen, die Vorschriften der revidierten Fassung des UCC analog anzuwenden.

(2) Vorliegen eines Kaufs

Für das Vorliegen eines sale of goods ist gem. § 2-106 (1) UCC weiterhin erforderlich, dass der Vertrag auf eine Eigentumsübertragung gerichtet ist. Hiergegen wird häufig angeführt, dass gerade keine Übertragung der geistigen Eigentumsrechte an der Software beabsichtigt sei[276]. Vielmehr stellen die Hersteller regelmäßig in ihrem Hersteller-Lizenzvertrag klar, dass die Software nicht verkauft, sondern lediglich lizenziert werde[277]. Die herrschende Rechtsprechung geht allerdings davon aus, dass solche Aussagen für die vertragstypologische Einordnung nicht ausschlaggebend sind[278]. Maßgeblich müsse vielmehr der tatsächliche Inhalt eines Vertrags sein. Wenn dieser die dauerhafte Überlassung einer Kopie der Software gegen Zahlung eines Entgelts vorsehe, so stelle dies einen Kaufvertrag dar[279]. Die Annahme eines sale unterstützen auch Entscheidungen der Rechtsprechung auf dem Gebiet des Steuerrechts[280]. Nach diesen findet die in vielen Staaten der USA erhobene sales tax auch auf Standardsoftware Anwendung[281]. Im Hinblick auf den erforderlichen Eigentumsübergang wird dabei teilweise mit § 2-105 (3) UCC argumentiert, wonach der UCC auch auf sales of a part interest Anwendung findet. Der Käufer der Software erhält nämlich unstreitig zumindest das Eigentum an dem Datenträger, so dass ein sale of a part interest gegeben sei. Da die Software

---

276 Durney, 59 Wash. L. Rev 511 (1984) S. 518f.

277 Siehe das Argument von CGI in der Entscheidung Communications Goups, Inc. v. Warner Communications, Inc., 527 N.Y.S.2d 341 (N.Y. Civ. Ct. 1988) S. 345.

278 Communications Groups Inc. v. Warner Communications, Inc., 527 N.Y.S.2d 341 (N.Y. Civ. Ct. 1988) S. 344f.

279 Gemignani, § 8.4, S. 94. Vgl. auch Nimmer, Ch. 1.18 [1], S. 1-103: „Ownership of a copy should be determined based on the actual character, rather than the label, of the transaction by which the user obtained possession. Merely labeling a transaction as a lease or license does not control. If a transaction involves a single payment giving the buyer an unlimited period in which it has a right to possession, the transaction is a sale.“

280 A. A. Mogey, 34 How. L. J. 299 (1991).

281 Reinhard, 29 St. Mary's L. J. 871 (1998) S. 877f.; Hasbro Industries v. Norberg 487 A.2d 124 (1985); Measurex Systems, Inc. v. State Tax Assessor 490 A.2d 1192 (Maine 1985); Citizens and S. Sys., Inc. v. South Carolina Tax Commission 280 SC 138 (S.C. 1984).

aber ohne den Datenträger nicht existieren kann, müsse sich Art. 2 zwingend auch auf die enthaltene Software beziehen[282].

bb) Andere Auffassungen

Trotz der ganz überwiegenden Einordnung als sale of goods, werden teilweise auch andere typologische Einordnungen vertreten. Da diese sich jedoch nicht durchsetzen konnten, beschränken sich die folgenden Ausführungen auf einen Überblick.

Eine früher teilweise vertretene Ansicht ging davon aus, dass die Überlassung von Software einen service contract darstelle[283]. Der Schwerpunkt (predominant purpose) der Softwareüberlassung sei nämlich in der Fertigkeit und dem Wissen des Programmierers zu sehen, vergleichbar mit der Dienstleistung eines Anwalts oder Arztes[284]. Von der überwiegenden Ansicht wird diese Sichtweise jedoch abgelehnt[285]. Der Verkauf von Standardsoftware weise nämlich große Ähnlichkeiten mit dem Verkauf anderer Massenwaren auf. Auch diese erfordern zunächst einen erheblichen Entwicklungsaufwand. Wenn sie jedoch an den Endverbraucher verkauft werden, sind sie als good i.S.d. UCC und nicht als service anzusehen. Entscheidend sei mithin das vorliegende Endprodukt und nicht der dafür betriebene Entwicklungsaufwand[286].

Darüber hinaus wird auch im Recht der USA die Ansicht vertreten, dass die Überlassung der Software als Lizenzvertrag einzuordnen sei, da dem Endbenutzer lediglich ein Nutzungsrecht an dem geistigen Eigentum des Herstellers eingeräumt werde[287]. Weder das geistige Eigentum als solches noch die konkrete Kopie der Software werde verkauft. Die Folge hiervon sei, dass der UCC auf den Überlassungsvertrag keine Anwendung findet, da dieser keine Regelungen zu Fragen des geistigen Eigentums enthalte[288]. So haben Gerichte auch teilweise entschieden, dass der Überlassungsvertrag nicht als Kaufvertrag, der dem UCC

282 Collins, 111 W. Va. L. Rev. 531 (2009) S. 540f.

283 Data Processing Services, Inc. v L.H. Smith Oil Corporation, 492 N.E.2d 314 (Ind. Ct. App. 1986), siehe auch Wharton Management Group v. Sigma Consultants, Inc. 50 U.C.C. Rep. Serv.2d 678 (Del. 1990) S. 681. Siehe auch Agin/Kumis, 15 Alb. L. J. Sci. & Tech. 277 (2005) S. 299.

284 492 N.E.2d 314 (Ind. Ct. App. 1986) S. 319.

285 USM Corp. v. Arthur D. Little Systems, Inc., 546 N.E.2d 888 (Mass.App. Ct. 1989).

286 Nimmer, Ch. 6.02 [1], S. 6-5.

287 Vgl. hierzu Nadan, 961 PLI/Pat 11 (2009).

288 Siehe Nimmer, Ch. 6.02 [2], S. 6-9. Dabei ist insbesondere von Bedeutung, dass in diesem Fall auch die §§ 2-316, 2-719 UCC einer Haftungsfreizeichnung nicht entgegenstehen.

unterfällt, sondern vielmehr als Lizenzvertrag anzusehen sei[289]. Allerdings ist zu beachten, dass diese Entscheidungen im Zusammenhang mit der Frage ergingen, ob die in § 109(a) 17 U.S.C. kodifizierte first sale doctrin zum Nachteil des Herstellers Anwendung findet, wonach der Eigentümer einer rechtmäßig erworbenen Kopie das Recht hat, diese zu verkaufen oder anderweitig damit zu verfahren, ohne dass hierzu die Zustimmung des Urhebers erforderlich ist. Um den Hersteller die Preisdifferenzierung zwischen verschiedenen Benutzergruppen zu ermöglichen, mussten die Gerichte hier zwingend von einer typologischen Einordnung der Softwareüberlassung als Lizenzvertrag ausgehen[290]. Abgesehen von dieser besonderen Fallkonstellation, lehnt die herrschende Ansicht die Annahme eines Lizenzvertrags jedoch ab[291]. Wie bereits dargelegt, stehe bei Standardsoftware aufgrund der Verkörperung auf einem Datenträger die Sacheigenschaft im Vordergrund, welche die Anwendbarkeit des UCC zur Folge habe[292]. Weiterhin sei die Einordnung als Lizenzvertrag aufgrund der stetig zunehmenden Verwendung von Software in Gebrauchsgegenständen abzulehnen. Die Konsequenz wäre nämlich, dass den Benutzern nur noch eingeschränkte Rechte zustünden und der umfassende Rechtserwerb im Rahmen eines Warenkaufs damit zur Ausnahme wird[293].

cc) Reformbestrebungen

Auch wenn die Kritik nicht die Anwendbarkeit des Art. 2 UCC auf die dauerhafte Überlassung von Standardsoftware verhindern konnte, hat sie schon zu Beginn der

---

289 Adobe Systems, Inc. v One Stop Micro, Inc., 84 F.Supp.2d 1086 (N.D. Cal. 2000); Adobe Systems, Inc. v Stargate Software, Inc., 216 F.Supp.2d 1051 (N.D. Cal. 2002); a.A. Softman Products Co. v. Adobe Systems, Inc., 171 F.Supp.2d 1075 (C.D. Cal. 2001) S. 1084f.

290 Zumeist ging es dabei um die Frage, ob die first sale doctrin es ermöglicht, die verbilligte Version einer Software von einem educational user zu erwerben und anschließend an ein Unternehmen zur Benutzung weiterzuveräußern. Das Gericht ging davon aus, der Vertrag mit dem educational user räume diesem lediglich eine Lizenz ein, die Software zu benutzen. Es finde kein Verkauf der Software statt, so dass auch die first sale doctrin keine Anwendung finden kann.

291 Insbesondere die Änderung des § 109 17 U.S.C. (first sale doctrin) von 1990, wonach der Käufer nicht mehr berechtigt ist, die Sache gewerblich zu vermieten, hat der Einordnung als Lizenzvertrag an Bedeutung genommen, vgl. die Ausführungen des Gerichts in Step-Saver Data Systems, Inc. v Wyse Technology, 939 F.2d 91 (3rd Cir. 1991) S. 96.

292 Nimmer, Ch. 6.02 [2], S. 6-11.

293 Vgl. Braucher, 40 Loy. L.A. L. Rev. 261 (2006) S. 263, der als Beispiel die Lizenzierung eines Kraftfahrzeugs anführt.

1990er Jahren zu der Ansicht geführt, dass der für die Rechtsprobleme der Industriegesellschaft entworfene und daher für die Informationsgesellschaft nur bedingt geeignete UCC einer Reform bedarf[294].

Mittlerweile kann das Recht der USA auf eine lange Historie gescheiterter Reformbestrebungen zurückblicken. So mündete die von der NCCUSL betreute Revision des UCC im Jahr 1995 zunächst in einem Gesetzesvorschlag, nach welchem die Regelungen über Softwareverträge als neuer Art. 2B in den UCC integriert werden sollen[295]. Aufgrund der in Art. 2B enthaltenen weitgehenden Totalrevision von Art. 2 traf der Vorschlag jedoch auf heftigen Widerstand und wurde im folgenden Jahr wieder aufgegeben[296]. Zeitgleich verkündete die NCCUSL jedoch, die Lizenzierung von Software nunmehr in einem eigenen Gesetz, dem Uniform Computer Information Transaction Act (UCITA) zu regeln[297]. Durch zunehmende Meinungsverschiedenheiten im Laufe des Ausarbeitungsprozesses verlor das Projekt UCITA jedoch die Unterstützung wichtiger Interessengruppen[298]. Insbesondere wurde kritisiert, dass der Anwendungsbereich von UCITA zu Lasten von Art. 2 zu weitgehend sei[299]. Im Ergebnis wurde UCITA auch nur von zwei Staaten, Virginia und Maryland, verabschiedet[300]. Auch die inzwischen als gescheitert zu betrachtende Revision des Art. 2 UCC aus dem Jahr 2003 ist zumindest teilweise darauf zurückzuführen, dass die Problematik der Softwareverträge nicht geklärt werden konnte[301]. Aufgrund dieser Entwicklung hat sich das ALI mit den Principles of the Law of Software Contracts dazu entschieden, neue Richtlinien für den

---

294 Brennan, 38 Duq. L. Rev. 459 (2000). Vgl. auch die Ausführungen des an der Ausarbeitung des UCC beteiligten Professor Soia Mentschikoff in 27 Mod. L. Rev. 167 (1964): „It is peculiarly a private law codification centering around the movement of goods by way of sale and the incidental services of railroads, warehousemen, bankers, finance companies and the like in connection with that movement.".

295 S. hierzu Gomulkiewicz, 13 Berkeley Tech. LJ. 891 (1998).

296 Maggs, 78 Notre Dame L. Rev. 595 (2003) S. 596.

297 Eine generelle Diskussion der Vorschriften des UCITA befindet sich in Waldman, NTS Am. Jur. 2d Computers and the Internet § 50 (2005).

298 Dies wird häufig auf überzogene Forderungen der Softwareindustrie zurückgeführt, vgl. Thibodeau, Sponsor pulls support for controversial UCITA law; erschienen in dem Magazin Computerworld vom 1.8.2003, abrufbar unter: http://www.computerworld.com/governmenttopics/government/legalissues/story/0,10801, 83676,00.html.

299 Savino/Widenor 54 Syracuse L. Rev. 855 (2004) S. 867.

300 Die Probleme bei der Umsetzung des von UCITA beschreibt Heller, 8 Rich. J. L. & Tech. 5 (2001).

301 Siehe hierzu oben, S. 74f.

Umgang mit Softwareverträgen zu entwerfen[302]. Diese sind in ihren Auswirkungen wesentlich moderater und berücksichtigen die Interessen der Softwareanwender stärker als ihre Vorgänger. Allerdings stellen diese nur unverbindliche Richtlinien dar. Auf unbestimmte Zeit werden daher Softwareüberlassungsverträge weiterhin nach Art. 2 UCC in der bisherigen Fassung zu beurteilen sein.

dd) Ergebnis

Nach der ganz überwiegenden, aber nicht unumstrittenen Auffassung ist die Überlassung von Standardsoftware als sale of goods anzusehen, so dass die Vorschriften des Art. 2 UCC Anwendung finden.

b) „Breach of warranty"

Auf der Grundlage des vorstehenden Ergebnisses ist nunmehr zu bestimmen, unter welchen Voraussetzungen die Lieferung einer fehlerhaften Software eine Vertragsverletzung darstellt. Im Rahmen des Kaufrechts sind hierfür die Vorschriften über die warranties in §§ 2-312ff. UCC maßgeblich. Dabei ist zwischen den express und implied warranties sowie den Vorschriften über Rechtsmängel zu unterscheiden.

aa) „Express warranty"

Im Folgenden werden zunächst die allgemeinen Anforderungen an die Begründung einer ausdrücklichen Zusicherung (express warranty) dargelegt. Anschließend wird auf die Besonderheiten eingegangen, die im Rechtsverkehr mit Verbrauchern bestehen.

(1) Allgemeine Anforderungen

Das Vorliegen einer express warranty richtet sich nach § 2-313 (1) UCC. Danach werden express warranties durch eine Zusicherung von Tatsachen, eine Warenbeschreibung sowie einen Kauf auf Probe oder nach Muster begründet. Dabei ist jede Abweichung von dem Inhalt der ausdrücklichen Zusicherung als eine Vertragsverletzung anzusehen. Nach § 2-313 (2) UCC ist für die Begründung einer express warranty nicht erforderlich, dass der Verkäufer formelle Begriffe wie

---

302 Den Proposed Final Draft hat das ALI auf dem Jahrestreffen im Jahr 2009 verabschiedet. Die Veröffentlichung des offiziellen Texts soll im Laufe des Jahres 2010 erfolgen. Die verschiedenen Bearbeitungsversionen der Principles of the Law of Software Contracts können unter http://www.ali.org erworben werden.

„guarantee" oder „warrant" verwendet oder dass er die Absicht hat, eine solche Zusicherung abzugeben.

Die Begründung einer ausdrücklichen Zusicherung erfolgt gem. § 2-313 (1) (a) UCC zunächst dadurch, dass der Verkäufer eine Zusicherung (affirmation of fact) oder ein Versprechen (promise) im Hinblick auf die Kaufsache abgibt und dass diese Zusicherung zur Geschäftsgrundlage (basis of the bargain) wird. Sofern sich die express warranty auf eine Tatsachenzusicherung stützt, ist eine Abgrenzung zu bloßen Meinungsäußerungen oder marktschreierischen Anpreisungen (advertising puffs) relevant[303]. Die Rechtsprechung geht beispielsweise dann von einer auf Tatsachen bezogenen express warranty aus, wenn der Verkäufer zusichert, dass die Software in einer bestimmten Systemumgebung funktionieren wird[304]. Sie ist aber mit der Annahme einer solchen tendenziell zurückhaltend, wenn die Aussage nicht spezielle Leistungsmerkmale betrifft, sondern eine allgemeine Werbeaussage dahingehend darstellt, dass die Software für den Betrieb des Käufers die gewünschten Ergebnisse liefern werde[305].

Darüber hinaus kann eine ausdrückliche Zusicherung gem. § 2-313 (1) (b) und (c) UCC durch die Beschreibung der Ware[306] bzw. durch ein Probestück (sample) oder Muster (model) entstehen, sofern diese zur Geschäftsgrundlage werden. Als ein solches Muster ist im Softwarebereich insbesondere die zeitlich begrenzte Überlassung einer Probeversion der Software (trial version) anzusehen. Die aufgrund der trial version erworbene Software muss dieser qualitativ zumindest gleichwertig sein.

Das Vorliegen einer express warranty setzt stets voraus, dass die Aussage über die Kaufsache zur Geschäftsgrundlage geworden ist. Dieses basis of the bargain-Element stellt die kausale Verbindung zwischen der falschen Aussage und dem Schaden dar und ersetzte rechtshistorisch im Zuge der Integration der express

---

303 Ferriell/Navin, S. 360; Scott, Ch. 6.07; Selman/Chen, 31 U.S.F. L. Rev. (1997) S. 543f.; Owen, § 4.2.

304 Lautsch, S. 242.

305 Siehe hierzu ausführlich White/Summers, § 9-4, S. 347ff.; Nimmer, Ch. 6.07 [2]. Wenn der Verkäufer die Geeignetheit der Software für den Verwendungszweck des Käufers zusichert, kommt allerdings eine implied warranty gem. § 2-315 UCC in Betracht; siehe hierzu unten, S. 87.

306 Die Abgrenzung von einer express warranty durch Tatsachenzusicherung einerseits und durch Beschreibung andererseits ist häufig nur schwer vorzunehmen. Im Ergebnis kann die Entscheidung aber auch dahinstehen, da dem Käufer in beiden Fällen dieselben Rechte und Ansprüche zustehen.

warranty in das Vertragsrecht das Erfordernis der reliance[307]. Die genaue Bedeutung dieses Tatbestandsmerkmals „basis of the bargain“ ist indes bis heute umstritten[308]. So geht eine Ansicht, die an dem traditionellen Erfordernis der reliance festhält, davon aus, dass ein Vertrauen des Käufers auch im Rahmen des basis of the bargain vorliegen muss, wobei die Beweislast für dessen Fehlen dem Verkäufer obliegt[309]. Die Gegenansicht, die dem geänderten Wortlaut Rechnung trägt, wendet hingegen eine objektivierte Betrachtungsweise an, nach welcher eine Aussage über das Produkt unabhängig von einem Vertrauen des Käufers Teil der Geschäftsgrundlage wird[310]. Im Direktvertrieb führen die beiden Ansichten zumeist zu identischen Ergebnissen, beispielsweise wenn die strittige Aussage im schriftlichen Vertrag enthalten ist oder wenn sie unmittelbar vor Vertragsabschluss Gegenstand der Verhandlungen war[311]. So hatte der Verkäufer in Chatlos Systems, Inc. v National Cash Register Corp.[312] zugesichert, dass das Computersystem sechs verschiedene Funktionen ausüben könne, die für die Buchhaltung des Käufers relevant waren. Das Gericht ging hier von der Verletzung einer express warranty

307 Die express warranty wurde ursprünglich dem tort-Recht zugeordnet, in welchem die kausale Verbindung zwischen der falschen Aussage und dem Schaden durch das Tatbestandsmerkmal der reliance hergestellt wird, so auch noch im Uniform Sales Act. In der Folgezeit wurde die express warranty jedoch überwiegend in das Vertragsrecht integriert, was die Verfasser des UCC durch die terminologische Abkehr von der reliance hin zu dem basis of the bargain-Erfordernis zum Ausdruck bringen wollten. Siehe hierzu Owen, § 4.2, S. 158f.

308 Owen, § 4.2, S. 158ff.

309 Hillman, 11 Duq. Bus. L. J. 167 (2009) S. 168ff. Teilweise haben Gerichte bei einem Erwerb einer Markensoftware für den Nachweis der fehlenden reliance bereites das Argument ausreichen lassen, dass der Käufer hier nicht auf die Beratung des Verkäufers, sondern vielmehr auf den mit der Marke assoziierten Qualitätsstandard vertraut habe, vgl. Nimmer, Ch. 6.08[2].

310 Selman/Chen, 31 U.S.F. L. Rev. (1997) S. 541f. Nach dem Official Comment werden grundsätzlich alle Aussagen des Verkäufers zur basis of the bargain, „unless good reason is shown to the contrary“.

311 Unterschiedliche Ergebnisse hat dieser Meinungsstreit aber insbesondere bei einem Vertrieb der Software über Zwischenhändler zur Folge. Das reliance-Erfordernis steht in diesen Fällen der Haftung des Herstellers für Werbeaussagen oder aus der Ware beiliegenden Garantien häufig entgegen. Um auch hier eine Haftung des Herstellers zu ermöglich, enthalten §§ 2-313A und 2-313B der revidierten Fassung des UCC aus dem Jahr 2003 hierzu gesonderte Regelungen. Siehe hierzu unten im Rahmen der vertraglichen Haftung des Herstellers bei einem Vertrieb über Zwischenhändler, S. 122ff.

312 479 F.Supp. 738 (D. N.J. 1979).

aus, da diese Aussagen zur Geschäftsgrundlage wurden und das System auch nach 18 Monaten die angepriesenen Funktionen nicht ausüben konnte.

Ein vertraglicher Anspruch wegen der Verletzung einer express warranty wird zumeist von einem auf das tort-Recht gestützten Anspruch wegen misrepresentation begleitet, da in beiden Fällen für die Erteilung von falschen Informationen gehaftet wird[313]. Die Parallelvorschrift zur verschuldensunabhängigen Haftung für die Verletzung einer express warranty befindet sich dabei in § 402B Restatement (Second) Torts.

(2) Besondere Anforderungen im Rechtsverkehr mit Verbrauchern

Sofern der Hersteller oder Verkäufer gegenüber einem Käufer, der als Verbraucher handelt, eine schriftliche express warranty erteilt, stellt der Magnuson-Moss Consumer Warranty Act[314] (im Folgenden MMA) verschiedene Anforderungen an deren inhaltliche Ausgestaltung[315]. Hierdurch soll der Verbraucher vor Irreführungen des Herstellers oder Verkäufers durch ausdrückliche Zusicherungen geschützt werden[316], da Verbraucher mit einer solchen Zusicherung im Regelfall einen Zuwachs an Rechten assoziieren. Bei dem MMA handelt es sich um ein Bundesgesetz, das in allen Staaten der USA unmittelbar Anwendung findet[317].

Der Erwerb einer Standardsoftware fällt in den Anwendungsbereich des MMA. Zwar findet dieser nur auf Verbrauchsgüter (consumer products) Anwendung, worunter gem. § 2301 (1) MMA solche Güter zu verstehen sind, die normalerweise für private Zwecke sowie Familien- oder Haushaltszwecke verwendet werden. Nach

313 Owen, § 4.2, S. 149.

314 15 U.S.C. § 2301-2312.

315 Der MMA begründet keine Pflicht, schriftliche warranties zu erteilen. Wenn sich der Hersteller oder Verkäufer jedoch dazu entschließt, solche warranties zu geben, unterliegen diese den Anforderungen des MMA. Da die meisten Unternehmen die Erteilung einer schriftlichen warranty für eine erfolgreiche Vermarktung des Produkts für erforderlich halten, befindet sich eine solche in fast allen Verträgen. Siehe hierzu Lautsch, § 9.8 (a). Die Anwendbarkeit des MMA ist unabhängig davon gegeben, ob eine Individualvereinbarung oder standard terms vorliegen. Im Fall eines Konflikts gehen die Vorschriften des MMA denen des UCC vor, vgl. Farnsworth, Bd. I, S. 612.

316 Verantwortlich für die Durchsetzung der Vorschriften des MMA ist grundsätzlich die Federal Trade Commission. Daneben steht es aber auch dem betroffenen Verbraucher offen, gegen den Garantiegeber vorzugehen.

317 Daneben gibt es in der Regel in jedem Staat ein eigenes Gesetz, das die Stärkung von Verbraucherrechten bezweckt (für Kalifornien beispielsweise der Song-Beverly Consumer Warranty Act). Diesen Gesetzen kommt jedoch nur regionale Bedeutung zu, so dass sie hier nicht weiter behandelt werden.

der ganz überwiegenden Ansicht kann Software aber als ein solches consumer product anzusehen sein, da der Gesetzgeber hierdurch lediglich eine Abgrenzung von unbeweglichen Gütern erreichen wollte[318]. Weiterhin erfordere der Gesetzeszweck, der auf die Gewährleistung von Minimalrechten des Verbrauchers gerichtet ist, die Anwendung des MMA, da der Verbraucher gerade im Softwarebereich eine besondere Schutzbedürftigkeit aufweise[319]. So geht auch die Rechtsprechung in der Entscheidung Microsoft Corporation v. Manning[320] indirekt von der Anwendbarkeit des MMA auf Standardsoftware aus[321].

Eine schriftliche warranty muss zunächst die in § 2302 MMA angeführten Informationen enthalten, damit der Käufer von allen Umständen, die für die Geltendmachung seiner Rechte relevant sind, Kenntnis erlangt. Diese müssen dem Verbraucher bereits vor dem Kauf zugänglich gemacht werden und in leicht verständlicher Sprache abgefasst sein[322]. Zu den insgesamt dreizehn Umständen, die dem Verbraucher mitgeteilt werden müssen, gehören unter anderem die genauen Kontaktdaten des Garantiegebers sowie der Hinweis, welche Schritte der Verbraucher einleiten muss, um in den Genuss der express warranty zu kommen.

Um dem Käufer den Schutzumfang der schriftlichen warranty bewusst zu machen, muss diese entweder als „full“ oder „limited“ warranty bezeichnet werden. Eine etwaige zeitliche Begrenzung der warranty muss ebenfalls aus der Überschrift hervorgehen. Eine Bezeichnung als „full warranty“ kommt gem. § 2303 (a) MMA nur dann in Betracht, wenn sie die Anforderungen des § 2304 MMA erfüllt. Hiernach muss dem Käufer unter anderem als Minimalrecht eine kostenfreie Reparatur innerhalb angemessener Zeit eingeräumt werden, bei deren Scheitern dem Käufer weitere Rechte zustehen. Wenn die warranty hingegen eine der Voraussetzungen einer full warranty nicht erfüllt, muss sie als „limited warranty“ bezeichnet werden.

---

318 Kaner, 18 J. Marshall J. Computer & Info. L. 435 (1999) S. 459; Rustad/Eisenschmidt 10 High Tech. L. J. 213 (1995) S. 283.

319 Collins, 111 W. Va. L. Rev. 531 (2009) S. 577f.; Kaner, 18 J. Marshall J. Computer & Info. L. 435 (1999) S. 459.

320 914 S.W.2d 601 (Tex. Ct. App. 1995) S. 609.

321 In diesem Fall ging es um die Frage, ob MS-DOS 6.0 fehlerhaft war, da es in einigen Fällen zu Datenverlusten kam. Microsoft hatte hier jegliche implied warranties ausgeschlossen. Da das Gericht aber von der Verletzung der implied warranty of merchantibility ausging, lässt dies darauf schließen, dass es den MMA für anwendbar und auf dieser Grundlage den Ausschluss der warranty gem. § 2308 (a) für unwirksam gehalten hat.

322 Genaue Vorgaben zur vorvertraglichen Zugänglichmachung hat die Federal Trade Commission ausgearbeitet, wofür § 2301 (b) (1) MMA eine Ermächtigung enthält.

bb) „Implied warranties"

Der UCC sieht darüber hinaus verschiedene stillschweigende Gewährleistungsversprechen (implied warranties) vor, die bei Vorliegen eines sale of goods automatisch, also unabhängig vom Willen der Parteien, in den Vertrag einbezogen werden[323]. Im Gegensatz zu express warranties können diese grundsätzlich leichter vertraglich ausgeschlossen werden[324]. Der UCC sieht implied warranties für die Handelsüblichkeit der Ware sowie den besonderen Verwendungszweck des Käufers, der dem Verkäufer bekannt ist, vor[325].

(1) Gewähr für handelsübliche Qualität („merchantibility")

Gem. § 2-314 (1) UCC wird in einen Kaufvertrag grundsätzlich eine implied warranty dahingehend einbezogen, dass die Ware handelsübliche (merchantable) Qualität aufweist[326]. Grundlegende Voraussetzung für dieses stillschweigende Gewährleistungsversprechen ist, dass der Verkäufer im Hinblick auf die konkreten Waren als Kaufmann (merchant[327]) anzusehen ist, was jedenfalls dann anzunehmen ist, wenn der Verkäufer regelmäßig mit Software handelt.

---

323 Die warranty-Haftung hat ihren historischen Ursprung in der deliktischen Haftung aus misrepresentation. Während die breach of warranty zunächst auf das tort-Recht gestützt wurde, haben die Gerichte zu Beginn des 19. Jahrhunderts den Verstoß gegen eine implied warranty als breach of contract angesehen, vgl. Gardiner v Gray 171 E.R. 46 (K.B. 1815).

324 In diesem Zusammenhang ist allerdings zu beachten, dass ein solcher Ausschluss gem. § 2308 (a) MMA nicht möglich ist, sofern der Verkäufer gegenüber einem Verbraucher eine schriftliche express warranty erteilt hat. Der Verkäufer hat gem. § 2308 (b) MMA lediglich die Möglichkeit, die Wirksamkeitsdauer der implied warranties auf die Dauer der express warranty zu begrenzen. Zu der Möglichkeit des Ausschlusses von implied warranties, siehe S. 289ff.

325 Darüber hinaus sieht § 2-314 (3) UCC implied warranties aus andauernden Geschäftsbeziehungen (course of dealing) und Handelsbräuchen (usage of trade) vor. Da diese aber keine softwarespezifischen Besonderheiten aufweisen, wird auf eine Darstellung verzichtet.

326 Rechtshistorisch gesehen stellte die Anerkennung einer implied warranty of merchantibility den ersten Schritt zur Abkehr von dem Grundsatz dar, dass der Käufer das Risiko eines Mangels zu tragen hat (caveat emptor-Grundsatz), vgl. Hamilton, 40 Yale LJ 1133 (1931) S. 1186f.

327 Eine Definition des „merchant" befindet sich in § 2-104 UCC: „Merchant means a person who deals in goods of the kind or otherwise by his occupation holds himself out as having knowledge or skill peculiar to the practices or goods involved in the transaction or to whom such knowledge or skill may be attributed by his employment of an agent or broker or other intermediary who by his occupation holds himself out as having such knowledge or skill.".

Die Handelsüblichkeit der Ware bestimmt sich nach den sechs Kriterien des § 2-314 (2) UCC, deren Voraussetzungen kumulativ erfüllt sein müssen[328]. Von besonderer Bedeutung sind dabei lit. (a), wonach die Ware im Handelsverkehr ohne Beanstandung unter die vertragliche Beschreibung passen muss und lit. (c), wonach die Ware für die Zwecke, für die derartige Sachen gewöhnlich verwendet werden, geeignet sein muss[329] Die Bestimmung der merchantibility einer Sache erfordert somit häufig einen Vergleich mit Konkurrenzprodukten anderer Hersteller, was im Schrifttum teilweise unter Verweis auf die Unvergleichbarkeit von Softwareprodukten nicht für praktikabel gehalten wird[330]. Die ganz überwiegende Ansicht wendet hingegen auch hier den merchantibility-Standard an, da mittlerweile die meisten Programme mit Produkten anderer Hersteller verglichen werden können und sich bei vielen Softwarearten, beispielsweise Textverarbeitungsprogrammen, ein allgemeiner Industriestandard herausgebildet hat[331].

In Anwendung des § 2-314 (2) lit (a) und (c) UCC hat das Gericht in der Entscheidung Neilson Business Equipment Center, Inc. v Monteleone[332] die Handelsüblichkeit von Software verneint, da deren Fehler derart schwerwiegend waren, dass die Software nicht mehr zur ordentlichen Buchhaltung verwendet werden

328 Im Einzelnen sind die Kriterien zur Bestimmung der Handelsüblichkeit gem. § 2-314 (2) UCC: Die Ware muss im Handelsverkehr ohne Beanstandung unter die vertragliche Beschreibung gefasst werden können (lit. a); bei vertretbaren Sachen (fungible goods) muss die Ware von ordentlicher Durchschnittsqualität sein (lit. b); die Ware muss für die Zwecke, für welche solche Sachen gewöhnlich gebraucht werden, geeignet sein (lit. c); sie muss im Rahmen der vertraglich vereinbarten Toleranzen, von gleicher Art, Qualität und Quantität sein (lit. d); sie muss gemäß den vertraglichen Vereinbarungen in geeigneten Behältnissen angemessen verpackt und beschriftet sein (lit. e); sie muss den Versprechungen oder Tatsachenzusicherungen entsprechen, die sich auf dem Behältnis oder auf der Aufschrift befinden (lit. f).

329 Der Käufer ist allerdings nur insoweit geschützt, wie er die Sache tatsächlich einer gewöhnlichen Verwendung zuführt. Nach Selman/Chen, 31 U.S.F. L. Rev. 531 (1997) S. 545 würde beispielsweise eine ungewöhnliche Verwendung vorliegen, wenn die NASA bei der Berechnung von Einsätzen im Weltraum ein für den gewöhnlichen Gebrauch konzipiertes Tabellenkalkulationsprogramm benutzen würde.

330 Durney, 59 Wash. L. Rev. 511 (1984) S. 522; Gomulkiewicz, 16 J. Marshall J. Computer & Info. L. 393 (1997) S. 399.

331 Zur Anwendbarkeit des § 2-314 (1) UCC auf Software siehe auch: Sierra Diesel Injection Services, Inc. v. Burroughs Corp., 874 F.2d 653 (9th Cir. 1989); Communications Groups, Inc. v. Warner Communications, Inc., 527 N.Y.S.2d 341 (N.Y. Civ. Ct. 1988); Microsoft Corp. v. Manning, 914 S.W.2d 602 (Tex. Ct. App. 1995).

332 524 A.2d 1172 (Del. 1987).

konnte. Ein besonders strenger Maßstab gilt immer dann, wenn selbst kleine Fehler erhebliche Schäden verursachen können. So hat das Gericht in Wilson v Marquette Electronics, Inc.[333] ausgeführt, dass eine Software, die im Rahmen einer elektrokardiographischen Diagnose eingesetzt wird, bei gehäuften Unzuverlässigkeiten nicht mehr für ihren gewöhnlichen Verwendungszweck geeignet sei.

Zu beachten ist, dass der Kläger, der die Verletzung einer warranty of merchantibility geltend macht, seinen Anspruch zumeist auch auf das Vorliegen von Entwicklungs- oder Fabrikationsfehlern stützt, welche im Rahmen der strict products liability in tort relevant sind[334].

(2) Gewähr für bestimmten Zweck („fitness for a particular purpose“)

Während die vorstehende implied warranty auf den gewöhnlichen Verwendungszweck abstellt, kann die Regelung in § 2-315 UCC zur Einbeziehung einer implied warranty in den Kaufvertrag führen, dass die Ware den bestimmten Verwendungszweck des Käufers zu erfüllen hat. Voraussetzung ist, dass dem Verkäufer im Zeitpunkt des Vertragsschlusses der bestimmte Verwendungszweck der Ware bekannt war und dass der Käufer sich bei der Auswahl der passenden Ware auf dessen Fachkenntnis oder Urteil verlassen hat[335].

Im Regelfall sind diese Voraussetzungen erfüllt, wenn der Verkäufer eine Software empfiehlt, nachdem er über die speziellen Anforderungen des Käufers informiert wurde[336]. So hat das Gericht in Delorise Brown, M.D., Inc. v Allio[337] eine implied warranty aus § 2-315 UCC angenommen, da der Käufer auf die fachkundige Auswahl einer Software zur Verwaltung von Patientenakten vertraut hatte[338].

---

333 630 F2d 575 (8th Cir. 1980) S. 583.

334 White/Summers, § 9-7, S. 360, drücken diese Nähebeziehung folgendermaßen aus: „Warranty of merchantibility is a first cousin to strict tort liability“. In der Entscheidung Commonwealth v. Johnson Insulation 682 N.E.2d 1323 (Mass. 1997) S. 1326 führt das Gericht aus: „Liability under this implied warranty is congruent in nearly all respects with the principles expressed in Restatement (Second) of Torts § 402A“.

335 Im Unterschied zur implied warranty of merchantibility ist es hier nicht relevant, ob der Käufer die Sache von einem Kaufmann erworben hat, vgl. Owen, § 4.4, S. 181f.

336 Ob eine ausreichende Information des Verkäufers stattgefunden hat, bestimmt sich nach den konkreten Umständen des Einzelfalls. Im Einzelhandel, wo sich das Verkaufsgespräch häufig innerhalb kürzester Zeit abspielt, wird daher in vielen Fällen keine entsprechende implied warranty vorliegen., vgl. Nimmer, Ch. 6.08 [2].

337 620 NE2d 1020 (Ohio Ct App. 1993) S. 1022.

338 Eine Verletzung dieser warranty hat es jedoch abgelehnt, da der Käufer die Software akzeptiert hatte und anschließend nicht den Beweis dafür erbringen konnte, dass die Software fehlerhaft ist.

Allerdings scheidet die Annahme einer solchen implied warranty aus, wenn der Käufer selbst über Fachwissen verfügt oder sich in sonstiger Weise ein eigenes Urteil über den Kaufgegenstand bilden konnte, beispielsweise wenn der Käufer vor dem Kauf die Gelegenheit hatte, die Software umfassend im Rahmen einer trial version zu testen[339].

Neben § 2-315 UCC wird häufig gleichzeitig eine express warranty vorliegen, da der Verkäufer hier im Hinblick auf die besonderen Anforderungen des Käufers ausdrücklich eine bestimmte Software empfiehlt[340]. In der Entscheidung Chatlos Systems, Inc. v National Cash Register Corp.[341], in welcher der Verkäufer die Geeignetheit der Software für den Betrieb des Käufers ausdrücklich zugesichert hatte, ging das Gericht sowohl vom Vorliegen einer ausdrücklichen Zusicherung als auch von einem stillschweigenden Gewährleistungsversprechen aus § 2-315 UCC aus. Diese sah das Gericht als verletzt an, da die Software nicht innerhalb des angepriesenen Zeitraums funktionierte und damit auch nicht die versprochenen Einsparungen bei den Personalkosten brachte[342].

cc) Rechtsmängel

Weiterhin enthält § 2-312 UCC verschiedene Gewährleistungstatbestände, die sich auf die Rechte an der Kaufsache beziehen. So befindet sich in § 2-312 (1) UCC eine Gewährleistung des Eigentums- und Besitzrechts (warranty of good title)[343].

---

339 Hierbei handelt es sich um eine opportunity to inspect i.S.v. § 2-316 (3) (b) UCC, so dass eine warranty ausscheidet; siehe auch die Entscheidungen SHA I v City of San Francisco (612 F2d 1215) und Investors Premium Corp. v. Burroughs Corp., 389 F.Supp. 39 (D. SC 1974), wo die Möglichkeit der Durchführung ausführlicher Tests zum Ausschluss von Ansprüchen geführt hat. Siehe hierzu auch Lautsch, S. 240.

340 Ferriell/Navin, S. 378. Die Unterscheidung zwischen einer express warranty und der warranty aus § 2-315 UCC ist im Ergebnis von der Ausdrücklichkeit abhängig, mit welcher der Verkäufer die Geeignetheit für die Zwecke des Käufers zum Ausdruck gebracht hat.

341 479 F.Supp. 738 (D. N.J. 1979).

342 Die Annahme einer express warranty ist für den Käufer in der Regel vorteilhafter, da sie nur schwer vertraglich ausgeschlossen werden kann. Die Nachteile der express warranty liegen jedoch darin, dass neben dem Wissen des Verkäufers über die speziellen Anforderungen des Käufers die Tätigung der Aussage bewiesen werden muss und dass unter Umständen die parol evidence rule eingreift.

343 Zu beachten ist, dass es sich bei § 2-312 (1) UCC nicht um eine implied warranty handelt. Die Auswirkung hiervon ist, dass sich der Ausschluss der Haftung für Rechtsmängel nicht nach § 2-316 (3), sondern vielmehr nach § 2-312 (2) UCC richtet.

Der Verkäufer haftet daher, wenn er gar nicht in der Lage war, die eingeräumten Rechte zu übertragen, da diese einem Dritten zustehen. In der Entscheidung Camara v Hill sah das Gericht die implied warranty nach § 2-312 (1) (a) UCC als verletzt an, da der Verkäufer nicht das Eigentum an der Raubkopie einer Software übertragen konnte[344]. Gleiches gilt, wenn in der Software das urheberrechtlich geschützte Material von anderen Softwareherstellern ohne eine entsprechende Erlaubnis enthalten ist. Weiterhin kann eine Verletzung bereits darin zu sehen sein, dass die Eigentumslage nicht klar ist (cloud on the buyer's title) und der Käufer daher zur Klarstellung gezwungen ist[345].

Darüber hinaus schützt die in § 2-312 (3) UCC enthaltene warranty den Käufer davor, dass er von einem Dritten wegen der Verletzung von geistigen Eigentumsrechten, also insbesondere Patent-, Urheber- und Markenrechten, in Anspruch genommen wird (warranty against infringement). Unerheblich ist, ob der Anspruch des Dritten tatsächlich besteht, sofern der Käufer vernünftigerweise davon ausgehen konnte, dass der geltend gemachte Anspruch möglicherweise berechtigt ist. Voraussetzung für das Bestehen dieser warranty ist allerdings, dass der Verkäufer als Kaufmann (merchant) anzusehen ist, der regelmäßig mit der betroffenen Ware, also Software, handelt. Einem solchen Verkäufer wird nämlich unterstellt, dass er eine besondere Kenntnis im Hinblick auf die in Betracht kommenden Schutzrechte aufweist[346].

c) Rechte des Käufers

Wenn die Software entsprechend den vorstehenden Ausführungen als fehlerhaft anzusehen ist, stehen dem Käufer nach dem UCC verschiedene Rechte und Ansprüche zu. Im Folgenden wird dargelegt, unter welchen Voraussetzungen er die Abnahme der Software verweigern und gegebenenfalls Schadensersatz verlangen kann. Darüber hinaus wird das Recht des Käufers auf specific performance behandelt und auf die besonderen Rechte des Verbrauchers nach dem MMA eingegangen.

aa) Verweigerung der Abnahme („rejection“)

Wenn sich die gelieferte Software als fehlerhaft erweist, kann dem Käufer zunächst gem. § 2-601f. UCC das Recht zustehen, die Abnahme der Ware zu verweigern

---

344 596 A.2d 349 (Vt. 1991) S. 352.

345 Vgl. Official Comment Nr. 1 zu § 2-312 UCC. In § 2-312 (1) (a) der revidierten Fassung des UCC (2003) ist diese Fallkonstellation ausdrücklich im Gesetzestext erwähnt.

346 Vgl. den Official Comment Nr. 3 zu § 2-312 UCC.

(right to reject). In diesem Zusammenhang sind auch die nachfolgend behandelten Rechte zur zweiten Andienung, zur Abnahme und zum Widerruf der Abnahme zu berücksichtigen. Eng verbunden mit dem right to reject ist auch das Recht des Käufers aus § 2-711 i.V.m. § 2-106 (4) UCC, bei Lieferung einer fehlerhaften Software den Vertrag zu kündigen (right to cancel)[347]. Die Zurückweisung der fehlerhaften Software ist zumeist als eine solche Beendigung des Vertragsverhältnisses auszulegen.

Das Recht zur Abnahmeverweigerung besteht gem. § 2-601 UCC immer dann, wenn die Ware oder die Art und Weise der Lieferung in irgendeiner Hinsicht nicht dem Vertrag entspricht (perfect tender rule). Zwar wurde die Radikalität dieses Grundsatzes vielfach bemängelt[348], da sie dem Käufer beispielsweise erlaubt, einen geringfügigen Mangel der Ware als Vorwand zu benutzen, um einem schlechten Geschäft zu entkommen[349]. Der Vorteil der Regelung besteht jedoch in deren Eindeutigkeit[350]. Darüber hinaus ist zu berücksichtigen, dass die perfect tender rule in ihrer Reinform nur noch im Zusammenhang mit dem right to reject besteht[351]. Im Übrigen ist der UCC darauf ausgelegt, die Konsequenzen der perfect tender rule abzumildern, indem er beispielsweise ein Recht zur zweiten Andienung des Verkäufers vorsieht und für eine revocation of acceptance eine wesentliche Beeinträchtigung (substantial impairment) voraussetzt[352].

Die Zurückweisung muss gem. § 2-602 (1) UCC innerhalb eines angemessenen Zeitraums erfolgen und der Verkäufer muss hierüber umgehend informiert

---

347 Das Kündigungsrecht kann daher als wirtschaftliches Druckmittel zur Durchführung der Nacherfüllung durch den Verkäufer verwendet werden. Wenn der Verkäufer nämlich nicht nachbessert, kann der Käufer den Vertrag auflösen und damit dem Verkäufer das Risiko eines mittlerweile eingetretenen Preisverfalls auferlegen, vgl. Priest, 91 Harv. L. Rev. 960 (1978) S. 973f.

348 Bereits der Autor des Art. 2 UCC, Karl Llewellyn, hat sich – erfolglos – für die Anwendung des substantial performance-Standards auch im UCC eingesetzt, vgl. Llewellyn, 26 VA. L. Rev. 558 (1940) S. 566. Siehe auch Wiseman, 100 Harv. L. Rev. 465 (1987) 509ff. und Sebert, 84 Nw. U. L. Rev. 375 (1990) S. 378ff.

349 Dies wird beispielsweise dann relevant, wenn zwischen Bestellung der Software und deren Lieferung ein Preisverlust eingetreten ist.

350 Auch die revidierte Fassung des Art. 2 UCC aus dem Jahr 2003 hält aus diesem Grund an der perfect tender rule fest.

351 Calamari/Perillo, S. 437f.

352 Siehe hierzu Fuller/Eisenberg, S. 911f. Schließlich ist zu beachten, dass die Ausübung der Rechte des UCC in good faith zu erfolgen hat, vgl. §§ 1-201 (19), 1-203 UCC. Dadurch wird der Käufer in der Regel daran gehindert sein, die Annahme der Ware wegen eines vollkommen unbedeutenden Mangels abzulehnen.

werden[353]. Was unter einem angemessenen Zeitraum zu verstehen ist, bestimmt sich nach den Umständen des Einzelfalls, also insbesondere unter Berücksichtigung der Komplexität der Software und inwiefern der Fehler erkennbar war[354].

(1) Recht zur zweiten Andienung („right to cure")

Wenn der Käufer von seinem Recht zur Abnahmeverweigerung Gebrauch macht, steht dem Verkäufer gem. § 2-508 UCC ein Recht zur zweiten Andienung (right to cure) zu[355]. Die Nacherfüllung kann sowohl durch eine Nachlieferung als auch eine Reparatur der Kaufsache erfolgen, wobei der Verkäufer die dabei anfallenden Kosten zu tragen hat. Eine erfolgreiche Nacherfüllung führt dazu, dass dem Käufer nicht die Rechte aus § 2-711 UCC zustehen, wodurch die Anforderungen der perfect tender rule relativiert werden. Die Nacherfüllung ist erfolgreich, wenn deren Resultat den Anforderungen der perfect tender rule genügt.

Der Verkäufer muss den Käufer gem. § 2-508 UCC in jedem Fall unverzüglich (seasonable) über seinen Willen zur Nacherfüllung informieren[356]. Wenn der Erfüllungszeitraum noch nicht abgelaufen ist, kann der Verkäufer dann gem. § 2-508 (1) UCC bis zu dessen Ablauf eine Nacherfüllung vornehmen. Wenn die Zeit für die Vertragserfüllung bereits abgelaufen ist, ist die Nacherfüllung gem. § 2-508 (2) UCC nur noch dann zulässig, wenn der Verkäufer vernünftigerweise davon ausgehen durfte, dass der Käufer die zuvor angebotene Leistung akzeptieren würde. Er kann dann die Nacherfüllung innerhalb eines angemessenen Zeitraums vornehmen.

---

353 Andernfalls tritt die Annahmefiktion nach § 2-606 (b) UCC ein. Zur teilweise nicht einfachen Bestimmung, ob eine wirksame Benachrichtigung des Verkäufers über die Zurückweisung einer Software stattgefunden hat, siehe auch Management Systems Associates v McDonnell Douglas Corp., 762 F.2d 1161 (4th Cir. 1985).

354 Aufgrund der Komplexität des Computersystems sah das Gericht in Carl Beasley Ford, Inc. v. Burroughs Corp., 361 F.Supp. 325 (E.D. Pa. 1973) die Ausübung des Annahmeverweigerungsrechts 8 Monate nach Lieferung als rechtzeitig an. In der Entscheidung Computerized Radiological Services v Syntex, 595 F. Supp. 1495 (E.D.N.Y. 1984), hat das Gericht einen Zeitraum von 22 Monaten bis zur Ausübung des Rechts als zu lang angesehen.

355 Der Vorteil für den Käufer liegt darin, dass das Eigentum an der Ware noch nicht übergegangen ist. Ein eventuell eintretender Preisverlust geht damit zu Lasten des Verkäufers, siehe Boss/Woodward, 43 Bus. Law. 1513 (1988) S. 1543.

356 Die Bestimmung des angemessenen Zeitraums, der dem Verkäufer für die Nachbesserung zur Verfügung steht, ist von der Art des Fehlers abhängig. Wenn der Fehler das Arbeiten mit der Software erheblich beeinträchtigt, dann ist dem Verkäufer weniger Zeit zuzubilligen als bei einem unwesentlichen Fehler, vgl. Nimmer, Ch. 6.17[1].

Bei Standardsoftware ist allerdings zu beachten, dass eine Neulieferung der Software in aller Regel nicht zu einer Behebung des Fehlers führt, da dieser der gesamten Serie anhaftet. Zu einer Reparatur der Software ist der Verkäufer häufig nicht berechtigt und auch nicht in der Lage. Denkbar ist allerdings die Behebung des Fehlers durch die Lieferung eines neuen Programmstandes, welche den Fehler nicht mehr enthält.

(2) Erlöschen durch Abnahme („acceptance")

Das Recht zur Verweigerung der Abnahme erlischt gem. § 2-607 (2) UCC immer dann, wenn der Käufer die fehlerhafte Software angenommen hat. Der Käufer hat dann den Kaufpreis zu entrichten, auch wenn die Software fehlerhaft ist[357]. Allerdings ist der Käufer durch eine Abnahme der fehlerhaften Software nicht rechtlos gestellt, da ihm gem. § 2-714 UCC das Recht zusteht, Schadensersatz zu verlangen. Eine für die gerichtliche Durchsetzung erhebliche Folge der Abnahme ist weiterhin, dass die Beweislast für das Vorliegen eines Mangels gem. § 2-607 (4) UCC mit Abnahme der Ware auf den Käufer übergeht.

Gem. § 2-206 UCC kann die Abnahme auf verschiedene Weise erfolgen. So hat der Käufer die Ware gem. § 2-606 (1) (a) UCC abgenommen, wenn er innerhalb eines angemessenen Zeitraums nach Erhalt der Ware den Verkäufer darüber informiert, dass die Ware vertragsgemäß ist oder dass er sie trotz des Mangels behalten wird. Weiterhin tritt gem. § 2-606 (1) (b) UCC eine Abnahmefiktion ein, wenn der Käufer deren Abnahme nicht wirksam verweigert hat. Hier ist insbesondere die Konstellation relevant, in welcher der Käufer die Rügefrist des § 2-602 (1) UCC ungenutzt verstreichen lässt.

Eine Abnahme der Ware tritt gem. § 2-606 (1) (c) UCC auch dann ein, wenn der Käufer an dieser Handlungen vornimmt, die mit der Eigentümerstellung des Verkäufers nicht zu vereinbaren sind. Im Zusammenhang mit Software besteht dabei häufig das Problem, dass der Käufer die fehlerhafte Software trotz der Abnahmeverweigerung gebraucht. Bei strenger Auslegung des Wortlauts könnte eine solche Benutzung gem. §§ 2-606 (1) (c), 2-602 (2) (a) UCC zum Ausschluss des Zurückweisungsrechts führen. Im Schrifttum wird jedoch überwiegend davon ausgegangen, dass die Weiterbenutzung im Fall von Software nicht automatisch

357 In der Entscheidung SHA-I v City of San Francisco, 612 F.2d 1215 (9th Cir. 1980), hat das Gericht einen Anspruch des Verkäufers auf Zahlung des Kaufpreises bejaht, da das Computersystem den vertraglich vereinbarten Effektivitätslevel von 95% erreicht hatte, so dass anschließende Fehler im System, die nach der Abnahme eintraten, auf die Wirksamkeit des Anspruchs auf Kaufpreiszahlung keinen Einfluss hatte.

mit einer konkludenten Abnahmeerklärung gleichzusetzen sei, wenn sie, obwohl sie nicht optimal funktioniert, eine wichtige Voraussetzung für den Geschäftsbetrieb darstellt[358].

(3) Widerruf der Abnahme („revocation of acceptance“)

Unter bestimmten Voraussetzungen hat der Käufer allerdings die Möglichkeit, die Abnahme zu widerrufen (revocation of acceptance). Dieser Widerruf der Abnahme ist im Hinblick auf Softwareprodukte von großer Relevanz, da Fehler hier typischerweise erst nach der Abnahme auffallen. Durch die Ausübung des Widerrufs stehen dem Käufer gem. § 2-608 (3) UCC dieselben Rechtsbehelfe zu, die ihm zustünden, wenn er von vornherein die Abnahme verweigert hätte. Der Widerruf der Abnahme ist gem. § 2-608 (2) UCC empfangsbedürftig und muss innerhalb eines angemessenen Zeitraums erfolgen, nachdem der Käufer den Mangel entdeckt hat oder hätte entdecken müssen. Bei der Bestimmung der Widerrufsfrist sind wiederum die Komplexität der Software und die damit verbundenen Probleme bei der Auffindung von Fehlern zu berücksichtigen[359].

Voraussetzung für einen Widerruf der Abnahme ist gem. § 2-608 (1) UCC zunächst, dass der Mangel den Wert der Ware wesentlich beeinträchtigt (substantial impairment)[360]. So schied in der Entscheidung Iten Leasing Co. v Burroughs Corp.[361] eine revocation aus, da der Softwarefehler nach der Auffassung des Gerichts keine wesentliche Beeinträchtigung der Funktionsfähigkeit zur Folge hatte. Bei einer Abnahme im Bewusstsein der Fehlerhaftigkeit muss der Käufer gem. § 2-608 (1) (a) UCC zusätzlich zur wesentlichen Beeinträchtigung vernünftigerweise davon ausgegangen sein, dass der Verkäufer den Mangel innerhalb eines angemessenen Zeitraums beseitigen werde, was jedoch im Ergebnis nicht erfolgt ist. Wenn dem Käufer im Zeitpunkt der Abnahme der Fehler nicht bekannt war, dann besteht ein Recht zum Widerruf der Abnahme gem. § 2-608 (1) (b) UCC auch dann, wenn die Abnahme durch einen schwer zu entdeckenden Fehler oder durch Zusicherungen des Verkäufers bedingt war.

---

358 Gemignani, § 11.5, S. 136; So auch die Entscheidung Lawrence v. Modern Mobile Homes, Inc. 562 S.W.2d 729, 731 (Mo. App. Ct. 1978), bei dem es um die Weiterbenutzung eines Fahrzeugs ging, auf welches der Käufer angewiesen war. Siehe hierzu White/Summers, § 8-3, S. 321f.

359 Für Beispiele siehe Gemignani, § 11.16, S. 144.

360 Vgl. den Unterschied zur rejection, wo aufgrund der perfect tender rule keine erhebliche Beeinträchtigung des Warenwerts erforderlich ist.

361 684 F.2d 573 (8th Cir. 1982) S. 577.

bb) Schadensersatz

Der Anspruch des Käufers auf Schadensersatz richtet sich bei der Lieferung einer fehlerhaften Software nach den Regelungen in § 2-711ff. UCC. Für die Ersatzfähigkeit des Schadens wird auch im Recht der USA zwischen general und special damages unterschieden[362]. Weiterhin stellt sich neben dem Problem der Anrechnung von Mitverschulden die Frage, ob und inwieweit auch vertragsfremde Dritte einen Anspruch auf Schadensersatz geltend machen können.

(1) „General damages“

Unter general damages versteht man den direkten Vermögensschaden, den der Käufer durch die Nichtlieferung oder die Lieferung einer mangelhaften Sache erleidet. Derartige Schäden werden von der ersten Regel aus Hadley v Baxendale erfasst, da sie bei gewöhnlichem Lauf der Dinge anfallen[363]. Konkrete Vorgaben für die Berechnung der general damages befinden sich für die Nichtlieferung und die Abnahmeverweigerung und den Widerruf der Abnahme in § 2-713 UCC[364] und für die Lieferung einer mangelhaften Sache in § 2-714 UCC.

Wenn der Käufer die Software rechtmäßig ablehnt oder seine Abnahme widerruft, kann er gem. § 2-713 UCC die Differenz zwischen dem Marktwert in dem Zeitpunkt, in dem er von der Vertragsverletzung Kenntnis hatte, und dem Kaufpreis ersetzt verlangen[365]. Alternativ steht dem Käufer gem. §§ 2-711 (1) (b), 2-712 UCC das Recht zu, einen Deckungskauf vorzunehmen[366]. Die Beschaffung der Ersatzware muss in gutem Glauben und ohne unangemessene Verzögerung erfolgen, da den Käufer insoweit Schadensminderungspflichten treffen. Im Wege

362 General damages werden auch häufig als „direct damages“ bezeichnet. Anstelle von special damages findet sich auch häufig die Bezeichnung „indirect“ oder „incidental and consequential damages“.

363 Dieser Grundsatz wird im Zusammenhang mit der Lieferung mangelhafter Ware in § 2-714 (1) UCC ausdrücklich erwähnt. Er ist aber auf die Nichtlieferung in § 2-713 UCC ebenfalls anzuwenden, vgl. White/Summers, § 6-5, S. 2224.

364 Die Abnahmeverweigerung und der Widerruf der Annahme sind der Nichtlieferung gleichgestellt.

365 Calamari/Perillo, S. 594f.; Boss/Woodward 43 Bus. Law. 1513 (1988) 1543. Traditionell war für die Schadensberechnung der Zeitpunkt maßgeblich, in dem die Leistung fällig war. Der Zeitpunkt der Kenntnis von der Vertragsverletzung hat allerdings den Vorteil, dass er besser mit den anderen Rechten des UCC harmoniert, da in diesem Zeitpunkt beispielsweise auch ein Deckungskauf möglich wäre.

366 Auch wenn er einen solchen Deckungskauf nicht vornimmt, bleiben die anderen Rechte des Käufers dennoch erhalten, vgl. § 2-712 (3) UCC.

des Schadensersatzes hat der Verkäufer dann gem. § 2-712 (2) UCC die Differenz zwischen den Mehrkosten und dem eigentlichen Kaufpreis zu ersetzen[367]. Der Vorteil des Deckungskaufs besteht darin, dass er dem Käufer den schwierigen und langwierigen Nachweis des Marktpreises in einem Gerichtsverfahren erspart[368].

Wenn der Käufer hingegen die fehlerhafte Ware angenommen hat, kann er gem. § 2-714 UCC die Differenz zwischen dem Marktwert der fehlerhaften Ware und dem Wert, den die Ware im vertraglich vereinbarten Zustand gehabt hätte, ersetzt verlangen[369]. Die Wertdifferenz zwischen der vereinbarten und der gelieferten Qualität berechnet sich häufig nach den anfallenden Reparaturkosten[370]. Zu beachten ist allerdings, dass das Bestehen auf die Durchführung einer Reparatur gegen die Schadensminderungspflicht des Käufers verstoßen kann, wenn sich die Anschaffung einer vergleichbaren Software eines anderen Herstellers als kostengünstiger darstellt.

Eine weitere grundlegende Voraussetzung für den Schadensersatzanspruch aus § 2-714 UCC ist, dass der Käufer den Verkäufer gem. § 2-607 (3) (a) UCC unverzüglich (within reasonable time) über den Fehler unterrichtet, nachdem er von diesem Kenntnis erlangt hat oder hätte erlange müssen[371]. Unterlässt der Käufer eine solche Anzeige, hat dies einen Ausschluss jeglicher Rechte zur Folge[372].

(2) „Special damages“

Darüber hinaus kann der Käufer einen Schaden erlitten haben, der sich nicht im Wert der Ware selbst äußert, sondern vielmehr an anderen Rechtsgütern entsteht. Die Möglichkeit des Ersatzes solcher special damages ergibt sich aus den Verweisen in § 2-713 (1) und § 2-714 (3) auf § 2-715 UCC. Dieser behandelt den Ersatz von Begleitschäden (incidental damages) und Folgeschäden (consequential damages).

---

367 Zu beachten ist allerdings, dass der Käufer ersparte Aufwendungen von diesem Betrag abziehen muss.

368 Die Einführung des Rechts zum Deckungskauf würdigen Calamari/Perillo, S. 593 folgendermaßen: „The cover provision, although one of the simplest, is yet one of the most useful innovations to appear in the UCC.“

369 Ein gutes Beispiel zur Berechnung der Schadenshöhe findet sich in Chatlos Sys Inc v National Cash Register Corp., 479 F.Supp 738 (D. NJ. 1979) S. 744f.

370 Calamari/Perillo, S. 595f.

371 Bei einem Rechtsmangel gilt § 2-607 (3) (b) UCC. Danach hat der Käufer den Verkäufer unverzüglich über seine Inanspruchnahme im Rahmen einer Verletzungsklage zu informieren.

372 Siehe hierzu Owen, § 4.6, S. 198ff.

Unter incidential damages fallen gem. § 2-715 (1) UCC insbesondere solche Schäden, die dem Käufer bei einer rechtmäßigen Zurückweisung der Ware anfallen. Hierzu zählen beispielsweise Kosten, die durch Inspektion, Transport und Aufbewahrung der Güter entstanden sind. Um diese Kosten ersetzt zu bekommen, muss der Käufer beweisen, dass die Ausgaben durch die Vertragsverletzung des Verkäufers angefallen sind und dass sie insgesamt als angemessen anzusehen sind.

Unter consequential damages gem. § 2-715 (2) (a) UCC versteht man typischerweise den entgangenen Gewinn und Betriebsausfallschaden, aber auch Verlust von „Goodwill" oder Zinsschäden[373]. Häufig macht der Käufer in diesem Zusammenhang auch den entgangenen Gewinn aus einem geplanten Weiterverkauf[374] sowie nutzlos aufgewendete Arbeitszeit[375] geltend. Voraussetzung für den Ersatz solcher Schäden ist stets, dass der Verkäufer die besonderen Umstände, auf denen der Schaden beruht, bei Vertragsschluss gekannt hat oder jedenfalls hätte kennen müssen, wobei es sich im Grundsatz um die zweite Regel aus Hadley v Baxendale handelt[376]. Darüber hinaus muss die Schadenshöhe hinreichend genau bestimmt

373 Der Ersatz für die Beschädigung des Goodwill scheitert allerdings häufig an der fehlenden Bezifferbarkeit. Siehe hierzu auch die Ausführungen in Step-Saver Data Inc. v. Wyse Technology, 912 F.2d 643 (3rd Cir. 1990).

374 In Chatlos Sys Inc v National Cash Register Corp., 479 F.Supp 738 (D. NJ. 1979) S. 747f. fiel unter den Erfüllungsschaden das Ausbleiben ersparter Aufwendungen, da die fehlerhafte Software dazu führte, dass die Buchhaltung weiterhin manuell durchgeführt werden musste. Weiterhin werden die Personalkosten für Installation und Fehlerbehebung als ersatzfähig angesehen, vgl. Stahl Management Corp. v. Conceptions Unlimited, 554 F.Supp. 890 (S.D.N.Y.) S. 895. Ersatzfähig sind auch Kreditzinsen, die für den Erwerb des fehlerhaften Systems anfallen, vgl. Diversified Events v. Olivetti Corp., 461 F.Supp. 286 (M.D. Pa. 1978) S. 292.

375 In diesem Zusammenhang ist die Rechtsprechung mit der Zusprechung von consequential damages allerdings sehr zurückhaltend. In der Entscheidung Wilson v Marquette Electronics, Inc., 630 F.2d 575 (8th Cir. 1980) konnte beispielsweise eine im Medizinbereich tätige juristische Person, der ein fehlerhaftes Computersystem geliefert wurde, nicht die zur Reparatur aufgewendete Zeit eines angestellten Arztes ersetzt verlangen. Nach den vorliegenden Beweisen war nämlich nicht klar ersichtlich, dass durch die aufgewendete Zeit auch tatsächlich ein Vermögensschaden eingetreten ist, vgl. S. 585ff.

376 Die beiden Regeln aus Hadley v Baxendale werden auch häufig mit dem Erfordernis der Vorhersehbarkeit (foreseeability) umschrieben, was allerdings die Gefahr einer Ausuferung der Haftung mit sich bringt, vgl. Dobbs, Remedies, S. 787. Der UCC erteilt einer häufig vertretenen Auslegung eine Absage, nach welcher die Parteien bewusst die Möglichkeit des Schadenseintritts bedacht haben müssen und der Verkäufer

werden können und es darf kein Verstoß gegen eine Schadensminderungspflicht des Käufers vorliegen[377].

Weiterhin sind als consequential damages gem. § 2-715 (2) (b) UCC Personen- und Eigentumsschäden zu ersetzen. Der Unterschied zu den reinen Vermögensschäden liegt darin, dass der Ersatz des Schadens nicht davon abhängig ist, ob der Schadenseintritt für den Verkäufer vorhersehbar war. Voraussetzung ist hier lediglich, dass der Schaden eine hinreichende Nähebeziehung zur Vertragsverletzung aufweist (injury proximateley resulting from breach of warranty)[378]. Dies ist beispielsweise nicht der Fall, wenn der Käufer die Ware trotz des offensichtlichen Mangels benutzt hat[379].

Zu beachten ist, dass im Rahmen der special damages grundsätzlich kein Strafschadensersatz (punitive damages) zugesprochen wird[380]. Dies ist vielmehr nur dann möglich, wenn die Vertragsverletzung gleichzeitig die Voraussetzungen eines tort-Anspruchs erfüllt, für den bei einem besonders schwerwiegenden Fehlverhalten punitive damages erhältlich sein können[381].

(3) Mitverschulden

Problematisch ist, ob der vertragliche Anspruch auf Schadensersatz gegebenenfalls wegen Mitverschuldens des Anspruchsstellers zu kürzen ist. In diesem Zusammenhang ist umstritten, ob die zur Berücksichtigung von Mitverschulden entwickelten Grundsätze auch im Rahmen von vertraglichen Ansprüchen Anwendung finden.

---

das Risiko des Eintritts solcher Schäden übernommen haben muss (tacit-agreement test). Siehe hierzu White/Summers, § 10-4, S. 386ff.

377 Besonders bei Unternehmen, die noch nicht lange am Markt tätig sind, kann der geltend gemachte entgangene Gewinn als zu spekulativ zurückgewiesen werden (new business rule), vgl. Gerwin v Southeastern California Association of Seventh Day Adventists, 14 Cal.App.3d 92 (1971) S. 222.

378 White/Summers, § 10-4 S. 393.

379 Vgl. den Official Comment Nr. 5 zu § 2-715 UCC.

380 Farnsworth, § 12.8. Siehe auch den Grundsatz aus § 355 Restatement (Second) of Contracts.

381 Dies wird damit begründet, dass es sich bei einem tort-Anspruch um ein Verhalten handelt, an dem die Öffentlichkeit ein Interesse hat. Bei einer Vertragsverletzung hingegen handelt es sich um ein Verhalten, das lediglich inter-partes wirkt. Zu den Voraussetzungen des Strafschadensersatzes siehe S. 160.

Traditionell hat auch ein geringes Mitverschulden des Anspruchstellers zu einem Ausschluss des Anspruchs geführt. (contributory negligence)[382]. Ein solcher kompletter Ausschluss schied nur unter bestimmten Umständen aus, beispielsweise wenn der Schädiger vorsätzlich gehandelt hat[383]. Da der Ausschluss des kompletten Anspruchs zunehmend als unbillig empfunden wurde, ermitteln die meisten Gerichte mittlerweile den Grad des Verschuldens des Anspruchsstellers und kürzen dessen Anspruch entsprechend (comparative negligence). Hierbei gibt es jedoch verschiedene Varianten[384]. Die meisten Staaten gehen grundsätzlich von der Kürzung des eigenen Anspruchs um den Grad des Mitverschuldens aus, wobei der Anspruch jedoch insgesamt gesperrt ist, wenn der eigene Verursachungsbeitrag höher liegt als der des Anspruchsgegners[385]. In anderen Staaten ist der Anspruch bereits dann ausgeschlossen, wenn der Verschuldensanteil gleichwertig ist[386]. Diesem Ansatz, der von einem Ausschluss des Anspruchs ausgeht, wenn das Mitverschulden 50% oder mehr beträgt, folgt auch die Regelung in sec. 3 des Uniform Apportionment of Tort Responsibility Act. Dieser Uniform Act der NCCUSL aus dem Jahr 2002 wurde bislang allerdings von keinem Bundesstaat umgesetzt. Wiederum andere Staaten berücksichtigen stets den Anteil des Verschuldens, ohne dass dies zu einem Ausschluss des eigenen Anspruchs führen könnte[387].

Ob die dargestellten Grundsätze auch im Rahmen von vertraglichen Ansprüchen Berücksichtigung finden, ist umstritten[388]. So vertreten einige Gerichte die Auffassung, eine solche Berücksichtigung sei nicht mit der verschuldensunabhängigen warranty-Haftung zu vereinbaren[389]. Von anderen Gerichten wird ein etwaiges Mitverschulden nicht beim Anspruchsumfang, sondern als Aspekt für einen Anspruchsausschluss wegen eigenverantwortlichem Handeln (assumption of risk) berücksichtigt. Die Benutzung einer Software trotz Kenntnis von deren Fehlern kann daher dazu führen, dass das Verhalten des Käufers die Verursachungskette unterbricht[390]. Insgesamt lässt sich eine Tendenz dahingehend feststellen, dass ein Mitverschulden des

382 Prosser/Keeton, S. 451.

383 Jackson v Brantley, 378 So.2d 1109 (Ala. Ct. App. 1979).

384 S. hierzu Dobbs, Torts, S. 505.

385 Darunter Delaware, Illinois, Massachusetts, Minnesota, Pennsylvania und Texas.

386 Darunter Arizona, Colorado, Georgia, Kansas, Utah und West Virginia.

387 Darunter Florida, Kalifornien, New Mexiko, New York und Washington.

388 Siehe hierzu White/Summers, § 11-8, S. 410ff.

389 Fernandes v. Union Bookbinding Co., 507 N.E.2d 728 (1987).

390 Vgl. Official Comment Nr. 5 zu § 2-715 UCC.

Käufers Auswirkungen auf den Umfang des Anspruchs hat, zumindest wenn es um Körper- oder Sachschäden geht[391].

Unabhängig von der Anwendbarkeit der Grundsätze zum Mitverschulden trifft den Käufer jedenfalls eine Schadensminderungspflicht (duty to mitigate). Wenn für den Käufer ersichtlich ist, dass der Verkäufer seinen Vertrag nicht ordnungsgemäß erfüllen wird, ist er daher verpflichtet, den durch die Vertragsverletzung eintretenden Schaden möglichst gering zu halten[392]. Dieser allgemeine Grundsatz findet sich auch in § 2-715 (2) (a) UCC wieder, wonach der Käufer beispielsweise nur einen solchen Schaden ersetzt verlangen kann, der nicht vernünftigerweise durch einen Deckungskauf oder auf andere Weise hätte verhindert werden können.

cc) „Specific performance"

Weiterhin kommt gem. § 2-716 UCC ein Anspruch des Käufers auf Erbringung der Vertragsleistung (specific performance) in Betracht[393]. Aufgrund des in § 2-716 (2) UCC enthaltenen Ermessensspielraums des Gerichts kann die specific performance neben einem reinen Erfüllungsanspruch auch die Anordnung von Nacherfüllung umfassen, wenn sich die Ware als fehlerhaft erweist[394]. Traditionell haben die Gerichte dieses equity-Recht nur dann gewährt, wenn Schadensersatz in Geld im konkreten Fall keinen angemessenen Ausgleich brachte[395]. Dabei war wie im englischen Recht Voraussetzung, dass sich das Rechtsverhältnis auf eine bestimmte Sache konkretisiert hat[396]. Die Regelung in § 2-716 UCC erweckt den Eindruck, dass sie geringere Anforderungen an den Anspruch auf specific performance stellt, da hiernach eine entsprechende Anordnung nunmehr auch dann erfolgen kann, wenn die Kaufsache einzigartig (unique) ist oder andere angemessene Umstände (other proper circumstances) vorliegen[397].

---

391 White/Summers, § 11-9, S. 412.

392 Gemignani, § 12.8.

393 In volkswirtschaftlicher Hinsicht ist der Nutzen der specific performance allerdings umstritten. Für eine Begrenzung des Anwendungsbereichs der specific performance spricht sich beispielsweise Kronman (1978) 45 U Chicago L Rev. 351 aus. Für eine weitergehende Anwendung plädiert Ulen, 83 Mich.L. Rev. 341 (1984) S. 401f.

394 Vgl. beispielsweise zum Anspruch auf Nachbesserung Colorado-Ute Electrical Association, Inc. v. Envirotech Corp., 524 F.Supp. 1152 (D.Colo. 1981).

395 Dobbs, Remedies, S. 839.

396 Vgl. White/Summers, § 6-6, S. 228.

397 Nach dem Official Comment Nr. 2 zu § 2-716 UCC ist dies beispielsweise dann der Fall, wenn der Käufer nicht in der Lage ist, eine andere Software, die die gleiche

In der Praxis sind die Gerichte mit einer Anordnung von specific performance jedoch trotz dieser weitergehenden Formulierung nach wie vor äußerst zurückhaltend. Dies ist insbesondere darauf zurückzuführen, dass die Rechtsprechung einer gerichtlichen Anordnung zur Zusammenarbeit von zerstrittenen Parteien, wie sie im Rahmen der Nacherfüllung erforderlich wäre, ablehnend gegenübersteht[398]. So hat das Gericht in der Entscheidung iLan Systems Inc. v. Netscout Service Level Corp.[399] ausdrücklich klargestellt, dass die Software aufgrund ihrer anderweitigen Verfügbarkeit nicht als einzigartig anzusehen und ein Anspruch auf specific performance daher abzulehnen sei. Im Ergebnis ist damit wohl erforderlich, dass die Software nur von einem konkreten Hersteller erhältlich ist und sich der Käufer daher nicht durch einen Deckungskauf bei einem anderen Hersteller behelfen kann, so dass der specific performance im Hinblick auf Standardsoftware keine bedeutende Rolle zukommt.

dd) Zusätzliche Rechte des Verbrauchers

Ein Anspruch des Käufers auf Nacherfüllung, im Gegensatz zu einem bloßen Recht auf zweite Andienung des Verkäufers, kann diesem nur dann zustehen, wenn er als Verbraucher handelt und der Verkäufer eine schriftliche express warranty erteilt hat. Die gesetzlichen Mindestanforderungen an eine solche warranty richten sich nach den Vorgaben des Magnuson-Moss Consumer Warranty Act[400]. Nach dessen § 2304 (a) (1) kann der Verbraucher bei der schriftlichen Erteilung einer full warranty in jedem Fall verlangen, dass die Software innerhalb eines angemessenen Zeitraums kostenlos repariert wird[401]. Weiterhin kann er bei einem Fehlschlagen der Reparatur gem. § 2304 (a) (4) MMA nach seiner Wahl entweder eine Rückzahlung des Kaufpreises oder Neulieferung verlangen.

Da aber weder die Reparatur noch die Neulieferung im Hinblick auf Standardsoftware zu angemessenen Ergebnissen führen, ist der Käufer zumeist auf die

---

Funktion erfüllt, durch einen Deckungskauf zu besorgen, weil die Lieferung zu lange dauern würde oder zu beschwerlich wäre

398 Vgl. White/Summers,§ 6-6, s. 228.

399 183 F.Supp2d 328 (D. Mass. 2002) S. 332ff.

400 15 U.S.C. § 2301-2312.

401 In prozessualer Hinsicht ermutigt der MMA den Verbraucher, seine Rechte gerichtlich durchzusetzen. Grundsätzlich gilt im Prozessrecht der USA, dass eine Partei auch dann ihre eigenen Anwaltskosten zu tragen hat, wenn sie den Prozess gewinnt. § 2310 (d) (2) MMA ermöglicht es dem Gericht jedoch, dem Hersteller oder gewerblichen Verkäufer die Anwaltskosten des Verbrauchers aufzuerlegen, sofern dieser den Prozess gewonnen hat.

Rückzahlung des Kaufpreises beschränkt, es sei denn, der Hersteller hat mittlerweile eine fehlerbereinigte Version der Software herausgegeben. In diesem Fall hat das Gericht in der Entscheidung Microsoft Corporation v. Manning[402] eine kombinierte Form der Nacherfüllung aus Reparatur und Neulieferung anerkannt. Der Anspruchsteller verwendete hier MS-DOS der Version 6.0, welche fehlerhaft war und in einigen Fällen zu Datenverlusten geführt hatte. Das Gericht sprach dem Anspruchsteller einen Anspruch auf ein kostenloses Update auf die Version 6.2 zu, in welcher dieser Fehler nicht mehr vorhanden war[403]. Zuvor hatte Microsoft ein solches Update gegen Zahlung eines Entgelts angeboten, was aber unter Berücksichtigung von § 2304 (a) (4) MMA nicht zulässig war[404].

4. Vergleichende Analyse

Im Rahmen der vergleichenden Analyse werden die Ergebnisse der nationalen Rechtsordnungen zunächst gegenübergestellt und anschließend einer haftungsrechtlichen Bewertung unterzogen.

a) Gegenüberstellung der nationalen Ergebnisse

Die folgenden Ausführungen stellen die Ergebnisse der untersuchten Rechtsordnungen im Hinblick auf die Bereiche der vertragstypologischen Einordnung, der Bestimmung der Fehlerhaftigkeit und der Bedeutung des Nacherfüllungsrechts sowie des Rechts zur Beendigung des Vertrags und auf Schadensersatz gegenüber.

aa) Vertragstypologische Einordnung

Die vertragstypologische Einordnung von Standardsoftware ist in den untersuchten Rechtsordnungen von vergleichbaren Herausforderungen gekennzeichnet. Der Ausgangspunkt ist dabei stets, dass keine Rechtsordnung ein spezielles Regelungssystem für Software bereitstellt[405]. Es ist daher die ausgeprägte Tendenz zu beobachten, die dauerhafte Überlassung von Standardsoftware gegen Zahlung

---

402 914 S.W.2d 602 (Tex. Ct. App. 1995) S. 609.

403 Der Anspruchsteller machte diesen Anspruch im Rahmen einer class action geltend.

404 Das Gericht hat die Vorschrift des MMA nicht ausdrücklich erwähnt. Aus dem Zusammenhang ergibt sich jedoch, dass es darauf abgestellt hat, vgl. bereits oben, S. 83. Siehe hierzu auch Kaner, 18 J. Marshall J. Computer & Info. L. 435 (1999) S. 460.

405 Zu den gescheiterten Bemühungen der USA, einen speziellen Uniform Act für Rechtsgeschäfte im Softwarebereich zu erlassen, siehe oben, S. 79f.

eines einmaligen Entgelts dem Kaufrecht zuzuordnen, da dieses dem Rechtsverkehr ein vorhersehbares, ausdifferenziertes Regelungssystem zur Verfügung stellt. Dabei haben das Wesen der Software sowie das Bestehen von Schutzrechten dazu geführt, dass bei der typologischen Einordnung in allen untersuchten Rechtsordnungen die Sacheigenschaft von Software sowie das Erfordernis der Eigentumsübertragung diskutiert werden.

Sofern die Überlassung der Software auf einem Speichermedium erfolgt, gehen die untersuchten Rechtsordnungen überwiegend von der Sacheigenschaft von Software aus. Zwar wird an diesem Ergebnis teilweise kritisiert, dass dies den rein geistigen Charakter der Software verkenne. Dem hält die in allen untersuchten Rechtsordnungen vorherrschende Ansicht jedoch entgegen, dass die Software nur dann bestimmungsgemäß funktionieren kann, wenn sie auf einem Speichermedium verkörpert ist. Dabei wird zumeist auf herkömmliche Werke, insbesondere Bücher, verwiesen, bei denen die Verkörperung ebenfalls die Sacheigenschaft der ursprünglich rein geistigen Leistung begründet. Weiterhin weise die dauerhafte Überlassung der Software gegen Zahlung eines Einmalentgelts eine für den Kauf typische Interessenlage auf. Der Käufer erhalte zwar nicht das Eigentum am Urheberrecht, aber dafür an der konkreten Kopie der Software. Soweit in den untersuchten Rechtsordnungen unter Hervorhebung des urheberrechtlichen Schutzes die Einordnung als Lizenzvertrag vertreten wird, wird hiergegen eingewendet, dass aufgrund der Verkörperung auf dem Speichermedium die Sacheigenschaft der Software im Vordergrund stehe und die erforderliche Einräumung eines Nutzungsrechts mithin nicht typenprägend sei.

Abweichungen zwischen den untersuchten Rechtsordnungen bestehen allerdings bei der typologischen Einordnung der unkörperlichen Übertragung von Software, beispielsweise wenn diese durch einen Download aus dem Internet erworben wird. Während im deutschen Recht und im Recht der USA auch in diesen Fällen Kaufrecht anzuwenden ist, beschreitet das englische Recht hier einen Sonderweg. Denn die englische Rechtsprechung geht davon aus, dass die Vorschriften des SGA 1979 mangels Vorliegens einer Sache keine Anwendung finden. In der insofern maßgeblichen Entscheidung St. Albans City & District Council v International Computers Ltd[406] des Court of Appeal hat das Gericht allerdings einen implied term in den Vertrag einbezogen, dass die Sache für ihren Verwendungszweck hinreichend geeignet ist und somit eine dem SGA 1979 vergleichbare Rechtslage hergestellt.

406 [1996] 4 All E.R. 481, 494.

bb) Fehlerhaftigkeit der Software

Im Hinblick auf die Beurteilung der Fehlerhaftigkeit einer Software weisen die untersuchten Rechtsordnungen große Übereinstimmungen auf. Sofern hier Unterschiede bestehen, sind diese im Wesentlichen terminologischer Natur[407].

Als Ausdruck der Privatautonomie stellen die Rechtsordnungen in erster Linie auf die ausdrücklich vereinbarten Eigenschaften der Software ab. Während die ausdrückliche vertragliche Vereinbarung im deutschen Recht in § 434 Abs. 1 S. 1 BGB und im U.S.-amerikanischen Recht in § 2-313 UCC eine gesetzliche Normierung gefunden hat, ist im englischen Recht insoweit auf die Grundsätze des common law zurückzugreifen[408]. Die untersuchten Rechtsordnungen teilen dabei die Gemeinsamkeit, dass eine Abweichung von dem vertraglich vereinbarten Qualitätsstandard zur Fehlerhaftigkeit der Software führt. Das Recht der USA weist in diesem Zusammenhang die Besonderheit auf, dass der MMA verschiedene formelle und inhaltliche Anforderungen an ausdrückliche Beschaffenheitsvereinbarungen im Rechtsverkehr mit Verbrauchern stellt, wohingegen solche Anforderungen im deutschen und englischen Recht bei ausdrücklichen Beschaffenheitsvereinbarungen grundsätzlich nicht bestehen[409]. Auffällig ist weiterhin, dass das Recht der USA im Unterschied zum englischen Recht mittlerweile auf eine Abgrenzung zwischen term und representation verzichtet. Auch reine Tatsachenkundgaben sind im U.S.-amerikanischen Recht als

407 Dies ist insofern nicht selbstverständlich, als dass die warranty-Theorie aus dem common law im Gegensatz zu § 434 BGB das Ergebnis einer langen rechtshistorischen Entwicklung darstellt und seine Wurzeln sowohl im Vertragsrecht als auch im tort-Recht hat, vgl. Gabriel, 72 Tul. L. Rev. 1995 (1998) 2010.

408 In der Rechtspraxis ist dabei zu beobachten, dass die angloamerikanische Vertragspraxis in wesentlich größerem Umfang von der Verwendung ausdrücklicher Regelungen Gebrauch macht. Kötz, FS für Andreas Heldrich zum 70. Geburtstag, S. 771, 774ff. führt dies auf die größere Formalität des common law zurück. Diese Formalität äußere sich beispielsweise dadurch, dass bei der Auslegung einer Klausel deren Wortlaut und nicht der Parteiwille im Vordergrund stehe. Dieser Erklärungsansatz dürfte sich jedoch zumindest für das englische Recht durch die von dem House of Lords durch Lord Hoffmann in Investors Compensation Scheme Ltd v West Bromwich Building Society [1998] 1 All E.R. 98 aufgestellten Grundsätze zur Auslegung von Verträgen relativiert haben. Hiernach ist nunmehr auch im englischen Recht verstärkt auf den Parteiwillen abzustellen.

409 Dem U.S.-amerikanischen Recht vergleichbare Regelungen bestehen aber auch im deutschen und englischen Recht, wenn der Verkäufer oder Hersteller gegenüber dem Verbraucher eine Beschaffenheits- oder Haltbarkeitsgarantie erteilt. Siehe hierzu ausführlich im Rahmen des Vertriebs der Software über Zwischenhändler, S. 116ff.

Bestandteil des Vertrags anzusehen, sofern diese – wie regelmäßig – Teil der basis of the bargain werden. Im englischen Recht hingegen sind solche Tatsachenkundgaben nur dann als vertraglicher term anzusehen, wenn sie nach den Kriterien zur Abgrenzung von term und representation ein vertraglich bindendes Versprechen enthalten, was im Vergleich zum Recht der USA den strengeren Maßstab darstellt[410].

Sofern die Parteien die Beschaffenheit der Kaufsache nicht ausdrücklich vereinbart haben, können gesetzliche Vorschriften unabhängig vom Parteiwillen dazu führen, dass bestimmte Mindestanforderungen an die Qualität der Software in den Vertrag einbezogen werden. Rechtshistorisch stellt die Anerkennung solcher gesetzlichen Qualitätsanforderungen eine Abkehr vom caveat emptor-Grundsatz dar[411].

In allen untersuchten Rechtsordnungen ist ein gesetzlicher Gewährleistungstatbestand anzutreffen, nach welchem die erworbene Software eine Qualität aufweisen muss, die bei Softwareprodukten dieser Art gewöhnlich anzutreffen ist. In Deutschland ergibt sich dies aus § 434 Abs. 1 S. 2 Nr. 2 BGB, wonach sich die Sache für die gewöhnliche Verwendung eignen und eine verkehrsübliche Beschaffenheit aufweisen muss. Im englischen Recht befindet sich eine vergleichbare Regelung in sec. 14 (2) SGA 1979, welche eine satisfactory quality der Kaufsache verlangt. Das U.S.-amerikanische Recht enthält eine entsprechende Regelung in § 2-314 UCC unter der Bezeichnung implied warranty of merchantibility. Im Gegensatz zum deutschen Recht ist im Recht Englands und der USA grundlegende Voraussetzung für die Anwendbarkeit des Gewährleistungstatbestands, dass der Verkäufer gewerbsmäßig handelt. Im Rahmen der Bestimmung

410 Dies ist darauf zurückzuführen, dass das englische Recht die kaufvertraglichen warranties historisch in stärkerem Maß dem Vertragsrecht zuordnet. Im Recht der USA hingegen tritt bei den warranties trotz der Zuordnung zum Vertragsrecht stärker deren deliktische Vergangenheit zu Tage, so dass reine Tatsachenkundgaben unabhängig von einem vertraglichen Bindungswillen als Bestandteil des Vertrags anzusehen sind, vgl. Reynolds, in: Benjamin's Sale of Goods, Rn. 10-015, S. 516f.

411 Diese Abkehr vom caveat emptor-Grundsatz hat sich historisch in Deutschland anders entwickelt als in England und den USA, so dass hier bis zur deutschen Schuldrechtsreform erhebliche Systemunterschiede bestanden. Während das deutsche Recht dem römischen Modell mit einem vom allgemeinen Vertragsrecht losgelösten Kaufrecht folgte, stellte das Recht des Warenkaufs im englischen und U.S.-amerikanischem Recht einen Teil des allgemeinen Vertragsrechts dar. Durch die Schuldrechtsreform hat sich das deutsche Recht aber stark dem englischen und U.S.-amerikanischen Modell angenähert, da das Kaufrecht nunmehr weitgehend auf das allgemeine Schuldrecht verweist, vgl. Huber, S. 955ff.

der gewöhnlichen Qualität ist in allen Rechtsordnungen regelmäßig ein Vergleich mit konkurrierenden Softwareprodukten anderer Hersteller vorzunehmen. Darüber hinaus können auch Angaben in der Werbung oder auf der Verpackung der Software zu berücksichtigen sein.

Weiterhin liegt in den untersuchten Rechtsordnungen eine fehlerhafte Software immer dann vor, wenn der Käufer den Verkäufer über die beabsichtigte Verwendung der Software unterrichtet und der Verkäufer daraufhin ein Softwareprodukt auswählt, welches nicht den Verwendungszweck des Käufers erfüllt. In Deutschland ergibt sich dies aus § 434 Abs. 1 S. 2 Nr. 1 BGB, wohingegen dieser Qualitätsaspekt im common law über die implied warranty of fitness for a particular purpose gewährleistet wird. Diese hat im englischen Recht in sec. 14 (3) SGA 1979 und im Recht der USA in § 2-315 UCC ihren gesetzlichen Niederschlag gefunden und ist in ihrem Anwendungsbereich wiederum auf den gewerblichen Verkäufer begrenzt.

Schließlich ist ein Fehler der Software auch darin zu sehen, dass der Käufer die Software nicht oder nicht im vertraglich vereinbarten Umfang nutzen kann, weil einer solchen Nutzung die geistigen Eigentumsrechte eines Dritten entgegenstehen. Die gesetzlichen Normierungen der Regelungen zu den Rechtsmängeln befinden sich im deutschen Recht in § 435 BGB, im englischen Recht in sec. 12 (2) SGA 1979 und im Recht der USA in § 2-312 UCC.

cc) Nacherfüllungsanspruch und Recht zur zweiten Andienung

Im Hinblick auf das Bestehen und die systematische Stellung eines Nacherfüllungsanspruchs bzw. eines Rechts zur zweiten Andienung weisen die untersuchten Rechtsordnungen auf den ersten Blick erhebliche Unterschiede auf. Allerdings sind die praktischen Auswirkungen dieser Systemunterschiede aufgrund der softwarespezifischen Eigenheiten nicht sehr ausgeprägt.

Im deutschen Gewährleistungsrecht steht bei der Lieferung einer fehlerhaften Software der Anspruch des Käufers auf Nacherfüllung gem. § 437 Nr. 1, 439 BGB im Vordergrund. Danach kann der Käufer nach seiner Wahl die Beseitigung des Mangels oder Lieferung einer mangelfreien Sache verlangen. Die weiteren Rechte des § 437 BGB, also Rücktritt und Minderung sowie Schadens- und Aufwendungsersatz stehen dem Käufer grundsätzlich erst dann zur Verfügung, wenn er dem Verkäufer erfolglos eine angemessene Frist zur Nacherfüllung gesetzt hat. Insoweit stellt der Nacherfüllungsanspruch des Käufers spiegelbildlich auch ein Recht des Verkäufers dar, sich erst dann den Ansprüchen und Rechten aus § 437 Nr. 1 und 2 BGB ausgesetzt zu sehen, wenn er von dem Käufer eine Möglichkeit zur zweiten Andienung erhalten hat.

Dem englischen Recht ist ein solcher Anspruch auf Nacherfüllung bzw. ein Recht zur zweiten Andienung des Verkäufers traditionell fremd[412]. Bei Lieferung einer nicht vertragskonformen Ware steht dem Käufer vielmehr unmittelbar das Recht zur Abnahmeverweigerung und gegebenenfalls auf Schadensersatz zu. Aufgrund der Umsetzung der europäischen Richtlinie zum Verbrauchsgüterkauf findet sich nunmehr jedoch quasi als Fremdkörper ein Recht auf Nacherfüllung in sec. 48A ff. SGA 1979. Damit besteht im Rechtsverkehr mit Verbrauchern ein dem deutschen Recht vergleichbares Recht auf Nacherfüllung, das grundsätzlich vor der Ausübung des ebenfalls in sec. 48A ff. SGA 1979 normierten Rücktritts- oder Minderungsrechts geltend zu machen ist.

In den USA hat der Verkäufer ein right to cure gem. § 2-508 (2) UCC, wenn der Käufer die Abnahme der fehlerhaften Software verweigert. Dieses Recht zur zweiten Andienung gibt dem Verkäufer die Möglichkeit, durch eine Nacherfüllungsmaßnahme seiner Wahl die Vertragsgemäßheit der gelieferten Ware herzustellen. Der Unterschied zum Nacherfüllungsrecht aus § 439 BGB sowie sec. 48Aff. SGA 1979 besteht jedoch darin, dass diese von einem Anspruch des Käufers ausgehen, wohingegen das right to cure lediglich ein Recht des Verkäufers ist, die Abnahmeverweigerung des Käufers unwirksam zu machen und damit auch dem Anspruch auf Schadensersatz aus § 2-713 UCC sowie dem Recht zum Deckungskauf aus § 2-712 UCC die Grundlage zu entziehen. Ein Anspruch des Käufers auf Nacherfüllung ist im Recht der USA zwar theoretisch denkbar, wenn diese durch ein Gericht im Rahmen der specific performance angeordnet wurde. Allerdings sind solche Anordnungen praktisch nicht anzutreffen, da die Rechtsprechung der Anordnung einer specific performance traditionell sehr ablehnend gegenübersteht. Dies ist dadurch bedingt, dass die specific performance seinen Ursprung im equity-Recht hat und daher nur dann Anwendung findet, wenn ein Anspruch auf Schadensersatz ausnahmsweise nicht zu einem angemessenen Ausgleich führt. Weitaus häufiger kann ein Anspruch des Käufers auf Nacherfüllung aber im Rechtsverkehr mit Verbrauchern bestehen, vorausgesetzt der Verkäufer erteilt diesem eine schriftliche express warranty. Für den Fall, dass der Verkäufer eine full warranty erteilt, muss dem Verbraucher nämlich gem. § 2304 (a) MMA ein Anspruch auf Reparatur der Standardsoftware zustehen. Wenn die Reparatur fehlschlägt, muss

---

412 Zu der Diskussion um die Einführung eines right to cure siehe Ervine [2006] J.B.L. Dec 799 sowie Bericht No. 160 der Law Commission of England and Wales. Nur in wenigen Ausnahmefällen hat die Rechtsprechung ein right to cure angenommen, wenn die im Vertrag geregelte Leistungszeit noch nicht abgelaufen war, vgl. Brown, S. 539f.

dem Käufer darüber hinaus ein Recht auf Neulieferung oder Rückzahlung des Kaufpreises eingeräumt werden.

Die vorstehend aufgezeigten grundlegenden Unterschiede in der Gewährleistungssystematik treten jedoch in der Praxis aufgrund der Besonderheiten der Ware Software nur selten zutage, da sowohl der Anspruch auf Nacherfüllung als auch das right to cure häufig zu keinem befriedigenden Ergebnis für den Käufer führen. Die erneute Lieferung der fehlerhaften Software ist nämlich nicht geeignet, den Fehler zu beheben, da dieser regelmäßig allen Exemplaren der Version anhaftet. Weiterhin scheidet regelmäßig eine Nachbesserung durch Reparatur aus. Dies ist zum einen dadurch bedingt, dass der Hersteller bei der Entwicklung der Software häufig urheberrechtlich geschützte Programmbauteile anderer Softwareunternehmen verwendet, zum anderen würde eine für die Reparatur erforderliche Änderung des Programms außerhalb des regulären Entwicklungszyklus häufig nicht die erforderlichen Qualitätsanforderungen erfüllen. Nur wenn der Hersteller in der Zwischenzeit eine fehlerbereinigte Version der Software entwickelt hat, kommt daher eine Nacherfüllung in Betracht, wobei der Käufer in diesem Fall verpflichtet ist, diese Version anzunehmen.

dd) Abnahmeverweigerung und Beendigung des Vertrags

Weiterhin hat der Käufer in allen untersuchten Rechtsordnungen das Recht, die fehlerhafte Software abzulehnen bzw. eine Beendigung des Vertragsverhältnisses herbeizuführen. In Deutschland ergibt sich die Möglichkeit zur Beendigung des Vertrags aus den Regelungen zum gesetzlichen Rücktrittsrecht gem. §§ 437 Nr. 2, 323 BGB[413]. In England sind hierfür die aus dem common law vorgegebenen Regeln zu rejection und termination maßgeblich, die teilweise durch gesetzliche Regelungen des SGA 1979 ergänzt werden. Im Recht der USA enthalten § 2-601f. UCC Regelungen über die Zurückweisung der fehlerhaften Ware und in § 2-711 UCC zur Beendigung des Vertrags. Weiterhin hat der Käufer hier gem. § 2-608 UCC die Möglichkeit des Widerrufs der Abnahme. Sowohl im englischen als auch im U.S.-amerikanischen Recht ist dabei in der Erklärung der

413 Als Besonderheit des deutschen Kaufrechts ist hier ergänzend auf die Minderung gem. § 441 BGB hinzuweisen. Dieser auf römischem Recht (actio quanti minoris) beruhende Rechtsbehelf war bereits Bestandteil des alten deutschen Kaufrechts und findet sich dort auch nach dem Schuldrechtsmodernisierungsgesetz wieder, vgl. Huber, S. 960. Die Voraussetzungen orientieren sich an denen des Rücktritts. Aufgrund der Richtlinie 99/44/EG ist die Minderung im Verbraucherverkehr nunmehr allerdings auch im englischen Recht vorhanden, vgl. sec. 48C (1) (a) SGA 1979.

Abnahmeverweigerung grundsätzlich auch eine Beendigung des Vertragsverhältnisses zu sehen[414].

In den untersuchten Rechtsordnungen ist allerdings die Tendenz zu erkennen, das Recht zur Beendigung des Vertrags von bestimmten Umständen abhängig zu machen und somit einzuschränken. Hierdurch soll ein Missbrauch des Rücktrittsrechts verhindert werden, beispielsweise durch Beendigung des Vertrags aufgrund unerheblicher Fehler bei fallenden Marktpreisen. Weiterhin sprechen wirtschaftliche Erwägungen gegen die Ausübung des Rücktrittsrechts. Das Rücktrittsrecht stellt nämlich beim Handel mit klassischen Waren einen „teuren" Rechtsbehelf dar, da durch die Beendigung des Vertrags und dem damit zusammenhängenden Rücktransport der Ware häufig hohe Transportkosten anfallen.

Im Hinblick auf die Mittel, mit denen eine solche Begrenzung des Beendigungsrechts herbeigeführt werden soll, unterscheiden sich die untersuchten Rechtsordnungen jedoch erheblich. Im deutschen Recht tritt die Begrenzung des Rücktrittsrechts durch zwei verschiedene Umstände ein. Zunächst kann der Käufer einer fehlerhaften Software grundsätzlich nur dann zurücktreten, wenn er dem Verkäufer erfolglos eine angemessene Frist zur Nacherfüllung gesetzt hat. Eine solche Fristsetzung ist nur ausnahmsweise in den Fällen der §§ 323 Abs. 2, 440 BGB bzw. bei einer Unmöglichkeit der Nacherfüllung entbehrlich. Weiterhin scheidet ein Rücktritt des Käufers gem. § 323 Abs. 5 S. 2 BGB immer dann aus, wenn der Mangel der Software unerheblich ist[415].

Im englischen Recht kann der Käufer die Abnahme der fehlerhaften Ware grundsätzlich nur dann verweigern, wenn in der Fehlerhaftigkeit die Verletzung einer condition oder eine schwerwiegende Verletzung eines innominate term zu sehen ist. Jedoch ist zu beachten, dass die implied terms der sec. 13-15 SGA 1979, welche die Qualitätsanforderungen an die Software zum Gegenstand haben, durch das Gesetz als condition definiert werden. Dies führt dazu, dass eine Wesentlichkeitsschwelle für eine Abnahmeverweigerung und die Beendigung des Vertrags zumindest im Verhältnis zum Verbraucher häufig nicht besteht. Lediglich wenn er sich zur Geltendmachung eines Rechts aus sec. 48Aff. SGA 1979 entscheidet, muss er wie im deutschen Recht zunächst eine angemessene Frist zur

414 Dies kann nur dann anders zu beurteilen sein, wenn die vertraglich bestimmte Leistungszeit des Verkäufers im Zeitpunkt der Zurückweisung noch nicht abgelaufen ist.

415 Vor dem Schuldrechtsmodernisierungsgesetz im Jahr 2002 war die Ausübung des Rücktrittsrechts auch ohne einen erheblichen Mangel möglich. Dies war durch die auf dem römischen Recht basierende Ausgestaltung des Rücktrittsrechts bedingt, vgl. Huber, S. 961.

Nacherfüllung gesetzt haben. Im Rechtsverkehr mit Unternehmen findet hingegen sec. 15A SGA 1979 Anwendung, der eine Zurückweisung der Ware bei unerheblichen (slight) Fehlern ausschließt.

Im Recht der USA kann eine Verweigerung der Abnahme gem. § 2-601f. UCC sowie eine Beendigung des Vertrags gem. § 2-711 UCC immer dann erfolgen, wenn die Software in irgendeiner Weise nicht den vertraglichen Anforderungen entspricht. Diese sog. perfect tender rule wird durch keine weiteren Anforderungen an die Schwere der Vertragsverletzung eingeschränkt. So hat das U.S.-amerikanische Recht beispielsweise die im englischen Recht anzutreffende Unterscheidung zwischen warranty und condition aufgegeben. Der Verkäufer, dessen fehlerhafte Software zurückgewiesen wurde, hat allerdings gem. § 2-508 (2) UCC ein right to cure, durch dessen Ausübung er einer Beendigung des Vertrags entgegenwirken kann.

ee) Schadensersatz

Die untersuchten Rechtsordnungen weisen weiterhin die Gemeinsamkeit auf, dass der Käufer einen Anspruch auf Ersatz des Schadens geltend machen kann, der ihm durch die fehlerhafte Software entstanden ist.

Grundlegende Voraussetzung eines jeden Anspruchs auf Schadensersatz ist im deutschen Recht, dass der Schuldner die Pflichtverletzung zu vertreten hat, wofür § 280 Abs. 1 S. 2 BGB eine Vermutung aufstellt. Im Gegensatz zu einem Händler ist die Widerlegung dieser Vermutung für den Hersteller, der die Software im Direktvertrieb verkauft, in vielen Fällen nicht möglich, da er für die Entwicklung und die Produktion der Software verantwortlich ist. Der Schadensersatz statt der Leistung richtet sich nach §§ 437 Nr. 3, 280 Abs. 1 und 3, 281 BGB. Jedoch unterliegt dieses Recht zahlreichen Beschränkungen, welche zum Ausdruck bringen, dass der Schadensersatz statt der Leistung als ultima ratio konzipiert ist. So kann der Käufer einen Anspruch auf Schadensersatz statt der Leistung nur dann geltend machen, wenn er erfolglos eine angemessene Frist zur Nacherfüllung bestimmt hat. Weiterhin kann er den Schadensersatz statt der ganzen Leistung gem. § 281 Abs. 1 S. 3 BGB nicht verlangen, wenn der Mangel unerheblich ist. Schäden, die die fehlerhafte Software an sonstigen Rechtsgütern verursacht, kann der Käufer gem. §§ 437 Nr. 3, 280 Abs. 1 BGB ersetzt verlangen, wobei die erfolglose Bestimmung einer Nachfrist hier entbehrlich ist. In jedem Fall umfasst ein Anspruch auf Schadensersatz gem. § 252 BGB auch den entgangenen Gewinn, wenn dieser adäquat kausal auf der Fehlerhaftigkeit der Software beruht und von dem Schutzweck der Norm umfasst ist.

Im englischen Recht ist der Schadensersatzanspruch hingegen der primäre Rechtsbehelf. Er kann unabhängig davon geltend gemacht werden, ob es sich bei der verletzten Regelung um eine warranty oder eine condition handelt. Er erfordert auch kein Verschulden des Verkäufers, da ein Kaufvertrag als Garantieversprechen des Verkäufers anzusehen ist. Für die Frage, welche Schäden ersatzfähig sind, ist zwischen general und special damages zu unterscheiden. Die general damages beziehen sich dabei auf den Wert der Software selbst. Bei einer rechtmäßigen Zurückweisung der fehlerhaften Software kann der Käufer nach sec. 51 SGA 1979 die Differenz zwischen dem Marktpreis und dem Kaufpreis geltend machen. Weiterhin kann der Käufer bei Lieferung einer fehlerhaften Software gem. sec. 53 SGA 1979 auch die Differenz zwischen der gelieferten fehlerhaften Software und dem Wert, den die Software ohne den Fehler hätte, geltend machen. Sonstige Schäden sind hingegen als special damages nur dann ersatzfähig, wenn sie als Folge der Vertragsverletzung vernünftigerweise vorhersehbar waren. Hierzu gehört beispielsweise der unter normalen Verhältnissen anfallende Betriebsausfallschaden. Nicht erfasst ist hingegen der Verlust eines besonders lukrativen Geschäfts, von dem der Verkäufer kein Wissen hatte. Der ersatzfähige Schaden im deutschen Recht ist insofern weitergehend, da nur solche Schäden von der Ersatzpflicht ausgenommen sind, bei denen die Schadensentwicklung nicht mehr adäquat ist bzw. die nicht unter den Schutzzweck der Norm fallen.

Wie im englischen Recht ist ein Kaufvertrag auch im Recht der USA als Garantievertrag anzusehen, so dass der Verkäufer verschuldensunabhängig haftet. Weiterhin ist auch zwischen general und special damages zu unterscheiden. So enthält § 2-713 UCC eine Regelung für den Ersatz von general damages, wenn der Käufer die fehlerhafte Software zurückgewiesen hat. Danach kann der Käufer die Differenz zwischen dem Kaufpreis und dem Marktpreis geltend machen. Alternativ kann er auch gem. § 2-712 UCC den Ersatz der durch einen Deckungskauf angefallenen Mehrkosten verlangen und sich hierdurch den Nachweis des Marktpreises ersparen. Wenn der Käufer die fehlerhafte Software hingegen angenommen hat, kann er gem. § 2-714 UCC den fehlerbedingten Minderwert der Software geltend machen. Die angeführten Vorschriften gestatten ausdrücklich auch den Ersatz von special damages gem. § 2-715 UCC, welche sowohl incidental als auch consequential damages umfassen. Dabei findet auch hier der im Vergleich zum deutschen Recht engere Maßstab der Vorhersehbarkeit Anwendung, es sei denn der Anspruch hat den Ersatz eines Personen- oder Eigentumsschadens zum Gegenstand.

Im Hinblick auf die Berücksichtigung eines Mitverschuldens weisen die untersuchten Rechtsordnungen erhebliche Unterschiede auf. In Deutschland ist ein Mitverschulden des Käufers gem. § 254 BGB anteilig zu berücksichtigen. Dem englischen Recht ist hingegen eine solche Berücksichtigung des Mitverschuldens fremd, da hiermit die Einführung eines verschuldensabhängigen Elements einhergehen würde, was jedoch im Widerspruch zum Grundsatz der kaufvertraglichen Garantiehaftung stünde. Allerdings trifft den Käufer auch im englischen Recht eine Schadensminderungspflicht nach den Grundsätzen der duty to mitigate. In den USA ist die diesbezügliche Rechtslage hingegen stark von der Handhabung in den jeweiligen Bundesstaaten abhängig. Teilweise wird dabei wie in England eine Berücksichtigung insgesamt abgelehnt. Überwiegend wird jedoch davon ausgegangen, dass ein Mitverschulden des Käufers Auswirkungen auf den Umfang des Anspruchs hat, zumindest wenn es um Körper- oder Sachschäden geht. Dabei führt das Mitverschulden teilweise zu einem kompletten Ausschluss des Anspruchs. Andere Staaten sehen einen solchen kompletten Ausschluss erst dann für gegeben an, wenn das Mitverschulden des Käufers 50% oder mehr beträgt. Dieser Ansatz ist auch in sec. 3 des Uniform Apportionment of Tort Responsibility Act vorgesehen, welcher bislang allerdings von keinem Bundesstaat umgesetzt wurde. Schließlich ist in vielen Bundesstaaten eine dem deutschen Recht vergleichbare anteilige Berücksichtigung des Mitverschuldens anzutreffen.

b) Bewertung

Die nationalen Ergebnisse sind nunmehr dahingehend zu bewerten, inwiefern sie sich vor- oder nachteilig für das Haftungsrisiko des Softwareherstellers bzw. –spiegelbildlich – für die Ansprüche und Rechte der Nutzer darstellen. Dabei ist auffällig, dass die nationalen Rechtsordnungen trotz der teilweise erheblichen systematischen Unterschiede häufig zu vergleichbaren Ergebnissen führen und damit die Interessen der Softwarehersteller und der Nutzer im Wesentlichen gleich gewichten.

Diese Tendenz zeigt sich bereits im Rahmen der vertragstypologischen Einordnung. So wenden alle Rechtsordnungen im Hinblick auf Standardsoftware, die auf einem Speichermedium verkörpert ist, Kaufrecht an. Dies ist grundsätzlich im Interesse der Nutzer, denen hierdurch ausdifferenzierte gesetzliche Regelungen zur Verfügung gestellt werden. Soweit im englischen Recht bei einer online-Übertragung die Einordnung als Kaufvertrag abgelehnt und vielmehr auf die Grundsätze des common law abgestellt wird, ist dies für die Nutzer unter dem Aspekt der Rechtssicherheit gewiss nachteilig, da diese Übertragungsform dem gesetzlichen Regelwerk des SGA 1979 entzogen wird. Jedoch ist dieser Aspekt nur bedingt von Bedeutung, da die Rechtsprechung bestrebt ist, eine dem SGA 1979 vergleichbare Rechtslage über das common law herzustellen. Im Ergebnis erscheint eine Einordnung als Kaufvertrag – unabhängig von der Übertragungsart im konkreten Fall – zu einem angemessenen Interessenausgleich zu führen.

Für eine solche Einordnung spricht bereits die Rechtslage bei der Überlassung herkömmlicher Werke wie z.B. Büchern, auf welche unstreitig Kaufrecht anzuwenden ist. Außerdem spricht für die Anwendung des kaufrechtlichen Haftungssystems, dass der Nutzer regelmäßig eine schwächere Verhandlungsposition als der Verkäufer aufweist. Aus diesem Grund ist der Nutzer häufig nicht in der Lage, angemessene vertragliche Haftungsregelungen individualvertraglich zu vereinbaren. Die teilweise vertretene Einordnung als Lizenzvertrag kann hingegen nur dann überzeugen, wenn der Überlassungsvertrag wesentliche und derart umfassende Nutzungsbeschränkungen enthält, dass die Annahme eines Kaufvertrags bei einer wertenden Betrachtung schlichtweg nicht mehr vertretbar ist.

Im Hinblick auf die Existenz und die systematische Bedeutung des Anspruchs auf Nacherfüllung bzw. des Rechts auf zweite Andienung weisen die untersuchten Rechtsordnungen zunächst erhebliche Unterschiede auf. So muss der Käufer im deutschen Recht grundsätzlich eine Frist zur Nacherfüllung setzen, bevor er die weiteren Rechte und Ansprüche des § 437 BGB ausüben kann, wohingegen im englischen Recht eine solche Voraussetzung nur dann besteht, wenn der Käufer Verbraucher ist und die Rechte aus sec. 48Aff. SGA 1979 geltend machen will. Im Recht der USA hat der Verkäufer nach einer erfolgten Abnahmeverweigerung das Recht zur zweiten Andienung. Aus haftungsrechtlicher Sicht ist die stärkere Ausprägung der Nacherfüllung in Deutschland und den USA sowohl für den Nutzer als auch den Softwarehersteller vorteilhaft. Der Nutzer wird hierdurch in die Lage versetzt, eine vertragsgemäße Leistung zu erhalten. Gleichzeitig wird hierdurch dem Verkäufer ermöglicht, den Fehler zu beheben und damit die wirtschaftlichen Vorteile des Geschäfts zu sichern.

Allerdings ist zu beachten, dass diesem rechtstheoretischen Vorteil, der auf der starken Ausprägung der Nacherfüllung beruht, aufgrund der spezifischen Eigenschaften von Software in der Praxis zumeist nur eine geringe Bedeutung zukommt. Wie bereits aufgezeigt, kann eine Nacherfüllung im Regelfall nur dann durchgeführt werden, wenn der Hersteller eine fehlerbereinigte Version der Software herausgegeben hat, so dass sich die für die Parteien vorteilhafte Wirkung der Nacherfüllung auf diese Fallkonstellationen beschränkt. Wenn der Hersteller hingegen, wie häufig, noch kein fehlerbereinigtes Update entwickelt hat, scheidet eine Nacherfüllung aus. Die Folge dieser Nichtanwendbarkeit ist, dass die untersuchten Rechtsordnungen auf dieselben Rechte abstellen, nämlich das Recht zur Beendigung des Vertrags und den Schadensersatz.

Auch im Hinblick auf das Recht zur Verweigerung der Abnahme bzw. zur Beendigung des Vertrags wirken sich die zunächst unterschiedlichen Regelungen aufgrund der besonderen Eigenschaften von Software nur geringfügig aus. So ist ein Rücktritt im deutschen Recht durch die vorgeschaltete Nacherfüllung und das Merkmal der Erheblichkeit des Mangels grundsätzlich nur eingeschränkt möglich. Im englischen Recht hingegen besteht eine dem deutschen Recht vergleichbare Begrenzung durch die vorgeschaltete Nacherfüllung nur, wenn der Käufer ein Verbraucher ist und sich für ein Vorgehen über sec. 48Aff. SGA 1979 entscheidet. Für den unternehmerischen Geschäftsverkehr findet sich ein Ausschluss des Zurückweisungsrechts für unerhebliche Fehler in sec. 15A SGA 1979. Das Recht der USA mit dem Maßstab der perfect tender rule lässt eine Verweigerung der Abnahme bereits bei geringfügigen Abweichungen von der vertraglich geschuldeten Leistung zu. Grundsätzlich ist diese im deutschen und mit Abstrichen auch im englischen Recht praktizierte Einschränkung des Rücktrittsrechts im Interesse des Herstellers. So wird als Argument für eine Einschränkung häufig angeführt, dass der Käufer bei fallenden Marktpreisen ohne eine solche Beschränkung unerhebliche Fehler zur Beendigung des Vertrags ausnutzen kann. Weiterhin verursacht die Auflösung des Vertrags häufig hohe Kosten für den Verkäufer, da dieser die Kosten des Rücktransports und des damit zusammenhängenden Organisationsaufwands zu tragen hat.

Allerdings ist zu beachten, dass sich diese Argumente vornehmlich auf klassische Waren beziehen und im Hinblick auf Software nur bedingt überzeugen. Dies ist zum einen darauf zurückzuführen, dass die Preise von Software nicht in demselben Maße Schwankungen unterliegen wie beispielsweise Rohstoffe. Weiterhin kann auch das Argument der Unwirtschaftlichkeit einer Vertragsbeendigung im Ergebnis nicht überzeugen, da die Kosten für den Versand eines Datenträgers nur sehr gering und bei einem Download der Software zumeist gar nicht bezifferbar sind. Bei einer Beendigung des Vertragsverhältnisses trifft den Käufer meist nur die Pflicht, seine Kopien der Software an den Hersteller herauszugeben. Diese Umstände zeigen, dass die im deutschen und englischen Recht anzutreffenden Einschränkungen des Rücktrittsrechts im Hinblick auf die Ware Software im Regelfall keinen haftungsrechtlichen Vorteil des Herstellers begründen können.

Dass die untersuchten Rechtsordnungen trotz der unterschiedlichen systematischen Ausgangslagen zu vergleichbaren Ergebnissen führen, ist auch im Hinblick auf Schadensersatzansprüche zu beobachten. Die untersuchten Rechtsordnungen weisen auch hier zunächst elementare Unterschiede auf, da ein Anspruch auf Schadensersatz im deutschen Recht nur bei einem Verschulden des Schuldners besteht, wohingegen die Haftung im englischen und U.S.-amerikanischen Recht verschuldensunabhängig ist. Für das Haftungsrisiko des Verkäufers ist dabei grundsätzlich das Verschuldenserfordernis des deutschen Rechts von Vorteil. Hingegen stehen im anglo-amerikanischen Recht die Interessen der Nutzer im

Vordergrund, da der vertragliche Anspruch auf Schadensersatz hier verschuldensunabhängig ausgestaltet ist.

Allerdings ist zu beachten, dass diese unterschiedliche Ausgestaltung des Schadensersatzanspruchs im deutschen Recht durch das Bestehen eines Minderungsrechts des Käufers relativiert wird. Durch Ausübung dieses Rechts kann der Käufer nämlich ohne Verschuldensnachweis die Rückzahlung der Differenz zwischen dem Wert der Software im mangelhaften und mangelfreien Zustand verlangen, den erfolglosen Ablauf einer Nachfrist vorausgesetzt. Im Ergebnis besteht hier also durch das Minderungsrecht dasselbe wirtschaftliche Ergebnis, das im common law über den verschuldensunabhängigen Schadensersatzanspruch herbeigeführt wird. Die Besonderheit des verschuldensabhängigen Schadensersatzanspruchs im deutschen Recht bezieht sich daher vornehmlich auf Mangelfolgeschäden. Während solche Schäden im englischen und U.S.-amerikanischen Recht aufgrund der garantieähnlichen Haftung des Verkäufers zu ersetzen sind, hat der Verkäufer im deutschen Recht die Möglichkeit, die gesetzliche Verschuldensvermutung zu widerlegen. Jedoch ist zu beachten, dass die Widerlegung der Verschuldensvermutung im Direktvertrieb häufig nicht möglich sein wird, da der Hersteller hier im Gegensatz zum Zwischenhändler die Entwicklung und Produktion der Software vornimmt. Der haftungsrechtliche Vorteil des Softwareherstellers im deutschen Recht reduziert sich mithin auf die Fälle, in denen der Hersteller die Verschuldensvermutung ausnahmsweise widerlegen kann und damit nicht für Mangelfolgeschäden haften muss.

Im Übrigen ist zu berücksichtigen, dass der Ersatz eines Mangelfolgeschadens im deutschen Recht erst dann ausscheidet, wenn der Verkäufer diese nicht adäquat kausal verursacht hat bzw. der Schaden nicht vom Schutzzweck der Norm umfasst ist, was nur in seltenen Fällen zu einer Beschränkung des Haftungsumfangs führt. Insofern ist die Regelung im common law vorteilhafter für die Interessen der Softwarehersteller, da hier nur der vorhersehbare Schaden zu ersetzen ist.

c) Ergebnis

Die vorstehenden Ausführungen haben gezeigt, dass die untersuchten Rechtsordnungen trotz teilweise grundlegender systematischer Unterschiede in vielen Fällen zu vergleichbaren Ergebnissen gelangen und damit die Interessen der Softwarehersteller und der Nutzer im Wesentlichen gleich bewerten. So enthält das deutsche Recht häufig Regelungen, die für sich genommen den Interessen der Softwarehersteller dienen, beispielsweise aufgrund der vorrangigen Nacherfüllung, dem eingeschränkten Rücktrittsrecht und dem verschuldensabhängigen Schadensersatzanspruch. Solche Regelungen weisen das englische und das

U.S.-amerikanischen Recht nur teilweise auf, weshalb sie tendenziell vorteilhaft für die Nutzer der Software sind. Allerdings führen die speziellen Eigenschaften der Software sowie die Besonderheiten des Direktvertriebs zumeist dazu, dass sich die haftungsrechtlichen Vorteile der Hersteller im deutschen Recht nur in Ausnahmefällen realisieren. Darüber hinaus enthalten das englische und U.S.-amerikansiche Recht in manchen Teilbereichen auch Regelungen, die eine weitergehende Haftung des Herstellers als im deutschen Recht vorsehen, beispielsweise im Hinblick auf den Umfang des zu ersetzenden Schadens.

II. Vertragliche Ansprüche bei Vertrieb über Zwischenhändler

Nachdem Software in der Anfangszeit zumeist vom Hersteller direkt an den Endbenutzer vertrieben wurde, gingen die Hersteller mit deren Entwicklung zur Massenware zu einem Vertrieb über Zwischenhändler über. Diese Vertriebsform, die auch heute noch in großem Umfang praktiziert wird, zeichnet sich dadurch aus, dass der Kaufvertrag über die Software zwischen dem Händler und dem Endbenutzer zustande kommt. Ob hingegen auch mit dem Hersteller ein kaufvertraglich einzuordnendes oder ein sonstiges Rechtsverhältnis besteht, wird in den untersuchten Rechtsordnungen unterschiedlich beurteilt.

1. Deutsches Recht

Da im deutschen Recht das Prinzip der Relativität der Schuldverhältnisse stark ausgeprägt ist, bestehen kaufvertragliche Ansprüche lediglich gegen den Händler[416]. Die Werbeaussagen, die der Hersteller zwecks Vermarktung getätigt hat, können daher grundsätzlich nur im Rahmen von § 434 Abs. 1 S. 3 BGB berücksichtigt werden. Ein direkter kaufvertraglicher Anspruch gegen den Hersteller aufgrund von Aussagen in der Werbung scheidet hingegen aus.

Trotz der fehlenden kaufvertraglichen Verbindung kann allerdings ein vertraglicher Anspruch aus einer Herstellergarantie gem. § 443 Abs. 1 BGB in Betracht kommen[417]. Unter einer Garantie im Sinne des § 443 Abs. 1 BGB versteht man eine

416 Dem Händler steht bei Vorliegen eines Verbrauchsgüterkaufs ein Rückgriffanspruch gegen seinen Lieferanten gem. § 478 BGB zu.

417 § 443 Abs. 1 BGB wurde im Rahmen der Umsetzung der Richtlinie 99/44/EG zum Verbrauchsgüterkauf eingeführt.

vertragliche Vereinbarung, mittels derer die Rechte des Käufers wegen Mängeln im Vergleich zu seinen gesetzlichen Rechten ergänzt bzw. verstärkt werden[418]. Bei der Garantie eines Herstellers handelt es sich, sofern die Ware über Zwischenhändler vertrieben wird, um eine selbständige Garantie, da sie unabhängig von den Gewährleistungsrechten des Käufers gegen den Verkäufer besteht[419]. Da sich die Garantie auf die Kaufsache bezieht, ist sie nach überwiegender Ansicht von der Wirksamkeit des Kaufvertrags abhängig[420].

Entscheidend für das Vorliegen einer Garantie ist stets, ob für den Endbenutzer gem. §§ 133, 157 BGB erkennbar ist, dass der Hersteller in vertragsmäßig bindender Weise die Gewähr für die vereinbarte Beschaffenheit übernehmen will und damit zu erkennen gibt, dass er für alle Folgen des Fehlens einstehen wird[421]. So kann eine Garantie beispielsweise in dem mit dem Hersteller abzuschließenden Lizenzvertrag enthalten sein[422]. Wenn die schriftliche Garantieerklärung des Herstellers hingegen der Software beiliegt, stellt sie ein Angebot dar, dessen Annahme sich nach § 151 BGB richtet. Dabei wird der Verkäufer als Stellvertreter oder Bote des Herstellers tätig[423]. Da die Erteilung einer Garantie nicht formbedürftig ist, kann sie darüber hinaus durch entsprechende Aussagen in der Werbung begründet werden[424].

Der konkrete Inhalt der Garantie ergibt sich aus der Garantieerklärung. So kann sich die Garantie auf volle Mängelfreiheit oder auf einzelne Beschaffenheitsmerkmale beziehen. Im Rahmen einer solchen Beschaffenheitsgarantie kann der Hersteller beispielsweise verschuldensunabhängig für die Virenfreiheit seiner Software einstehen wollen. Eine Haltbarkeitsgarantie hingegen bezieht sich auf das Vorliegen einer bestimmten Beschaffenheit der Sache innerhalb der Garantiezeit[425]. So enthalten Lizenzverträge U.S.-amerikanischer Hersteller regelmäßig die Zusage, dass die Software für einen bestimmten Zeitraum, zumeist 90 Tage,

---

418 Eckert/Maifeld/Matthiessen, Rn. 1359; Reinicke/Tiedtke, Rn. 878.

419 Reinicke/Tiedtke, Rn. 903.

420 Reinicke/Tiedtke Rn. 901 unter Verweis auf AnwK-BGB/Büdenbender, § 433 Rn. 14; a.A.: Eckert/Maifeld/Matthiessen, Rn. 1385.

421 BGH NJW 2007, 1346.

422 Voraussetzung hierfür ist allerdings, dass der Hersteller-Lizenzvertrag wirksam zustande gekommen ist, siehe hierzu unten, S. 316ff.

423 BGHZ 104, 82, 85f.; siehe auch BT-Drs. 14/6040, S. 237; Eckert/Maifeld/Matthiessen, Rn. 1372.

424 OLG Frankfurt, MMR 2010, 240.

425 MüKo/Westermann, § 443 Rn. 9.

die in der Produktbeschreibung angeführten Funktionen ausführt[426]. Weiterhin führt § 443 Abs. 1 BGB ausdrücklich an, dass sich der Inhalt der Garantie aus der einschlägigen, also auf die Kaufsache bezogenen, Werbung des Herstellers ergeben kann. Daher können beispielsweise Garantiebedingungen in einer Fernsehwerbung oder in Prospekten zu einer Garantiehaftung führen, vorausgesetzt der Rechtsbindungswille des Herstellers ist nach dem Empfängerhorizont des Käufers erkennbar[427].

Die Rechte aus der Garantie bestehen unabhängig von den gesetzlichen Rechten des Käufers aus § 437 BGB[428]. Da der Hersteller nicht Partei des Kaufvertrags ist, kann die Garantieerklärung kein Recht zum Rücktritt vom Kaufvertrag oder ein Minderungsrecht einräumen[429]. Der Inhalt der Garantie ist daher regelmäßig auf Ersatzlieferung, Nachbesserung, Rücktritt oder Schadensersatz gerichtet[430]. Da es sich um eine Garantie handelt, kann ein eventueller Anspruch auf Schadensersatz nach überwiegender Ansicht auch ohne Verschulden des Herstellers geltend gemacht werden[431].

Für einen Verbrauchsgüterkauf enthalten § 477 Abs. 1 und 2 BGB besondere Anforderungen an die Ausgestaltung der Garantieerklärung. Die Vorschrift findet auch dann Anwendung, wenn die Garantie von einem Hersteller erteilt wird, obwohl zwischen diesem und dem Käufer kein Verbrauchsgüterkauf erfolgt[432]. Hierzu gehört unter anderem die Vorgabe, dass die Garantie auf die gesetzlichen

---

426 Damit können auch solche Mängel der Garantie unterliegen, die erst nach dem Zeitpunkt des Gefahrübergangs eintreten und damit nicht der gesetzlichen Gewährleistung unterfallen würden, vgl. Eckert/Maifeld/Matthiessen, Rn. 1382.

427 Reinicke/Tiedtke, Rn. 902; Eckert/Maifeld/Matthiessen, Rn. 1390.

428 Ein Garantiefall wird regelmäßig nur dann vorliegen, wenn der Mangel dem Verantwortungsbereich des Herstellers zuzuordnen ist. Dies wird im Softwarebereich beispielsweise dann relevant, wenn diese einen Virus enthält, der Hersteller jedoch die Virenfreiheit garantiert. Ein Softwaremangel, der durch falsche Lagerung der Datenträger beim Zwischenhändler verursacht wird, wäre mithin grundsätzlich nicht von der Herstellergarantie umfasst, vgl. Bamberger/Roth/Faust § 443, Rn. 33.

429 Die Garantie kann allerdings ein wirtschaftliches Äquivalent zum Rücktritts- und Minderungsrecht einräumen, beispielsweise durch Einräumung eines Anspruchs auf Rückzahlung des Kaufpreises gegen Herausgabe der Kaufsache oder auf Zahlung des Minderungsbetrags, vgl. Eckert/Maifeld/Matthiessen, Rn. 1389.

430 MüKo/Westermann, § 443 Rn. 11.

431 Vgl. Palandt/Weidenkaff, § 443 Rn. 21; a.A.: Bamberger/Roth/Faust, § 443 Rn. 35, der einen konkreten Anhaltspunkt für einen Willen zur verschuldensunabhängigen Haftung für erforderlich hält.

432 Eckert/Maifeld/Matthiessen, Rn. 1417.

Rechte des Verbrauchers und deren Unabhängigkeit von der Garantie hinweisen muss. Weiterhin muss die Garantie alle wesentlichen Angaben, die für deren Geltendmachung erforderlich sind, enthalten. Um den Verbraucher bei einer Nichtbeachtung dieser Vorschriften durch den Verkäufer nicht schlechter zu stellen, ist die Garantie jedoch gem. § 477 Abs. 3 BBG trotz eines Verstoßes gegen die Vorgaben des § 477 BGB wirksam.

2. Englisches Recht

Im englischen Recht kann der Käufer die aus dem Kaufvertrag resultierenden Rechte und Ansprüche ebenfalls nur gegenüber dem Verkäufer geltend machen[433]. Dabei sind Werbeaussagen des Herstellers gegebenenfalls für die Bestimmung der Fehlerhaftigkeit gem. sec. 14 (2D) SGA 1979 zu berücksichtigen. Gegenüber dem Hersteller, der nicht gleichzeitig Verkäufer ist, bestehen jedoch keine kaufvertraglichen Ansprüche, da insofern die doctrine of privity entgegensteht. Hiernach können vertragliche Ansprüche regelmäßig nur zwischen den Parteien des Vertrags bestehen[434].

Trotz der fehlenden privity kann allerdings ein Anspruch des Käufers gegen Hersteller durch die Erteilung einer Garantie in Betracht kommen. Hierbei ist zwischen dem Rechtsverkehr mit Verbrauchern und dem unternehmerischen Geschäftsverkehr zu unterscheiden.

Für den Rechtsverkehr mit Verbrauchern ist die Wirksamkeit einer Herstellergarantie durch Umsetzung der Verbrauchsgüterkaufrichtlinie mittlerweile gesetzlich normiert[435]. So bestimmt Reg. 15 (1) der Sale und Supply of Goods to Consumers Regulations 2002, dass dem Käufer, dem von dem Hersteller eine Garantie erteilt wurde, mit dem Kauf der Ware ein Anspruch gegen den Hersteller zusteht[436]. Für das Vorliegen einer Garantie ist ein „contractual promise" erforderlich, wodurch

---

433 Der Verkäufer hat allerdings die Möglichkeit, gegen seinen Lieferanten nach den sog. Part 20 Proceedings der Civil Procedure Rules 1998 vorzugehen und dadurch Rückgriff zu nehmen. Siehe hierzu Atiyah/Adams/MacQueen, S. 269f.

434 Siehe Jackson v. Watson & Sons (1909) 2 K.B. 193. Siehe auch Treitel/Peel, Rn. 14-003, S. 616.

435 Im Gegensatz zu § 443 BGB bezieht sich die englische Umsetzung der Richtlinie 99/44/EG nur auf den Rechtsverkehr mit Verbrauchern.

436 Durch die ausdrückliche Anordnung der Wirksamkeit besteht im Rechtsverkehr mit Verbrauchern nicht das Problem der fehlenden consideration, das im unternehmerischen Geschäftsverkehr häufig zur Unwirksamkeit der Garantie führt, vgl. Sealy/Hooley, S. 422.

zum Ausdruck gebracht wird, dass reine Produktbeschreibungen zur Begründung einer Garantie nicht ausreichen[437].

Der Inhalt des Anspruchs richtet sich gem. Reg. 15 (1) der Sale und Supply of Goods to Consumers Regulations 2002 nach den Bedingungen der Garantieerklärung und der einschlägigen Werbung des Herstellers. Wenn die Software diese Voraussetzungen nicht erfüllt, kann der Käufer die in der Garantie bestimmten Ansprüche und Rechte gegen den Hersteller geltend machen. Die Garantie muss darüber hinaus die in Reg. 15 (2) und (3) angeführten formellen Anforderungen erfüllen, wobei allerdings deren Nichteinhaltung wie im deutschen Recht nicht zur Unwirksamkeit der Garantie führt[438].

Im unternehmerischen Geschäftsverkehr bestimmt sich die Wirksamkeit einer Garantie hingegen weiterhin nach dem common law-Konzept des collateral contract. Hierunter versteht man einen vom Kaufvertrag unabhängigen Vertrag, der denselben Vertragsgegenstand betrifft und mithilfe dessen ein vertraglicher Anspruch gegen den Hersteller konstruiert werden kann, sofern die Aussage des Herstellers als einseitig verpflichtendes Versprechen (unilateral contract) einzustufen ist[439]. Sowohl im Hinblick auf Werbeaussagen des Herstellers, beispielsweise durch Angaben auf seiner Webseite, als auch auf Garantien, die durch eine Garantiekarte oder im Rahmen des Hersteller-Lizenzvertrags erteilt werden, ist allerdings umstritten, ob durch die Annahme eines collateral contract ein wirksamer Anspruch des Käufers gegen den Hersteller begründet werden kann.

So hat die Rechtsprechung bei der Annahme eines collateral contract durch öffentliche Werbeaussagen traditionell große Zurückhaltung ausgeübt[440]. Abgesehen von der Entscheidung Carlill v Carbolic Smoke Ball Co[441] finden sich kaum Fälle, in denen die Rechtsprechung eine unmittelbare vertragliche Haftung des Herstellers für Werbeaussagen angenommen hat[442]. Das Gericht ist hier von Haftung des

---

437 Vgl. Atiyah/Adams/MacQueen, S. 300f.

438 Siehe hierzu bereits zum deutschen Recht, S. 117ff. sowie Atiyah/Adams/MacQueen, S. 301.

439 Vgl. Chissick/Kelman, Rn. 3.10ff., S. 71ff.; Poole, S. 464f.

440 So hat Lord Moulton schon vor ca. 100 Jahren in Heilbut, Symons & Co. v. Buckleton [1913] A.C. 30, 47 ausgeführt: „Such collateral contracts, the sole effect of which is to vary or add to the terms of the principal contract, are therefore viewed with suspicion by the law. They must be proved strictly.“

441 [1893] 1 Q.B. 256.

442 Siehe beispielsweise Blackpool and Fylde Aero Club Ltd v Blackpool Borough Council [1990] 3 All E.R. 25. Atiyah/Adams/MacQueen, S. 298 kritisieren die unklare Linie der Rechtsprechung zu den collateral contracts.

Herstellers gegenüber dem Käufer ausgegangen, da dieser sich in seiner Werbung dazu verpflichtet hatte, einen Betrag von £ 100 an denjenigen zu zahlen, der trotz der Verwendung der smoke balls an einem grippalen Infekt erkrankt. Im Regelfall ist nach dem Court of Appeals vielmehr davon auszugehen, dass Werbeaussagen des Herstellers mangels vertraglichen Bindungswillen nicht geeignet sind, einen collateral contract zu begründen[443]. Anders sei dies nur dann zu beurteilen, wenn der Hersteller eine konkrete und direkt an einen einzelnen Endkunden adressierte Zusage gemacht hat[444].

In der Literatur wird das Erfordernis eines vertraglichen Bindungswillens und die dadurch bedingte Zurückhaltung der Rechtsprechung bei der Annahme eines collateral contract für nicht sachgerecht gehalten[445]. Die öffentlichen Aussagen des Herstellers sollen potentielle Kunden zum Kauf veranlassen, so dass eine unmittelbare Haftung des Herstellers gegenüber dem Verkäufer angemessen sei. Zwar bestehe mittlerweile gem. sec. 14 (2D) SGA 1979 die Möglichkeit aufgrund der Angaben des Herstellers gegen den Verkäufer vorzugehen, jedoch könne sich dieser Anspruch im konkreten Fall als ungenügend erweisen.

Selbst im Hinblick auf Garantien, die der Hersteller im Rahmen einer Garantiekarte oder des Hersteller-Lizenzvertrags erteilt, ist die Annahme eines collateral contract problematisch. Die für den collateral contract erforderliche consideration ist nämlich in dem Kauf der Ware vom Händler zu sehen[446]. Erforderlich ist daher, dass der Käufer bereits vor Abschluss des Kaufvertrags Kenntnis von der Garantieerklärung des Herstellers hatte und sich auf diese verlassen hat, da die Aussage des Herstellers andernfalls ohne Bedeutung für den Abschluss des Kaufvertrags war[447]. Wenn die Garantie in der Form einer Garantiekarte erteilt wird oder im EULA enthalten ist, ist der Kauf der Software aber bereits erfolgt, da sich diese regelmäßig in der Verpackung der Software befinden oder erst im Rahmen des Installationsprozesses ersichtlich sind[448].

---

443 Lambert v Lewis [1980] 1 All E.R. 978. Das Gericht ist hier davon ausgegangen, dass die Werbeaussagen keinen vertraglichen Bindungswillen aufwiesen. Weiterhin habe sich der Käufer bei dem Erwerb einer Anhängerkupplung nicht auf die Aussagen des Herstellers, sondern vielmehr auf dessen Reputation verlassen.

444 Wells (Merstham) Ltd. v Buckland Sand & Silica Co Ltd [1965] Q.B. 170; Shanklin Pier Ltd v Detel Products Ltd [1951] 2 K.B. 854.

445 Vgl. Atiyah/Adams/MacQueen, S. 268f.

446 Treitel/Peel, Rn. 14-006, S. 618.

447 Shanklin Pier Ltd v Detel Products Ltd [1951] 2 K.B. 854; Bridge, S. 374f.

448 Vgl. Atiyah/Adams/MacQueen, S. 298. Dies gilt allerdings nicht, wenn man im Hinblick auf den Abschluss des EULA der in Beta Computers Ltd. v. Adobe Systems Ltd,

3. Recht der USA

Im Recht der USA wird die Frage, ob der Käufer einen Anspruch gegen den Hersteller geltend machen kann, unter der Bezeichnung vertical privity diskutiert[449]. Im Unterschied zum deutschen und englischen Recht besteht im U.S.-amerikanischen Recht die Möglichkeit, kaufvertragliche Ansprüche direkt gegen den Hersteller geltend zu machen, obwohl der Käufer den Kaufvertrag mit einem Zwischenhändler abgeschlossen hat. So hat die abnehmende Bedeutung der privity-Doktrin bewirkt, dass der Endbenutzer der Software in vielen Bundesstaaten gegen den Hersteller sowohl wegen der Verletzung einer express warranty als auch einer implied warranty vorgehen kann. Diese Entwicklung erschwert jedoch zunehmend die Abgrenzung zwischen vertraglichen und deliktischen Ansprüchen[450].

a) „Express warranty"

In der Rechtsprechung der meisten Bundesstaaten ist mittlerweile anerkannt, dass der Hersteller trotz des Fehlens einer kaufvertraglichen Beziehung wegen der Verletzung einer express warranty gegenüber dem Endbenutzer haften kann[451]. Dabei können insbesondere öffentliche Äußerungen des Herstellers in der Werbung und schriftliche Garantien, welche die Software begleiten oder im EULA enthalten sind, zur Begründung einer express warranty führen.

Auffällig ist allerdings, dass sich das amerikanische Recht mit der dogmatischen Begründung solcher Ansprüche schwer getan hat. Zumeist wird lediglich darauf verwiesen, dass der UCC im Kern das Kaufrecht des 19. Jahrhunderts kodifiziert. Zu dieser Zeit haben die Käufer ihre Waren regelmäßig direkt vom Hersteller gekauft, so dass die privity of contract-Doktrin keine nennenswerten Auswirkungen hatte. Mit der Zunahme des Warenvertriebs über Zwischenhändler

---

[1996] F.S.R. 367 vertretenen Theorie des layered contract folgt, siehe hierzu unten, S. 328ff.

449 Vgl. Nimmer, Ch. 6.20; Owen, § 4.5; Lautsch, S. 240.

450 Owen, § 4.2, S. 147f. Diese Entwicklung lässt sich an den folgenden Beispielen aufzeigen: Ein Anspruch aus der strict products liability in torts gem. § 402A Restatement (Second) Torts weist eine große Ähnlichkeit mit dem Anspruch wegen der Verletzung der implied warranty of merchantibility auf. Weiterhin findet der Anspruch wegen der Verletzung einer express warranty eine vergleichbare Regelung in § 402B Restatement (Second) Torts, der eine strikte Haftung des Herstellers für öffentliche Aussagen vorsieht.

451 Clifford, 75 Wash. U. L. Q. 413 (1997) S. 420.

wurde jedoch zunehmend bezweifelt, ob die damit verbundene Sperrung kaufvertraglicher Ansprüche gegen den Hersteller wegen Fehlens eines Vertragsverhältnisses noch zeitgemäß ist[452]. Die Anerkennung von Ansprüchen gegen den Hersteller ist dabei primär auf die allgemeine Erwägung zurückzuführen, dass der Hersteller über die Werbung oder die Ausstellung einer Garantie direkten Einfluss auf den Endbenutzer ausübt und ihn in vielen Fällen hierdurch zu seiner Kaufentscheidung bewegt. Er solle daher auch für seine Aussagen und Versprechen haften, wenn sich diese als fehlerhaft oder irreführend erweisen[453]. Dies gilt insbesondere vor dem Hintergrund, dass das privity-Erfordernis die Haftung des Herstellers auf seine Vertragspartner begrenzen und dadurch vor unüberschaubaren Haftungsrisiken schützen soll. Bei der Erteilung einer Garantie, beispielsweise im Hersteller-Lizenzvertrag, hat der Hersteller aber ein direktes Versprechen an einen konkreten Personenkreis gerichtet, so dass nicht ersichtlich ist, warum er in diesem Fall nicht haften soll[454].

Zu beachten ist allerdings, dass sich diese allgemeinen Erwägungen nicht in allen Bundesstaaten durchgesetzt haben. Ob die Rechtsprechung eines Bundesstaates trotz fehlender vertical privity die Geltendmachung von Ansprüchen gegen den Hersteller zulässt, hängt entscheidend davon ab, ob die Gerichte die §§ 2-313f. UCC wortlautgetreu anwenden oder aufgrund der modernen Vertriebstechniken der Hersteller zu einer weiten Auslegung tendieren. Angaben des Herstellers im Hinblick auf die Software im Rahmen einer Garantieerklärung oder in der Werbung können nämlich bei einer strengen Anwendung des § 2-313 UCC nicht als express warranty gegenüber dem Endbenutzer angesehen werden. Zum einen bezieht sich diese Vorschrift auf das Verhältnis des „seller to the buyer“, also nicht auf das Verhältnis zwischen Hersteller und Käufer. Weiterhin erfordert das Merkmal der „basis of the bargain“ eine kaufvertragliche Beziehung, zu deren Konkretisierung die express warranties dienen[455]. Eine solche kaufvertragliche

---

452 Frisch, 11 Duq. Bus. L. J. 175 (2009) S. 188.

453 Bei einer Garantie wird dies insbesondere dann relevant, wenn der Käufer das regelmäßig zugesicherte Recht auf repair and replacement nicht für ausreichend hält und vielmehr den Kaufpreis zurückverlangt, vgl. Flechtner, 50 Rutgers L. Rev. 397 (1998) S. 398.

454 White, 46 San Diego L. Rev. 733 (2009) S. 749.

455 Der MMA hat zwar zum Ziel, einer express warranty des Herstellers zur rechtlichen Wirksamkeit zu verhelfen, verwendet aber ebenfalls die Terminologie der basis of the bargain. Im Ergebnis kann der MMA daher als Indiz dafür angesehen werden, dass der Gesetzgeber von der Wirksamkeit von express warranties im Verhältnis des Herstellers zum Endbenutzer ausgeht. Sofern die Rechtsprechung des Bundesstaates die

basis of the bargain besteht aber zwischen dem Hersteller und dem Endbenutzer gerade nicht. Darüber hinaus ist umstritten, ob eine Garantie, die nach dem Abschluss des Kaufvertrags erteilt wird, überhaupt noch Bestandteil des basis of the bargain werden kann[456].

Weiterhin ist für die Möglichkeit der Inanspruchnahme des Herstellers entscheidend, welche Alternative des § 2-318 UCC der jeweilige Bundesstaat kodifiziert hat[457]. So wird das Problem der vertical privity von Alternative A, die von der Mehrheit der Bundesstaaten angenommen wurde, nicht behandelt. Vielmehr obliege es nach dem Official Comment der Rechtsprechung, passende Lösungen für das Problem der fehlenden vertical privity zu entwickeln[458]. Die Alternativen B und C hingegen lassen den Anspruch eines Käufers gegen den Hersteller wegen der Verletzung einer express oder implied warranty ausdrücklich zu, da sie sich auf alle Personen erstrecken, die vorhersehbar die Kaufsache nutzen[459].

Die Entscheidungspraxis der Gerichte hat gezeigt, dass im Hinblick auf die Möglichkeit der Geltendmachung von Ansprüchen des Endbenutzers (remote buyer) gegen den Hersteller (remote seller) beinahe jedes erdenkliche Ergebnis vertreten wird. So geht die Rechtsprechung vieler Bundesstaaten, die die Alternative A des § 2-318 UCC kodifiziert haben, davon aus, dass der eindeutige Wortlaut der §§ 2-313f UCC eine kaufvertragliche Verbindung erfordere[460], so dass der Endbenutzer der Software seinen Anspruch gegen den Hersteller nicht auf die Verletzung einer express warranty stützen kann. Andere Gerichte hingegen verzichten auf das Erfordernis der vertical privity, wenn der Hersteller beispielsweise

---

Möglichkeit eines direkten Anspruchs gegen den Hersteller anerkennt, richten sich die Anforderungen an die Ausgestaltung der schriftlichen express warranty in jedem Fall nach dem MMA, vgl. White, 46 San Diego L. Rev. 733 (2009) S. 744ff.

456 Eine solche Einbeziehung ist nur dann möglich, wenn man der zunehmend an Bedeutung gewinnenden Theorie des layered contract aus der Entscheidung ProCD v. Zeidenberg 86 F.3d 1447 (7th Cir. 1996) folgt. Siehe hierzu unten, S. 335ff.

457 Siehe hierzu ausführlich Stallworth, 20 Pepp. L. Rev. 1215 (1993).

458 Vgl. Official Comment Nr. 3 zu § 2-318 UCC.

459 Alternative C erlaubt im Unterschied zu Alternative B solchen Personen die Geltendmachung von Ansprüchen, die lediglich einen Sach- oder Vermögensschaden erlitten haben. Darüber hinaus können nach Alternative C auch juristische Personen einen Anspruch geltend machen, wohingegen Alternative B nur natürliche Personen erfasst. Siehe hierzu Transport Corp. of America, Inc. v. IBM Corp., Inc., 30 F.3d 953 (8th Cir. 1994) S. 958f.

460 Spolski General Contractor, Inc. v. Jett-Aire Corp. Aviation Management of Cent. Florida, Inc., 637 So.2d 968 (Fla. Ct. App. 1994).

in der Werbung konkrete Angaben über die Kaufsache macht. Wenn die Kaufsache diese nicht erfüllt, wird die Verletzung einer express warranty i.S.v. § 2-313 UCC angenommen[461]. Ein Teil der Gerichte lässt einen solchen Anspruch allerdings nur dann zu, wenn der Endbenutzer einen Personen- oder Sachschaden erlitten hat[462]. Andere hingegen erkennen einen solchen Anspruch auch dann an, wenn der Anspruchsteller lediglich einen reinen Vermögensschaden erlitten hat[463] Nach Auffassung vieler Gerichte kann ein solcher Anspruch nur von einem Verbraucher geltend gemacht werden, jedoch wurde zum Teil auch im Rechtsverkehr zwischen Unternehmen einem solchen Anspruch stattgegeben[464].

Um dieser uneinheitlichen Rechtsprechung entgegenzuwirken, enthält die revidierte Fassung des Art. 2 UCC aus dem Jahr 2003 in §§ 2-313A und 2-313B eigenständige Regelungen für die Begründung von express warranties im Vertrieb über Zwischenhändler[465]. So wird eine solche gem. § 2-313A (3) (a) der revidierten Fassung des UCC gegenüber einem remote buyer durch die Beifügung einer Beschreibung der Ware begründet. Eine vergleichbare express warranty befindet sich in § 313B (3) (a) revidierte Fassung des UCC. Hiernach begründen öffentliche Aussagen des Herstellers, beispielsweise in der Werbung, eine express warranty gegenüber dem remote buyer.

b) „Implied warranty“

Auch bei der Verletzung von implied warranties wird die fehlende vertical privity zumeist dann übergangen, wenn ein Verbraucher einen Körperschaden erlitten hat[466].

---

461 Baughn v. Honda Motor Co., Ltd., 727 P.2d 655 (Wash. 1986).

462 Gregory v. Atrium Door and Window Co., 415 S.E.2d 574 (N.C. Ct. App. 1992); Reid v. Volkswagen of America, Inc., 512 F.2d 1294 (6th Cir. 1975); Hauter v. Zogarts, 534 P.2d 377 (Cal. 1975).

463 Fundin v. Chicago Pneumatic Tool Co., 199 Cal. Rptr. 789 (Cal. Ct. App. 1984) S. 793f.

464 Vgl. Larrison v. Moving Floors, Inc. 873 P.2d 1092 (Or. Ct. App. 1994).

465 Bislang hat kein Bundesstaat die revidierte Fassung des UCC aus dem Jahr 2003 umgesetzt (die oben S. 72 erwähnte Umsetzung in Oklahoma beschränkt sich im Wesentlichen auf die Definition der „goods“ in § 2-105), vgl. Frisch, 11 Duq. Bus. L. J. 175 (2009) S. 177. Da die revidierte Fassung dementsprechend keine praktische Bedeutung erlangt hat, beschränken sich die Ausführungen auf einen kursorischen Überblick. Siehe hierzu ausführlich Owen, § 4.2, S. 164f.; Frisch, 11 Duq. Bus. L. J. 175 (2009) S. 188f; White, 46 San Diego L. Rev. 733 (2009) S. 742f.

466 Siehe hierzu bereits Henningsen v. Bloomfield Motors, Inc., 161 A.2d 69 (N.J. 1960). Vgl. auch Bridge, S. 377. Die Ansicht, dass der Käufer eine Verletzung von implied warranties trotz fehlender Vertragsbeziehung auch gegen den Hersteller geltend machen

Argumentativ stützt sich der Anspruch in diesen Fällen auf die Verletzung einer warranty, die den Waren quasi in dinglicher Weise anhaftet und daher auch einen Anspruch des Käufers gegen den Hersteller ermöglicht[467]. Unter Hervorhebung der vertraglichen Natur eines auf die Verletzung einer implied warranty gestützten Anspruchs, sind die Gerichte allerdings bei der Übertragung dieser Rechtsprechung auf Eigentumsschäden und reine Vermögensschäden tendenziell zurückhaltend[468]. Dennoch haben einige Gerichte das Erfordernis der privity auch in Fällen der Eigentumsverletzung für entbehrlich gehalten[469]. Andere haben dies sogar auf Fälle übertragen, in denen der Käufer einen reinen Vermögensschaden erlitten hat[470]. Diese Aufhebung des privity-Erfordernisses, zumindest soweit Körper- und Eigentumsschäden entstanden sind, führt zu einem Gleichklang mit der strict products liability in torts[471].

4. Rechtsvergleichende Analyse

a) Gegenüberstellung der nationalen Ergebnisse

Die untersuchten Rechtsordnungen weisen die Gemeinsamkeit auf, dass sie unter bestimmten Umständen einen vertraglichen Anspruch des Käufers gegen den

---

kann, hat sich zunächst im Hinblick auf bestimmte Produktgruppen wie Lebens- und Körperpflegemittel durchgesetzt, da ein Fehler hier besonders leicht und typischerweise zu Körperschäden führt. In der Entscheidung Henningsen v. Bloomfield Motors, Inc. hat der New Jersey Supreme Court schließlich das Erfordernis der vertical privity unabhängig von der Art der Ware für entbehrlich erklärt, soweit der remote buyer wegen der Verletzung einer implied warranty einen Körperschäden erlitten hat.

467 Siehe hierzu Bridge, S. 377: „The implied warranty owed by a producer to his immediate buyer has been extended down the distribution chain by various devices, including the idea that it runs with the products like a covenant runs with land.“

468 Norcold, Inc. v. Gateway Supply Co., 798 N.E.2d 618 (Ohio Ct. App. 2003) S. 626ff.; Szajna v. General Motors Corporation, 503 N.E.2d 760 (Ill. 1986) S. 762ff.

469 Kassab v. Central Soya, 246 A.2d 848 (Pa. 1968).

470 Spagnol Enterprises, Inc. v. Digital Equipment Corporation, 568 A.2d 948 (Pa. Super. Ct. 1989) S. 952; Santor v. Karagheusian, Inc., 207 A.2d 305 (N.J. 1965) S. 309; Nobility Homes of Texas, Inc. v. Shivers 557 S.W.2d 77 (Tex. 1977); Williams v. General Motors Corp., 198 S.E.2d 766 (N.C. Ct. App. 1973). In der Entscheidung Hyundai Motors America, Inc. v. Goodin, 822 N.E.2d 947 (Ind. 2005) hat das Gericht ausgeführt, dass der Verbraucher, insbesondere wenn der MMA Anwendung findet, von dem Bestehen einer warranty gegenüber dem Hersteller berechtigterweise ausgehen darf.

471 Vgl. Official Comment m zu § 402A Restatement (Second) Torts. Die strict liability in torts hat sich aus der warranty-Haftung entwickelt und wird auch heute noch teilweise auf den Gedanken der warranty running with the goods gestützt.

Hersteller zulassen. Dies ist insbesondere dann der Fall, wenn der Hersteller eine Garantie erteilt oder Angaben in seiner Werbung gemacht hat.

In Deutschland kann ein solcher Anspruch sowohl im Rechtsverkehr mit Verbrauchern als auch im unternehmerischen Geschäftsverkehr nur dann bestehen, wenn der Hersteller eine Garantie gem. § 443 BGB erteilt hat. Die Erteilung einer solchen Garantie erfolgt zumeist schriftlich, teilweise aber auch durch Werbeaussagen, sofern in diesen der Wille des Herstellers zum Ausdruck kommt, für das Nichtvorliegen der angepriesenen Eigenschaften verschuldensunabhängig einzustehen. Die in der Garantieerklärung zugesicherten Rechte bestehen dann neben den Gewährleistungsrechten gegen den Verkäufer.

Auch im englischen Recht scheitern kaufvertragliche Ansprüche gegen den Hersteller, was auf die privity-Doktrin zurückzuführen ist. Jedoch kann eine vom Hersteller erteilte Garantie gem. Reg. 15 (1) der Sale und Supply of Goods to Consumers Regulations 2002 einen durchsetzbaren Anspruch begründen, wobei im Gegensatz zum deutschen Recht lediglich der Rechtsverkehr mit Verbrauchern erfasst ist. Voraussetzung ist auch hier, dass die Garantie einen vertraglichen Bindungswillen erkennen lässt, weshalb allgemeine Werbeaussagen regelmäßig keinen vertraglichen Anspruch begründen können. Soweit für den unternehmerischen Geschäftsverkehr auf das common law-Konzept des collateral contract abgestellt wird, scheitert die Wirksamkeit eines Garantieanspruchs regelmäßig an dem vertraglichen Bindungswillen des Herstellers sowie der zweifelhaften consideration.

Im Recht der USA ist die Rechtslage in den Bundesstaaten zwar nicht einheitlich, aber es besteht die Tendenz, ausdrückliche Zusagen, die im EULA enthalten sind oder der Software beiliegen, als eine kaufvertragliche express warranty anzusehen, deren Verletzung gegenüber dem Hersteller geltend gemacht werden kann. Im Unterschied zum deutschen und englischen Recht können auch Aussagen in der Werbung, die keinen unbedingten vertraglichen Haftungswillen enthalten, zur Verletzung einer express warranty führen[472]. Im Recht Deutschlands und Englands haben solche allgemeinen Werbeaussagen hingegen im Regelfall nur auf die Bestimmung der Mangelhaftigkeit im Verhältnis zum Verkäufer einen Einfluss.

Darüber hinaus weist das Recht der USA die Besonderheit auf, dass der Endbenutzer einen Anspruch gegen den Hersteller der Software auch wegen

472 An diesem Verzicht auf einen vertraglichen Bindungswillen ist wiederum ersichtlich, dass in den USA die tort-rechtliche Seite der warranty stärker im Vordergrund steht als in England, siehe hierzu bereits oben, Fn. 412.

der Verletzung einer implied warranty geltend machen kann. Die warranty of merchantibility haftet dabei dem Kaufgegenstand quasi mit dinglicher Wirkung an und kann dadurch, anders als im deutschen und englischen Recht, einen direkten kaufvertraglichen Anspruch gegen den Hersteller begründen. Ein solcher Anspruch besteht insbesondere dann, wenn ein Verbraucher eine Körperverletzung erlitten hat.

b) Bewertung und Ergebnis

Die untersuchten Rechtsordnungen weisen die Übereinstimmung auf, dass sie auch bei einem Vertrieb über Zwischenhändler unter bestimmten Voraussetzungen vertragliche Ansprüche des Nutzers gegen den Hersteller zulassen. Allerdings hat die Untersuchung gezeigt, dass die Interessen der Softwarehersteller und der Nutzer dabei unterschiedlich gewichtet werden.

So stellt sich die Haftungssituation beim Vertrieb der Software über Zwischenhändler in England und Deutschland tendenziell vorteilhaft für den Softwarehersteller dar, da eine Haftung für öffentliche Werbeaussagen nur bei Anhaltspunkten für einen besonderen Willen zum Einstehen für deren Richtigkeit in Betracht kommt. Schriftliche Garantieerklärungen im EULA können hingegen grundsätzlich als Herstellergarantie zu einer Haftung führen, wobei selbst dies im englischen Recht für den unternehmerischen Geschäftsverkehr umstritten ist. Die Zurückhaltung des deutschen und insbesondere des englischen Rechts bei der Gewährung von vertraglichen Ansprüchen gegen den Hersteller ist dogmatisch bedingt. Für einen vertraglichen Anspruch ist zwingend erforderlich, dass die Aussage mit vertraglichem Bindungswillen erfolgt. Teilweise erscheinen jedoch die Anforderungen überzogen, die an diesen Bindungswillen gestellt werden. Die Werbeaussagen des Herstellers sollen potentielle Kunden zum Kauf der Software veranlassen. Wenn sich diese als falsch erweisen, erfordert die angemessene Berücksichtigung der Nutzerinteressen, dass diese auch vertraglich gegen den Hersteller vorgehen können. Hierdurch würden auch nicht die Interessen der Hersteller unangemessen benachteiligt werden. Die Hersteller hätten es vielmehr selbst in der Hand, ihr Haftungsrisiko durch bedachte Aussagen in der Öffentlichkeit zu begrenzen.

Unter Berücksichtigung der vorstehenden Erwägungen stellt das Recht der USA tendenziell einen angemessenen Interessenausgleich zur Verfügung, auch wenn die Rechtslage in den verschiedenen Bundesstaaten nicht einheitlich ist. Für den Nutzer besteht hier der Vorteil, dass neben den Garantieerklärungen auch allgemeine Werbeaussagen express warranties gegenüber dem Hersteller begründen können. Darüber hinaus kann der Endbenutzer eine Verletzung der implied warranty of merchantibility gegenüber dem Hersteller geltend machen.

B. Außervertragliche Haftung für fehlerhafte Software

Wenn sich eine Software als fehlerhaft erweist, dann stehen zumeist die vertraglichen Ansprüche und Rechte des Käufers im Vordergrund. Daneben hat der geschädigte Vertragspartner allerdings in allen untersuchten Rechtsordnungen das Recht, einen außervertraglichen Anspruch geltend zu machen[473]. Dies kann beispielsweise dann relevant werden, wenn der vertragliche Anspruch des Geschädigten ausgeschlossen oder begrenzt wurde oder bereits verjährt ist[474]. Weiterhin sind die außervertraglichen Ansprüche von Relevanz, wenn der Hersteller und der Geschädigte in keiner vertraglichen Beziehung stehen, beispielsweise bei einem Vertrieb der Software über Zwischenhändler. Auffällig ist jedoch, dass den deliktischen Ansprüchen in praktischer Hinsicht bislang nur eine untergeordnete Bedeutung zukommt[475].

I. Deutsches Recht

Die Haftung für außervertragliche Pflichtverletzungen richtet sich im deutschen Recht sowohl nach den Grundsätzen des Deliktsrechts in der Form der Produzentenhaftung als auch nach den Vorschriften des Produkthaftungsgesetzes.

1. Deliktische Produkthaftung nach § 823 Abs. 1 BGB

Da die Produzentenhaftung auf § 823 Abs. 1 BGB basiert, haftet der Hersteller für schuldhafte und rechtswidrige Verletzungen geschützter Rechtsgüter[476].

---

473 Siehe für die einzelnen Rechtsordnungen: BGH NJW 1987, 2008, 2010 (Deutschland); Henderson v Merrett Syndicates Ltd [1994] 3 All E.R. 506, 523 (England); Dobbs, Tort Law, § 3 (USA).

474 Die Verjährungsfrist beginnt bei einem vertraglichen Anspruch mit der Vertragsverletzung und bei einem deliktischen Anspruch mit Eintritt des Schadens. Der deliktische Anspruch verjährt daher häufig später als der vertragliche.

475 Die geringere praktische Relevanz ist beispielsweise daran ersichtlich, dass in den untersuchten Rechtsordnungen die nationalen Gerichte große Zurückhaltung bei der Anwendung von außervertraglichen Ansprüchen im Rahmen der Haftung für fehlerhafte Software an den Tag legen. Für die jeweiligen Rechtsordnungen stellen dies fest: Lehmann, in: Lehmann, Rechtsschutz, S. 1001, Rn. 3 (Deutschland); Rowland/Macdonald, S. 213 (England); Zollers/McMullin/Hurd/Shears, 21 Santa Clara Computer & High Tech. L. J. 745 (2005) S. 765 (USA).

476 Zur Produzentenhaftung siehe grundlegend BGHZ 51, 91ff. – Hühnerpest-Urteil.

Im Unterschied zur Haftung nach dem Produkthaftungsgesetz knüpft die Verantwortlichkeit des Herstellers bei der Produzentenhaftung nicht an die Fehlerhaftigkeit des Produkts, sondern vielmehr an die Verletzung einer Verkehrspflicht an[477]. Nach der ganz überwiegenden Auffassung finden die Grundsätze der Produzentenhaftung auch auf den Hersteller von Software Anwendung[478].

Im Vergleich zum allgemeinen Deliktsrecht sieht die Produzentenhaftung eine für den Geschädigten vorteilhafte Darlegungs- und Beweislastverteilung vor[479]. Zwar muss dieser auch hier die Fehlerhaftigkeit des Produkts im Zeitpunkt des Inverkehrbringens den Schaden sowie die Kausalität darlegen und beweisen. Im Unterschied zu den allgemeinen Grundsätzen des Deliktsrechts tritt jedoch im Hinblick auf das Vorliegen einer Pflichtverletzung sowie das Verschulden des Herstellers eine Beweislastumkehr ein[480].

a) Geschützte Rechtsgüter

Der deliktsrechtliche Schutz des § 823 Abs. 1 BGB beschränkt sich auf den Schutz absoluter Rechtsgüter. Geschützt sind daher das Leben, der Körper, die Gesundheit, die Freiheit, das Eigentum oder ein sonstiges absolutes Recht.

Der Anwendungsbereich ist dabei in jedem Fall im Hinblick auf Software eröffnet, die zu Körperverletzungen führt. Dies ist beispielsweise bei Software denkbar, die im medizinischen Bereich eingesetzt wird. Gleiches gilt bei einer embedded-Software, die beispielsweise die Steuerung oder das Bremssystem von Fahrzeugen unterstützt.

Problematischer ist die Anwendbarkeit der Produzentenhaftung, wenn die Software zu Eigentumsverletzungen führt[481]. In diesem Zusammenhang ist zu beachten, dass das Eigentum am fehlerhaften Produkt selbst, also der Software, grundsätzlich keinen Schutz genießt, da insoweit das vertragliche Äquivalenzinteresse betroffen ist. Wenn allerdings der mangelhafte Teil, z.B. eine embedded-Software, einen bis dahin mangelfreien Teil des Produkts beschädigt, stellt sich das Problem der „Weiterfresserschäden". Voraussetzung für die Anwendbarkeit der Produzentenhaftung gem. § 823 Abs. 1 BGB ist bei derartigen Schäden,

---

477 Vgl. Soergel/Krause, § 823 Rn. 11.

478 Vgl. Reese, DStR 1994, 1121, 1122; Cahn, NJW 1996, 2899, 2903f.; Littbarski, in: Kilian/Heussen, Computerrechts-Handbuch, Produkthaftung, Rn. 27.

479 MüKo/Wagner, § 823 Rn. 598.

480 Siehe hierzu ausführlich Soergel/Krause, § 823 Anh. III Rn. 44ff.

481 Von großer Bedeutung ist dabei, dass die Produzentenhaftung auch den Ersatz eines gewerblichen Sachschadens erlaubt.

dass das Integritätsinteresse und das Äquivalenzinteresse nicht „stoffgleich“ sind[482]. Von einer solchen Stoffgleichheit ist immer dann auszugehen, wenn sich der eingetretene Schaden mit dem im Zeitpunkt des Eigentumsübergangs bereits bestehenden Mangelunwert im Sinne des Äquivalenzinteresses deckt[483]. So hat die Rechtsprechung beispielsweise in einem Fall, in dem ein konstruktiv mangelhaftes Ölablassrohr eines Motors zu einem Schaden an dem ansonsten mangelfreien Motor geführt hat, die Anwendbarkeit des § 823 Abs. 1 bejaht[484]. Eine vergleichbare Situation besteht im Hinblick auf eine mangelhafte embedded-Software, die zur Unterstützung der Steuerung oder Bremsen eines Kraftfahrzeuges eingesetzt wird, wenn diese zu einem Schaden an einem bei Eigentumsübergang mangelfreien Teil des Kraftfahrzeuges führt. Die Anwendbarkeit der Produzentenhaftung gem. § 823 Abs. 1 BGB ist daher in solchen Fällen zu bejahen[485].

Bei Datenverlusten, die durch eine fehlerhafte Software eingetreten sind, ist umstritten, ob diese Daten als absolutes Rechtsgut i.S.v. § 823 Abs. 1 BGB geschützt sind[486]. Mangels Körperlichkeit der Daten wird teilweise das Vorliegen einer Eigentumsverletzung verneint[487]. Die überwiegende Ansicht geht jedoch bei einer Beschädigung oder Vernichtung von Daten, die sich auf einer Festplatte befinden, von einer Eigentumsverletzung an dem Datenträger aus[488]. Voraussetzung für das Vorliegen einer Eigentumsverletzung ist nämlich, dass der Eigentümer aufgrund einer Einwirkung die Sache nicht mehr bestimmungsgemäß gem. § 903 BGB verwenden kann[489]. Dies ist bei der Vernichtung von Daten durch eine fehlerhafte Software der Fall, da der Datenträger in diesem Fall nicht mehr seine Zweckbestimmung, die Speicherung von Daten, erfüllt[490]. Irrelevant ist dabei, dass die Substanz der Festplatte nicht beschädigt wird, da bereits die Funktionalität und innere Ordnung des Eigentums geschützt ist. Wenn die fehlerhafte Software diese innere Ordnung der Festplatte durch Zerstörung oder Beschädigung von Daten beseitigt, ist daher von einer Eigentumsverletzung auszugehen[491].

---

482 MüKo/Wagner, § 823 Rn. 103.
483 BGH NJW 1985, 2420.
484 BGH NJW 1985, 2420.
485 Vgl. Meyer/Harland, CR 2007, 689, 691f.
486 Vgl. hierzu Spindler, CR 2005, 741, 742.
487 LG Konstanz NJW 1996, 2662.
488 OLG Oldenburg, CR 2012, 77; OLG Karlsruhe, CR 1996, 352.
489 MüKo/Wagner, § 823 Rn. 102f.
490 Bartsch, CR 2000, 721, 723.
491 Spindler, NJW 2004, 3145, 3146.

b) Verstoß gegen Verkehrspflicht

Im Folgenden wir zunächst auf die allgemeinen Voraussetzungen einer Verkehrspflichtverletzung und anschließend auf die Unterscheidung nach speziellen Fehlerkategorien eingegangen.

aa) Allgemeine Voraussetzungen einer Verkehrspflichtverletzung

Als relevante Verletzungshandlung des Herstellers[492] ist das Inverkehrbringen eines fehlerhaften Produkts anzusehen[493]. Die dadurch eintretende Verletzung eines Rechtsguts ist im Rahmen der Produzentenhaftung aber nur dann rechtswidrig, wenn sie eine Verkehrspflicht verletzt[494]. Den Hersteller eines Produkts trifft die Verkehrspflicht, die von einem Produkt ausgehenden Gefahren für die Integrität von Rechtsgütern Dritter abzuwenden, soweit dies erforderlich und zumutbar ist[495].

Entscheidend für die Bestimmung des Inhalts der Gefahrabwendungspflicht ist in objektiver Hinsicht zunächst die Einhaltung der anerkannten Regeln der Technik, die ihren Niederschlag zumeist in technischen Regelwerken gefunden haben[496]. Deren Einhaltung bildet die Untergrenze, deren Unterschreiten eine Verkehrspflichtverletzung indiziert. Da diese Regelwerke den Bereich der Softwareerstellung nur teilweise abdecken und auch überholte Standards enthalten, hat der Hersteller darüber hinaus den aktuellen Stand von Wissenschaft und Technik zu berücksichtigen[497]. Dieser bildet im Regelfall die Obergrenze der Haftung.

---

492 Als Haftungsadressaten kommen neben dem Hersteller des fehlerhaften End- oder Teilprodukts auch der Verkäufer, Zulieferer, Importeur sowie sonstige Personen, die den Eindruck erwecken, dass sie neben dem Hersteller für die Sicherheit des Produktes einstehen wollen, in Betracht. Der Inhalt der Verkehrspflicht bestimmt sich jeweils nach der ausgeübten Tätigkeit, vgl. MüKo/Wagner, § 823 Rn. 601ff.

493 Staudinger/Hager, § 823 Rn. F 2.

494 Foerste, in: Westphalen, Produkthaftungshandbuch, Bd. 1, § 23 Rn. 1ff.

495 Ständige Rechtsprechung des BGH, vgl. nur NJW 1990, 906, 907; Soergel/Krause, § 823 Anh. III, Rn. 11.

496 Teilbereiche der Softwareerstellung werden beispielsweise durch DIN 66 285 sowie dem vergleichbaren internationalen Standard ISO 12 119 geregelt. Ergänzende Funktion kommt dabei den IEEE/IEC-Standards zu. Wenn deren Anforderungen erfüllt sind, kann in Deutschland das RAL-Gütezeichen Software verliehen werden. Weitere Richtlinien für Teilbereiche der Softwareerstellung enthalten das V-Modell des Bundes sowie die IT-Sicherheitskriterien ITSEC des Bundesamts für Sicherheits- und Informationstechnologie.

497 Vgl. BGH NJW 1984, 801; Taeger, CR 1996, 257, 267.

Da die Produzentenhaftung auf dem Verschuldenserfordernis basiert, haftet der Hersteller nämlich nicht für Fehler, die nach dem Stand der Wissenschaft und Technik nicht vorhersehbar waren[498].

Darüber hinaus sind für die Bestimmung der Herstellerpflichten die berechtigten Sicherheitserwartungen der hypothetischen Nutzer des Produkts zu berücksichtigen[499]. Dabei steigen die Anforderungen an die Verkehrspflicht mit der Schwere des potentiell eintretenden Schadens, so dass insbesondere im Hinblick auf Lebens- und Gesundheitsschäden ein besonders hoher Standard einzuhalten ist[500]. Die Entwicklung von Software, die im Medizinbereich oder zur Steuerung von Fahrzeugen und Maschinen eingesetzt wird, unterliegt daher aufgrund des potentiellen Schadensausmaßes strengeren Anforderungen als die Entwicklung sonstiger Software. Der hohe Kontrollaufwand und die damit verbundenen Kosten sind hier durch das große Risikopotential gerechtfertigt.

Das im Rahmen der Gefahrabwendungspflicht zumutbare Verhalten orientiert sich grundsätzlich nicht an ökonomischen Aspekten des Sicherheitsaufwands, da das Produkt, das auf den Markt gebracht wird, in jedem Fall eine gewisse Mindestsicherheit aufweisen muss. Lediglich bei Fragen der höheren Sicherheit können Aspekte der Wirtschaftlichkeit zu berücksichtigen sein[501], wenn beispielsweise eine minimale Verbesserung der Sicherheit nur durch eine signifikante Erhöhung der Produktkosten erreicht werden kann.

bb) Unterscheidung nach Art des Fehlers

Im Hinblick auf den konkreten Inhalt der Verkehrspflicht wird in aller Regel zwischen Konstruktions-, Fabrikations-, Instruktions- und Produktbeobachtungspflichten unterschieden[502].

Kennzeichnend für eine Verletzung der Konstruktionspflicht ist, dass der Fehler der gesamten Produktionsreihe anhaftet. Im Softwarebereich ist der absolute Großteil der auftretenden Fehler auf eine Nachlässigkeit im Rahmen der

498 Jedoch ist im Hinblick auf diese Entwicklungsfehler zu berücksichtigen, dass der Hersteller die Beweispflicht trägt, dass der Fehler nach dem Stand von Wissenschaft und Technik nicht bekannt war. Dieser Beweis wird in der Praxis aber nur sehr schwer zu führen sein, vgl. Taeger, CR 1996, 257, 270.

499 MüKo/Wagner, § 823 Rn. 621ff.

500 Taeger, CR 1996, 257, 267.

501 Foerste, in: Westphalen, Produkthaftungshandbuch, Bd. 1, § 24 Rn. 47ff.

502 Vgl. speziell für Software Taeger, CR 1996, 257, 267ff.

„Konstruktion" zurückzuführen[503]. Der Hersteller ist verpflichtet, die Konzeption, die Programmierung und die Kompilierung der Software dergestalt vornehmen, dass von der Software keine Gefahren für die Rechtsgüter des Nutzers oder anderer Personen ausgehen[504]. Im Zusammenhang mit den Konstruktionspflichten berufen sich die Hersteller teilweise auf die zwingende Fehlerhaftigkeit von Software, welche nach dem Stand der Wissenschaft und Technik nicht zu vermeiden sei. Allein entscheidend ist aber auch hier, ob der Hersteller die Vorgaben der technischen Regelwerke zum Qualitätsmanagement eingehalten hat. Bei Anlegung dieses Maßstabs ist aber regelmäßig davon auszugehen, dass der konkrete Fehler vermeidbar war. Weiterhin sind die berechtigten Sicherheitserwartungen der Nutzer zu berücksichtigen[505]. Diese sind im Regelfall darauf gerichtet, dass eine Software unabhängig von ihrem Preis zumindest einen Mindeststandard an Sicherheit aufweist[506]. Bei Software, die zu einer Gefährdung von Leib und Leben sowie von Gütern führen kann, erwartet der Verbraucher sogar eine absolute Fehlerfreiheit.

Weiterhin treffen den Hersteller besondere Verkehrspflichten im Hinblick auf die Fabrikation der Software. Im Vergleich zu den Konstruktionsfehlern sind Fabrikationsfehler in diesem Zusammenhang allerdings von untergeordneter Bedeutung. Typisch für Fabrikationsfehler ist, dass sie nur einem oder wenigen Produkten anhaften. Im Softwarebereich zählen hierzu insbesondere Fehler, die auf der mangelhaften Qualität des Datenträgers beruhen oder im Rahmen des Übertragungsvorgangs auf einen Datenträger entstehen. Aufgrund des Verschuldenserfordernisses haftet der Hersteller bei Fabrikationsfehlern nicht für sog. Ausreißer. Hierunter versteht man solche Fabrikationsfehler, die trotz aller zumutbaren Sicherheitsvorkehrungen unvermeidbar sind[507]

Der Hersteller hat darüber hinaus die Pflicht, den Nutzer über die für die Sicherheit des Produkts relevanten Umstände zu informieren[508]. Das Maß der erforderlichen Instruktion ist dabei von der zu erwartenden Fachkenntnis der Zielgruppe abhängig. Neben den allgemeinen zur Benutzung des Produkts erforderlichen Informationen muss regelmäßig auch eine Aufklärung über mögliche Gefahren

---

503 Nach Foerste, in: Westphalen, Produkthaftungshandbuch, Bd. 1, § 24, Rn. 130 gibt es Schätzungen, die den Anteil der „Konstruktionsfehler" an den Softwarefehlern auf 80–90 Prozent festlegen.

504 Reese, DStR 1994, 1121, 1123; Soergel/Krause, § 823 Anh. III Rn. 17.

505 Taeger, CR 1996, 257, 268, 270; Meyer/Harland, CR 2007, 689, 694.

506 Vgl. Foerste, in: Westphalen, Produkthaftungshandbuch, Bd. 1, § 24 Rn. 85.

507 MüKo/Wagner, § 823 Rn. 634.

508 Soergel/Krause, § 823 Anh. III Rn. 21.

der Benutzung erfolgen[509]. Im Hinblick auf Software ist daher in aller Regel die Auslieferung einer Gebrauchsanweisung von Bedeutung. Weiterhin muss der Hersteller beispielsweise über die Möglichkeit eines Datenverlusts aufklären, wenn ein solcher bei der Benutzung der Software eintreten kann.

Schließlich trifft den Hersteller nach dem Inverkehrbringen des Produkts eine Pflicht zu dessen Beobachtung. Dies wurde beispielsweise bei der Windows-Version 3.0 sowie MS-DOS Versionen 4.01 und 5.0 relevant, als nach deren Inverkehrbringen auffiel, dass unter bestimmten Umständen Datenverluste auftreten können[510]. Wenn aufgrund der Beobachtung des Produkts derartige Gefahr für die Nutzer des Produkts erkennbar wird, resultiert daraus eine Pflicht des Herstellers, die Gefahren von den Nutzern fernzuhalten. Dies kann beispielsweise zur Umstellung der weiteren Produktion oder zum Rückruf bereits vermarkteter Produkte verpflichten[511]. Weiterhin kann dies die Veröffentlichung von Warnungen in der einschlägigen Fachliteratur sowie das Bereitstellen von kostenlosen fehlerbereinigten Programmversionen erforderlich machen[512].

c) Verteilung der Beweislast

Die von der ZPO vorgesehene Verteilung der Beweislast würde in Produkthaftungsprozessen regelmäßig dazu führen, dass der Geschädigte mangels Einblick in den Produktionsablauf des Herstellers die anspruchsbegründenden Tatbestandsmerkmale des § 823 Abs. 1 BGB nicht beweisen kann. Der BGH hat daher, ausgehend von der Hühnerpest-Entscheidung[513], für den Produkthaftungsprozess bestimmte Beweiserleichterungen zugunsten des Geschädigten aufgestellt. Dieser muss danach lediglich beweisen, dass das Produkt des Herstellers, welches ihn in einem seiner geschützten Rechtsgüter verletzt hat, nicht die erforderliche Sicherheit aufwies und daher mangelhaft war. Bei dieser Beweisführung kann der Geschädigte auch im Wege des Anscheinsbeweises vorgehen.

---

509 Die Anforderungen an das Maß der Aufklärung sind dabei abhängig von den berechtigten Erwartungen des jeweiligen Nutzers. Ein Verbraucher wird dabei mehr Aufklärung und Information benötigen als ein Fachmann, vgl. Reese, DStR 1994, 1121, 1123f.

510 Vgl. Marly, Softwarerecht, Rn. 1827f.

511 Siehe MüKo/Wagner, § 823 Rn. 645ff.

512 Vgl. Marly, Softwarerecht, Rn. 1827f.; Spindler, CR 2005, 741, 743. Taeger, CR 1996, 257, 269f.

513 BGHZ 51, 91.

Gelingt ihm dieser Beweis, wird im Wege der Beweislastumkehr vermutet, dass der Mangel auf eine dem Hersteller zurechenbare Pflichtwidrigkeit zurückgeht und dass er insofern schuldhaft gehandelt hat. Diese Verschuldensvermutung kann der Hersteller nur widerlegen, indem er nachweist, dass er die relevanten Verkehrspflichten eingehalten hat und ihn an dem Fehler kein Verschulden trifft[514]. Entscheidender Maßstab für das Vorliegen von Verschulden ist der Stand der Wissenschaft und Technik. Wenn der Hersteller der Software bei deren Entwicklung die nach dem Stand von Wissenschaft und Technik erforderlichen Anforderungen beachtet hat, liegt keine schuldhafte Verletzung einer Verkehrspflicht vor[515]. Dies gilt für Konstruktions-, Fabrikations- und Instruktionsfehler bei Inverkehrgabe des Produkts. Macht der Geschädigte die Verletzung einer Warnpflicht bzw. Produktbeobachtungspflicht nach Inverkehrbringen des Produkts geltend, so muss er beweisen, dass die Gefahr objektiv erkennbar war. Dem Hersteller obliegt dann der Gegenbeweis, dass ihm das Erkennen der Gefahr subjektiv zum relevanten Zeitpunkt nicht möglich war[516].

2. Produkthaftungsgesetz

Das Produkthaftungsgesetz[517] gewährt dem Geschädigten in § 1 ProdHaftG einen Anspruch auf Schadensersatz, wenn durch den Fehler eines Produkts ein Mensch getötet, sein Körper oder seine Gesundheit verletzt oder eine Sache beschädigt wird. Aus § 15 Abs. 2 ProdHaftG ergibt sich, dass die Haftung des Herstellers nach den dargestellten Grundsätzen zur Produzentenhaftung hiervon unberührt bleibt.

a) Persönlicher Anwendungsbereich

§§ 4, 5 ProdHaftG regeln, wer für ein fehlerhaftes Produkt in Anspruch genommen werden kann. Gem. § 4 Abs. 1 ProdHaftG haftet jeder, der das Endprodukt, einen Grundstoff oder ein Teilprodukt hergestellt hat sowie derjenige, der sich durch das Anbringen seines Namens, seiner Marke oder eines anderen unterscheidungskräftigen

---

514 BGH NJW 1999, 1028, 1029; Staudinger/Hager, § 823 Rn. F 43.

515 Taeger CR 1996, 257, 270.

516 Zur Verteilung der Beweislast im Produkthaftungsprozess siehe Foerste, in: Westphalen, Produkthaftungshandbuch, Bd. 1, § 30 Rn. 20.

517 Gesetz über die Haftung für fehlerhafte Produkte (Produkthaftungsgesetz – ProdHaftG) vom 15.12.1989 (BGBl. I S. 2198); erlassen aufgrund der EG-Richtlinie 85/374/EWG vom 25.7.1985 (ABl.EG vom 7.8.1985 – Nr. L 210, S. 29ff.).

Kennzeichens als Hersteller ausgibt[518]. Wenn die End-Software also einen Fehler in einem Bereich aufweist, der als Baustein von einem dritten Softwarehersteller angefertigt wurde, dann kann der Geschädigte den Anspruch sowohl gegen den Hersteller der End-Software als auch gegen den Hersteller des Bausteins geltend machen[519]. Entsprechendes gilt, wenn eine embedded-Software in einem Gebrauchsgegenstand integriert ist[520]. In § 4 Abs. 2 und 3 ProdHaftG befindet sich eine Regelung zur Haftung des EG-Importeurs sowie für den Fall, dass der Hersteller nicht festgestellt werden kann. In diesem Fall gilt der Lieferant als Hersteller, es sei denn, er benennt dem Geschädigten innerhalb eines Monats, nachdem ihm dessen diesbezügliche Aufforderung zugegangen ist, den Hersteller oder diejenige Person, die ihm das Produkt geliefert hat.

b) Software als Produkt

Umstritten ist allerdings, ob Software überhaupt als ein Produkt i.S.v. § 2 ProdHaftG zu klassifizieren ist. Danach ist ein Produkt im Sinne des Gesetzes jede beweglich Sache, auch wenn sie einen Teil einer anderen beweglichen Sache oder einer unbeweglichen Sache bildet sowie Elektrizität.

Diese Definition verdeutlicht, dass Software jedenfalls dann als Produkt anzusehen ist, wenn sie als Teil einer beweglichen Sache anzusehen ist. Unproblematisch ist dies bei sog. embedded-Software, die in Gebrauchsgegenständen wie Kraftfahrzeugen oder Mikrowellenherden verwendet wird. Die Definition lässt jedoch im Unklaren, ob auch Software an sich hiervon erfasst ist. Da die Produkthaftungsrichtlinie der Harmonisierung des Gemeinschaftsrechts dient, hat die erforderliche Auslegung des Begriffs Produkt richtlinienkonform zu erfolgen. Bislang gibt es jedoch keine Entscheidung des Europäischen Gerichtshofs, welche zu der Frage Stellung nimmt, ob Software als Produkt im Sinne der Richtlinie anzusehen ist. Auch die Erwägungsgründe der Richtlinie sowie die nationalen Umsetzungen bieten jedoch insofern keine weiterführenden Anhaltspunkte[521]. Eine Tendenz zur Einordnung als Produkt lässt sich jedoch bei der Europäischen Kommission erkennen. Diese hat auf eine Anfrage des Europäischen Parlaments ausdrücklich erklärt, dass die dem Produkthaftungsgesetz zugrunde liegende Richtlinie auf

---

518 Vgl. Westphalen, in: Westphalen, Produkthaftungshandbuch, § 75 Rn. 39.

519 Im Bereich der Softwareerstellung kommt es häufig vor, dass der Ersteller der End-Software auf Software von Drittunternehmen zurückgreift. Der Endprodukt- und der Teilprodukthersteller haften dann als Gesamtschuldner, vgl. § 5 ProdHaftG.

520 Meyer/Harland, CR 2007, 689, 693.

521 Vgl. hierzu Taeger, CR 1996, 257, 258.

Software anzuwenden sei[522]. Für die Auslegung der Produkthaftungsrichtlinie ist die Auffassung der Kommission jedoch nicht verbindlich.

Der BGH, der zur Produkteigenschaft von Software bislang noch keine Stellung genommen hat, sieht Standardsoftware als bewegliche Sache i.S.v. § 90 BGB an[523]. Da der Produktbegriff noch weitergehend als der Sachbegriff von § 90 BGB ist, liegt die Vermutung nahe, dass der BGH Standardsoftware auch als Produkt ansehen würde.

Die überwiegende Meinung im Schrifttum geht ebenfalls von einer Anwendbarkeit des Produkthaftungsgesetzes zumindest auf Standardsoftware aus[524]. Für Software, die auf einem Datenträger geliefert wird, ergebe sich dies nach einer Ansicht bereits aus der damit vorliegenden Verkörperung der Software[525]. Wie bei der vertragstypologischen Einordnung von Software[526] gibt es allerdings auch im Zusammenhang mit der Produkthaftung eine Auffassung, die von der fehlenden Sachqualität von Software ausgeht und daher eine Einordnung als Produkt ablehnt[527]. Neben dem immateriellen Charakter der Software führt diese Ansicht insbesondere die zwingende Fehlerhaftigkeit von Software an, welche einer verschuldensunabhängigen Haftung entgegenstehe[528]. Aufgrund des Schutzzwecks des Produkthaftungsgesetzes wird diese Auffassung jedoch überwiegend abgelehnt, da dieser gerade darauf gerichtet sei, eine Risikozuweisung an den Hersteller für das Inverkehrbringen der fehlerhaften Ware vorzunehmen[529]. Eine Ausklammerung von Software aus dem Anwendungsbereich des ProdHaftG sei rechtspolitisch nicht vertretbar, da Software ein verkehrsfähiges Gut darstelle[530]. Die Annahme eines Produkts sei weiterhin aufgrund der technischen Komplexität und der daraus resultierenden potentiellen Gefahr von Software gerechtfertigt, da

---

522 Erklärung der Europäischen Kommission vom 5.7.1988 auf die schriftliche Anfrage 706/88 (ABl.EG vom 8.5.1989 – Nr. C 114/42).

523 Siehe die Entscheidung BGH NJW 2007, 2394, in welcher er an der Einordnung von Standardsoftware als Sache auch unter Geltung des neuen Schuldrechts festhält.

524 Schneider, Handbuch EDV-Recht, Rn. J 297, 299.

525 Meier/Wehlau, CR 1990, 95, 98; Cahn, NJW 1996, 2899, 2902; Soergel/Krause, § 2 ProdhaftG Rn. 4.

526 Siehe hierzu oben, S. 26ff.

527 Vgl. noch Westphalen, NJW 1990, 83, 87 (Ansicht inzwischen revidiert); OLG Hamburg CR 1986, 83, 84; Heussen CR 2004, 1, 3; Müller-Hengstenberg, NJW 1994, 3128, 3131. Die Ansicht stellt auf das bereits aus der vertragstypologischen Einordnung bekannte Argument des immateriellen Charakters der Software ab.

528 OLG Hamburg CR 1986, 83, 84; Spindler, CR 2005, 741; Honsell, JuS 1995, 211, 212.

529 Siehe hierzu Taeger, CR 1996, 257, 262.

530 Lehmann, NJW 1992, 1721, 1725; Junker/Benecke, Rn. 366f.

diese allein vom Softwarehersteller aufgrund seines überlegenen Fachwissens beherrscht werden könne[531]. Zwar liege die Ursache für den Fehler in falschen Informationen, die in dem Computerprogramm enthalten sind. Aufgrund der stofflichen Verkörperung dieser Information sei aber die Annahme eines Produkts angemessen, da der Nutzer dieser Verkörperung großes Vertrauen entgegenbringe und dem Hersteller dies auch bekannt sei[532].

Da die Gefährdungslage des Verbrauchers unabhängig von der konkreten Übertragungsform der Software besteht, geht die überwiegende Ansicht auch dann von einer Anwendbarkeit des Produkthaftungsgesetzes aus, wenn die Software online übertragen und gespeichert wurde[533]. Hierzu wird in der Literatur insbesondere angeführt, dass es nicht angebracht sei, das Schutzniveau des Anwenders der Software von der im konkreten Fall verwendeten Vertriebsform abhängig zu machen[534]. Häufig wird in diesem Zusammenhang die Parallele zur Elektrizität gezogen, die ausdrücklich vom Produktbegriff erfasst ist[535]. Schließlich wird diese Ansicht auch durch die Entscheidung des BGH gestützt, in welcher er die Sacheigenschaft von Software auch bei einer Online-Übermittlung angenommen hat[536].

c) Fehlerhaftigkeit des Produkts

Gem. § 3 ProdHaftG hat ein Produkt einen Fehler, wenn es nicht die Sicherheit bietet, die unter Berücksichtigung aller Umstände berechtigterweise erwartet werden kann[537]. Die Vorschrift geht damit von einem einheitlichen Fehlerbegriff

---

531 Spindler, CR 2005, 741.

532 Cahn, NJW 1996, 2899, 2903f., Meier/Wehlau CR 1990, 95, 98; Littbarski, in: Kilian/Heussen, Computerrechts-Handbuch, Produkthaftung, Rn. 43.

533 Soergel/Krause, § 2 ProdHaftG Rn. 4; Cahn NJW 1996, 2899, 2904; Littbarski, in: Kilian/Heussen, Computerrechts-Handbuch, Produkthaftung, Rn. 46. Die Anwendbarkeit des ProdHaftG ablehnend im Fall der Online-Übertragung Staudinger/Oechsler, § 2 ProdHaftG Rn. 67.

534 Cahn, NJW 1996, 2899, 2902.

535 Vgl. Westphalen, in: Westphalen, Produkthaftungshandbuch, § 73 Rn. 40. Zur Zweifelhaftigkeit dieses Arguments siehe Cahn, NJW 1996, 2899, 2900; Taeger, CR 1996, 257, 259. Aufgrund des Ausnahmecharakters von Elektrizität sei die Ausweitung auf Software gerade nicht angebracht.

536 BGH NJW 2007, 2394.

537 Diese Kriterien dienen ausschließlich der Bestimmung der zu erwartenden Sicherheit des Produkts. Eine Beeinträchtigung der Gebrauchsfähigkeit ist hingegen für das ProdHaftG irrelevant und vielmehr dem Vertragsrecht vorbehalten, vgl. Reese, DStR 1994, 1121, 1125.

aus, der eine Bestimmung des Fehlers losgelöst vom Verhalten des Herstellers nach objektiven Kriterien erfordert[538]. Dennoch unterscheiden Rechtsprechung und Literatur auch im Rahmen des Produkthaftungsgesetzes zur Kategorisierung häufig auftretender Fehlerarten zwischen Konstruktions-, Fabrikations- sowie Instruktionspflichten[539].

Obwohl die Verantwortlichkeit des Herstellers im Rahmen des Produkthaftungsgesetzes dogmatisch an die Fehlerhaftigkeit des Produkts anknüpft, sind hier dieselben Umstände zu berücksichtigen, die auch im Rahmen der Produzentenhaftung zur Bestimmung der Verletzung einer Verkehrspflicht des Herstellers herangezogen werden. So ist auch hier auf die Sicherheitserwartungen eines objektivierten und verständigen Benutzers abzustellen[540]. Dieser darf berechtigterweise erwarten, dass das Produkt den Sicherheitsvorgaben der einschlägigen technischen Regelwerke entspricht und den Stand von Wissenschaft und Technik berücksichtigt[541]. Keine Auswirkungen auf die Feststellung der Fehlerhaftigkeit i.S.v. § 3 ProdhaftG hat auch hier der Umstand, dass Software ab einer gewissen Komplexität nicht mehr fehlerfrei programmiert werden kann. Entscheidend sind nämlich allein die berechtigten Erwartungen, die die Anwender sowie möglicherweise betroffene Dritte an die Sicherheit der Software stellen. Diese haben in aller Regel die berechtigte Erwartung, dass die Software bei bestimmungsgemäßer Verwendung keine Rechtsgüter verletzt, die durch das Produkthaftungsgesetz geschützt sind[542].

Zur Konkretisierung der allgemeinen Fehlerdefinition führt § 3 ProdHaftG Regelbeispiele an, die bei der Bestimmung eines Produktfehlers zu berücksichtigen sind. Dies sind die Darbietung, der Gebrauch, mit dem billigerweise gerechnet werden kann und der Zeitpunkt, in dem das Produkt in den Verkehr gebracht wurde[543]. Zu der Darbietung zählen beispielsweise Werbeaussagen sowie Beschreibungen der Software in der Gebrauchsanweisung. Wenn die in diesem

538 Siehe hierzu Taschner/Frietsch, Art. 1 RL, Rn. 1f.

539 BGHZ 129, 353; Katzenmeier, JuS 2003, 943, 946; Marly, Softwarerecht, Rn. 1821. Zu der Verletzung von Konstruktions-, Fabrikations- und Instruktionspflichten siehe bereits oben, S. 134ff. Die durch die Anwendung nationaler Rechtsprechung zur Produkthaftung auf die Umsetzung der Produkthaftungsrichtlinie entstehende Divergenz kritisieren vor dem Hintergrund des Harmonisierungszwecks der Richtlinie: Van Gerven/Lever/Larouche, S. 680.

540 Taschner/Frietsch, § 3 ProdHaftG Rn. 22.

541 Taschner/Frietsch, § 3 ProdHaftG Rn. 12ff.

542 Taeger, CR 1996, 257, 265f.

543 Zur Anwendung dieser Regelbeispiele auf Software, siehe Taeger, CR 1996, 257, 264f.

Rahmen angepriesenen Funktionen der Software zu einem Schaden führen, ist diese als fehlerhaft anzusehen. Ein Fehler liegt hingegen nicht vor, wenn die Software zweckentfremdet wird, beispielsweise durch Verwendung eines gewöhnlichen Tabellenkalkulationsprogramms für medizinische Operationen. Durch das Abstellen auf den Zeitpunkt des Inverkehrbringens ist klargestellt, dass eine zu diesem Zeitpunkt fehlerfreie Software gem. § 3 Abs. 2 ProdHaftG nicht fehlerhaft wird, wenn später eine neue Version mit verbesserten Funktionen auf den Markt kommt. Das Abstellen auf den Zeitpunkt des Inverkehrbringens hat zur Folge, dass den Hersteller hier im Unterschied zur Produzentenhaftung keine Produktbeobachtungspflichten treffen[544].

Bei Software kann für die Bestimmung der Sicherheitserwartungen weiterhin deren Preis relevant sein. So kann ein besonders günstiger Preis bzw. die Kostenlosigkeit der Software ein Umstand sein, der auf eine geringere Sicherheit schließen lässt[545]. Allerdings muss die Software auch in diesen Fällen einen gewissen Mindeststandard erfüllen[546]. Wenn die Verwendung der Software ein besonders hohes Gefahrenpotential mit sich bringt, dann kann der Anwender unabhängig vom Preis sogar eine absolute Sicherheit erwarten[547]. Dies ist beispielsweise bei einer Software der Fall, die im Medizinbereich oder zur Steuerung von Fahrzeugen eingesetzt wird, da die potentiellen Schäden hier besonders schwerwiegend sind.

Das Konzept der verschuldensunabhängigen Haftung für Produktfehler durch Bestimmung der Fehlerhaftigkeit aufgrund von objektiven Kriterien wird in der Literatur teilweise in Frage gestellt[548]. Dieses Vorgehen sei nämlich nur bei Fabrikationsfehlern angemessen, da die Feststellung der Fehlerhaftigkeit hier allein aufgrund eines Vergleichs der Ist-Beschaffenheit mit der beabsichtigten Soll-Beschaffenheit ermittelt werden könne[549]. Im Hinblick auf Konstruktions- und Instruktionsfehler sei eine solche objektive Bestimmung der Fehlerhaftigkeit außer bei Verstößen gegen die Sicherheitsvorgaben von technischen Regelwerken häufig nicht möglich. Dies gelte insbesondere dann, wenn die Fehlerhaftigkeit des Produkts nicht aus einer fehlenden Basissicherheit resultiert, sondern daraus, dass eine andere Konstruktion möglich gewesen wäre, die einen höheren Sicherheitsgrad aufweist. In diesen Fällen sei die Ermittlung einer berechtigten Benutzererwartung

544 Vgl. Westphalen, in: Westphalen,, Produkthaftungshandbuch, Bd. 2, § 74 Rn. 7.

545 Taeger, CR 1996, 257, 263.

546 MüKo/Wagner, § 3 ProdHaftG Rn. 24; Taeger, CR 1996, 257, 263.

547 Westphalen, in: Westphalen,, Produkthaftungshandbuch, § 73 Rn. 41.

548 Kötz, FS für Werner Lorenz zum 70. Geburtstag, S. 109ff.

549 Aus diesem Grund haftet der Hersteller auch für sog. Ausreißer.

aufgrund der technischen Komplexität der Fragestellung nicht möglich. Es sei daher für die Ermittlung der Fehlerhaftigkeit unumgänglich, die vom Hersteller vorgenommene Abwägungsentscheidung, die ihn zu der konkreten Konstruktion veranlasst hat, auf ihre Vertretbarkeit hin zu untersuchen. Damit gelte aber für die Bestimmung der Fehlerhaftigkeit derselbe Maßstab, der auch im Rahmen der fahrlässigen Verletzung einer Verkehrspflicht entscheidend ist. Was der vernünftige Benutzer berechtigterweise erwarten darf, sei nämlich deckungsgleich damit, was ein sorgfältiger Hersteller vernünftigerweise zu tun verpflichtet sei[550].

d) Entwicklungsfehler

Gem. § 1 Abs. 2 Nr. 5 ProdHaftG haftet der Hersteller nicht, wenn er nachweist, dass der Fehler nach dem Stand der Wissenschaft und Technik in dem Zeitpunkt des Inverkehrbringens nicht erkannt werden konnte[551]. Die Rechtsprechung begrenzt den Anwendungsbereich dieses Haftungsausschlusses auf Konstruktionsfehler[552], also beispielsweise wenn eine Software aufgrund einer bislang nicht bekannten Inkompatibilität mit einer anderen Software nicht fehlerfrei funktioniert.

In die häufig als verschuldensunabhängig bezeichnete Haftung wird hierüber ein Element der objektiven Fahrlässigkeit eingeführt. Jedoch ist davon auszugehen, dass der Hersteller der Software diesen Entlastungsbeweis nur selten führen kann. Dies ist zum einen darauf zurückzuführen, dass hierfür nicht bloß der Stand von Wissenschaft und Technik in der Softwarebranche zu berücksichtigen ist, sondern dass insoweit der objektiv zu bestimmende, disziplinenübergreifende Erkenntnisstand maßgeblich ist[553]. Weiterhin bleibt im Gegensatz zur Produzentenhaftung im Rahmen von § 1 Abs. 2 Nr. 5 ProdHaftG grundsätzlich unberücksichtigt, ob dem Hersteller das Nichtwissen auch subjektiv vorwerfbar ist. Dies kann nur dann anders zu beurteilen sein, wenn dem Hersteller ausnahmsweise der fehlende Zugang zu diesem Wissen nicht vorgeworfen werden kann[554].

---

550 Kötz, FS für Werner Lorenz zum 70. Geburtstag, S. 109, 114.

551 Schneider, Handbuch EDV-Recht, Rn. J 305. Der Hersteller haftet mithin nicht für objektiv nicht erkennbare Entwicklungsrisiken, vgl. Soergel/Krause, § 1 ProdHaftG Rn. 13.

552 BGHZ 129, 353, 359.

553 Siehe hierzu die auf S. 154ff. ausführlich diskutierte Entscheidung des EuGH, Europäische Kommission./.Vereinigtes Königreich vom 29.05.1997, C-300/95 [1997] ECR I-2649, Rn. 26.

554 EuGH, Commission v. UK vom 29.05.1997, C-300/95 [1997] ECR I-2649, Rz. 27ff. Der Generalanwalt hat hierzu das Beispiel angeführt, dass ein Artikel in einer lokalen chinesischen Zeitung veröffentlicht wird.

Im Hinblick auf die Erstellung von Software ist weiterhin zu berücksichtigen, dass bislang noch kein einheitlicher und umfassender Stand der Wissenschaft und Technik existiert. Sofern ein solcher Standard besteht, ist zu beachten, dass der konkrete Fehler nach diesem Standard in aller Regel vorhersehbar und vermeidbar war. Typischerweise stellt ein Softwarefehler nämlich eine mangelhafte Verknüpfung dar, die durch eine einfache Korrektur behoben werden kann. Die Geltendmachung der Einrede durch den Hersteller unterliegt damit erheblichen Schwierigkeiten[555].

e) Ersatzfähiger Schaden

Im Rahmen des ProdHaftG besteht ein ersatzfähiger Schaden grundsätzlich dann, wenn er auf einer Tötung, der Verletzung von Körper bzw. Gesundheit oder auf der Beschädigung einer Sache beruht. Der Ersatz des hierdurch entstandenen Schadens richtet sich nach §§ 249ff. BGB. Durch die Einführung des § 253 Abs. 2 BGB durch das Schuldrechtsmodernisierungsgesetz ist mittlerweile auch die Geltendmachung von Schmerzensgeld möglich. Ein reiner Vermögensschaden ist hingegen nicht ersatzfähig.

Allerdings enthält das Produkthaftungsgesetz signifikante Haftungsbeschränkungen und Haftungsausschlüsse auch im Hinblick auf grundsätzlich ersatzfähige Schäden[556]. So besteht eine Ersatzpflicht im Fall der Sachbeschädigung gem. § 1 Abs. 1 S. 2 ProdHaftG nur dann, wenn eine andere Sache als das fehlerhafte Produkt beschädigt wird und diese andere Sache ihrer Art nach gewöhnlich für den privaten Ge- oder Verbrauch bestimmt und hierzu von dem Geschädigten hauptsächlich verwendet wird. Weiterhin ist im Hinblick auf den Haftungsumfang zu beachten, dass § 11 ProdHaftG im Falle der Sachbeschädigung eine Selbstbeteiligung des Geschädigten i.H.v. 500 Euro vorsieht. Aufgrund dieser Einschränkungen verliert das Produkthaftungsgesetz für den Softwarebereich erheblich an Relevanz[557]. Mit hohen Kosten verbundene, gewerbliche Haftungsfälle wegen Sachbeschädigung werden nicht vom Produkthaftungsgesetz erfasst. Im privaten Bereich sind Körperverletzungen aufgrund fehlerhafter Software die absolute Ausnahme. Wenn die fehlerhafte Software hingegen zu einer Sachbeschädigung geführt hat, beispielsweise durch die Löschung von Daten, die sich auf einer

555 Meyer/Harland, CR 2007, 689, 693.

556 Siehe zusätzlich zu den hier angeführten Regelungen die Beschränkungen und Ausschlüsse in §§ 1 Abs. 2, 10 ProdHaftG.

557 Siehe hierzu AGB-Klauselwerke/Hoeren, IT-Verträge, Rn. 83.

Festplatte befinden[558], dann erreichen diese Sachschäden in aller Regel nicht den Wert des Selbstbehaltes von 500 Euro.

Einer der wenigen ersichtlichen Anwendungsfälle stellt mithin Software dar, die im medizinischen Bereich eingesetzt wird. In diesem Zusammenhang kann es zu Tötungen oder Verletzungen des Körpers kommen, welche in jedem Fall einen ersatzfähigen Schaden darstellen[559]. Weiterhin ist ein ersatzfähiger Sachschäden im Zusammenhang mit Software denkbar, die in Kraftfahrzeugen eingesetzt wird. Hier ist es denkbar, dass ein Schaden an einer anderen als der fehlerhaften Sache entsteht, welche für den privaten Gebrauch bestimmt ist und bei der ein Schaden von mehr als 500 Euro anfällt.

II. Englisches Recht

Als außervertragliche Anspruchsgrundlagen kommen sowohl der tort of negligence als auch der Consumer Protection Act 1987 (im Folgenden: CPA 1987) in Betracht.

1. „Negligence"

Für einen Anspruch aus dem tort of negligence[560] muss der Geschädigte darlegen und beweisen, (1) dass der Hersteller ihm gegenüber zur Sorgfalt verpflichtet war, (2) dass er diese Sorgfaltspflicht verletzt hat, (3) dass die Verletzung der Sorgfaltspflicht kausal für den Schaden und vorhersehbar war und (4) dass der Schaden ersatzfähig ist.

a) Bestehen einer Sorgfaltspflicht

Das zentrale Element für den Anspruch aus negligence ist das Bestehen einer Sorgfaltspflicht. Traditionell haben die englischen Gerichte das Bestehen

---

558 Zum Vorliegen einer Eigentumsverletzung durch Beschädigung oder Vernichtung von Daten siehe oben, S. 131f.

559 Zum Umfang der Ersatzpflicht bei Tötung siehe § 7 ProdHaftG.

560 Dem Begriff der negligence kommt hier eine spezielle Bedeutung zu. Während er im tort-Recht allgemein als ein „Mangel an Sorgfalt, eine Nachlässigkeit oder Unaufmerksamkeit" (Zweigert/Kötz, S. 611) zu verstehen ist, hat er im tort of negligence eine ganz bestimmte rechtstechnische Bedeutung (Charlesworth/Percy, Rn. 1-14, S. 9.). Er beschreibt hier ein Bündel an Voraussetzungen, unter denen ein Anspruch aus dem tort of negligence gegeben ist.

einer Sorgfaltspflicht des Herstellers gegenüber dem Geschädigten abgelehnt, wenn zwischen diesen keine vertragliche Beziehung bestand[561]. Eine Abwendung von diesem Grundsatz hat das House of Lords im Jahr 1932 in der grundlegenden Entscheidung Donoghue v Stevenson[562] vollzogen. Hierin hat Lord Atkins das neighbor principle eingeführt, wonach eine Sorgfaltspflicht gegenüber solchen Personen besteht, die voraussehbar durch das Handeln oder Unterlassen einer Person geschädigt werden können[563]. Für einen Hersteller von Waren bedeutet dieser Grundsatz, dass er dem Endverbraucher eine Sorgfaltspflicht dahingehend schuldet, dass er durch diese keinen Körperschaden oder Eigentumsschaden erleidet[564]. Zwar gelte dies nur für solche Waren, bei denen der Verbraucher durch eine Untersuchung den Fehler nicht feststellen kann. Jedoch ist es gerade kennzeichnend für Software, dass Fehler nicht durch eine äußerliche Begutachtung der Software ausfindig gemacht werden können. Weiterhin besteht eine Sorgfaltspflicht nur in dem Umfang, wie die Software einem bestimmungsgemäßen Gebrauch zugeführt wird. Nicht erfasst ist daher auch hier die Verwendung eines gewöhnlichen Tabellenkalkulationsprogramms für eine medizinische Operation[565].

Von großer Bedeutung ist weiterhin die Beschränkung der Sorgfaltspflicht auf Schäden, die zu einem körperlichen Schaden oder einer Eigentumsverletzung führen[566]. Zwar ist in diesen Fällen auch der daraus resultierende Vermögensschaden,

---

561 Vgl. nur Winterbottom v Wright (1842) 10 M. & W. 109; siehe hierzu auch Tettenborn, in: Clerk & Lindsell on Torts, Rn. 11-08.

562 [1932] A.C. 562.

563 Zu dem neighbor principle führt Lord Atkins aus: „The rule that you are to love your neighbor becomes in law, you must not injure your neighbor; and the lawyer's question, Who is my neighbor? receives a restricted reply. You must take reasonable care to avoid acts or omissions which you can reasonably foresee would be likely to injure your neighbor. Who, then, is my neighbor? The answer seems to be – persons who are so closely and directly affected by my act that I ought reasonably to have them in contemplation as being so affected when I am directing my mind to the acts or omission which are called in question."

564 Lord Atkins führt hierzu aus: „A manufacturer of products which he sells in such a form as to show that he intends them to reach the ultimate consumer in the form in which they left him with no reasonable possibility of intermediate examination, and with the knowledge that the absence of reasonable care in the preparation or putting up of the products will result in an injury to the consumer's life or property, owes a duty to the consumer to take reasonable care."

565 Lloyd, Rn. 27.5.

566 Die Beschädigung des fehlerfreien Restprodukts durch ein fehlerhaften Bestandteil ist in aller Regel nicht als relevante Eigentumsverletzung anzusehen, vgl. das House of

beispielsweise in Form von Heilungs- oder Reparaturkosten, zu ersetzen. Ein reiner Vermögensschaden hingegen wird im Rahmen des tort of negligence von der Sorgfaltspflicht nicht erfasst[567]. Bezogen auf den Softwarebereich ist die Anwendung des tort of negligence damit beispielsweise auf solche Fälle beschränkt, in denen eine Software zur Steuerung eines Fahrzeugs falsche Berechnungen anstellt und dadurch eine Körper- oder Eigentumsverletzung verursacht. Ebenso kann eine Software aus dem Medizinbereich zu einem Körperschaden führen. Weiterhin ist es denkbar, dass eine fehlerhafte Software zu einem Verlust von Daten auf der Festplatte des Anwenders führt, was nach überwiegender Ansicht ebenfalls als Eigentumsverletzung anzusehen ist[568].

b) Verletzung der Sorgfaltspflicht

In inhaltlicher Hinsicht stellt die Sorgfaltspflicht an den Hersteller die Anforderung, mit hinreichender Fertigkeit und Sorgfalt (reasonable skill and care) zu handeln[569]. Die einzuhaltende Sorgfalt bemisst sich danach, was von einer vernünftigen (reasonable) Person in der Situation des Schädigers unter Berücksichtigung der Umstände des Einzelfalls erwartet werden kann[570].

Zunächst besteht eine Erwartung des relevanten Verkehrskreises dahingehend, dass der Hersteller den Sicherheitsstandard einhält, der in technischen Regelwerken seinen Niederschlag gefunden hat[571]. Sofern ein technisches Regelwerk in nicht vertretbarer Weise hinter dem Stand von Wissenschaft und Technik zurückbleibt,

---

Lords in Murphy v. Brentwood District Council [1991] 1 A.C. 398. Eine Ausnahme sei nur dann anzunehmen, wenn der fehlerhafte Bestandteil problemlos abtrennbar sei und auch in abgetrennten Zustand verwendet werden könne, vgl. Tettenborn, in Clerk & Lindsell on Torts, Rn. 11-24.

567 Durch diese Beschränkung der Sorgfaltspflicht wird eine Einschränkung des ansonsten unangemessen hohen Haftungsrisikos herbeigeführt, vgl. Salmon/Heuston, Ch. 9.6, S. 208f.

568 Vgl. Cox v Riley (1986) 83 Cr.App.Rep 54.

569 Hodges, Rn. 22-011, S. 664.

570 Weir, S. 59. Mittlerweile ist allgemein bekannt, dass die Fehlleistung einer Software im Regelfall auf eine fahrlässige Programmierleistung zurückzuführen ist. In Ministry of Housing and Local Government v Sharp [1970] 2 Q.B. 233, 275 ist das Gericht noch von folgender Annahme ausgegangen: „Computers might produce an inaccurate certificate without negligence on the part of anyone".

571 Hierzu gehören beispielsweise der British Standard (BS, vergleichbar mit deutscher DIN), vgl. Ward v The Ritz Hotel (London) Ltd [1992] P.I.Q.R. P315. In softwarespezifischer Hinsicht sind in diesem Zusammenhang die relevanten ISO/IEEE/IEC-Standards zu berücksichtigen.

kann ein Gericht auch einen Industriestandard insgesamt für nicht ausreichend erklären[572]. Da die technischen Regelwerke in jedem Fall nur einen Teilbereich der Softwareerstellung regeln, ist im Übrigen der Stand von Wissenschaft und Technik zu berücksichtigen[573]. Dieser stellt auch die Obergrenze der Haftung dar. Wenn nämlich ein Fehler im Zeitpunkt der Inverkehrgabe nach dem Stand von Wissenschaft und Technik nicht bekannt war, hat der Hersteller nicht schuldhaft gehandelt. Dennoch verfängt das Argument der Softwarehersteller nicht, dass eine fehlerfreie Software nach dem Stand von Wissenschaft und Technik nicht erstellt werden kann. Vielmehr ist der konkrete Programmierungsfehler, der zur Mangelhaftigkeit der Software führt, nach dem Stand von Wissenschaft und Technik regelmäßig vermeidbar.

In Fällen, in denen der Handelnde einer anerkannten Berufsgruppe angehört, bestimmt sich der konkrete Inhalt der Sorgfaltspflicht weiterhin nach den Anforderungen, die diese Berufsgruppe an die Erbringung ihrer Dienste stellt[574]. Ob die Erstellung von Software einer anerkannten Berufsgruppe zuzurechnen ist, war aufgrund der Neuartigkeit des Berufs und der fehlenden Organisation lange Zeit umstritten[575]. Mittlerweile wird jedoch zumindest für solche Personen, die anspruchsvolle, sicherheitsrelevante Software erstellen, von der Zugehörigkeit zur Berufsgruppe der Softwareingenieure ausgegangen, so dass sich deren Tätigkeit an den Anforderungen zu messen hat, die die Berufsorganisation an ihre Mitglieder stellt[576].

Die Erwartung des Verkehrskreises an das Verhalten des Softwareherstellers wird auch davon beeinflusst, um was für eine Art von Software es sich handelt. Der Hersteller hat daher mit erhöhter Sorgfalt zu handeln, wenn die Software überdurchschnittlich viele oder schwere Schäden verursachen kann[577]. Hier ist zu erwarten, dass diese Software besonders ausführlich getestet wird. Ebenfalls ist zu berücksichtigen, welchen Zwecken die Software dienen soll. So werden die Gerichte beispielsweise einen Hersteller von Software, die zur Heilung von bislang unheilbaren Krankheiten eingesetzt wird, einem vergleichsweise milderen Sorgfaltsmaßstab unterwerfen[578]. Ökonomische Aspekte können nur in begrenztem

572 Vgl. Morris v West Hartlepool Steam Navigation Co. Ltd [1956] A.C. 552.
573 Vgl. Stokes v GKN (Bolts and Nuts) Ltd [1968] 1 W.L.R. 1776.
574 Jackson/Powell, Rn. 1-96, S. 52.
575 Vgl. Lloyd, Rn. 27.7f.
576 Siehe hierzu Rowland/Macdonald, S. 229ff.
577 Dugdale, in: Clerk & Lindsell on Torts, Rn. 8-135.
578 Siehe hierzu Winfield/Jolowicz, Ch. 5.59, S. 200f.

Umfang berücksichtigt werden, da die Benutzer in jedem Fall erwarten, dass die Software bestimmte Mindestanforderungen erfüllt.

Zur Konkretisierung der Sorgfaltspflicht unterscheidet auch die englische Rechtsprechung zwischen speziellen Pflichten im Hinblick auf die Herstellung (manufacturing), Konstruktion (design), Instruktion (warning)[579]. Nachdem der Hersteller das Produkt in den Verkehr gebracht hat, trifft ihn die Pflicht zur Beobachtung und zur Warnung vor nachträglich erkannten Gefahren.

c) Schaden

Für die Ersatzfähigkeit des Schadens ist erforderlich, dass dieser kausal auf der Verletzung der Sorgfaltspflicht beruht (proximate cause)[580]. Allerdings darf der Schaden nicht zu entlegen sein, um dem Schädiger noch zugerechnet werden zu können (remoteness test). Dies setzt voraus, dass eine vernünftige Person den Eintritt des Schadens hätte vorhersehen können[581]. Diese Vorhersehbarkeit könnte beispielsweise bei der Verwendung einer fehlerhaften Software für das Londoner Notrufsystem gegeben, da durch das verspätete Eintreffen von Krankenwagen am Einsatzort schwerwiegende Schäden zu befürchten sind[582].

Grundsätzlich hat bei jedem ersatzfähigen Schaden eine restitutio in integrum stattzufinden[583]. Daher ist der Geschädigte so zu stellen, wie er ohne die schädigende Handlung stehen würde[584]. Gem. sec. 1 (1) Law Reform (Contributory Negligence) Act 1945 ist der Anspruch auf Schadensersatz um den eigenen Verursachungsbeitrag des Anspruchsstellers zu kürzen. Hier können beispielsweise Bedienungs- oder Interpretationsfehler des Anwenders zu berücksichtigen sein[585].

---

579 Vgl. hierzu Tettenborn, in Clerk & Lindsell on Torts, Rn. 11-28ff. Siehe hierzu bereits die Ausführungen zum deutschen Recht oben, S. 134ff.

580 Mullis/Oliphant, S. 132. Die Kausalität ist dabei zumeist unproblematisch. Dies gilt allerdings nicht für einen Fall der Strahlentherapie, der in den 1990er Jahren in England für Aufmerksamkeit sorgte. Aufgrund einer fehlerhaften Software wurden Patienten im Rahmen einer Krebstherapie einer 30% zu geringen Strahlendosis ausgesetzt. Ob der Tod einiger Patienten aufgrund des Softwarefehlers oder aufgrund des Verlaufs der Krankheit selbst eingetreten ist, war hier nicht zu klären, vgl. Lloyd, Ch. 27.23, S. 535; Rowland/Macdonald, S. 231.

581 Vgl. Overseas Tankship (U.K.) Ltd v Morts Dock & Engineering Co Ltd (The Wagon Mound) [1961] A.C. 388.

582 Vgl. Rowland/Macdonald, S. 232.

583 Winfield/Jolowicz/Rogers, S. 953, Rn. 22-16.

584 Giliker/Beckwith, Rn. 17-004, S. 508.

585 Lloyd, S. 539, Rn. 27.39.

Ebenso kommt eine Mitschuld in Betracht, wenn der Geschädigte von seinen Daten keine Sicherungskopien angefertigt hat.

d) Verteilung der Beweislast

In der Entscheidung Grant v Australian Knitting Mills[586] hat der Privy Council klargestellt, dass sich die Verteilung der Beweislast auch im Rahmen der deliktischen Produkthaftung an den hergebrachten Grundsätzen zu orientieren habe. Dies hat zur Folge, dass der Geschädigte im Hinblick auf sämtliche Voraussetzungen des tort of negligence beweispflichtig ist. Er trägt mithin die Beweislast für das Bestehen einer Sorgfaltspflicht, deren fahrlässige Verletzung und den darauf kausal beruhenden, nicht zu entlegenen Schaden.

Die englische Rechtsprechung erleichtert dem Geschädigten bei Vorliegen eines Fabrikationsfehlers allerdings den Nachweis der Fahrlässigkeit, indem es diese aus dem Vorliegen einer fehlerhaften Ware schlussfolgert[587]. Hierbei bedienen sich die Gerichte der Beweisregeln der inference from the facts und der doctrine of res ipsa loquitur[588]. Jedoch stellen diese keine speziellen Beweisregeln für die Produkthaftung dar. Es handelt sich vielmehr um allgemeine Regeln, die immer dann Anwendung finden, wenn ein feststehender Sachverhalt den Rückschluss auf einen bestimmten Geschehensablauf zwingend nahe legt[589]. Dem Hersteller obliegt dann der Beweis, dass er nicht fahrlässig gehandelt hat[590].

Im Hinblick auf die bei Software weitaus relevanteren Konstruktionsfehler stellen diese Beweisregeln jedoch keine Erleichterung für den Geschädigten dar. Er muss hier nämlich beweisen, dass das Risiko einer Verletzung durch das Produkt im Zeitpunkt der Inverkehrgabe vorhersehbar war. Hier mangelt es an einem typischen Geschehensablauf, der über die res ipsa loquitur zu einem Nachweis des Verschuldens führen kann. Gleiches gilt im Hinblick auf die Verletzung von Instruktionspflichten. Hier muss der Geschädigte beweisen, dass der Hersteller

---

586 [1935] A.C. 85.

587 Siehe Grant v Australian Knitting Mills [1935] A.C. 85; Carroll v Fearon [1998] P.I.Q.R. P416.

588 Zur inference from the facts und der doctrine of res ipsa loquitur siehe die Ausführungen des Gerichts in Carroll v Fearon [1998] P.I.Q.R. P416. Siehe hierzu auch Dugdale, in: Clerk & Lindsell on Torts, Rn. 8-149ff. sowie Lloyd, Rn. 27.48.

589 So betonen die Gerichte auch stets, dass es sich bei diesen Beweisregeln nicht um ein principle of law handele, vgl. Roe v Minister of Health [1954] 2 Q.B. 66, 87.

590 Vgl. Dugdale, in: Clerk & Lindsell on Torts, Rn. 8-151.

aufgrund der vorliegenden Umstände zu einer gefahrabwendenden Instruktion verpflichtet war.

2. Produkthaftung nach CPA 1987

Da die Regelungen des CPA 1987 wie auch die Regelungen des Produkthaftungsgesetzes auf der Richtlinie 85/374/EWG beruhen, beschränken sich die folgenden Ausführungen auf die englischen Besonderheiten der Umsetzung und der Anwendbarkeit auf Standardsoftware. Für den übrigen Inhalt des CPA 1987 wird auf die inhaltsgleichen Regelungen des Produkthaftungsgesetzes Bezug genommen[591].

Die zentrale Anspruchsgrundlage des CPA 1987 befindet sich in sec. 2 (1). Danach besteht eine verschuldensunabhängige Haftung für Schäden, die ganz oder teilweise durch den Fehler eines Produkts verursacht werden[592].

a) Software als Produkt

Unter einem Produkt ist gem. sec. 1 (2) CPA 1987 jede Ware oder Elektrizität zu verstehen, auch wenn das Produkt als Bestandteil, Rohstoff oder auf sonstige Weise in ein anderes Produkt integriert ist[593].

Das europäische Recht enthält für eine richtlinienkonforme Auslegung des Begriffs „Produkt" keine ergiebigen Anhaltspunkte#[594]. Die englische Rechtsliteratur geht nach ganz überwiegender Ansicht zumindest dann von einem Produkt i.S.v. sec. 1 (2) CPA 1987 aus, soweit das Computerprogramm in einem Gebrauchsgegenstand integriert ist (embedded software)[595].

Problematisch ist allerdings, ob Software an sich als Produkt anzusehen ist. Mangels gerichtlicher Entscheidung ist hierfür auf die Literatur abzustellen. Diese bietet jedoch ein uneinheitliches Bild.

Die Anwendbarkeit des CPA 1987 auf Software wird teilweise mit Argumenten abgelehnt, die bereits aus der vertragstypologischen Einordnung bekannt

591 Zum Produkthaftungsgesetz siehe oben, S. 137ff.

592 Sec. 2 (1) CPA 1987 lautet: „Subject to the following provisions of this [Act], where any damage is caused wholly or partly by a defect in a product, every person to whom subsection (2) below applies shall be liable for the damage."

593 Sec. 1 (2) lautet: „Product means any goods or electricity and […] includes a product which is comprised in another product, whether by virtue of being a component part or raw material or otherwise."

594 Siehe hierzu bereits oben, S. 138f.

595 Department of Trade and Industry, Implementation of the EC Directive on Product Liability, November 1985, para 11; Lloyd, Ch. 27.54, S. 544.

sind. So lehnt eine Ansicht die Produkteigenschaft von Software ab, da es sich hierbei lediglich um eine Ansammlung von Informationen handele[596]. Die wohl überwiegende Ansicht sieht Software hingegen nicht als reine Informationen an. Zum einen sind Fehler in einer Software aufgrund deren Komplexität wesentlich schwieriger zu entdecken als beispielsweise in einem Buch[597]. Zum anderen sind sie als eine Anordnung von Befehlen konstruiert, die eine Veränderung des Zustands von anderen Gegenständen bewirken. Ein Fehler in einer Software, die bestimmte Funktionen ausübt, sei daher mit dem Konstruktionsfehler einer Sache vergleichbar[598].

Trotz dieser überwiegend anerkannten Möglichkeit der Anwendbarkeit des CPA 1987 auf Software ist umstritten, in welchem Umfang dies zu geschehen hat. Eine Ansicht unterscheidet insofern zwischen Standard- und Individualsoftware, wobei der Anwendungsbereich des CPA 1987 lediglich für Standardsoftware eröffnet sei[599]. Auch hier bringe nämlich der massenhafte Vertrieb einer fehlerhaften Software ein besonders hohes Schadenspotential mit sich, was eine Anwendung der verschuldensunabhängigen Haftung rechtfertige[600]. Gegen das damit verbundene Haftungsrisiko könne sich der Hersteller angemessen versichern und die dadurch anfallenden Kosten auf den Preis der Software umlegen. Hiergegen wird jedoch eingewendet, dass die Unterscheidung zwischen massenhaft produzierten und individuell angefertigten Gütern nicht dem Willen der Richtlinie entspreche und daher auch im Hinblick auf Software nicht angebracht sei[601].

Eine weitere Ansicht wendet daher die aus der vertragstypologischen Einordnung bekannte Unterscheidung nach der Vertriebsart an. Dabei solle ein Produkt i.S.v. sec. 1 (2) CPA 1987 nur dann vorliegen, wenn die Software auf einem

---

596 Vgl. Kirk (1989) 6 CL&P 2, 3. Department of Trade and Industry, Implementation of the EC Directive on Product Liability, November 1985, para 47. Siehe auch Stapleton, Product Liability, S. 333f., die allerdings in anderen Publikationen die Anwendbarkeit des CPA 1987 vor dem Hintergrund der zu erwartenden weiten Auslegung des Merkmals Produkt durch den EuGH nicht kategorisch ablehnt, vgl. Stapleton, in: Essays for Patrick Atiyah, Ch. 11.

597 Howarth, S. 412.

598 Winfield/Jolowicz/Rogers, Ch. 10.15, S. 355f; Rowland/Macdonald, S. 217.

599 Siehe Bainbridge, S. 250; Whittaker, (1989) 105 L.Q.R. 125, 135.

600 Der Verbraucher, der durch Software geschädigt ist, unterliege schließlich der selben Schutzwürdigkeit wie sie auch bei anderen Produkten bestehe, die unstreitig unter die Definition in sec. 2 (1) CPA 1987 fallen, vgl. Rowland, (1991) Cambrian L. R, 78, S. 91.

601 Tettenborn, in Clerk & Lindsell on Torts, Rn. 11-50.

Datenträger übertragen wurde[602]. Bei einem Download aus dem Internet hingegen sei der Anwendungsbereich mangels Verkörperung der Software abzulehnen. Diese Unterscheidung unterliegt wiederum der Kritik, dass der Schutz des Geschädigten nicht von der Vertriebsart abhängig sein könne.

Trotz dieser Meinungsvielfalt ist im Schrifttum teilweise die Tendenz zu beobachten, dass die Einordnung von Software als Produkt i.S.v. sec. 1 (2) CPA 1987 zunehmend auf Zustimmung trifft[603].

b) Fehlerhaftigkeit des Produkts

Die Bestimmung der Fehlerhaftigkeit einer Software weist keine relevanten Unterschiede zur Rechtslage nach dem ProdHaftG auf. Besonderheiten bestehen allerdings im Hinblick auf die englische Umsetzung des Haftungsausschlusses für Entwicklungsfehler (development risk defence).

aa) Grundsatz

Gem. sec. 3 (1) CPA 1987 ist ein Produkt fehlerhaft, wenn es nicht den Sicherheitsstandard bietet, der grundsätzlich von einem solchen Produkt erwartet werden kann. Wie auch im deutschen Recht sind hierfür die relevanten technischen Regelwerke und die best practices im Softwarebereich einzuhalten sowie der Stand von Wissenschaft und Technik zu berücksichtigen. Eine gesetzliche Konkretisierung der Kriterien, die für die Bestimmung der berechtigten Erwartung ausschlaggebend sind, findet sich in sec. 3 (2) CPA 1987[604]. Zur Kategorisierung von häufig auftretenden Fehlerarten wird auch im englischen Recht zwischen Konstruktions- und Fabrikationsfehlern sowie der Verletzung von Aufklärungs- und Warnpflichten unterschieden[605].

Teilweise wird im englischen Schrifttum, wie auch im deutschen, argumentiert, dass die Ermittlung der objektiv berechtigten Benutzererwartungen bei Konstruktions- und Instruktionsfehlern keinen interessengerechten Maßstab darstelle[606]. Vielmehr sei die Entscheidung des Herstellers, die ihn zu der Konstruktion des

---

602 Tettenborn, in Clerk & Lindsell on Torts, Rn. 11-50.

603 Lloyd, Rn. 27.82, S. 552.

604 Siehe hierzu die Ausführungen zum Produkthaftungsgesetz, S. 141.

605 Vgl. Tettenborn, in Clerk & Lindsell on Torts, Rn. 11-55ff. Teilweise hat die Rechtsprechung zur Bestimmung eines Fehler auch eine Unterteilung der Produkte in „standard" und „non-standard" vorgenommen, vgl. A v. National Blood Authority [2001] 3 All E.R. 289, 317ff.

606 Stapleton, 34 Tex. Int'l. L. J. 45 (1999) S. 52ff.

Produkts bzw. dem Unterlassen von Warnungen veranlasst hat, auf ihre Vernünftigkeit hin zu überprüfen. Für die Bestimmung des Fehlers im Rahmen des CPA 1987 sei damit derselbe Maßstab wie für die Frage der Verletzung einer Sorgfaltspflicht im Rahmen des tort of negligence maßgeblich.

bb) „Development risk defence“

Die Besonderheit der englischen Umsetzung der development risk defence besteht darin, dass sie inhaltlich von der Vorgabe der Richtlinie abweicht[607]. Nach dem Wortlaut von sec. 4 (1) (e) CPA 1987 ist nämlich entscheidend, ob der Fehler nach dem Stand von Wissenschaft und Technik erkennbar war, sondern ob von einem Hersteller gleicher Produkte wie des fraglichen erwartet werden könne, den Fehler zu erkennen, wenn dieser bei einem seiner Produkte im Kontrollzeitpunkt existiert[608].

Nach Ansicht der Europäischen Kommission führte diese Umsetzung zu einer unzulässigen Einführung eines Verschuldenselements. Für die verschuldensunabhängige Produkthaftung müsse vielmehr der objektiv zu bestimmende Stand von Wissenschaft und Technik entscheidend sein. In der sich anschließenden Entscheidung Commission v. UK bestätigte der EuGH grundsätzlich die Auffassung der Kommission, wonach der objektiv zu bestimmende, disziplinenübergreifende Stand von Wissenschaft maßgeblich ist. Wenn nach diesem Erkenntnisstand der Fehler bekannt sei, könne sich der Hersteller nicht auf die Einrede berufen. Eine Ausnahme sei nur dann gerechtfertigt, wenn der Hersteller keine Möglichkeit der Kenntnisnahme von diesem Wissen hatte. Im Ergebnis hat der EuGH die Klage jedoch abgewiesen, da die Kommission nicht nachgewiesen hat, dass die englische Rechtsprechung keine richtlinienkonforme Auslegung der Norm vornehme. Eine solche Auslegung der sec. 4 (1) (e) CPA 1987 hat die englische Rechtsprechung in der Folgezeit dann auch tatsächlich vorgenommen[609].

---

607 Art. 7 (e) der Richtlinie 85/374 lautet: „The producer shall not be liable as a result of this Directive if he proves [...] that the state of scientific and technical knowledge at the time when he put the product into circulation was not such as to enable the existence of the defect to be discovered [...].“

608 Die Einrede in sec. 4 (1) (e) CPA 1987 lautet: „[...] in respect of a defect in a product it shall be a defence for him to show [...] that the state of scientific and technical knowledge at the relevant time was not such that a producer of products of the same description as the product in question might be expected to have discovered the defect if it had existed in his products while they were under his control [...]“.

609 Vgl. A v. National Blood Authority [2001] 3 All E.R. 289, 327. Hiernach soll der objektiv bestehende Kenntnisstand maßgeblich sein, mit Ausnahme für „an unpublished

Zu beachten ist allerdings, dass der development risk defense in Hinblick auf Softwarefehler nur eine untergeordnete Bedeutung zukommt. Da Softwarefehler typischerweise Konstruktionsfehler sind, findet die Einrede zwar grundsätzlich Anwendung[610]. Jedoch ist der Beweis, dass der Fehler nach dem Stand von Wissenschaft und Technik nicht erkennbar war, in aller Regel nicht führbar. Zu berücksichtigen ist nämlich, dass bislang noch kein einheitlicher und umfassender Stand der Wissenschaft und Technik existiert. Sofern ein solcher Standard besteht, ist zu beachten, dass der konkrete Fehler nach diesem Standard in aller Regel vorhersehbar und vermeidbar war. Die Einrede kann daher nur dann Anwendung finden, wenn beispielsweise eine mangelnde Kompatibilität mit einer anderen Software ausnahmsweise im Zeitpunkt des Inverkehrbringens nicht zu erkennen war.

c) Ersatzfähiger Schaden

Gem. sec. 5 (1) CPA 1987 sind nur solche Schäden ersatzfähig, die aufgrund des Todes, der Körperverletzung sowie des Verlusts und der Beschädigung von Sachen eintreten. Nicht ersatzfähig ist hingegen ein reiner Vermögensschaden[611].

Allerdings unterliegt auch der Ersatz eines Schadens, der auf der Beschädigung einer Sache beruht, erheblichen Einschränkungen. Gem. sec. 5 (2) CPA 1987 ist nämlich zunächst der Ersatz des Schadens ausgeschlossen, der durch die Beschädigung des fehlerhaften Produkts selbst entstanden ist[612]. Weiterhin ist der Schaden gem. sec. 5 (3) CPA 1987 nur dann ersatzfähig, wenn die beschädigte Sache zum privaten Gebrauch bestimmt ist. Darüber hinaus ist für die Geltendmachung von Schadensersatz gem. sec. 5 (4) CPA 1987 erforderlich, dass der Schaden den Betrag von £ 275 übersteigt. Wenn die Schadenshöhe diese Schwelle erreicht, ist allerdings der gesamte Schaden ersatzfähig.

Damit beschränkt sich der relevante Anwendungsbereich auch hier auf Software, die beispielsweise im Medizinbereich eingesetzt wird und deshalb zu einem Personenschaden führen kann. Weiterhin kommt Software in Betracht, die in Fortbewegungsmitteln Verwendung findet, da diese sowohl zu Personenschäden als auch zu Schäden an Sachen führen kann, die zum privaten Gebrauch bestimmt sind und die erforderliche Schadenshöhe aufweisen.

---

document or unpublished research not available to the general public, retained within the laboratory or research department of a particular company."

610 Keine Anwendung findet die Einrede hingegen auf Fabrikationsfehler, vgl. Lloyd, Rn. 27.72.

611 Insofern besteht ein Gleichlauf mit dem tort of negligence, sieh oben, S. 149.

612 Siehe hierzu Lloyd, Rn. 27.55.

III. Recht der USA

Ein außervertraglicher Anspruch wegen der Fehlerhaftigkeit der Software ist zunächst unter den Voraussetzungen des tort of negligence denkbar. Darüber hinaus besteht in den meisten Bundesstaaten die Möglichkeit, einen Anspruch im Rahmen der strict products liability in tort geltend zu machen.

1. „Negligence"

Für einen Anspruch, der auf dem tort of negligence basiert, muss der Geschädigte wie im englischen Recht darlegen und beweisen, dass der Hersteller eine ihm gegenüber bestehende Sorgfaltspflicht verletzt hat und dass dies zu einem ersatzfähigen Schaden geführt hat.

a) Sorgfaltspflicht

aa) Bestehen der Sorgfaltspflicht

Auch im Recht der USA bewirkte die privity of contract-Doktrin aus der englischen Entscheidung Winterbottom v Wright[613] zunächst, dass der Hersteller die Einhaltung von Sorgfaltspflichten nur dem direkten Vertragspartner schuldete. Im Jahr 1916 erfolgte mit der Entscheidung MacPherson v Buick Motor Co.[614] die Abkehr von diesem Grundsatz, welcher sich die Gerichte der Bundesstaaten in der Folgezeit überwiegend anschlossen. Judge Cardozo hat hier den Grundsatz aufgestellt, dass das Bestehen einer Sorgfaltspflicht nicht von den vertraglichen Beziehungen des Herstellers abhängig ist. Den Hersteller treffe vielmehr eine Sorgfaltspflicht gegenüber allen Personen, die mit seinem Produkt voraussichtlich in Berührung kommen und dadurch geschädigt werden können. Aus dogmatischer Sicht hat Judge Cardozo damit erneut den deliktischen Charakter der warranty in den Vordergrund gestellt. Diese Einordnung entspricht auch dem historischen Ursprung der warranty-Haftung, welche über Jahrhunderte der deliktischen Haftung aus misrepresentation zugeordnet wurde. Erst zu Beginn des 19. Jahrhunderts gingen die Gerichte dazu über, den Verstoß gegen eine warranty als eine Vertragsverletzung anzusehen[615].

613 (1842) 10 M. & W. 109, siehe hierzu bereits im englischen Recht oben, S. 146.

614 111 N.E. 1050 (N.Y. 1916).

615 Vgl. hierzu die Entscheidung Gardiner v Gray 171 E.R. 46 (K.B. 1815).

bb) Verletzung der Sorgfaltspflicht

Der Inhalt der duty of care richtet sich danach, wie sich eine vernünftige Person (reasonable prudent person) in der jeweiligen Situation verhalten hätte. Für einen Hersteller von Software ist mithin entscheidend, wie sich ein objektiver, gewissenhafter und professioneller Hersteller einer vergleichbaren Software verhalten hätte. Diesem objektivierten Hersteller wird unterstellt, dass er voraussehbare und unangemessene Risiken vermeidet.

Ob das Verhalten des Herstellers diesem Maßstab gerecht wird, ist an der von Justice Learned Hand in United States v. Carroll Towing Co.[616] entwickelte Berechnungsformel B < P x L zu messen[617]. Nach dieser liegt eine fahrlässige Sorgfaltspflichtverletzung vor, wenn die Belastung durch die Pflicht zur Vornahme von Vorsichtsmaßnahmen geringer ist als die Wahrscheinlichkeit multipliziert mit der Schwere des Schadens, der durch das Unterlassen der Maßnahme entstehen kann. Das Gericht nimmt anhand dieser Formel eine Risiko-Nutzen-Analyse vor. Je größer dabei das Gefahrpotential der Software ist, desto höher sind die Anforderungen an den Sicherheitsaufwand und den sozialen Nutzen der Software.

Ein konkreter Anhaltspunkt für die Verletzung der erforderlichen Sorgfalt kann beispielsweise darin zu sehen sein, dass der Hersteller gesetzliche Vorschriften oder Vorgaben von technischen Regelwerken[618] verletzt. Weiterhin ist das Verhalten des Herstellers an den in der Softwareindustrie etablierten Vorgehensweisen, den sog. best practices, zu messen[619]. Zu berücksichtigen ist allerdings, dass der aus diesen Quellen resultierende Sorgfaltsstandard nur unvollständig und teilweise vor dem Hintergrund der rasanten technischen Entwicklung im Softwarebereich als veraltet anzusehen ist. Hieraus folgt die Pflicht des Herstellers, für den der Sorgfaltsmaßstab des expert in the field gilt, den aktuellen Stand von Wissenschaft und Technik zu beachten[620]. Dieser stellt auch gleichzeitig die Obergrenze

---

616 159 F.2d 169, 173 (2d Cir. 1947).

617 Das Vorliegen von Fahrlässigkeit berechnet sich danach wie folgt: B(urden) < P(ropability) x L(oss).

618 Allgemeine technische Regelwerke zur Standardisierung von Industrieprodukten werden beispielsweise vom American National Standards Institute (ANSI) und der American Standards Association (ASA) herausgegeben. Speziell für Software sind auch hier die internationalen Standards der ISO und IEEE/IEC zu berücksichtigen.

619 Allerdings kann das Gericht in seltenen Fällen auch zu dem Schluss kommen, dass der Qualitätsstandard aller Hersteller, beispielsweise in Form der „best practices", hinter den vernünftigerweise zu erwartenden Sicherheitsvorkehrungen zurückbleibt.

620 Vgl. Owen, §. 2.2, S. 67ff.

der Haftung dar. Der Hersteller haftet daher nur für solche Risiken, die nach dem Stand von Wissenschaft und Technik voraussehbar waren.

Zur Konkretisierung der Sorgfaltsanforderungen an die Herstellung von Software wird auch im Recht der USA zwischen deren Fabrikation (manufacturing), Konstruktion (design) und Instruktion (warning) unterschieden[621]. Wie bereits erläutert, sind Softwarefehler ganz überwiegend auf eine mangelnde Sorgfalt im Rahmen der Konstruktion zurückzuführen, so dass die entscheidende Frage darin zu sehen ist, ob dem Hersteller eine Alternative zur Verfügung stand, welche das Risiko für den Anwender verringert oder ausgeschlossen hätte[622]. Dieser Ansatz hat für die Erstellung von Software die Konsequenz, dass bei Vorliegen eines Fehlers regelmäßig von einem fahrlässigen Verhalten des Herstellers auszugehen ist. Zwar ist allgemein anerkannt, dass Software ab einer bestimmten Größe zwingend fehlerhaft ist. Jedoch wird im Hinblick auf den konkreten Fehler in aller Regel eine alternative Programmierung der Software möglich gewesen sein, die zu einer Vermeidung des Fehlers geführt hätte.

cc) Modifizierung durch „professional malpractice"-Doktrin

Aufgrund der technischen Komplexität der Softwareentwicklung wird in der Literatur teilweise die Auffassung vertreten, das Verhalten des Herstellers der Software sei an dem strengeren professional malpractice-Standard zu messen[623]. Dieser Standard findet im Zusammenhang mit der Erbringung von Leistungen durch bestimmte Berufsgruppen Anwendung. Die besondere Ausbildung dieser Berufsgruppen sowie deren besondere Verantwortung führen dazu, dass ein höheres Maß an Sorgfalt von dem Berufsträger erwartet wird. Viele Gerichte sehen dabei auch einen Nichtvermögensschaden als ersatzfähig an. Darüber hinaus unterliegen malpractice-Ansprüche auch häufig anderen Verjährungsfristen.

Die überwiegende Ansicht geht jedoch davon aus, dass der Anspruch gegen den Hersteller wegen der Fehlerhaftigkeit der Software nicht auf malpractice gestützt werden kann, da Softwareentwickler als Berufsgruppe hiervon nicht erfasst seien[624]. Unbestritten ist zwar, dass die Erstellung von Software besondere fachliche Qualifikationen voraussetzt. Jedoch ist die Ausübung dieser Tätigkeit nicht von einer staatlichen Genehmigung oder einer besonderen Ausbildung abhängig. Vielmehr ist es jeder Person gestattet, Software zu entwickeln. So hat das Gericht in Chatlos Systems,

---

621 Siehe hierzu Dobbs, Tort Law, § 355, S. 979ff.

622 Dobbs, Tort Law, § 357, S. 985ff.

623 Siehe hierzu Levy/Bell, 5 High Tech. L. J. 1 (1990) S. 10.

624 Scott, 67 Md. L. Rev. 425 (2008) S. 471f.

Inc. v. National Cash Register Corporation[625] ausdrücklich die Schaffung eines Präzedenzfalls für einen auf computer malpractice gestützten tort-Anspruch abgelehnt.

b) Causation

Die Verletzung der Sorgfaltspflicht muss weiterhin die Rechtsgutverletzung verursacht haben[626]. Hierfür muss die fehlerhafte Software den einzigen oder zumindest einen wesentlichen Faktor (substantial factor) für den Eintritt der Rechtsgutverletzung darstellen[627]. Hieran können beispielsweise dann Zweifel bestehen, wenn eine Security-Software fehlerhaft ist und erst das Verhalten eines Dritten zu einem Schaden führt. Zwar ist es nach dem substantial factor test ausreichend, dass das fahrlässige Verhalten des Herstellers einen erheblichen Anteil am Schadenseintritt hatte. In der Regel wird das vorsätzliche deliktische Verhalten eines Dritten den Zurechnungszusammenhang unterbrechen[628].

Weiterhin muss der eingetretene Schaden ein proximate cause, also eine voraussehbare Folge des fahrlässigen Verhaltens gewesen sein[629]. Dies ist grundsätzlich dann zu verneinen, wenn die Software für einen derart gefährlichen Zweck verwendet wird, der bei deren Erstellung offensichtlich nicht berücksichtigt wurde[630]. Im Zuge der großen Erfahrung, auf die Softwarehersteller mittlerweile zurückgreifen können, sind Schadensereignisse jedoch mit Fortschreiten der Softwareentwicklung zunehmend als vorhersehbar einzustufen[631].

c) Ersatzfähiger Schaden

Als ersatzfähiger Schaden kommen sowohl die Körperverletzung als auch Sachschäden in Betracht. Der Sachschaden darf allerdings nicht in der Unbrauchbarkeit der Software selbst liegen[632]. Ein typischerweise ersatzfähiger Schaden wird daher

---

625 479 F.Supp 738 (D. N.J. 1979) S. 741 Fn. 1.

626 Owen, §. 2.1, S. 65.

627 Dies ergibt sich aus § 431 Restatement (Second) of Torts.

628 In der Literatur wird teilweise die Einführung eines neuen tort of negligent enablement of cybercrime befürwortet, wenn das vorsätzliche Handeln Dritter beispielsweise durch fahrlässige Fehler in der Security-Software ermöglicht wurde, vgl. Rustad/Koenig 20 Berkeley Tech. L. J. 1553 (2005).

629 Siehe hierzu Owen, 49 S.C.L. Rev. 273 (1998) S. 289.

630 Scott, Computer Law, § 7.10 führt hier die Verwendung eines normalen Textverarbeitungsprogramms für Abläufe innerhalb eines Atomkraftwerks an.

631 Scott, 67 Md. L. Rev. 425 (2008) S. 449.

632 Nimmer, Ch. 10.14.

durch Software verursacht, welche zur Steuerung von Maschinen verwendet wird, die Kontakt mit Menschen haben. Hier kommen insbesondere Kraftfahrzeuge in Betracht sowie Instrumente, die im Medizinbereich verwendet werden.

Im Hinblick auf einen reinen Vermögensschaden gilt jedoch der Grundsatz, dass dieser nicht ersatzfähig ist (economic loss rule)[633]. Der Ersatz eines solchen Schadens bleibt vielmehr nach ganz überwiegender Ansicht dem Vertragsrecht vorbehalten[634]. Die economic loss rule steht daher dem typischerweise durch Software entstehenden Schaden durch Betriebsausfall oder entgangenen Gewinn entgegen. Wenn die fehlerhafte Software allerdings zu einer schwerwiegenden Beschädigung der Reputation eines Unternehmens führt, geht die überwiegende[635], aber nicht unumstrittene[636] Auffassung von der Ersatzfähigkeit des dadurch entstandenen Schadens aus. Gleiches gilt für den Schaden, der durch einen softwarebedingten Datenverlust eingetreten ist, sofern die geschädigten Daten nicht mit der fehlerhaften Software identisch sind[637].

Unter Umständen ist der Anspruch des Geschädigten auch wegen Mitverschuldens zu kürzen. So kann beispielsweise das Unterlassen der Anfertigung von Sicherungskopien oder das Nichtverwenden einer Firewall ein Mitverschulden begründen. Die Berücksichtigung von Mitverschulden im Rahmen von negligence wird in den jeweiligen Bundesstaaten sehr unterschiedlich gehandhabt[638]. Überwiegend gehen die Gerichte jedoch davon aus, dass ein Mitverschulden des Anwenders zu einer entsprechenden Kürzung des Anspruchs des Geschädigten führt (comparative negligence)[639]. Allerdings führt ein Mitverschuldensanteil von 50% oder mehr in den meisten Bundesstaaten zu einem Ausschluss des Anspruchs. Diesem Prinzip folgt auch sec. 3 des Uniform Apportionment of Tort Responsibility Act aus dem Jahr 2002, der bislang jedoch von keinem Bundesstaat umgesetzt wurde.

---

633 Siehe hierzu Shapo, Ch. 64, S. 348ff. Dobbs, Tort Law, § 352, S. 972; Siehe auch Seely v. White Motor Co., 403 P.2d 145 (Cal. 1965).

634 Vgl. Office Supply Co. v. Basic/Four Corporation, 538 F.Supp. 776 (E.D. Wis. 1982) S. 791f.

635 Vgl. Comment c (Illustr. 1.) zu § 21 Restatement (Third) Torts.

636 Krider Pharmacy & Gifts, Inc. v. Medi-Care Data Sys., Inc., 791 F.Supp 221 (E.D. Wis. 1992) S. 226.

637 Vgl. Scott, 67 Md. L. Rev. 425 (2008) S. 455f.

638 Siehe hierzu bereits oben, S. 98f.

639 Dobbs, Torts, § 201, S. 503ff.; Rustad/Koenig, 20 Berkeley Tech. L. J. 1553 (2005) S. 1606f.

d) Strafschadensersatz und ordre public

Eine besondere Bedeutung kommt im Bereich der Haftung für fehlerhafte Produkte dem Strafschadensersatz (punitive damages) zu, der nach dem Recht der meisten Bundesstaaten der USA über den rein kompensatorischen Schadensersatz hinaus nach dem Ermessen des Gerichts verhängt werden kann und diesen häufig um ein Vielfaches übersteigt. Zu beachten ist jedoch, dass diese nicht bei Vorliegen von einfacher Fahrlässigkeit, sondern nur bei Hinzutreten erschwerender Schuldumstände zugesprochen werden können[640]. Erforderlich ist ein außergewöhnlich verurteilenswertes Verhalten des Herstellers, beispielsweise indem er vorsätzlich oder besonders rücksichtlos handelt. Typischerweise werden punitive damages im Rahmen der Produkthaftung verhängt, wenn bekannte Produktfehler in Täuschungsabsicht verschwiegen oder bewusst gegen Sicherheitsstandards verstoßen wird[641].

Untersuchungen haben allerdings ergeben, dass punitive damages in weniger als zwei Prozent der Produkthaftungsprozesse zugesprochen werden[642]. Darüber hinaus ist zu berücksichtigen, dass der Vollstreckung von punitive damages in Deutschland und den anderen Ländern der EG grundlegende Wertungen der öffentlichen Ordnung (ordre public) entgegenstehen können. So würde die Anerkennung eines U.S.-amerikanischen Urteils, das dem Geschädigten punitive damages zuspricht, in Deutschland regelmäßig an §§ 723 Abs. 2 S. 2, 328 Abs. 1 Nr. 4 ZPO scheitern. Danach ist die Anerkennung eines ausländischen Urteils ausgeschlossen, wenn sie zu einem Ergebnis führt, das mit wesentlichen Grundsätzen des deutschen Rechts, insbesondere den Grundrechten, offensichtlich unvereinbar ist. Eine solche Unvereinbarkeit wäre bei Anerkennung eines auf punitive damages lautenden Urteils aber gegeben. Zu den wesentlichen Grundsätzen des deutschen Rechts gehört der aus dem Rechtsstaatsprinzip resultierende Verhältnismäßigkeitsgrundsatz, der sich im Schadensersatzrecht dergestalt niedergeschlagen hat, dass dem Schadensersatz lediglich eine kompensatorische, nicht hingegen eine pönalisierende Funktion zukommen darf[643]. Diese Sichtweise herrscht auch in den anderen Staaten der EG vor, was sich beispielsweise an der EG-Verordnung 864/2007 über das auf

640 Siehe auch Shapo, Ch. 73.03, S. 431.

641 Siehe hierzu Owen, §. 18.3, S. 1144ff.

642 Vgl. Reimann, 51 Am. J. Comp. L. 751 (2003) S. 793.

643 BGH NJW 1992, 3104. Ein Verstoß gegen den ordre public kann hingegen abzulehnen sein, wenn die punitive damages keinen Bestrafungscharakter haben, sondern vielmehr eine Kompensation für schlecht nachweisbare wirtschaftliche Schäden darstellen, vgl. BGH NJW 1992, 3096, 3103.

außervertragliche Schuldverhältnisse anzuwendenden Recht („Rom II") zeigt[644]. Nach deren Art. 26 in Verbindung mit Erwägungsgrund 32 kann insbesondere die Anwendung einer solchen drittstaatlichen Regelung einen Verstoß gegen den ordre public darstellen, die zur Folge haben würde, dass ein unangemessener, über den Ausgleich des entstandenen Schadens hinausgehender Schadensersatz mit abschreckender Wirkung oder Strafschadensersatz zugesprochen wird.

e) Verteilung der Beweislast

Die Darlegungs- und Beweislast für die Voraussetzungen eines Anspruchs aus dem tort of negligence obliegt dem Geschädigten. In diesem Zusammenhang ist insbesondere der Nachweis der konkreten Umstände und Handlungen, die für den Nachweis der Fahrlässigkeit dargelegt werden müssen, problematisch. Zwar hilft die Rechtsprechung fast aller Bundesstaaten dem Geschädigten mit der Beweiserleichterung der res ipsa loquitur[645], welche eine Umkehr der Beweislast zur Folge hat[646]. Der Hersteller muss daher Umstände vorbringen, die die Vermutung der Fahrlässigkeit widerlegen.

Die praktische Bedeutung der Beweiserleichterung beschränkt sich allerdings auch hier auf Fabrikationsfehler, da bei Konstruktions- und Instruktionsfehlern kein Sachverhalt vorliegt, der typischerweise den Rückschluss auf ein fahrlässiges Verhalten des Herstellers zulässt. Die res ipsa loquitur ist im Rahmen eines Anspruchs gegen den Hersteller einer fehlerhaften Software daher von untergeordneter Bedeutung.

2. „Strict products liability in tort"

Während im Rahmen des tort of negligence für die schuldhafte Verletzung einer Verhaltenspflicht gehaftet wird, sieht die Produktgefährdungshaftung (strict liability in tort) grundsätzlich eine verschuldensunabhängige Haftung für fehlerhafte Produkte vor.

Die strict liability in tort hat sich vornehmlich auf der Grundlage gerichtlicher Entscheidungen entwickelt. Es existiert in diesem Bereich kein Bundesgesetz oder

---

644 Die EG-Verordnung 864/2007 vom 11. Juli 2007 (ABl. EU 2007 Nr. L 199, S. 40) findet seit dem 11. Januar 2009 auf sämtliche Ansprüche aus außervertraglichen Schuldverhältnissen Anwendung, die ab diesem Zeitpunkt entstanden sind. Sie ersetzt damit insoweit die Art. 38 – 42 EGBGB.

645 Zur res ipsa loquitur siehe bereits oben, S. 150.

646 Vgl. Dobbs, Tort Law, § 156, S. 376ff.

Uniform Code, so dass die Rechtslage in den einzelnen Bundesstaaten zum Teil stark voneinander abweicht. Einen Versuch, aus den Tendenzen der Rechtsprechung eine einheitliche Linie zu entnehmen, hat das ALI mit dem Restatement (Second) of Torts (1968) und dem Restatement (Third) of Torts: Products Liability (1998) unternommen[647], wobei sich die folgende Darstellung insbesondere an Letzterem orientiert.

a) Entwicklung der „strict products liability"

Die Rechtsprechung zur strict products liability hat sich auf der Grundlage des tort of negligence und der contract warranty entwickelt[648]. Als Ausgangspunkt ist dabei die Entscheidung MacPherson v. Buick Motor Co.[649] aus dem Jahr 1916 anzusehen. In dieser Entscheidung hat Judge Cardozo erstmalig im Rahmen eines tort of negligence auf das Vorhandensein einer vertraglichen Beziehung (contractual privity) verzichtet, indem er eine Sorgfaltspflicht auch gegenüber solchen Personen annahm, die nicht in einem vertraglichen Verhältnis mit dem Hersteller stehen. Später haben die Gerichte einen solchen Anspruch des Endverbrauchers gegen den Hersteller auch auf die Verletzung von vertraglichen warranties gestützt und hierdurch eine verschuldensunabhängige Haftung bewirkt[650]. Dabei hat die Rechtsprechung zunehmend das Erfordernis der privity of contract aufgeweicht. So hat die Ehefrau des Käufers in der Entscheidung Henningsen v. Bloomfield Motors Inc.[651] trotz eines vertraglichen Haftungsausschlusses erfolgreich einen Anspruch auf Ersatz des Schadens, der durch ein fehlerhaftes Kraftfahrzeug entstanden war, geltend gemacht. Nach Ansicht des Gerichts in Greenman v. Yuba

647 Im Folgenden: Restatement (Second) Torts und Restatement (Third) Torts. Die vom ALI herausgegebenen Restatements sollen zur Klärung und Vereinheitlichung der Rechtslage beitragen. Sie enthalten überwiegend aus gerichtlichen Entscheidungen gewonnene Grundsätze, die in Form von Paragrafen dargestellt werden. Auch wenn die Restatements für den Rechtsanwender nicht verbindlich sind, hat deren Akzeptanz seitens der Rechtsprechung zur Schaffung von Rechtsklarheit beigetragen. Siehe hierzu Ferriell/Navin, S. 51f.

648 Siehe hierzu Shapo, Ch. 38.01, S. 205; Owen, 49 S.C. L. Rev. 273 (1998) S. 274ff.; Cavico, 12 Nova L. Rev. 213 (1987) S. 215ff.

649 111 N.E. 1050 (N.Y. 1916).

650 Auch heute stellt der auf warranty gestützte Anspruch noch eine wichtige Alternative dar, da hier auch der reine Vermögensschaden ersetzt wird, vgl. Owen, 49 S.C.L.Rev 273 (1998) S. 275; Diamond, S. 507f.

651 161 A.2d 69 (N.J. 1960).

Power Products Inc.[652] erforderte die Aufgabe des privity-Erfordernisses und der Unwirksamkeit der Haftungsausschlüsse eine Einstufung der strict products liability als tort-Anspruch. Im Ergebnis hat sich die strict liability in tort damit zu einer eigenständigen Anspruchsgrundlage entwickelt, welche die verschuldensunabhängige Haftung der warranty mit dem Verzicht auf contractual privity des tort-Rechts verbindet.

Diese Entwicklung in der Rechtsprechung hat auch das Restatement (Second) of Torts in § 402A übernommen. Nach dessen Abs. 1 haftet der Verkäufer eines fehlerhaften Produkts, das eine unangemessene Gefahr für den Endbenutzer oder Verbraucher oder sein Eigentum mit sich bringt, auf Ersatz des hierdurch entstandenen Personen- oder Eigentumsschadens, wenn der Verkäufer solche Produkte gewerbsmäßig verkauft und das Produkt den Benutzer oder Verbraucher vorhersehbar ohne wesentliche Veränderung im Zustand erreicht, in dem es verkauft wurde. Dies gilt gem. Abs. 2 auch dann, wenn der Verkäufer mit der größtmöglichen Sorgfalt bei der Vorbereitung und dem Verkauf seines Produkts ausübt und der Benutzer oder Verbraucher das Produkt nicht vom Verkäufer gekauft hat oder in einer sonstigen vertraglichen Verbindung steht[653]. Die verbraucherfreundliche verschuldensunabhängige Haftung wurde jedoch aufgrund der im Rahmen der 1980er Jahre einsetzenden konservativen Geisteshaltung in Politik und Gesellschaft zunehmend eingeschränkt. Die Rechtsprechung hat sich in dieser Zeit größtenteils von dem einheitlichen Fehlerbegriff des § 402A Restatement (Second) Torts verabschiedet und stattdessen eine Differenzierung zwischen den verschiedenen Fehlerarten mit jeweils verschiedenen Haftungsmaßstäben eingeführt. Diese Entwicklung hat das ALI mit dem Restatement (Third) Torts abgebildet. Viele Gerichte haben mittlerweile das Restatement (Third) Torts in ihren Entscheidungen bestätigt[654]. Gleichsam gibt es jedoch Gerichte, die die Anwendung des Restatement (Third) Torts bislang verweigert haben. Die auf § 402A Restatement

---

652 377 P.2d 897 (Cal. 1963).

653 § 402A Restatement (Second) Torts lautet: „(1) One who sells any product in a defective condition unreasonably dangerous to the user or consumer or to his property is subject to liability for physical harm thereby caused to the ultimate user or consumer, or to his property, if (a) the seller is engaged in the business of selling such a product, and (b) it is expected to and does reach the user or consumer without substantial change in the condition in which it is sold. (2) The rule stated in subsection (1) applies although (a) the seller has exercised all possible care in the preparation and sale of his product, and (b) the user or consumer has not bought the product from or entered into any contractual relation with the seller."

654 Vgl. hierzu die beispielhafte Aufzählung bei Owen, §. 5.1, S. 249.

(Second) Torts basierende Rechtsanwendung wird daher auch zukünftig noch von Bedeutung sein.

b) Voraussetzungen

Gem. § 1 Restatement (Third) Torts haftet der gewerbsmäßige Verkäufer, wenn er ein fehlerhaftes Produkt verkauft, für den Personen- und Eigentumsschaden, den dieses verursacht hat[655].

aa) Persönlicher Anwendungsbereich

Der verschuldensunabhängige tort-Anspruch kann von jedem Endverbraucher oder Benutzer eines Produkts geltend gemacht werden, der durch das fehlerhafte Produkt einen Personen- oder Eigentumsschaden erlitten hat[656]. Neben dem Verbraucher ist dabei nach ganz überwiegender Ansicht in der Rechtsprechung auch der Gewerbetreibende anspruchsberechtigt[657]. Eine vertragliche Verbindung ist hierfür nicht erforderlich. Der Anwendungsbereich ist vielmehr weit auszulegen, so dass auch umstehende Dritte, die beispielsweise im Rahmen eines Verkehrsunfalls einen Körper- oder Eigentumsschaden erleiden, einen Anspruch aus § 1 Restatement (Third) Torts geltend machen können[658].

Als Anspruchsgegner kommen gem. § 1 Restatement (Third) Torts alle gewerblichen Verkäufer innerhalb einer Vertriebskette in Betracht[659]. Erfasst sind somit alle Verkäufer vom Hersteller bis zum Einzelhändler, sofern sie an der Lieferung des konkreten Produkts beteiligt waren, das den Schaden hervorgerufen hat[660].

---

655 § 1 Restatement (Third) Torts lautet: „One engaged in the business of selling or otherwise distributing products who sells or distributes a defective product is subject to liability for harm to persons or property caused by the defect."

656 Vgl. §§ 1, 20 Restatement (Third) Torts; siehe auch Zollers/McMullin/Hurd/Shears, 21 Santa Clara Computer & High Tech. L. J. 745 (2005) S. 776.

657 Vgl. Mann/Roberts, 79 Neb. L. Rev. 215 (2000) S. 233f.; kritisch hierzu White/Summers, § 10-5, S. 397. Lediglich in Kalifornien scheinen die Gerichte überwiegend davon auszugehen, dass die strict liability in tort nicht auf Unternehmen mit vergleichbarer Verhandlungsmacht anwendbar ist, vgl. Kaiser Steel Corp. v. Westinghouse Electric Corp., 127 Cal Rptr. 838 (Ct. App. 1976) S. 845; Scandinavian Airlines System v. United Aircraft Corp., 601 F.2d 425 (9th Cir. 1979).

658 Elmore v. American Motorist Corp., 451 P.2d 84 (1969).

659 Siehe auch die ausführliche Auflistung der potentiellen Anspruchsgegner in § 20 Restatement (Third) Torts.

660 Vgl. hierzu auch Dobbs, Torts, S. 1039; Cavico, 12 Nova L. Rev. 213 (1987) S. 218ff.; Bradley/Smith 19 NO. 5 Prod. Liab. L. & Strategy 5 (2000).

Dies entspricht auch der überwiegenden Ansicht in der Rechtsprechung und Literatur[661]. Manche Staaten haben jedoch Gesetze erlassen, nach denen Beteiligte der Vertriebskette, die nicht Hersteller sind, keiner strikten Haftung unterliegen[662].

bb) Software als Produkt

Ein Anspruch, der sich auf die strict liability in tort stützt, setzt ein fehlerhaftes Produkt voraus. Problematisch ist, ob Software als ein Produkt in diesem Sinne anzusehen ist. Ganz überwiegend wird dies zunächst für solche Programme angenommen, die in Gebrauchsgegenständen als embedded software integriert sind, da die Software hier Bestandteil eines klassischen Produkts ist[663].

Aber auch Standardsoftware an sich sieht die überwiegende Ansicht als Produkt an. Dies wird zunächst damit begründet, dass massenhaft produzierte Software die gleichen Gefahren mit sich bringe wie traditionelle Produkte, so dass auch hier die Anwendung der strict liability in tort zu einem angemessenen Interessenausgleich führe[664]. In Anlehnung an die Einstufung von Software als good im Rahmen des Kaufrechts sei weiterhin von Bedeutung, dass Software zwingend eine Verkörperung auf einem Datenträger voraussetze, weshalb der immaterielle Aspekt der Software in den Hintergrund trete[665].

Auch die Rechtsprechung tendiert dazu, Standardsoftware als Produkt einzuordnen, wobei bislang lediglich eine Entscheidung ausdrücklich zu dieser Frage Stellung genommen hat. So hat das Gericht in der Entscheidung in Hou-Tex, Inc. v Landmarks Graphics[666] die konkrete Standardsoftware ausdrücklich der strict liability in torts unterworfen, da diese massenhaft produziert wurde und zur Darstellung von hochkomplexen Daten in graphischer Form diente[667].

---

661 Vgl. hierzu Comment e zu § 1 Restatement (Third) Torts.

662 Vgl. beispielsweise Georgia Code Ann. § 51-11.1 (Supp. 1996); Nebraska Rev. Stat. § 25-21, 181 (1989); South Dakota Codified Laws Ann. § 20-9-9 (1987). Für bundesstaatliche Regelungen, die eine akzessorische Haftung für den Ausfall des Herstellers vorsehen, siehe die Aufzählung im Reporter's Note Comment e zu § 1 Restatement (Third) Torts.

663 Nimmer, Ch. 10.14[1].

664 Siehe hierzu Walker, 22 Tort & Ins. L. J. 1 (1996) S. 12ff.; Maule, 27 Tulsa L. J. 735 (1992) S. 739ff.; Nimmer, Ch. 10.14 [2][a].

665 Weber, 66 St. John's L. Rev. 469 (1992) S. 474ff.; Levy/Bell, 5 High Tech. L. J. (1990) S. 5f.

666 26 S.W.3d 103 (Ct. App. Tex. 2000) Fn. 2.

667 Das Gericht hat allerdings aaO ausdrücklich betont, dass sich die Einordnung auf die streitgegenständliche Software begrenze. Für andere Software solle die Einordnung als Produkt nicht vorweggenommen werden.

Ebenso ist das Gericht in der Entscheidung Winter v G.P. Putnam's Sons[668] davon ausgegangen, dass hochtechnische Informationen als Produkt anzusehen seien. Es sah daher Software in einem obiter dictum als möglicherweise vom Produktbegriff erfasst an.[669]. Bei diesen Entscheidungen handelt es sich um eine konsequente Fortführung der Rechtsprechung zur Produkteigenschaft von Informationen. So verursachten beispielsweise in der Entscheidung Saloomey v Jeppesen & Co.[670] fehlerhafte Landkarten für den Flugverkehr den Absturz eines Flugzeugs. Das Gericht ging davon aus, dass solche Karten als Produkt im Sinne der strict products liability anzusehen seien, da es sich um massenhaft gefertigte, hochtechnische Informationen handele und der Käufer sich auf diese verlasse[671].

Das Restatement (Third) Torts legt ebenfalls eine Einstufung von Standardsoftware als Produkt nahe. Nach dessen § 19 (a) sind nämlich neben den verkörperten Gegenständen (tangible personal property), die gewerblich zu Benutzungs- oder Verbrauchszwecken vertrieben werden, auch andere Sachen als Produkt anzusehen. Hierzu gehören beispielsweise Grundstücke oder Elektrizität, sofern die Anwendung der Regeln über die Produkthaftung im konkreten Fall angemessen ist[672]. Voraussetzung für die Anwendung der strict liability auf Software ist damit, dass der Kontext ihres Vertriebs und Benutzung hinreichend vergleichbar zur Benutzung eines tangible personal property ist. Für Standardsoftware wird überwiegend von einer solchen Vergleichbarkeit ausgegangen[673]. Von dieser geht nämlich eine erhöhte Gefahr aus, da sie typischerweise einer Massenvermarktung unterliegt und dadurch einen hohen Verbreitungsgrad hat. Dabei hat der Anwender im Regelfall keinen Einblick in den Produktionsprozess, was ihm den Nachweis

---

668 938 F.2d 1033 (9th Cir. 1991) S. 1036.

669 Die Verbreitung von Informationen, die nicht diese technische Komplexität aufweisen, fällt jedoch nicht unter die strict products liability. Hier steht das First Amendment entgegen, welches eine ungehinderte Verbreitung von Informationen zusichert. Siehe hierzu Zollers/McMullin/Hurd/Shears, 21 Santa Clara Computer & High Tech. L. J. 745 (2005) S. 775.

670 707 F.2d 671 (2d Cir. 1983).

671 707 F.2d 671 (2d Cir. 1983) S. 676f. Siehe hierzu auch Mintz, 41 Cath. U. L. Rev. 617 (1992) S. 625.

672 Zur Kritik an der Definition des Begriffs „Produkt“ im Restatement (Third) Torts siehe Lannetti, 55 Bus. Law. 779 (2000), der sich für eine weitergehende Definition ausspricht, die dem Richter mehr Spielraum für die Anwendung der strict products liability gibt.

673 Siehe Scott, 67 Md. L. Rev. 425 (2008) S. 462.

von Fahrlässigkeit erschwert[674]. Darüber hinaus ist die Softwareindustrie mittlerweile überwiegend als hinreichend gefestigt angesehen, so dass durch die Anwendung einer strict products liability keine Schäden für einen neu entstehenden Wirtschaftszweig zu befürchten sind[675].

cc) Fehlerhaftigkeit des Produkts

Eine weitere zentrale Voraussetzung für den Anspruch aus strict products liability ist die Fehlerhaftigkeit des Produkts.

(1) Allgemeine Voraussetzungen des Fehlerbegriffs

Im Gegensatz zu § 402A Restatement (Second) Torts, der einen einheitlichen Fehlerbegriff ausgehend von den Erwartungen des Verbrauchers aufwies, ist nach § 2 Restatement (Third) Torts zwischen drei verschiedenen Fehlerkategorien zu unterscheiden[676]: Konstruktionsfehlern (design defects), Fabrikationsfehlern (manufacturing defects) und der Verletzung von Instruktions- oder Warnpflichten (inadequate instructions and warnings).

Die Definition eines Fabrikationsfehlers gem. § 2 (a) Restatement (Third) Torts ist weitgehend unumstritten. Ein solcher liegt traditionell immer dann vor, wenn das Produkt von seiner beabsichtigen Konstruktion abweicht, auch wenn der Hersteller die größtmögliche Sorgfalt bei der Produktion und Vermarktung des Produkts ausgeübt hat. In diesen Fällen trifft den Hersteller tatsächlich eine verschuldensunabhängige Haftung, wie sich auch schon unter dem einheitlichen Fehlerbegriff des § 402A Restatement (Second) of Torts bestand. Die verschuldensunabhängige Haftung soll dem Hersteller als Anreiz dienen, Investitionen in die Sicherheit des Herstellungsprozesses vorzunehmen[677]. Solche Fabrikationsfehler sind jedoch im Hinblick auf Software von untergeordneter Bedeutung[678].

---

674 Vgl. auch die Kriterien in Reporter's Note Comment a zu § 19 Restatement (Third) Torts, wonach der Unterschied in der Verhandlungsmacht sowie die Möglichkeit der Umverteilung des Schadens zu berücksichtigen sind.

675 Vgl. Zollers/McMullin/Hurd/Shears, 21 Santa Clara Computer & High Tech. L. J. 745 (2005) S. 777 sowie Bradley/Smith, 19 NO. 5 Prod. Liab. L. & Strategy 5 (2000).

676 Rechtsprechung und Literatur haben die Notwendigkeit zur Unterscheidung zwischen den angeführten Fehlerarten nach der Einführung von § 402A Restatement (Second) Torts erkannt, vgl. Owen, § 6.2, S. 334ff.

677 Vgl. Comment a. zu § 2 Restatement (Third) Torts.

678 Siehe hierzu oben, S. 134.

Für das Vorliegen eines Konstruktionsfehlers hat sich mittlerweile die in § 2 (b) Restatement (Third) Torts enthaltene Definition durchgesetzt[679]. Danach liegt ein Konstruktionsfehler vor, wenn das vom Produkt voraussehbar ausgehende Schadensrisiko durch die Verwendung einer angemessenen Alternativkonstruktion verringerbar oder vermeidbar gewesen wäre und das Produkt aufgrund der Nichtverwendung der Alternativkonstruktion unzureichende Sicherheit aufweist[680].

Ob die Verwendung einer Alternativkonstruktion im konkreten Fall erforderlich war, bestimmt sich damit anhand einer Abwägung, welche die Vorteile einer alternativen Konstruktion deren Nachteilen gegenüberstellt (risk-utility test)[681]. Angestrebt wird damit keine absolute Sicherheit des Produkts, da eine solche unter Umständen mit erheblichen Nutzungseinschränkungen einhergeht oder nur mit hohen Kosten erreicht werden kann. Das Ziel ist vielmehr, einen optimalen Ausgleich der relevanten Faktoren zu erreichen. Von Bedeutung sind dabei regelmäßig die Voraussehbarkeit des Schadens durch die bestehende Konstruktion, die Kosten der Alternativkonstruktion sowie die berechtigten Sicherheitserwartungen des Verbrauchers[682]. Wenn die vorhandene Konstruktion bei der Abwägung dieser Kriterien schlechter abschneidet als die Alternativkonstruktion, ist das Produkt als fehlerhaft anzusehen[683]. Im Ergebnis findet damit ein negligence standard Anwendung, der sich im Wesentlichen an der Learned Hand-Formel orientiert[684]. Der Hersteller haftet nämlich immer dann, wenn nach Abwägung der konkreten Umstände des Einzelfalls eine unverhältnismäßig große Gefahr von seinem Produkt

---

679 Terry, Anglo-American L. Rev. 285 (1991) S. 287f.

680 Der Anspruchsteller muss dabei die mögliche Alternativkonstruktion beweisen. Dies gilt nur dann nicht, wenn die Konstruktion offensichtlich unangemessen ist (manifestly unreasonable design), siehe Comment e zu § 2 Restatement (Third) Torts. Kritisiert wird hieran, dass den Gerichten unabhängig vom Parteivortrag das Recht zur Feststellung der Fehlerhaftigkeit des Produkts zustehen soll, vgl. Shapo, Ch. 39.04, S. 221.

681 Vgl. Comment d zu § 2 Restatement (Third) Torts. Siehe auch Dobbs, Torts, S. 984.

682 Vgl. zu Vorstehenden: Owen, S. 536; Dobbs, Tort Law, § 360, S. 992ff.; siehe auch Comment f zu § 2 Restatement (Third) Torts.

683 Siehe hierzu Comments d und f zu § 2 Restatement (Third) Torts. John Wade hat in einem berühmten Aufsatz Faktoren aufgestellt, die bei der Abwägung zu berücksichtigen sind, vgl. 44 Miss. L. J. 825 (1973) S. 837ff. Für eine detaillierte Auflistung der im Rahmen der Abwägung zu berücksichtigenden Umstände siehe auch Voss v. Black & Decker Manufacturing Co., 450 N.E.2d 204 (1983).

684 Vgl. United States v. Carroll Towing Co., 159 F.2d 169, 173 (2d Cir. 1947).

ausgeht und er sich daher für eine weniger gefährliche Konstruktionsalternative hätte entscheiden müssen[685].

Der entscheidende Unterschied dieses Ansatzes im Vergleich zu dem des § 402A Restatement (Second) Torts lässt sich an der Bedeutung der Verbrauchererwartungen festmachen. Während sich die Fehlerhaftigkeit der Ware gem. § 402A Restatement (Second) Torts ausschließlich nach den Erwartungen des Verbrauchers bestimmte (consumer expectation test)[686], ist dieser Aspekt nach dem Restatement (Third) Torts nur noch als einer von mehreren Faktoren in die Risiko-Nutzen-Abwägung einzubeziehen[687]. Das Abstellen auf die Erwartungen des Verbrauchers wurde aufgrund der zunehmenden technischen Komplexität von Produkten als nicht mehr zeitgemäß angesehen, da der Verbraucher hier zumeist gar nicht in der Lage ist, eine detaillierte Erwartungshaltung zu erzeugen[688]. Weiterhin berücksichtigen die Verbrauchererwartungen regelmäßig nicht, ob die Alternativkonstruktion zu angemessenen Kosten realisierbar ist[689]. Die Rechtsprechung hat diesen verbraucherfreundlichen Maßstab daher im Laufe der 1980er und 1990er Jahre überwiegend aufgegeben[690].

Im Hinblick auf Konstruktionsfehler einer Software ist zu beobachten, dass diese sich im Regelfall durch eine kostengünstige Änderung eines Teils des Programmcodes beheben lassen[691]. Der Geschädigte ist also häufig in der Lage, eine Alternativkonstruktion aufzuweisen, die in der Risiko-Nutzen-Abwägung besser abschneidet als die tatsächlich gewählte, fehlerhafte Konstruktion. Insbesondere

---

685 Die Formel $B < P \times L$ findet damit zur Feststellung eines Konstruktionsfehlers ebenso Anwendung wie für die Bestimmung von Fahrlässigkeit, vgl. Owen, S. 497. Siehe auch oben S. 157.

686 Der consumer expectation test ist zurückzuführen auf die Entwicklung der strict products liability in tort auf der Grundlage des warranty-Rechts. Nach § 2-314 UCC liegt eine Verletzung der warranty of merchantibility zum Beispiel dann vor, wenn die Kaufsache nicht für ihren gewöhnlichen Verwendungszweck geeignet ist. Auch hier ist die Sichtweise des Käufers relevant.

687 Comment g zu § 2 Restatement (Third) Torts. Manche Gerichte lassen jedoch auch den Nachweis eines Fehlers alternativ unter dem consumer expectation test sowie dem risk-utility test zu, vgl. Dobbs, Tort Law, S. 986.

688 Zur Kritik am Prüfungsmaßstab der Verbrauchererwartungen siehe Prosser/Keeton, S. 698f. § 99. Siehe auch Dobbs, Tort Law, § 356, S. 983f.

689 Vgl. Comment g zu § 2 Restatement (Third) Torts.

690 Die Aufgabe des consumer expectation test unter gleichzeitiger Verwendung des risk-utility test spiegelt die herstellerfreundliche Entwicklung in der Rechtsprechung, vgl. Dobbs, Tort Law, § 356, S. 982.

691 Siehe hierzu Scott, 67 Md. L. Rev. 425 (2008) S. 467f.

bei Software, die ein erhebliches Schadenspotential aufweist, wird die Risiko-Nutzen-Abwägung zugunsten des Geschädigten ausgehen.

In diesem Zusammenhang wird auch diskutiert, wann ein Fehler der Software als Konstruktions- oder Fabrikationsfehler einzuordnen ist. Zwar können Fehler, die auf die Entwicklung der Software zurückzuführen sind, unproblematisch als Konstruktionsfehler angesehen werden. Ebenso sind solche Fehler, die im Rahmen des Vervielfältigungsvorgangs, also beispielsweise dem Brennen auf einen Datenträger entstehen, als Fabrikationsfehler anzusehen. Zwischen diesen beiden Phasen liegen allerdings zwei weitere Arbeitsschritte, nämlich die Programmierung und die Erprobung der Software, welche jeweils eine nicht unerhebliche Gefahr für Fehlerquellen mit sich bringen. Naturgemäß haben die Softwarehersteller ein Interesse daran, diese Erstellungsphasen noch der Konstruktion der Software zuzusprechen, da das Vorliegen eines Fehlers dann von einem fahrlässigen Verhalten des Herstellers abhängig wäre[692]. Da die eigentliche Erstellung der Software in diesen Stadien aber bereits beendet ist, ordnet die überwiegende Ansicht diese Arbeitsschritte bereits der Produktionsphase zu, so dass der verschuldensunabhängige Haftungsmaßstab des § 2 (a) Restatement (Third) Torts Anwendung findet[693].

Ein Produkt weist hingegen einen Instruktionsfehler gem. § 2 (c) Restatement (Third) Torts auf, wenn das voraussehbare Schadensrisiko durch angemessene Gebrauchsanweisungen oder Warnungen reduzierbar oder vermeidbar war und das Produkt durch deren Unterlassen eine unzureichende Sicherheit aufweist. In diesem Zusammenhang ist wie bei der Bestimmung eines Konstruktionsfehlers eine Abwägung der Vor- und Nachteile vorzunehmen. Dabei ist beispielsweise zu berücksichtigen, dass Warnungen und Instruktionen für den Hersteller ohne nennenswerten finanziellen Aufwand erfolgen können[694]. Weiterhin sind die Verständlichkeit der Warnung und der Bildungsgrad des mit dem Produkt angesprochenen Verkehrskreises zu berücksichtigen[695]. Darüber hinaus ist zu bedenken, dass eine übermäßig häufige Verwendung von Warnungen dazu führen kann, dass die bereits bestehende Tendenz der Verbraucher, Warnungen zu ignorieren, noch verstärkt wird (warning pollution).

---

692 Die Auferlegung einer strikten Haftung für einen menschlichen und damit zwingend fehlerbehafteten Vorgang wird teilweise als nicht angemessen angesehen, vgl. Nimmer, Ch. 10.14 [2][c].

693 Vgl. Scott, 67 Md. L. Rev. 425 (2008) S. 460. A.A. Nimmer, Ch. 10.14[2][c], der jede Modifikation der Software noch der Konstruktionsphase zuordnen will.

694 Owen, S. 564ff.

695 Vgl. Comment i zu § 2 Restatement (Third) Torts.

Allerdings ist das Aussprechen von Warnungen nicht geeignet, die Pflicht des Herstellers zur Konstruktion von sicheren Produkten zu ersetzen. Wenn das Risiko durch eine angemessene Alternativkonstruktion verringert werden kann, ist deren Verwendung vorrangig. Wenn eine solche Alternativkonstruktion nicht verfügbar ist, kann der Hersteller allerdings eine ausreichende Sicherheit seines Produkts durch entsprechende Anweisungen und Warnungen herbeiführen[696].

(2) „State of the art defense"

Problematisch ist die Anwendbarkeit der state of the art defense im Rahmen der strict liability in tort. Nach dieser Einrede ist ein Produkt nicht als fehlerhaft anzusehen, wenn die von dem Produkt ausgehende Gefahr nach dem state of the art unbekannt oder nicht zu verhindern war. Die Rechtsprechung der Bundesstaaten definiert den relevanten Maßstab des state of the art unterschiedlich. Teilweise wird in diesem Zusammenhang der vorherrschende Standard in dem jeweiligen Industriezweig für maßgeblich gehalten[697]. Andere Gerichte sehen wiederum den objektiv zur Verfügung stehenden Stand von Wissenschaft und Technik als maßgeblich an[698]. Die überwiegende Mehrheit in der Gesetzgebung und der Rechtsprechung geht jedoch einen Mittelweg dahingehend, dass nur der Stand von Wissenschaft und Technik ausschlaggebend sein kann, zu dem der Hersteller auch tatsächlich Zugang hatte[699].

Da die state of the art defense in jedem Fall die Haftung des Herstellers von einem Verschuldenselement abhängig macht, hat die Rechtsprechung die Einrede unter Geltung des § 402A Restatement (Second) Torts für sämtliche Fehlerarten abgelehnt[700]. Erst mit der sich zunehmend durchsetzenden Beurteilung eines Produktfehlers auf der Grundlage der Risiko-Nutzen-Abwägung, die im Ergebnis

---

696 Vgl. Comment l zu § 2 Restatement (Third) Torts.

697 Smith v. Minster Mach. Co., 669 F.2d 628 (10th Cir. 1982) S. 633: [State of the art] „is understood to mean simply the custom and practice in an industry".

698 Wiska v. St. Stanislaus Social Club, Inc., 390 N.E.2d 1133 (Mass. App. Ct. 1979) S. 1138 Nr. 8: „the level of pertinent scientific and technical knowledge existing at the time".

699 Siehe z.B. Nebraska Rev. Stat. § 25-21, 182: „the best technology reasonably available at the time"; Indianapolis Athletic Club, Inc. v. Alco Standard Corp., 709 N.E.2d 1070 (Ind. Ct. App. 1999) S. 1074: „the best technology reasonable feasable at the time". Siehe hierzu auch den Überblick bei Owen, S. 678ff.

700 Vgl. Cunningham v. MacNeal Memorial Hospital, 266 N.E.2d 897 (Ill. 1970) S. 902: „To allow a defense to strict liability on the ground that there is no way, either practical or theoretical, for a defendant to ascertain the existence of impurities in his product

einen Fahrlässigkeitsstandard einführt, hat sich die Ansicht durchgesetzt, dass der Hersteller nur für solche Risiken haften soll, die im Zeitpunkt des Inverkehrbringens bekannt waren[701].

Die Berücksichtigung des state of the art führt im Regelfall allerdings nicht dazu, dass ein Softwarefehler als unvermeidbar angesehen wird. Zwar wird in diesem Zusammenhang häufig vorgebracht, dass größere Softwareprogramme nach dem derzeitigen Stand der Technik nicht fehlerfrei sein können[702]. Nach der überwiegenden Ansicht führt dieser Aspekt aber nicht zu einer Entlastung des Herstellers im Hinblick auf den konkreten Fehler. Dieser ist nämlich in aller Regel nach dem state of the art der Softwareindustrie erkennbar und vermeidbar. In den meisten Fällen kann der konkret auftretende Fehler durch simple Modifikationen des Programmcodes behoben werden. Auch im Hinblick auf Instruktionspflichten des Herstellers ist zu beachten, dass die Risiken, die durch eine Software für Rechtsgüter des Anwenders bestehen, dem Hersteller in aller Regel nach dem state of the art bekannt sind.

Durch die Neufassung des Fehlerbegriffs durch das Restatement (Third) Torts wurde die state of the art defense in ihrer herkömmlichen Form allerdings abgeschafft. In diesem Zusammenhang ist zunächst zu beachten, dass die Haftung für Fabrikationsfehler auch nach § 2 Restatement (Third) Torts verschuldensunabhängig ausgestaltet ist und somit kein Raum für die state of the art defense bleibt. Im Rahmen der Konstruktions- und Instruktionsfehler gem. § 2 (b) und (c) Restatement (Third) Torts wird hingegen auf die Voraussehbarkeit des Schadensrisikos abgestellt. Durch diese Definition ist klargestellt, dass im Zeitpunkt des Inverkehrbringens unbekannte Risiken keine Fehlerhaftigkeit des Produkts begründen[703]. Da die Beweislast für die Möglichkeit einer angemessenen Alternativkonstruktion nach dem state of the art dem Geschädigten obliegt, ist die Ausgestaltung als Einrede des Herstellers entfallen[704]. Wie bereits ausgeführt, wird dem Geschädigten ein solcher Beweis jedoch häufig möglich sein, da typischerweise auftretende Softwarefehler nach dem state of the art der Softwareindustrie zumeist vorhersehbar und vermeidbar sind.

---

would be to emasulate the doctrine and in a very real sense would signal a return to a negligence theory."

701 Vgl. Comment a zu § 2 Restatement (Third) Torts.

702 Zollers/McMullin/Hurd/Shears, 21 Santa Clara Computer & High Tech. L. J. 745 (2005) S. 779f.

703 Owen, S. 705.

704 Vgl. Comment d und i zu § 2 Restatement (Third) Torts.

dd) Ersatzfähiger Schaden

Auch im Rahmen der strict products liability in tort gilt die economic loss rule, nach welcher ein reiner Vermögensschaden nicht ersatzfähig ist[705]. Gem. § 21 Restatement (Third) Torts muss der Vermögensschaden vielmehr auf einer Körperverletzung oder einer Eigentumsverletzung, die nicht in der Beschädigung der Kaufsache selbst liegt, beruhen. Von großer Bedeutung für den Geschädigten ist, dass das amerikanische Recht keine Beschränkungen für den Ersatz des Eigentumsschadens enthält.

Problematisch ist, ob im Rahmen der strict liability in tort punitive damages gegen den Hersteller verhängt werden können. Unter Geltung des Restatement (Second) Torts wurde hierzu überwiegend vertreten, dass das alleinige Abstellen auf die Fehlerhaftigkeit und die damit zusammenhängende Irrelevanz des Herstellerverhaltens gegen den Ersatz von punitive damages sprechen[706]. Zwar wird mittlerweile, insbesondere unter dem Restatement (Third) Torts, für die Bestimmung der Fehlerhaftigkeit auch auf ein Verschulden des Hersteller abgestellt. Jedoch geht es in diesem Zusammenhang nur um ein fahrlässiges Verhalten bei der Konstruktion des Produkts oder den dazugehörigen Instruktionen. Die Geltendmachung von punitive damages erfordert hingegen ein besonders verwerfliches Verhalten, welches jedoch im Rahmen des Restatement (Third) Torts keine Berücksichtigung findet. Punitive damages werden daher im Regelfall über den parallel geltend gemachten Anspruch aus dem tort of negligence eingeklagt[707].

Ein Mitverschulden des Geschädigten bei der Entstehung des Schadens ist gem. § 17 Restatement (Third) Torts anspruchskürzend zu berücksichtigen[708]. Diese Vorschrift gibt die mittlerweile in den meisten Bundesstaaten vorherrschende Auffassung wieder, nach welcher ein Mitverschulden nicht mehr zum Ausschluss des Anspruchs führt (contributory negligence), sondern vielmehr der Anspruch des Geschädigten um den Grad des eigenen Mitverschuldens zu kürzen ist (comparative fault)[709]. Allerdings führt ein Mitverschulden des Geschädigten von 50%

705 Zu den ersatzfähigen Schadenspositionen vgl. die Ausführungen zum tort of negligence, S. 160.

706 Siehe beispielsweise Tozer, 39 Ins. Couns. J. 300 (1972).

707 Reimann, 51 Am. J. Comp. L. 751 (2003) S. 786.

708 Siehe hierzu das Beispiel zur Berücksichtigung von Mitverschulden im Fall einer fehlerhaften GPS-Software Woodard, 34 U. Dayton L. Rev. 429 (2009) S. 462f.

709 Vgl. Comment a zu § 17 Restatement (Third) Torts. Im Rahmen des § 402A Restatement (Second) Torts war ein Mitverschulden grundsätzlich nicht zu berücksichtigen, da dies regelmäßig zu einem Ausschluss des Anspruchs geführt hätte. In den 1960er Jahren galt nämlich noch überwiegend der Grundsatz der contributory negligence,

oder mehr in den meisten Bundesstaaten zu einem Ausschluss des Anspruchs. Diesem Prinzip folgt auch sec. 3 des Uniform Apportionment of Tort Responsibility Act. Dieser Uniform Act aus dem Jahr 2002 wurde bislang jedoch von keinem Bundesstaat umgesetzt.

IV. Vergleichende Analyse

1. Gegenüberstellung der nationalen Ergebnisse

In den untersuchten Rechtsordnungen kann die außervertragliche Haftung auf zwei verschiedene Grundlagen gestützt werden. Die eine knüpft die Haftung an die schuldhafte Verletzung einer Verhaltenspflicht an, die den Hersteller gegenüber dem Anwender und anderen geschädigten Personen trifft. Der andere Ansatz stellt hingegen allein auf die Fehlerhaftigkeit des Produkts ab und bewirkt dadurch – zumindest konzeptionell – eine verschuldensunabhängige Haftung des Herstellers.

Auffällig ist in diesem Zusammenhang, dass das englische tort-Recht bis zur Umsetzung der Produkthaftungsrichtlinie durch den CPA 1987 keine speziellen Regelungen im Hinblick auf die Haftung für fehlerhafte Produkte entwickelt hatte[710]. Im Gegensatz hierzu hat der BGH schon im Jahr 1968 durch das Hühnerpest-Urteil[711] spezielle Beweisregelungen entworfen, die im Rahmen des Deliktsrechts bei Produkthaftungsfällen anzuwenden sind. Zuvor hatte die Rechtsprechung in den USA bereits auf der Grundlage des tort of negligence die strict liability in tort entwickelt, die ihren Niederschlag in § 402A Restatement (Second) Torts gefunden hat.

a) Haftung für schuldhafte Pflichtverletzung

Die nationalen Rechtsordnungen bieten dem Geschädigten zunächst die Möglichkeit, einen erlittenen Schaden auf der Grundlage des traditionellen Deliktsrechts geltend zu machen. Anknüpfungspunkt für die Haftung ist dabei die schuldhafte Verletzung einer Pflicht, die der Hersteller im Rahmen der Entwicklung, der

wonach ein Mitverschulden des Anspruchstellers zu einem Ausschluss des Anspruchs führt, siehe auch oben, S. 98ff.

710 Zur Kritik der englischen Literatur an der Untätigkeit der Rechtsprechung siehe Stapleton, Product Liability, Rn. 45-6.

711 BGHZ 51, 91.

Herstellung und dem Inverkehrbringen des Produkts gegenüber dem Geschädigten einzuhalten hat.

Der Haftungsgrundlage für diesen Anknüpfungspunkt stellt im deutschen Recht § 823 Abs. 1 BGB dar. Im common law erfüllt diese Funktion der tort of negligence.

aa) Persönlicher Anwendungsbereich

Kennzeichnend für die angeführten Anspruchsgrundlagen ist, dass sie keine relevanten Einschränkungen im Hinblick auf den Kreis der potentiellen Anspruchsteller und -gegner enthalten. So kann neben dem Anwender auch jede andere Person, die durch eine Software in ihren geschützten Rechtsgütern verletzt wurde, einen Anspruch geltend machen. Dieser Anspruch kann nicht nur gegen den Hersteller gerichtet werden, sondern auch gegen jeden, der an der Herstellung und dem Vertrieb der Software beteiligt war[712].

Die systematische Herleitung dieses Ergebnisses im deutschen Recht unterscheidet sich jedoch von jener im common law. Während im deutschen Recht jedermann eine Nichtschädigungspflicht im Hinblick auf die in § 823 Abs. 1 BGB aufgezählten Rechtsgüter gegenüber der Allgemeinheit trifft, bestimmt sich der Kreis der Anspruchssteller im common law nach dem Inhalt der duty of care. Eine solche bestand traditionell nur zwischen Vertragspartnern, so dass der Geschädigte gegen den Hersteller in aller Regel keinen tort-Anspruch geltend machen konnte. Seit den Entscheidungen Donoghue v Stevenson und MacPherson v Buick Motor Co. besteht jedoch eine Sorgfaltspflicht des Herstellers gegenüber allen Personen, die mit dem Produkt voraussichtlich in Berührung kommen und dadurch geschädigt werden können.

bb) Geschützte Rechtsgüter

Weiterhin weisen die untersuchten Rechtsordnungen die Gemeinsamkeit auf, dass die Herstellerpflichten sich auf den Schutz bestimmter Rechtsgüter beschränken. Dies sind im Regelfall das Leben, der Körper und das Eigentum. Zu der Verletzung des Eigentums gehört dabei auch die Beschädigung eines Datenträgers durch den Verlust von Daten. Übereinstimmend wird jedoch davon ausgegangen, dass

712 In der Praxis wird der Anspruch allerdings zumeist gegen den Hersteller gerichtet sein. So treffen beispielsweise den Verkäufer keine Pflichten in Hinblick auf Herstellung und Konstruktion.

der reine Vermögensschaden, der beispielsweise durch einen Betriebsausfall aufgrund einer fehlerhaften Software verursacht wurde, nicht ersatzfähig ist.

Wie bei der Bestimmung des persönlichen Anwendungsbereichs wird diese Beschränkung auf unterschiedliche systematische Erwägungen gestützt. Im deutschen Recht enthält § 823 Abs. 1 BGB eine ausdrückliche Aufzählung der Rechtsgüter, die einem Schutz vor schuldhaften Verletzungen unterliegen. Im common law hingegen wird der Inhalt der duty of care dahingehend ausgelegt, dass dieser nur Körper- und Eigentumsschäden erfasst. Nach der economic loss rule ist der Ersatz von reinen Vermögensschäden hingegen nicht umfasst, sondern vielmehr dem Vertragsrecht vorbehalten.

cc) Schuldhafte Pflichtverletzung

Der Inhalt der Herstellerpflicht besteht darin, die geschützten Rechtsgüter des relevanten Verkehrskreises nicht zu schädigen. Ob der Hersteller diese Pflicht schuldhaft verletzt hat, bestimmt sich danach, wie sich ein objektivierter, gewissenhafter Hersteller in der Position des Schädigers verhalten hätte.

In diesem Zusammenhang stellen alle untersuchten Rechtsordnungen auf ähnliche Kriterien ab. So trifft den Hersteller stets die Pflicht, die technischen Regelwerke und jeweiligen Industriestandards zu berücksichtigen. Da diese jedoch veraltet oder unvollständig sein können, muss der Hersteller auch den Stand von Wissenschaft und Technik berücksichtigen. Weiterhin sind für die Bestimmung der Herstellerpflichten die berechtigten Erwartungen des relevanten Verkehrskreises zu berücksichtigen. In diesem Zusammenhang wird übereinstimmend davon ausgegangen, dass die Anforderungen an die Sorgfalt mit der Wahrscheinlichkeit und der Schwere des Schadens steigen. Diesen Zusammenhang hat Judge Learned Hand in der gleichnamigen Formel zur Bestimmung von schuldhaftem Verhalten des Herstellers zum Ausdruck gebracht. Dabei können auch ökonomische Aspekte in die Abwägung einbezogen werden, sofern die Software eine gewisse Mindestsicherheit aufweist.

Da die Haftung aber auf einem schuldhaften Verhalten des Herstellers beruht, trifft diesen keine Haftung, wenn die Gefährdung des Dritten nach dem Stand von Wissenschaft und Technik nicht erkennbar war. Er trägt somit nicht das Entwicklungsrisiko.

Um die Verhaltensanforderungen an den Hersteller genauer zu bestimmten, erfolgt in allen untersuchten Rechtsordnungen eine Aufteilung in Fabrikations-, Konstruktions- und Instruktionspflichten. Darüber hinaus trifft den Hersteller die Pflicht zur Produktbeobachtung, da dessen Pflichten gegenüber dem relevanten Verkehrskreis nicht mit dem Inverkehrbringen des Produkts enden.

Im Hinblick auf Softwarefehler ist insbesondere die Verletzung von Konstruktions- und Instruktionspflichten relevant. In diesem Zusammenhang berufen sich die Softwarehersteller häufig darauf, dass nach dem Stand von Wissenschaft und Technik keine größeren Programme ohne Fehler erstellt werden können. Jedoch wird diese Argumentation überwiegend abgelehnt, da der konkrete Fehler in aller Regel erkennbar ist und durch eine einfache Änderung des Programmcodes behoben werden kann. Der Hersteller hätte damit in aller Regel eine entsprechende Alternativkonstruktion der Software verwenden können, weshalb er im Ergebnis fahrlässig gehandelt hat. Darüber hinaus haben die Benutzer der Software die berechtigte Erwartung, dass diese nicht zu einem Schaden an den geschützten Rechtsgütern führt.

dd) Schaden

Wie bereits angeführt, gehen die untersuchten Rechtsordnungen übereinstimmend davon aus, dass der Geschädigte solche Schäden ersetzt verlangen kann, die auf einer Verletzung des Lebens, des Körpers und des Eigentums beruhen. Grundsätzlich nicht ersatzfähig ist jedoch ein reiner Vermögensschaden[713]. Ein Verschulden des Geschädigten, das bei der Entstehung des Schadens mitgewirkt hat, ist im deutschen und englischen Recht stets, im Recht der USA in den meisten Bundesstaaten, anspruchskürzend zu berücksichtigen.

In den meisten Bundesstaaten der USA können im Gegensatz zum deutschen und englischen Recht auch punitive damages zugesprochen werden. Allerdings ist hierfür ein fahrlässiges Verhalten des Herstellers nicht ausreichend, so dass punitive damages in ganz wenigen Fällen zugesprochen werden. Erforderlich ist hierfür ein außergewöhnlich verurteilenswertes Verhalten des Herstellers, beispielsweise indem er bekannte Produktfehler in Täuschungsabsicht verschweigt oder bewusst gegen Sicherheitsstandards verstößt. In diesem Zusammenhang ist allerdings zu beachten, dass die Vollstreckung eines rein pönalisierenden Strafschadensersatzes in Deutschland und den anderen Mitgliedsstaaten der EG regelmäßig an dem ordre-public-Vorbehalt scheitern würde.

ee) Beweislast

Ein grundsätzlicher Nachteil der an die Pflichtwidrigkeit des Herstellers anknüpfenden Haftung ist, dass der Geschädigte ein schuldhaftes Handeln des

713 Nur vereinzelt haben Gerichte in den USA auch reine Vermögensschäden als ersatzfähig angesehen, vgl. Sharon Steel Corp. v. Lakeshore, Inc., 753 F.2d 851 (10th Cir. 1985); Berg v. General Motors Corp., 555 P.2d 818 (Wash. 1976); City of La Crosse v. Schubert, Schroeder & Associates, Inc., 240 N.W.2d 124 (Wis. 1976).

Herstellers darlegen und beweisen muss. In gewissem Umfang werden diese Nachteile dadurch ausgeglichen, dass die untersuchten Rechtsordnungen Beweiserleichterungen vorsehen. Graduelle Unterschiede bestehen jedoch zwischen dem deutschen Recht und dem common law im Hinblick auf das Ausmaß der Beweiserleichterung.

Im common law gelten die klassischen Regeln zur Verteilung der Beweislast. Der Geschädigte muss daher sämtliche Voraussetzungen des tort of negligence darlegen und beweisen. Die Rechtsprechung hilft dem Geschädigten hier lediglich durch allgemeine Beweisregeln, insbesondere der res ipsa loquitur, die mit dem deutschen Anscheinsbeweis vergleichbar ist. Der common sense approach der res ipsa loquitur hilft dem Geschädigten jedoch in aller Regel nur bei der Verletzung von Fabrikationspflichten[714]. Im Zusammenhang mit der Verletzung von Konstruktions- und Instruktionspflichten kommt die Beweiserleichterung dem Geschädigten jedoch nicht zugute.

Im deutschen Recht hingegen hat der BGH im Hühnerpest-Urteil eine spezielle Verteilung der Beweislast für die Produkthaftung entwickelt. Danach hat der Geschädigte lediglich die Fehlerhaftigkeit der Software zu beweisen. Wenn ihm dieser Beweis gelingt, wird im Wege der Beweislastumkehr vermutet, dass der Mangel auf eine vom Hersteller zu vertretene Pflichtwidrigkeit zurückzuführen ist.

b) Verschuldensunabhängige Haftung für fehlerhafte Software

Nachdem die Rechtsprechung in den USA bereits in den 1960er Jahren eine vom Verschulden des Herstellers unabhängige Haftung entwickelt hatte, wurde dieser rechtliche Ansatz mit Erlass der Produkthaftungsrichtlinie 85/374/EWG im Jahr 1985 auch in der Europäischen Gemeinschaft eingeführt. Hiernach steht dem Geschädigten eine Anspruchsgrundlage zu, die ausschließlich an die Fehlerhaftigkeit des Produkts anknüpft und dadurch das Risiko der Fehlerhaftigkeit dem Hersteller auferlegt. Durch den Verzicht auf ein Verschulden des Herstellers wird dem Umstand Rechnung getragen, dass dem Geschädigten mangels Einsicht in die hochkomplexen Produktionsprozesse in vielen Fällen der Verschuldensnachweis nicht möglich ist. Darüber hinaus wird die Risikozuweisung an den Hersteller damit gerechtfertigt, dass der Benutzer die Mangelhaftigkeit des Produkts, beispielsweise bei Software, aufgrund zunehmender Technisierung zumeist nicht mehr erkennen

714 Dieser common sense approach führt bei einem Fabrikationsfehler zu einer dem deutschen Recht vergleichbaren Beweislastumkehr, vgl. Van Gerven/Lever/Larouche, Fall 6.3.1.C, S. 643f.

kann. Der Hersteller kann sich aber gegen das Schadensrisiko vergleichsweise kostengünstig versichern und die dafür anfallenden Kosten auf die Produktpreise umlegen[715].

Die Produkthaftungsrichtlinie hat Deutschland mit dem Produkthaftungsgesetz und England mit dem CPA 1987 umgesetzt. Die von der Rechtsprechung der U.S.-amerikanischen Bundesstaaten entwickelte strict liability in tort hat das ALI zunächst im Restatement (Second) Torts und nunmehr im Restatement (Third) Torts aufbereitet.

Für das englische Recht und das Recht der USA stellte die Entwicklung der Produkthaftung dabei einen weniger bedeutsamen Einschnitt dar als für das deutsche Recht. Während es sich in den USA um eine Fortentwicklung des tort of negligence handelt, wurde mit dem CPA 1987 zwar eine neue deliktische Anspruchsgrundlage eingeführt. Da das Deliktsrecht aber sowieso in einzelne torts aufgeteilt ist, stellt der CPA 1987 im Ergebnis einen neuen tort für fehlerhafte Produkte dar[716]. In Deutschland hingegen stellte der Verzicht auf das Verschuldenserfordernis einen Bruch mit dem traditionellen Verschuldensprinzip dar. Daher entschied sich der Gesetzgeber gegen eine Integrierung der Produkthaftungsrichtlinie in das allgemeine Deliktsrecht und implementierte die Richtlinie in einem eigenständigen Gesetz. Zur Integrierung der europäischen Richtlinie in das bestehende nationale Haftungssystem hat der deutsche Gesetzgeber zudem einen Katalog von geschützten Rechtsgütern, vergleichbar mit der Konzeption des § 823 Abs. 1 BGB, in den Tatbestand des § 2 ProdHaftG aufgenommen.

aa) Persönlicher Anwendungsbereich

Im Hinblick auf den potentiellen Kreis der Anspruchsteller weisen die untersuchten Rechtsordnungen zunächst die Gemeinsamkeit auf, dass in jedem Fall derjenige, der durch das fehlerhafte Produkt an den Rechtsgütern Leben, Körper oder Gesundheit verletzt wurde, einen Anspruch geltend machen kann. Unterschiede bestehen jedoch, wenn der Geschädigte einen Eigentumsschaden erlitten hat. Aufgrund der Vorgaben der Produkthaftungsrichtlinie können nach dem deutschen und englischen Recht in diesem Fall nur Verbraucher einen Anspruch geltend machen. In den USA wird eine solche Beschränkung nach dem Recht der meisten

---

715 Der Hersteller wird daher auch als cheapest cost avoider bezeichnet, vgl. nur Taeger, CR 1996, 257, 270f.

716 Van Gerven/Lever/Larouche, S. 682.

Bundesstaaten abgelehnt, so dass der Anspruch regelmäßig sowohl Verbrauchern als auch Unternehmen zusteht[717].

Bezüglich des Kreises der potentiellen Anspruchsgegner besteht die Gemeinsamkeit, dass in jedem Fall der Hersteller des fehlerhaften Produkts in Anspruch genommen werden kann. Im Hinblick auf weitere Anspruchsgegner bestehen jedoch Abweichungen. So kann der Geschädigte in Deutschland und England außer gegen den Hersteller zunächst nur gegen den Importeur und den Quasi-Hersteller vorgehen. Eine subsidiäre Haftung der anderen Akteure, die am Vertrieb der Software beteiligt sind, besteht nur dann, wenn sie den Hersteller nicht innerhalb einer bestimmten Frist benennen. In den USA hingegen kann grundsätzlich jeder Beteiligte der Vertriebskette in Anspruch genommen werden[718].

bb) Software als Produkt

Die untersuchten Rechtsordnungen setzen für die Anwendbarkeit der fehlerbezogenen Produkthaftung das Vorliegen eines Produkts voraus. Hierunter werden übereinstimmend bewegliche Sachen verstanden. Problematisch ist dabei stets, ob Software als eine solche bewegliche Sache anzusehen und damit der Anwendungsbereich der fehlerbezogenen Produkthaftung eröffnet ist.

Übereinstimmend gehen die untersuchten Rechtsordnungen davon aus, dass embedded Software, die in einem Gebrauchsgegenstand enthalten ist, dem Anwendungsbereich der verschuldensunabhängigen Produkthaftung unterliegt. Weiterhin ist nach den überwiegenden Ansichten zumindest solche Standardsoftware erfasst, die auf einem Datenträger überlassen wird. Ob hingegen auch Software, die über das Internet übertragen wurde, in den Anwendungsbereich fällt, ist umstritten. Aufgrund des Schutzwecks, der den Geschädigten vor den Gefahren massenhaft produzierter Waren schützen und ihm die Durchsetzung von Ansprüchen erleichtern will, wird in Deutschland und den USA überwiegend davon ausgegangen, dass auch solche Software als Produkt anzusehen ist. In England wird diese Auffassung von einem Teil der Literatur ebenfalls vertreten. Allerdings hat sich im Hinblick auf diese Frage noch keine überwiegende

---

717 Diese Abweichung lässt sich durch die Entwicklung der strict liability in torts auf der Grundlage des common law erklären, dem eine solche Beschränkung auf Verbraucher fremd ist, vgl. Reimann, 51 Am. J. Comp. L. 751 (2003) S. 763.

718 Henderson/Twerski, 34 Tex. Int'l. L. J. 1 (1999), S. 52; Reimann, 51 Am. J. Comp. L. 751 (2003) S. 764. Jedoch relativieren sich diese Unterschiede vor dem Hintergrund, dass der Geschädigte den Händler in vielen Fällen nur subsidiär verklagt, da der Hersteller regelmäßig größere finanzielle Mittel aufweist.

Ansicht herausgebildet. Es besteht aber auch in England die Tendenz, Software als Produkt einzuordnen.

cc) Fehlerhaftigkeit der Software

Zur Bestimmung eines Fehlers finden in den untersuchten Rechtsordnungen verschiedene Methoden Anwendung.

Nach dem ProdHaftG und dem CPA 1987 sind in diesem Zusammenhang die berechtigten Erwartungen des Verbrauchers an die Sicherheit des Produkts maßgeblich[719]. Unter Anlegung dieses Maßstabs darf die Software nicht gefährlicher sein als die Verbraucher berechtigterweise erwarten dürfen. Dieser Bewertungsmaßstab findet einheitlich auf alle Fehlerkategorien Anwendung. Dabei ist davon auszugehen, dass der Benutzer zumindest erwarten kann, dass die in den technischen Regelwerken enthaltenen und aus den best practices der Softwarebranche resultierenden Sicherheitsmaßnahmen eingehalten wurden. Da diese Standards aber lückenhaft und teilweise veraltet sind, kann der Benutzer darüber hinaus erwarten, dass der Hersteller den aktuellen Stand von Wissenschaft und Technik berücksichtigt.

In den USA hat die überwiegende Ansicht im Zuge der Veröffentlichung des § 402A Restatement (Second) Torts ebenfalls ausschließlich die Erwartungen des Verbrauchers an die Sicherheit des Produkts für entscheidend gehalten[720]. In der Folgezeit hat sich in Rechtsprechung und Literatur allerdings die Ansicht durchgesetzt, dass ein alleiniges Abstellen auf die Erwartungen des Verbrauchers im Hinblick auf Konstruktions- und Instruktionsfehler kein angemessener Maßstab ist. Das Restatement (Third) Torts unterscheidet daher ausdrücklich zwischen verschiedenen Fehlerkategorien und wendet jeweils unterschiedliche Maßstäbe für die Bestimmung eines Fehlers an. So sieht § 2 (a) für Fabrikationsfehler eine Haftung des Herstellers vor, wenn das Produkt von seiner beabsichtigten Konstruktion abweicht, auch wenn der Hersteller mit höchster Sorgfalt gehandelt hat.

---

719 Aus historischer Sicht ist dieser Standard überraschend, da die Produkthaftung in Europa eher dem Deliktsrecht zuzuordnen ist. In den USA lässt sich die (zunehmend schwindende) Verwendung des consumer expectation test damit begründen, dass die Produkthaftung historisch eng mit der warranty verbunden ist, vgl. Howells/Mildred, 65 Tenn. L. Rev. 985 (1998) S. 995.

720 Daher wird teilweise kritisch angemerkt, dass in der Europäischen Union durch die Umsetzung der Produkthaftungsrichtlinie eine Rechtslage besteht, die in den USA in den 1960er Jahre vorherrschte und wegen wachsender Zweifel mittlerweile kaum noch Anwendung findet, vgl. Henderson/Twerski, 34 Tex. Int'l. L. J. 1 (1999) S. 12f.

Für Konstruktions- und Instruktionsfehler gem. § 2 (b), (c) ist hingegen entscheidend, ob das voraussehbare Schadensrisiko durch eine angemessene Alternativkonstruktion oder Warnung hätte verringert oder ausgeschlossen werden können. Für die Bestimmung der Fehlerhaftigkeit eines Produkts ist somit eine Risiko-Nutzen-Abwägung vorzunehmen. Dabei darf das Produkt nicht gefährlicher sein als unbedingt erforderlich für seinen Zweck. Neben den technischen Regelwerken, best practices und dem Stand von Wissenschaft und Technik fließen dabei auch die Erwartungen des Verbrauchers an die Sicherheit des Produkts sowie ökonomische Aspekte in die Abwägung ein.

Damit stellt sich die zentrale Frage für die Haftung des Softwareherstellers, inwieweit die untersuchten Rechtsordnungen mit dem gewählten Ansatz auf das Verschuldenserfordernis verzichtet haben. Eine unbefangene Lektüre von § 1 ProdHaftG, sec. 2 CPA 1987 sowie dem § 1 Restatement (Third) Torts legen zunächst einen kompletten Verzicht auf ein pflichtwidriges Herstellerhandeln nahe, da sie dessen Haftung allein von der Fehlerhaftigkeit des Produkts abhängig machen.

Bei genauerer Betrachtung besteht eine solche verschuldensunabhängige Haftung des Herstellers jedoch lediglich für Fabrikationsfehler. In den untersuchten Rechtsordnungen ist hierfür allein entscheidend, ob das Produkt von seiner beabsichtigten Konstruktion abweicht.

Bei Konstruktions- und Instruktionsfehlern hat das Restatement (Third) Torts hingegen mit dem Abstellen auf die Möglichkeit der Risikoverringerung durch eine angemessene Alternativkonstruktion oder entsprechende Warnungen einen Fahrlässigkeitsstandard eingeführt. Zwar ist die Formulierung weiterhin objektiv an der Fehlerhaftigkeit des Produkts orientiert. Die zur Bestimmung des Fehlers erforderliche Risiko-Nutzen-Abwägung führt aber immer dann zur Fehlerhaftigkeit des Produkts, wenn der Hersteller unter Abwägung der relevanten Umstände die Verpflichtung hatte, eine Alternativkonstruktion zu wählen oder entsprechende Warnungen auszusprechen. Im Ergebnis handelt es sich dabei um die Learned Hand-Formel, die zur Bestimmung von Fahrlässigkeit herangezogen wird.

Im deutschen und englischen Recht erfordert die Feststellung eines Fehlers hingegen eine Ermittlung der berechtigten Benutzererwartungen anhand objektiver Kriterien. Die Konzeption ist damit auf eine vom Verschulden des Herstellers unabhängige Bestimmung des Fehlers ausgelegt. Ob dieser Maßstab allerdings auch bei Beurteilung komplexer Konstruktions- und Instruktionsfragen angemessen ist, hat die Rechtsprechung bisher nicht entschieden. In der Literatur wird häufig vertreten, dass die berechtigten Verbrauchererwartungen in diesen Fällen keinen angemessenen Maßstab darstellen. Die Rechtsprechung werde daher gezwungen sein, das Verhalten des Herstellers auf seine Angemessenheit hin zu überprüfen und damit eine versteckte Fahrlässigkeitsprüfung vorzunehmen. Die berechtigte Erwartung des Verbrauchers kann hier nämlich nur dahingehend bestehen, dass der Hersteller die unter Berücksichtigung aller Umstände beste Konstruktion gewählt bzw. die erforderliche Warnung ausgesprochen hat. Damit steht aber wie bei der verschuldensabhängigen Deliktshaftung und § 2 Restatement (Third) Torts das pflichtgemäße Verhalten des Herstellers im Mittelpunkt[721].

dd) Verteidigung mit Entwicklungsrisiken

Im Rahmen der Frage, inwieweit die untersuchten Rechtsordnungen Aspekte der Fahrlässigkeit bei der Beurteilung der Fehlerhaftigkeit des Produkts einbeziehen, nimmt weiterhin die Frage der Verteidigung mit Entwicklungsrisiken eine zentrale Rolle ein. Bei einer reinen verschuldensunabhängigen Haftung wäre nämlich der Umstand, dass der Hersteller den Stand von Wissenschaft und Technik im Zeitpunkt des Inverkehrbringens beachtet hat, nicht zu berücksichtigen.

Zwar hat der EuGH, dessen Vorgaben für die in § 1 Abs. 2 Nr. 5 ProdHaftG bzw. sec. 4 (1) (e) CPA 1987 enthaltenen Regelungen maßgeblich sind, eine enge Auslegung vorgenommen, indem er den objektiven, disziplinenübergreifenden Stand von Wissenschaft und Technik für ausschlaggebend erklärt hat. Jedoch sei stets eine Verhältnismäßigkeitsprüfung dahingehend vorzunehmen, ob der Hersteller überhaupt objektiv die Möglichkeit hatte, an diese Informationen zu gelangen. Dies führt beispielsweise dazu, dass unter Verschluss gehaltene Erkenntnisse die Berufung auf die Einrede seitens des Herstellers nicht verhindern. Im Ergebnis ist damit also zu einem gewissen Grad entscheidend, ob der Hersteller sich pflichtgemäß, also nicht fahrlässig verhalten hat. Die Beweispflicht für den Stand der Wissenschaft und Technik trägt der Hersteller.

Im Hinblick auf die Konstruktion einer Software ist allerdings festzuhalten, dass die Verteidigung mit Entwicklungsrisiken nur selten zu einer Entlastung des Herstellers führen kann. Zwar wird in diesem Zusammenhang häufig auf die zwingende Fehlerhaftigkeit von Software verwiesen. Jedoch ist zu berücksichtigen, dass bislang noch kein einheitlicher und umfassender Stand der Wissenschaft und Technik existiert. Sofern ein solcher Standard besteht, ist zu beachten, dass der konkrete Fehler nach diesem Standard in aller Regel vorhersehbar und vermeidbar war.

Im Recht der USA wurde die state of the art defense in ihrer klassischen Form hingegen durch das Restatement (Third) Torts abgeschafft. Der Nachweis des

721 Kötz, FS für Werner Lorenz zum siebzigsten Geburtstag, S. 109, 113ff.

relevanten state of the art obliegt aufgrund der Definition des Konstruktions- und Instruktionsfehlers nunmehr dem Geschädigten. Danach kann ein Fehler nämlich nur dann vorliegen, wenn die vom Produkt ausgehenden Sicherheitsrisiken für den Hersteller im Zeitpunkt des Inverkehrbringens nach dem state of the art vorhersehbar war. Im Hinblick auf Softwarefehler wird dem Geschädigten dieser Nachweis jedoch häufig möglich sein, da der konkrete Fehler – wie bereits ausgeführt – nach dem state of the art vorhersehbar und auch vermeidbar ist.

ee) Ersatzfähiger Schaden

Die untersuchten Rechtsordnungen stimmen dahingehend überein, dass lediglich Schäden ersatzfähig sind, die auf einer Verletzung des Lebens, des Körpers, der Gesundheit sowie des Eigentums beruhen. Das Mitverschulden des Geschädigten ist regelmäßig bei der Entstehung des Schadens anspruchskürzend zu berücksichtigen[722].

Ein reiner Vermögensschaden hingegen, der durch die fehlerhafte Software verursacht wurde, ist nicht ersatzfähig. Weiterhin stellt die Beschädigung der fehlerhaften Software selbst keinen ersatzfähigen Schaden dar. Der Ersatz dieser Schäden ist vielmehr dem Vertragsrecht vorbehalten.

Im Gegensatz zum Recht der USA unterliegt die Geltendmachung von grundsätzlich ersatzfähigen Schäden im deutschen und englischen Recht erheblichen Einschränkungen. Insbesondere im Hinblick auf Eigentumsschäden ist zu beachten, dass nur die Verletzung solcher Gegenstände zu einem ersatzfähigen Schaden führt, die zum privaten Gebrauch bestimmt sind. Im deutschen Recht trifft den Geschädigten darüber hinaus ein Selbstbehalt i.H.v. 500 Euro. Im englischen Recht wurde die Vorgabe der Richtlinie hingegen dergestalt umgesetzt, dass der Sachschaden in voller Höhe ersatzfähig ist, sofern er den Betrag von £ 275 übersteigt. Damit beschränkt sich der Anwendungsbereich des ProdHaftG und des CPA 1987 zunächst auf Software, die zu einem Personenschaden führen kann, beispielsweise im Medizinbereich. Weiterhin ist Software erfasst, die in Fortbewegungsmitteln eingesetzt wird, da diese sowohl zu Personenschäden als auch zu Schäden an privat genutzten Sachen in der erforderlichen Größenordnung führen kann.

Im Rahmen von Produkthaftungsfällen können nach dem Recht der meisten Bundesstaaten der USA zwar teilweise punitive damages zugesprochen werden. Jedoch erfolgt dies in aller Regel nicht im Rahmen der strict liability in torts,

722 Zu beachten ist allerdings, dass einige Bundesstaaten der USA die Berücksichtigung von Mitverschulden insgesamt bzw. bei einem Verschuldensanteil des Geschädigten von 50% oder mehr ablehnen, siehe bereits S. 160f.

sondern auf der Grundlage des parallel geltend gemachten Anspruchs aus dem tort of negligence.

ff) Beweislast

Der Geschädigte trägt in den untersuchten Rechtsordnungen die Beweislast für die Fehlerhaftigkeit der Software, den Schaden sowie die Kausalität. Für das deutsche Recht findet sich diesbezüglich eine ausdrückliche Regelung in § 1 Abs. 4 S. 1 ProdHaftG. Im Recht Englands und der USA hingegen ergibt sich dies aus den allgemeinen Grundsätzen zur Verteilung der Beweislast.

Aufgrund der Regelung in § 2 (b) und (c) Restatement (Third) Torts trifft den Geschädigten nach U.S.-amerikanischem Recht die Beweispflicht dafür, dass die Verwendung einer Alternativkonstruktion oder das Aussprechen einer Warnung nach dem Stand von Wissenschaft und Technik erforderlich war. In Deutschland und England hingegen muss der Geschädigte beweisen, dass die Software die berechtigten Sicherheitserwartungen nicht erfüllt. Die Beweislast dafür, dass das Risiko nach dem Stand der Wissenschaft und Technik nicht bekannt war, trägt der Hersteller.

Zwar sieht das Restatement (Third) Torts in § 3 eine Beweiserleichterung vor, die aber im Ergebnis lediglich eine gesetzliche Ausformulierung der res ipsa loquitur darstellt. Die Anwendung derartiger allgemeiner Beweiserleichterungen steht auch den deutschen und englischen Gerichten offen.

2. Bewertung

Eine führende englische Autorin auf dem Gebiet der Produkthaftung hat den Vergleich der außervertraglichen Haftung für fehlerhafte Produkte als „dangerous business" bezeichnet[723]. Diese Aussage bezieht sich darauf, dass die zahlreichen Unterschiede in den rechtlichen Ansätzen sowie der praktischen Anwendung nicht ohne die Berücksichtigung historischer, politischer und sozialer Hintergründe erklärbar sind. Insbesondere wird in diesem Zusammenhang der Frage nachgegangen, warum die strict liability in torts in den USA grundsätzlich eine weitaus bedeutendere Rolle spielt als das ProdHaftG und der CPA 1987 in Europa[724].

---

723 Vgl. Stapleton, 34 Tex. Int'l. L. J. 45 (1999) S. 46: „Comparative products liability is dangerous business."

724 Dies wird auf eine Vielzahl von Ursachen zurückgeführt: So ist beispielsweise von Bedeutung, dass in den USA eine Jury über den Anspruch entscheidet und daher dem Geschädigten tendenziell höhere Summen zugesprochen werden. Weiterhin muss die

Gleichwohl ist diese Ursachenforschung für den vorliegenden Untersuchungsgegenstand zweitrangig, da der primäre Fokus nicht darauf gerichtet ist, warum diese Unterschiede bestehen, sondern wie sich diese Unterschiede auf die Haftungssituation auswirken. Weiterhin ist zu berücksichtigen, dass die Erforschung der Ursachen, warum die strict liability in tort gegenüber den europäischen Regelungen auf mehr Akzeptanz stößt, zumindest im Softwarebereich eine untergeordnete Rolle spielt. Der Mangel an gerichtlichen Entscheidungen zu diesem Themenbereich sowohl in den USA als auch in Deutschland und England zeigt nämlich, dass die außervertragliche Haftung für Softwarefehler auf beiden Seiten des Atlantiks, zumindest noch, einen gleichermaßen geringen Stellenwert hat.

Im Folgenden ist auch im Rahmen der Bewertung der außervertraglichen Haftungssituation zwischen der deliktischen Haftung für schuldhafte Pflichtverletzungen und der verschuldensunabhängigen Produkthaftung zu unterscheiden.

a) Haftung für schuldhafte Pflichtverletzung

Die potentielle Haftung des Softwareherstellers nach der Produzentenhaftung einerseits und dem tort of negligence im common law andererseits weist zwar bezüglich ihrer materiell-rechtlichen Voraussetzungen keine erheblichen Unterschiede auf. So bestehen vergleichbare Voraussetzungen für den persönlichen Anwendungsbereich, die geschützten Rechtsgüter sowie die Anforderungen an eine schuldhafte Verletzung von Herstellerpflichten. Damit nehmen die untersuchten Rechtsordnungen grundsätzlich eine vergleichbare Gewichtung der Interessen der Softwarehersteller und der Nutzer vor.

Ein Unterschied besteht jedoch im Hinblick auf die Verteilung der Beweislast, der im Ergebnis einen auf den tort of negligence gestützten Anspruch des Geschädigten gegen den Hersteller schwerer durchsetzbar macht. So hat der Geschädigte im deutschen Recht lediglich die Fehlerhaftigkeit der Software, den Schaden und

---

obsiegende Partei in den USA ihre eigenen Prozesskosten tragen. Zu bedenken ist auch, dass der Geschädigte in den USA häufig klagen muss, um die Kosten für die Heilbehandlung abzudecken, wohingegen in Europa die Sozialversicherungen solche Kosten übernehmen. Weiterhin wird angeführt, dass die europäische Mentalität eine ex ante-Regulierung durch Behörden einer ex post-Regulierung durch Gerichte vorzieht. Hinzu kommt, dass in den USA innerhalb der Rechtsanwaltschaft eine Spezialisierung auf Produkthaftpflichtprozesse zu beobachten ist, was tendenziell zu mehr Prozessen führt. In den USA erhöht auch die spektakuläre Aufarbeitung derartiger Prozesse in den Medien die bereits vorhandene Klagefreundlichkeit der Bevölkerung, vgl. hierzu ausführlich Reimann, 51 Am. J. Comp. L. 751 (2003) S. 810ff. sowie Howells/Mildred, 65 Tenn. L. Rev. 985 (1998) S. 992ff.

die Kausalität zu beweisen. Wenn ihm dieser Beweis gelingt, wird im Wege der Beweislastumkehr vermutet, dass der Mangel auf eine vom Hersteller zu vertretende Pflichtwidrigkeit zurückzuführen ist. Im Gegensatz hierzu bleibt es im common law bei der traditionellen Beweislastverteilung, weshalb der Geschädigte alle anspruchsbegründenden Umstände zu beweisen hat. Zwar relativiert sich dieser Vorteil in gewissem Umfang dadurch, dass auch im common law Beweiserleichterungen wie die res ipsa loquitur Anwendung finden. Jedoch sind diese Beweiserleichterungen gerade für die bei Software auftretenden Konstruktions- und Instruktionsfehler von geringer Bedeutung. Im Ergebnis erscheint der deutsche Ansatz vorzugswürdig. Die Nutzer der Software haben keine Einsicht in die komplexen innerbetrieblichen Abläufe und sind daher für den Nachweis des schuldhaften Verhaltens des Herstellers auf die Beweislastumkehr angewiesen. Dadurch werden auch nicht die Interessen der Softwarehersteller unangemessen benachteiligt. Wenn ein Hersteller die bestehenden Sorgfaltspflichten bei der Entwicklung der Software beachtet hat, wird ihm im Regelfall der Gegenbeweis dahingehend gelingen, dass er nicht schuldhaft gehandelt hat.

Eine weitere Besonderheit weist das Recht der USA auf, da die Gerichte der meisten Bundesstaaten bei besonders schweren Verfehlungen des Herstellers die Möglichkeit haben, punitive damages zu verhängen, was zu einer exponentiellen Erhöhung des Haftungsrisikos führt. Wenn man die Funktion des Schadensersatzes zu Recht in der Kompensation des Schadens sieht, ist ein solcher pönalisierender Schadensersatz aber als Verstoß gegen das Übermaßverbot abzulehnen. In gewissem Maße wird den Interessen der Hersteller im Recht der USA allerdings dadurch Rechnung getragen, dass die Gerichte punitive damages in der Praxis nur sehr zurückhaltend gewähren. Weiterhin wird das unverhältnismäßig hohe Haftungsrisiko des Softwareherstellers durch den ordre public-Vorbehalt relativiert, welcher der Vollstreckung eines Urteils, das dem Geschädigten rein pönalisierende punitive damages zuspricht, in Deutschland und den anderen Staaten der EG entgegensteht.

b) Verschuldensunabhängige Haftung für fehlerhafte Software

Auch im Rahmen der verschuldensunabhängigen Produkthaftung nach dem ProdHaftG, dem CPA 1987 und der strict products liability in tort ist zu beobachten, dass die untersuchten Rechtsordnungen die Interessen der Softwarehersteller und der Nutzer im Wesentlichen vergleichbar gewichtet haben.

Für die Haftungssituation ist zunächst von entscheidender Bedeutung, dass Standardsoftware als Produkt einzustufen ist und damit dem Anwendungsbereich des ProdHaftG, des CPA 1987 und der strict liability in torts unterliegt. Dies gilt auch für die Anwendbarkeit des CPA 1987 auf online übertragene Software. Selbst wenn die Rechtslage diesbezüglich schwer einzuschätzen ist, erscheint eine Einstufung als Produkt auch im englischen Recht überwiegend wahrscheinlich, da sich mittlerweile ein dahingehender Trend im Schrifttum abzeichnet. Die Einstufung als Produkt ist – unabhängig von der Übertragungsform in konkreten Fall – angemessen, da die technische Komplexität und die damit verbundenen Risiken nur durch den Softwarehersteller, der als einziger über das entsprechende Know-How verfügt, beherrscht werden können. Eine Risikozuweisung an den Hersteller für das Inverkehrbringen fehlerhafter Software ist darüber hinaus auch dadurch gerechtfertigt, dass er sich im Gegensatz zum Nutzer der Software gegen potentielle Schäden versichern und die dafür anfallenden Kosten auf die Produktpreise umlegen kann.

Im Hinblick auf den maßgeblichen Bewertungsmaßstab für die zentrale Frage, wann eine Software als fehlerhaft anzusehen ist, weisen die untersuchten Rechtsordnungen eher theoretische Unterschiede auf. In der Praxis ist wohl davon auszugehen, dass vergleichbare Ergebnisse erzielt werden. Dabei stellt sich das Recht der USA tendenziell vorteilhaft für den Hersteller dar. Zwar gilt dies nicht im Hinblick auf Fabrikationsfehler, da diese in allen untersuchten Rechtsordnungen eine verschuldensunabhängige Haftung des Herstellers begründen und bei Software ohnehin von untergeordneter Bedeutung sind. Die Herstellerfreundlichkeit des U.S.-amerikanischen Ansatzes zeigt sich jedoch bei Konstruktions- und Instruktionsfehlern. So ist ein Konstruktionsfehler nach dem Restatement (Third) Torts nur dann anzunehmen, wenn das von dem Produkt ausgehende Sicherheitsrisiko durch eine angemessene Alternativkonstruktion zu reduzieren oder auszuschließen gewesen wäre. Dies läuft im Ergebnis auf die Frage hinaus, ob dem Hersteller im Hinblick auf die gewählte Konstruktion unter Abwägung aller Umstände ein Fahrlässigkeitsvorwurf gemacht werden kann. Dabei trägt der Geschädigte für die Möglichkeit einer angemessenen Alternativkonstruktion nach dem relevanten state of the art die Beweispflicht.

Die in Deutschland und England maßgeblichen berechtigten Verbrauchererwartungen lassen das Verhalten des Herstellers jedoch außer Betracht und bestimmen das Vorliegen eines Fehlers – zumindest theoretisch – anhand objektiver Kriterien. Dieses Konzept führt zu einer verschuldensunabhängigen und damit im Vergleich zu den USA strengeren Haftung des Herstellers gegenüber den Geschädigten. Ob die Rechtsprechung allerdings im Hinblick auf Konstruktions- und Instruktionsfehler an diesem rein objektiven Standard festhalten wird, bleibt abzuwarten. Zu Recht wird vielfach gefordert, dass auch hier eine Überprüfung der Angemessenheit der Konstruktions- und Instruktionsentscheidungen des Herstellers stattzufinden hat, da die Nutzer aufgrund der Komplexität der Software gar nicht in der Lage sind, konkret definierbare Erwartungen zu formulieren. Sinnvoller erscheint es daher, auch hier die Entscheidungen des Herstellers, die ihn zu einer bestimmten Konstruktion veranlasst haben, auf ihre Vertretbarkeit hin zu untersuchen[725]. Da der Gesetzeswortlaut von den berechtigten Erwartungen des Benutzers ausgeht, wird dies in Deutschland und England allerdings weniger ausdrücklich als in den USA geschehen.

Die für den Softwarehersteller vorteilhafte Bestimmung der Fehlerhaftigkeit im U.S.-amerikanischen Recht wird jedoch durch zwei Umstände relativiert. Zum einen ist die Herstellerfreundlichkeit durch den Maßstab bedingt, den das Restatement (Third) Torts in § 2 vorgibt. Dieser Maßstab wird aber nicht in allen Bundesstaaten verwendet. Teilweise findet nämlich noch der dem deutschen und englischen Recht vergleichbare Maßstab des § 402A Restatement (Second) Torts Anwendung. Von Bedeutung ist weiterhin, dass das in den USA tendenziell ausgeprägtere Abstellen auf das pflichtwidrige Verhalten des Herstellers nur in wenigen Fällen geeignet ist, einen Unterschied in der Haftung herbeizuführen. Das Vorliegen eines Fehlers ist nämlich nur dann ausgeschlossen, wenn die Risiko-Nutzen-Abwägung im konkreten Fall zu dem Ergebnis führt, dass die vom Hersteller gewählte Konstruktion angemessen war. Im Hinblick auf eine Software, die nicht ordnungsgemäß funktioniert, wird die Angemessenheit der Konstruktion jedoch im Regelfall zu verneinen sein, da Softwarefehler typischerweise erkennbar sind und durch einfache Änderungen des Programmcodes behoben werden können. Ebenso führt eine unterlassene oder unvollständige Warnung zu einer Erhöhung des Schadensrisikos, da die typischerweise mit Software verbundenen Risiken mittlerweile vorhersehbar sind und durch eine mit einem geringen Aufwand verbundene Warnung ausgeschlossen oder reduziert werden können. Insbesondere vor dem Hintergrund, dass den von der strict liability in tort geschützten Rechtsgütern im Rahmen der Risiko-Nutzen-Abwägung ein hohes Gewicht zukommt, ist daher bei Softwarefehlern bei der auch im Recht der USA vorherrschenden Risiko-Nutzen-Abwägung regelmäßig vom Vorliegen eines Konstruktions- oder Instruktionsfehlers auszugehen.

Schließlich sind auch im Hinblick auf den ersatzfähigen Schaden Unterschiede zwischen den untersuchten Rechtsordnungen zu beobachten. Dabei stellt sich die Rechtslage in Deutschland und England vorteilhaft für den Hersteller dar. Ersatzfähig sind nämlich nur solche Sachschäden, die an privat genutztem Eigentum

725 Kötz, FS für Werner Lorenz zum 70. Geburtstag, S. 109ff.; Stapleton, 34 Tex. Int'l. L. J. 45 (1999) S. 62; Owen, § 1, S. 54f.; Henderson/Twerski, 34 Tex. Int'l. L. J. 1 (1999) S. 20.

auftreten. Es entfällt daher die Haftung für die Beschädigung gewerblich genutzten Eigentums. Hinzu kommt im deutschen Recht, dass ein Anspruch selbst bei der Beschädigung privat genutzten Eigentums erst dann besteht, wenn der Schaden den Selbstbehalt von 500 Euro übersteigt. Die englische Regelung sieht einen Schwellenbetrag in vergleichbarer Größenordnung vor, dessen Überschreiten jedoch zur Geltendmachung des gesamten Schadensbetrags berechtigt. Diese Beschränkungen haben zur Folge, dass im Ergebnis nur wenige Softwarearten in den Anwendungsbereich des ProdHaftG und des CPA 1987 fallen. Hierzu gehört beispielsweise Software, die im Medizinbereich eingesetzt wird, da deren Fehlerhaftigkeit zu einem Personenschaden führen kann. Weiterhin kann Software, die zur Steuerung von Fortbewegungsmitteln eingesetzt wird, einen Personenschaden verursachen. Ebenfalls denkbar ist hier die Beschädigung von Sacheigentum, welches privat genutzt wird und darüber hinaus die erforderliche Schadenshöhe erreicht. Derartige Einschränkungen erscheinen zu weitgehend, da sie den Anwendungsbereich der verschuldensunabhängigen Produkthaftung auf spezielle Fallgruppen beschränken und so den mit der Produkthaftungsrichtlinie ursprünglich bezweckten Mehrwert für die geschädigten Nutzer konterkarieren. Im Recht der USA bestehen solche Beschränkungen des ersatzfähigen Schadens nach der überwiegenden Auffassung nicht. Da somit regelmäßig auch Schäden ersatzfähig sind, die an gewerblichen genutztem Eigentum eintreten, können Ansprüche aus der verschuldensunabhängigen Produkthaftung auch im Rechtsverkehr zwischen Unternehmen bestehen. Dies führt zwar zu einem vergleichsweise höheren Haftungsrisiko des Softwareherstellers, was aber schon aufgrund der Versicherbarkeit solcher Schäden und der Möglichkeit, die dabei anfallenden Kosten auf die Produktpreise umzulegen, angemessen erscheint.

3. Ergebnis

Die Untersuchung der außervertraglichen Haftungsregelungen hat gezeigt, dass die Rechtsordnungen die Interessen der Softwarehersteller und der Nutzer im Wesentlichen gleich gewichten.

Erhebliche Übereinstimmungen bestehen insbesondere im Hinblick auf die Produzentenhaftung gem. § 823 Abs. 1 BGB und den tort of negligence. In diesem Bereich ist lediglich die graduell unterschiedliche Interessengewichtung im Rahmen der Beweislastverteilung relevant, wobei die deutsche Rechtslage, die im Rahmen der Produzentenhaftung eine Beweislastumkehr vorsieht, zu einem angemessenen Interessenausgleich führt und damit vorzugswürdig ist.

Im Rahmen der verschuldensunabhängigen Produkthaftung erfolgt eine zumindest konzeptionell unterschiedliche Interessengewichtung bei der Bestimmung der Fehlerhaftigkeit der Software nach dem ProdHaftG und dem CPA 1987 einerseits und der strict liability in tort andererseits. In diesem Zusammenhang stellt sich der in § 2 Restatement (Third) Torts enthaltene Fehlerbegriff gegenüber der Regelung in Deutschland und England für den Hersteller zunächst vorteilhaft dar. Die Untersuchung hat jedoch gezeigt, dass nicht auszuschließen, dass die Rechtsprechung in Deutschland und England trotz des Maßstabs der berechtigten Verbrauchererwartungen ebenfalls eine Risiko-Nutzen-Abwägung vornimmt und damit eine Annäherung an den Fehlerbegriff des § 2 Restatement (Third) Torts stattfindet. Gleichsam kann es auch in den USA in einigen Bundesstaaten auf die berechtigten Verbrauchererwartungen ankommen. Insgesamt ist auch zu beachten, dass die verschiedenen Ansätze nur in geringem Umfang zu unterschiedlichen Haftungsergebnissen führen, da Mängel der Konstruktion und der Instruktion im Softwarebereich regelmäßig nach dem Stand von Wissenschaft und Technik für den Hersteller erkennbar und vermeidbar sind.

Die zahlreichen Beschränkungen der Haftung in Deutschland und in England sind allerdings geeignet, das zumindest theoretisch erhöhte Haftungsrisiko des Softwareherstellers, das aus dem objektiv zu bestimmenden Fehlerbegriff resultiert, auszugleichen. Die Berechtigung solcher Beschränkungen ist jedoch zweifelhaft, da diese zu einer erheblichen Beeinträchtigung der Nutzerinteressen führen. Der dadurch bewirkte Bedeutungsverlust dieser Anspruchsgrundlagen lässt sich bereits an der geringen Relevanz ablesen, die diesen Regelungen bislang in der Rechtspraxis zukommt.

C. Haftung für Aussagen im vorvertraglichen Bereich

Im Rahmen seiner Absatzbemühungen trifft der Hersteller häufig Aussagen über die Software, auf die sich der Käufer aufgrund der fehlenden Nachprüfbarkeit oder der mangelnden Fachkenntnis verlässt. Solche Aussagen finden sich beispielsweise auf den Webseiten der Hersteller oder werden im Rahmen des Verkaufsgesprächs geäußert. Wenn sich diese Aussagen später als falsch oder irreführend herausstellen, ist der Käufer häufig bestrebt, neben einem eventuellen kaufrechtlichen Gewährleistungsanspruch einen weiteren Anspruch geltend zu machen, der die falsche oder irreführende Information zum Gegenstand hat. Dies gilt insbesondere in den USA, wo im Zusammenhang mit fehlerhafter Software selten ein Prozess anzutreffen ist, bei dem nicht auch das Vorliegen einer misrepresentation geltend gemacht wird.

I. Deutsches Recht

Im deutschen Recht ist als Grundlage des Schadensersatzes für falsche Auskünfte oder Beratungen insbesondere der Anspruch aus culpa in contrahendo von Bedeutung. Daneben kommen aber auch deliktische Ansprüche in Betracht.

1. Culpa in contrahendo, §§ 280 Abs. 1, 311 Abs. 2, 241 Abs. 2 BGB

Aus §§ 280 Abs. 1, 311 Abs. 2, 241 Abs. 2 BGB ergibt sich, dass eine Pflichtverletzung bereits im vorvertraglichen Bereich einen Anspruch auf Schadensersatz begründen kann, wenn sie schuldhaft erfolgt ist und kausal zu einem ersatzfähigen Schaden geführt hat. Die Begründung eines vorvertraglichen Schuldverhältnisses gem. § 311 Abs. 2 Nr. 1 BGB ist grundsätzlich bereits durch Vorgespräche möglich[726]. Dies hat zur Folge, dass ein Anspruch aus culpa in contrahendo gegen den Hersteller nur im Rahmen des Direktvertriebs der Software möglich ist, da der Hersteller bei einem Vertrieb über Zwischenhändler keine vorvertragliche Beziehung mit dem Endbenutzer eingeht[727].

Die Rechtsprechung hilft dem Geschädigten bei einer Verletzung der Aufklärungspflicht mit der Kausalitätsvermutung, dass sich dieser bei ordnungsgemäßer Aufklärung aufklärungsrichtig verhalten hätte[728]. Dies gilt allerdings nur, wenn der Geschädigte bei korrekter Aufklärung die Wahl zwischen eng begrenzten Alternativen gehabt hätte. Die Kausalitätsvermutung findet hingegen keine Anwendung, wenn ihm durch die ordnungsgemäße Aufklärung eine Entscheidungsvielfalt zwischen gleichwertigen Alternativen eröffnet worden wäre[729].

Der Haftungsmaßstab ergibt sich aus §§ 280 Abs. 1, 276 BGB, weshalb der Täuschende im Rahmen des Anspruchs aus culpa in contrahendo vorsätzlich oder fahrlässig gehandelt haben muss. Eine schuldlos erfolgte Falschinformation kann somit nur im Rahmen des kaufrechtlichen Gewährleistungsrechts relevant werden[730].

---

726 Bamberger/Roth/Gehrlein/Sutschet, § 311 Rn. 45.

727 Beim Vertrieb der Software über Zwischenhändler können Werbeaussagen des Herstellers hingegen zur Begründung einer Herstellergarantie gem. § 443 Abs. 1 BGB führen. Siehe hierzu oben, S. 117ff.

728 BGHZ 124, 159.

729 MüKo/Emmerich, § 311 Rn. 206.

730 S. hierzu oben, S. 25ff.

a) Verhältnis zur Anfechtung und kaufrechtlichen Gewährleistung

Problematisch ist insbesondere das Verhältnis der culpa in contrahendo zur Anfechtung und zu den Vorschriften der kaufrechtlichen Gewährleistung.

Bei einer arglistigen Täuschung hat der Getäuschte gem. § 123 BGB das Recht, den Vertrag innerhalb der Frist des § 124 BGB durch Erklärung gegenüber dem Täuschenden anzufechten. Dieses Anfechtungsrecht besteht neben dem Anspruch aus culpa in contrahendo[731]. Dabei kann die Aufhebung des Vertrags unter erleichterten Bedingungen über die culpa in contrahendo erreicht werden, da ein diesbezüglicher Anspruch auch bei einer fahrlässigen Täuschung besteht und außerdem mit §§ 195, 199 BGB der im Vergleich zu § 124 BGB längeren Verjährungsfrist unterliegt. Eine Anfechtung wegen Irrtums über eine verkehrswesentliche Eigenschaft gem. § 119 Abs. 2 BGB und der damit verbundene Ersatzanspruch des § 122 BGB kommen hingegen ab Gefahrübergang aufgrund des Vorrangs der Vorschriften über die kaufrechtliche Gewährleistung nicht in Betracht[732].

Die Sondervorschriften über die kaufrechtliche Gewährleistung schließen grundsätzlich ab Gefahrübergang auch eine Haftung aus culpa in contrahendo für fahrlässig unzutreffende Aussagen des Verkäufers über die Beschaffenheit der Kaufsache aus[733]. Dies wird damit begründet, dass das Kaufrecht für diese Fälle grundsätzlich eine abschließende Regelung enthält[734].

Eine Ausnahme von der grundsätzlichen Sperrwirkung des Gewährleistungsrechts besteht nach Ansicht der Rechtsprechung aber dann, wenn sich der Verkäufer ausdrücklich oder konkludent verpflichtet hat, den Käufer über die Eigenschaften der Kaufsache zu beraten[735]. In diesem Fall knüpft der Anspruch aus §§ 280 Abs. 1, 311 Abs. 2, 241 Abs. 2 BGB an die Verletzung einer solchen Beratungspflicht an und tritt neben den gewährleistungsrechtlichen Anspruch. Eine solche Ausnahme wird vom BGH insbesondere für den Softwarebereich angenommen[736], da der Verkäufer durch die Beratung spezifische Sorgfaltspflichten gegenüber dem

731 BGH NJW 2006, 845, 847.

732 Staudinger/Singer, § 119 Rn. 85.

733 Dies ergibt sich aus dem Wortlaut des § 434 Abs. 1 S. 1 BGB („bei Gefahrübergang"), vgl. Fikentscher/Heinemann, Schuldrecht, Rn. 97.

734 Berger, JZ 2004, 278, 282.

735 BGH NJW 1986, 2938, OLG Dresden NJW-RR 1998, 1352; MüKo/Emmerich § 311 Rn. 103.

736 BGH NJW 1984, 2938.

interessierten Kunden übernimmt und der Käufer als Laie auf die Fachkenntnis des Verkäufers vertraut[737].

b) Verletzung der Auskunfts- und Beratungspflicht

Voraussetzung für den Anspruch aus § 280 Abs. 1 i.V.m. §§ 311 Abs. 2, 241 Abs. 2 BGB ist, dass der Verkäufer eine dem Vertragspartner gegenüber bestehende Pflicht verletzt hat. Bei einem Direktvertrieb von Software liegt die Pflichtverletzung häufig in falschen oder unvollständigen Werbeaussagen oder Beratungen des Herstellers, sofern sich diese auf Tatsachen beziehen und zu einer Täuschung des Käufers geführt haben.

Problematisch ist allerdings, ob auch das bloße Verschweigen von Tatsachen eine Pflichtverletzung darstellen kann. Im Grundsatz trifft den Verkäufer nämlich keine generelle vorvertragliche Aufklärungs- oder Beratungspflicht[738]. Das Verschweigen von Tatsachen ist daher nur dann als Pflichtverletzung anzusehen, wenn nach der Verkehrssitte oder Treu und Glauben mit einer Information zu rechnen war[739]. Für das Vorliegen einer Pflichtverletzung ist somit stets ein konkreter Anknüpfungspunkt erforderlich. Als solche kommen insbesondere die im Folgenden angeführten Umstände in Betracht.

aa) Vertragszweckgefährdende Umstände

Eine Pflicht des Verkäufers zu eigeninitiativer Aufklärung besteht nach Ansicht des BGH immer dann, wenn der Verkäufer erkennen kann, dass für den Käufer unbekannte Umstände vorliegen, die für seinen Kaufentschluss von wesentlicher Bedeutung sind, weil sie seinen mit dem Kaufvertrag verfolgten Zweck vereiteln können[740]. Dabei ist nach Auffassung des BGH stets eine Abwägung im Einzelfall vorzunehmen[741]. In IT-spezifischer Hinsicht sind in diese Abwägung die EDV-Erfahrung des jeweiligen Kunden, die Fachkenntnis des Softwarelieferanten und das Vertrauen des Kunden hierin einzubeziehen[742]. Das Ergebnis dieser Abwägung kann in der Praxis zu umfassenden Aufklärungspflichten des Verkäufers führen,

737 BGH NJW 1984, 2938.
738 Schneider, Handbuch EDV-Recht, Rn. D 236.
739 PWW/Medicus, § 311 Rn. 57.
740 BGH NJW 1985, 1769, 1771.
741 BGH NJW 1991, 1223, 1224.
742 Marly, Softwarerecht, Rn. 1119; s. auch Kluth/Böckmann/Grün, MDR 2003, 241ff., die auf den Informationsbedarf, die Möglichkeit der Information und den Funktionskreis abstellen.

insbesondere wenn es sich bei dem Käufer um einen Laien handelt. So wurde in einem Fall entschieden, dass der Softwarelieferant auf alle eventuell auftretenden Folge- und Nebenkosten hinweisen muss[743]. Weiterhin gingen die Gerichte teilweise davon aus, der Verkäufer müsse die Erwartungen und innerbetrieblichen Bedürfnisse des Kunden ermitteln[744], wobei alle verbleibenden Unklarheiten zu seinen Lasten gehen[745]. Allerdings sind bei der Bestimmung einer Aufklärungspflicht auch die im Laufe der Zeit gestiegenen EDV-Kenntnisse der Anwender zu berücksichtigen[746]. Daher kann sich der Käufer heutzutage nicht mehr unbegrenzt auf seine Laienhaftigkeit berufen[747].

bb) Auskunft auf Verlangen des Kunden

In Ergänzung zu der vorstehenden Fallgruppe besteht eine besondere Aufklärungspflicht auch dann, wenn der Kunde im Rahmen der Verkaufsverhandlungen direkt oder konkludent zum Ausdruck bringt, dass er eine Auskunft oder eine Beratung benötigt. Die Pflicht zur richtigen und vollständigen Beratung besteht hier als Nebenpflicht zu dem abzuschließenden Kaufvertrag[748]. So hat der Softwarelieferant in einem vom BGH entschiedenen Fall ein Programmangebot erstellt und in diesem Zusammenhang Lösungsvorschläge im Hinblick auf die Hard- und Softwareanforderungen des potentiellen Kunden unterbreitet. Nach Abschluss des Vertrages erwiesen sich diese jedoch als unzutreffend[749]. Der BGH sah hierin eine Verletzung der Beratungspflicht, da sich der Kunde als Laie nach Ansicht des BGH darauf verlassen konnte, dass der Anbieter eine geeignete Lösung ermittelt[750]. Dabei sind die Sorgfaltspflichten im Hinblick auf die Beratung noch weitergehend als bei der Fallgruppe der drohenden Vereitelung des Vertragszwecks. Aufgrund der erbetenen Beratung ist nämlich davon auszugehen, dass ein besonderes Vertrauen des Käufers in die Fachkenntnis des Verkäufers vorliegt[751].

Ein derartiger Standard für Beratungspflichten gilt jedoch dann nicht, wenn bei dem Verkäufer erkennbar keine Fachkenntnisse vorhanden sind, beispielsweise

743 LG Arnsberg, DV-Rechtsprechung Bd. 2, 99.
744 OLG Köln NJW 1994, 1355.
745 LG Augsburg CR 1989, 26.
746 OLG Frankfurt CR 1990, 130.
747 Lesshaft, CR 1989, 146, 148; OLG Celle CR 1995, 152.
748 BGH NJW-RR 1990, 1301, 1302.
749 BGH NJW 1984, 2938.
750 BGH NJW 1984, 2938.
751 Marly, Softwarerecht, Rn. 1128.

weil es sich bei dem Verkäufer um einen Discount-Supermarkt handelt. In diesem Fall kann der Käufer keine umfangreiche Beratung erwarten[752] und hat somit das Risiko der Nutzbarkeit der Software zu tragen.

cc) Abgrenzung zum eigenständigen Beratungsvertrag

Hiervon abzugrenzen ist der Abschluss eines eigenständigen Beratungsvertrages, bei dem die ordnungsgemäße Beratung eine Hauptpflicht darstellt, deren Verletzung einen Anspruch aus §§ 280, 675 BGB nach sich zieht. Als Kriterien zur Abgrenzung von der unselbständigen Nebenpflicht zieht der BGH Inhalt, Umfang, Intensität und Bedeutung der Auskunft für den Käufer heran. Nur wenn sich daraus ergibt, dass die Beratung eine von dem eigentlichen Verkauf zu unterscheidende, auf eigener rechtlicher und tatsächlicher Grundlage beruhende Aufgabe des Verkäufers darstellt, ist von einem Beratungsvertrag auszugehen[753]. Aus § 675 Abs. 2 BGB ergibt sich jedoch, dass dies nur zurückhaltend angenommen werden kann. Auch der BGH geht davon aus, dass die Beratung in der Regel als Teil der Absatzbemühungen des Verkäufers anzusehen ist, dem keine selbständige Qualität zukommt[754].

c) Rechtsfolge

Als Rechtsfolge kann der Geschädigte gem. § 249 Abs. 1 BGB verlangen, so gestellt zu werden, wie er stünde, wenn das schädigende Ereignis nicht eingetreten wäre[755]. Wenn der Verkäufer im vorvertraglichen Bereich getäuscht hat, ist der Schaden regelmäßig darin zu sehen, dass der Käufer mit einem wirksamen Vertrag belastet ist, der ihm unerwartete Nachteile bringt.

Der Getäuschte kann daher zunächst die Rückgängigmachung des Vertrages verlangen[756]. Dies wird nach der überwiegenden Ansicht damit begründet, dass auch die fahrlässige Täuschung einen Eingriff in die persönliche Entscheidungsfreiheit bewirkt hat, so dass dem Getäuschten das Recht zustehen muss, nachträglich die

---

752 OLG Hamm NJW-RR 1998, 199, 200.

753 BGH NJW 1999, 3192, 3193.

754 BGH NJW 1997, 3227, 3229. In taktischer Hinsicht kann die Annahme eines selbständigen Beratungsvertrages für den Käufer der Software vorteilhaft sein, da die Allgemeinen Geschäftsbedingungen insoweit oft keine Haftungsbeschränkungen enthalten, so dass der Verkäufer vollumfänglich auf Schadensersatz in Anspruch genommen werden kann, vgl. Kluth/Böckmann/Grün, MDR 2003, 241, 247.

755 BGH NJW 1998, 982, 983.

756 BGH NJW 1985, 1769, 1771.

Aufhebung des Vertrags zu verlangen[757]. Nach einer restriktiveren Ansicht muss darüber hinaus ein Vermögensschaden vorliegen[758] oder die verletzte Aufklärungspflicht einen zentralen Aspekt des Geschäfts betreffen. Diese Ansicht wird jedoch überwiegend abgelehnt, da allein in der eingetretenen Vertragsbindung bereits ein ausreichender Schaden zu sehen sei[759].

Zusätzlich kann der Geschädigte den Ersatz des Vertrauensschadens (negatives Interesse), also etwa Rückzahlung des Kaufpreises und Ersatz vergeblicher Aufwendungen, verlangen[760]. Diese könne beispielsweise darin bestehen, dass der Käufer, der über die Eigenschaften der Software getäuscht wurde, bereits die entsprechende Hardware erworben hat.

Stattdessen steht dem Käufer nach Auffassung des BGH auch die Möglichkeit offen, an dem Vertrag festzuhalten und die Zahlung des Betrags zu fordern, um den die Kaufsache aufgrund der Täuschung zu teuer gekauft wurde[761]. Nach Ansicht des BGH sei hier nämlich davon auszugehen, dass der Käufer bei Kenntnis der tatsächlichen Umstände den Vertrag zu einem günstigeren Preis hätte abschließen können[762].

2. Deliktische Ansprüche

Wenn der Verkäufer oder Hersteller falsche oder irreführende Informationen erteilt und dies zu einem ersatzfähigen Schaden des Getäuschten führt, kommt grundsätzlich auch ein Vorgehen über das Deliktsrecht in Betracht.

So schützt § 823 Abs. 1 BGB vor der vorsätzlichen oder fahrlässigen Verletzung der dort angeführten absoluten Rechtsgüter, wobei ein reiner Vermögensschaden nicht ersatzfähig ist. Ein solcher Schaden ist hingegen gem. § 823 Abs. 2 BGB i.V.m. § 263 Abs. 1 StGB zu ersetzen, jedoch muss der Täuschende hier vorsätzlich gehandelt haben. In diesem Zusammenhang gewährt die Rechtsprechung dem Geschädigten eine Beweiserleichterung, indem auch solche Aussagen erfasst werden, die bedingt vorsätzlich „ins Blaue hinein“ erfolgt sind[763].

---

757 BGH NJW 2005, 1579.

758 So der V. Zivilsenats des BGH, NJW 1998, 302.

759 Siehe hierzu Grigoleit, NJW 1999, 901f.

760 Mertens, ZGS 2004, 67, 68.

761 Vgl. BGH NJW 2001, 2875. Siehe auch MüKo/Emmerich, § 311 Rn. 210. Kritisch hierzu Mertens, ZGS 2004, 67, 69ff.

762 BGH NJW 2001, 2875. Siehe auch Marly, Softwarerecht, Rn. 1169.

763 BGH NJW 1975, 559.

Der Schadensersatzanspruch zielt auf den Ersatz des negativen Interesses und kann bei den Vorschriften, die auch den Ersatz eines reinen Vermögensschadens ermöglichen, auf Aufhebung des Vertrags gerichtet sein.

Gegenüber dem Verkäufer wird der Getäuschte jedoch regelmäßig den vertragsähnlichen Anspruch gem. §§ 280 Abs. 1, 311 Abs. 2, 241 Abs. 2 BGB vorziehen. Dieser erweist sich insofern als vorteilhaft, dass das Verschulden des Verkäufers gem. § 280 Abs. 1 S. 2 BGB vermutet wird, neben einem vorsätzlichen auch ein fahrlässiges Verhalten erfasst wird und auch ein reiner Vermögensschaden ersatzfähig ist. Gegenüber dem Hersteller, mit dem keine vorvertragliche Beziehung besteht, ist der Käufer allerdings auf deliktische Ansprüche angewiesen.

II. Englisches Recht

Im englischen Recht wird der Problemkreis der Haftung für falsche Aussagen im vorvertraglichen Bereich unter dem Begriff der misrepresentation diskutiert. Da eine misrepresentation, die nicht vorsätzlich erfolgt ist, eine besondere Nähebeziehung oder einen späteren Vertragsschluss zwischen dem Täuschenden und dem Getäuschten voraussetzt, beschränkt sich die Bedeutung der misrepresentation, mit Ausnahme der vorsätzlichen Täuschung (fraud), primär auf den Direktvertrieb der Software[764].

1. Vorliegen einer „misrepresentation"

Eine misrepresentation liegt grundsätzlich immer dann vor, wenn jemand eine erhebliche, gegenwärtige oder in der Vergangenheit liegende Tatsache (material past or existing fact) falsch darstellt und dadurch die andere Partei zum Vertragsschluss bewegt (inducement)[765]. Dabei ist grundsätzlich erforderlich, dass die Aussage nicht Bestandteil des Vertrags (term of the contract) wurde, sondern vielmehr als Nebenabrede (representation) anzusehen ist[766]. Allerdings hat sich die Bedeutung dieser traditionellen Unterscheidung mittlerweile durch die Regelung in sec. 1 (a)

---

764 Werbeaussagen des Herstellers, die den Käufer beim Vertrieb der Software über Zwischenhändler zum Abschluss eines Kaufvertrags mit dem Händler veranlassen, können allerdings zu einem collateral contract zwischen dem Hersteller und dem Käufer führen. Weiterhin sind diese Aussagen im Rechtsverkehr mit Verbrauchern bei der Bestimmung der satisfactory quality der Software gem. sec. 14 (2D) SGA 1979 zu berücksichtigen.

765 Smith v. Chadwick (1884) 9 A.C. 187.

766 Zur Abgrenzung des vertraglichen term zur nichtvertraglichen representation siehe oben, S. 55ff.

Misrepresentation Act 1967 relativiert, wonach auch Vertragsbestandteile eine misrepresentation darstellen können[767].

Voraussetzung für eine misrepresentation ist regelmäßig, dass sie sich auf eine bestehende Tatsache (statement of existing fact) bezieht[768]. Allerdings kann auch eine Meinungskundgabe eine misrepresentation darstellen, wenn diese von einer Person, die in Bezug auf den Vertragsgegenstand über besonderes Wissen verfügt, getätigt wird[769]. Insbesondere beim Kauf von Software ist häufig von einem überlegenen Fachwissen des Verkäufers auszugehen. Die Meinungsäußerung des Verkäufers ist daher regelmäßig als misrepresentation anzusehen, da er diese Meinung aufgrund der Anwendung seines Fachwissens auf die vorhandenen Tatsachen gebildet hat[770]. Eine misrepresentation scheidet hingegen aus, wenn die Aussagen des Verkäufers als marktschreierische Anpreisungen (advertising puffs) anzusehen sind[771]. Gleiches gilt bei Aussagen, die sich auf zukünftige Umstände beziehen[772].

Nach der überwiegenden Ansicht[773] ist weiterhin erforderlich, dass die Täuschung eine erhebliche (material) Tatsache betrifft[774]. Dies ist dann der Fall, wenn der Umstand die Entscheidung einer vernünftigen Person im Hinblick auf das Ob und das Wie des Vertragsschlusses beeinflussen würde. Eine gesonderte Feststellung

---

767 Siehe hierzu McKendrick, S. 586f.

768 Treitel/Peel, S. 362, Rn. 9-002. Umstritten ist, ob auch Aussagen zur Rechtslage zu einer misrepresentation führen können, s. hierzu Treitel/Peel, S. 365, Rn. 9-010.

769 In Smith v Land & House Pty Corp (1884) 28 Ch D 7, 15 hat der Verkäufer eines Hotels berichtet, dass dieses von einem „most desirable tenant" bewirtschaftet werde. Brown LJ hat hierzu ausgeführt, dass diese Meinungskundgabe auch als Tatsachenaussage zu betrachten sei. Der Erklärende gebe nämlich konkludent zum Ausdruck, dass ihm Tatsachen bekannt seien, die diese Meinung rechtfertigen.

770 Esso Petroleum Co Ltd v. Mardon [1976] Q.B. 801. Nach der Entscheidung Edgington v Fitzmaurice (1885) 29 CH D 459, ist eine Meinung weiterhin dann als misrepresentation anzusehen, wenn der Täuschende gar nicht diese Meinung hatte, er mithin über das Vorliegen einer entsprechenden Meinung getäuscht hat.

771 Dimmock v Hallet (1886) L.R. 2 Ch. App. 21.

772 Strachan & Henshaw Ltd v Stein Industrie (UK) Ltd (1998) 87 B.L.R. 52; Aussagen über zukünftige Umstände müssen daher vertraglich vereinbart werden, um Rechtswirkungen zu entfalten.

773 Treitel/Peel, Rn. 9-013, S. 367; zur Gegenansicht siehe Chitty on Contracts, Vol. I, Rn. 6-036.

774 McDowell v Fraser (1779) 1 Dougl. K.B. 247, 248. Als material wird auch eine Aussage angesehen, die bewirkt, dass der Getäuschte bei Vertragsschluss die Nachforschungen unterlässt, die er ohne die Täuschung unternommen hätte, vgl. hierzu Pan Atlantic Insurance Co Ltd v Pine Top Insurance Co Ltd [1995] 2 A.C. 501.

der Erheblichkeit ist allerdings nicht erforderlich, wenn der Täuschende vorsätzlich handelt[775] oder wenn der Vertrag bestimmt, dass einer bestimmten Aussage Erheblichkeit zukommt[776].

Durch die misrepresentation muss der Getäuschte zum Abschluss des Vertrags bestimmt worden sein[777]. Allerdings muss die misrepresentation nicht der einzige Grund für den Abschluss des Vertrages gewesen sein[778]. Es ist vielmehr ausreichend, dass dem Getäuschten die Aussage bei Vertragsschluss präsent war. In der Entscheidung Smith v Chadwick[779] hat das House of Lords klargestellt, dass keine Ansprüche gegen den Täuschenden bestehen, wenn die misrepresentation keine Auswirkung auf die Entscheidung gehabt hat, den Vertrag abzuschließen. Ebenso war die Entscheidung für den Vertragsschluss dann nicht maßgeblich, wenn die Vertragspartei vor Abschluss des Vertrages bereits wusste, dass die Aussage nicht wahr ist[780]. Beim Erwerb von Software ist im Regelfall davon auszugehen, dass der Käufer durch die Aussage des Verkäufers zum Vertragsschluss bestimmt wurde, da er auf das überlegene Fachwissen des Verkäufers vertraut. Dies gilt allerdings nicht, wenn der Verkäufer seine mangelnde Fachkenntnis offenbart oder offensichtlich nicht für die Beratung über Software ausgebildet ist, beispielsweise wenn diese über einen Discounter verkauft wird[781].

2. Pflicht zur Offenbarung

Grundsätzlich ist nach der Entscheidung Keates v Cadogan[782] ein Verschweigen von Informationen nicht ausreichend für eine misrepresentation, da das englische Recht nur in sehr begrenztem Umfang Aufklärungspflichten kennt[783]. Nach

775 Smith v Kay (1859) 7 H.L.C. 750.

776 Andersen v Fitzgerald (1853) 4 H.L.C. 484.

777 Koffman/Macdonald, S. 342, Rn. 13.25. Im Gegensatz zum Erfordernis der materiality, die objektiv anhand einer reasonable person beurteilt wird, handelt es sich bei der Frage des inducement um eine subjektive Betrachtungsweise, die den Einfluss der misrepresentation auf den Getäuschten erfordert; vgl. O'Sullivan/Hilliard, Rn. 10.16, S. 217.

778 Edgington v Fitzmaurice (1885) 29 Ch D 459.

779 (1884) 9 A.C. 187.

780 Koffman/Macdonald, S. 343, Rn. 13.29. Jedoch besteht nach Redgrave v Hurd (1881) 20 Ch D 1, CA. ein Anspruch wegen misrepresentation dann nicht, wenn der Getäuschte die Möglichkeit hatte, die Wahrheit der Aussage zu überprüfen, diese Möglichkeit jedoch nicht wahrgenommen hat.

781 McBride/Bagshaw, Tort Law, S. 130.

782 (1851) 10 C.B. 591.

783 Treitel/Peel, Rn. 9-123, S. 424.

Viscount Maugham ist grundsätzlich davon auszugehen, dass mere silence, however morally wrong, will not support an action of deceit[784]. Dieser Grundsatz findet sich auch in sec. 2 (1) Misrepresentation Act 1967 wieder[785]. Der Wortlaut („misrepresentation has been made") lässt erkennen, dass seitens des Täuschenden grundsätzlich ein aktives Verhalten vorliegen muss, dem ein positiver Bedeutungsinhalt entnommen werden kann[786].

So kann ausnahmsweise eine relevante Täuschung vorliegen, wenn der Verkäufer schweigend eine Software über den Ladentisch reicht und damit zum Ausdruck bringt, dass sie zu den Anforderungen des Käufers passt[787]. Weiterhin kann in einem Schweigen eine misrepresentation zu sehen sein, wenn der Verkäufer aktiv bestrebt ist, einen Mangel der Software zu verdecken[788]. Gleiches gilt, wenn er nur Halbwahrheiten äußert und bestimmte Umstände für sich behält[789]. Schließlich kann eine misrepresentation bei einem Schweigen des Verkäufers vorliegen, wenn eine ursprünglich wahre Aussage nachträglich unwahr wird. Hier besteht nämlich die Pflicht, die andere Partei über die geänderten Umstände zu informieren[790].

3. Rechtsfolgen

Als Rechtsfolge einer misrepresentation kommt sowohl die Auflösung des Vertrages (rescission) als auch die Geltendmachung von Schadensersatz in Betracht.

a) „Rescission"

Grundsätzlich steht das Recht zur Auflösung des Vertrages (rescission) bei jeder Form von misrepresentation zur Verfügung. Sie ist also unabhängig davon möglich, ob die misrepresentation vorsätzlich (fraudulent), fahrlässig (negligent) oder schuldlos (innocent) begangen wurde[791].

---

784 Bradford Third Equitable Benefit Building Society v Borders [1941] 2 All E.R. 205, 211.

785 Zu sec. 2 (1) Misrepresentation Act 1967 siehe S. 209ff.

786 Atiyah/Treitel, [1967] M.L.R. 369.

787 Walters v Morgan (1861) 3 D.F. & J. 718, 724; Spice Girls Ltd v Aprilia World Service BV [2002] EMLR 27; McKendrick, S. 587.

788 Schneider v. Heath (1813) 3 Camp 506.

789 Spice Girls Ltd v. Aprilia World Service BV [2002] EMLR 27, 59; Atiyah/Treitel, [1967] M.L.R. 369, 370.

790 With v. O'Flanagan [1936] Ch 575.

791 McKendrick, S. 605. Bei einem sale of goods wird teilweise die Möglichkeit einer rescission wegen innocent misrepresentation abgelehnt, da gem. sec. 62 (2) SGA 1979 lediglich die „rules of common law" auf Kaufverträge Anwendung finden, die

Die Rechtsfolge einer misrepresentation ist zunächst, dass der Vertrag auflösbar (voidable) ist[792]. Die Erklärung ist in der Regel empfangsbedürftig, so dass die Partei, die den Vertrag im Wege der rescission auflösen will, einen entsprechenden Willen der Gegenseite anzeigen muss[793]. Im Gegensatz zu einer termination beim Vorliegen eines breach of contract wirkt eine rescission nicht ex nunc, sondern ex tunc. Nach den Grundsätzen des equity-Rechts sind die Parteien anschließend in die Position zu versetzen, in der sie sich vor dem Abschluss des Vertrages befanden[794].

Allerdings ist für eine wirksame rescission erforderlich, dass keine von der Rechtsprechung entwickelten Gründe vorliegen, die einer Auflösung des Vertrages entgegenstehen (bars to rescission)[795]. So kann beispielsweise eine Bestätigung (affirmation) des Vertrages nach Kenntnis von der misrepresentation zum Ausschluss des Rechts auf Vertragsauflösung führen[796]. So würde das Recht zur rescission beispielsweise erlöschen, wenn der Käufer der Software dem Verkäufer mitteilt, dass er die Software trotz der misrepresentation behalten will oder wenn er dies durch Weiterbenutzung der Software zum Ausdruck bringt. Weiterhin scheidet eine rescission aus, wenn sie nicht unverzüglich nach Kenntniserlangung von der misrepresentation erfolgt[797].

---

rescission wegen innocent misrepresentation jedoch traditionell dem equity-Recht zugeordnet wird, vgl. Atiyah, 22 M.L.R. 76; In Re Wait [1927] 1 Ch. 606, 635. Nach der überwiegenden Ansicht ist die rescission aber auch hier zulässig, da der Sale of Goods Act 1979 keine abschließende Regelung für das Kaufrecht darstelle und eine solche einschneidende Beschränkung einer ausdrücklichen Regelung bedurft hätte, vgl. Treitel/Peel, Rn. 9-087, S. 408.

792 Killick v Roberts [1991] 1 W.L.R. 1146.

793 Wenn der Getäuschte nicht in der Lage ist, den Täuschenden über seine Entscheidung zu informieren, beispielsweise weil dieser an seiner Geschäftsadresse nicht mehr auffindbar ist, dann kann für eine rescission unter Umständen ausreichend sein, dass sich der Wille der Auflösung aus dem Verhalten ergibt. Im genannten Beispiel wäre dies der Fall, wenn der Getäuschte die Polizei über das Verhalten des Täuschenden informiert hat. S. hierzu Car and Universal Finance Co v Caldwell [1965] 1 Q.B. 525.

794 Treitel/Peel, Rn. 9-071, S. 399.

795 Neben den im Folgenden dargestellten Fällen ist dies weiterhin dann der Fall, wenn die Herstellung des ursprünglichen Zustands (restitutio in integrum) nicht mehr möglich ist oder wenn der Auflösung des Vertrags Rechte Dritter entgegenstehen.

796 Dies bedeutet aber nicht, dass dadurch auch der Anspruch auf Schadensersatz gem. sec. 2 (1) Misrepresentation Act 1967 gesperrt ist.

797 Clough v London and North Western Railway Co. (1871) L.R. 7 Exch. 26, 35.

Der Getäuschte kann einen Anspruch auf Schadensersatz sowohl neben als auch anstatt der rescission geltend machen[798]. Die gleichzeitige Ausübung von rescission und Recht auf Schadensersatz bietet sich insbesondere dann an, wenn die Auflösung des Vertrags und die anschließende Rückzahlung des Kaufpreises nicht ausreichen, um den erlittenen Schaden auszugleichen[799]. Zu beachten ist, dass der Anspruch auf Schadensersatz nicht dadurch verloren geht, dass die rescission wegen Bestätigung des Vertrags (affirmation) ausscheidet[800].

b) Schadensersatz

Vor der Entscheidung Hedley Byrne & Co Ltd v Heller & Partner Ltd[801] aus dem Jahr 1964 und der Einführung des Misrepresentation Act 1967 konnte der Getäuschte Schadensersatz nur dann verlangen, wenn der Täuschende vorsätzlich gehandelt hat. Die Gerichte haben sich daher häufig mit der Annahme eines collateral contract beholfen und den Anspruch so auf einen breach of contract gestützt[802]. Wie die nachstehenden Ausführungen zeigen, ist die Geltendmachung von Schadensersatz aber mittlerweile auch auf andere Weise möglich, so dass sich die Annahme eines collateral contract erübrigt hat. Im Folgenden ist zu unterscheiden, ob die misrepresentation vorsätzlich (fraudulent), fahrlässig (negligent) oder schuldlos (innocent) begangen wurde.

aa) „Fraudulent misrepresentation“

Bei einer fraudulent misrepresentation kann der Getäuschte einen Anspruch auf der Grundlage des tort of deceit geltend machen. Ein solcher setzt nach Pasley v Freeman[803] voraus, dass der Erklärende eine falsche Aussage tätigt, der Empfänger sich auf die Aussage verlässt und dadurch einen Schaden erleidet. In subjektiver Hinsicht muss der Täuschende fraudulent gehandelt haben. Nach Lord Herschell in Derry v Peek liegt fraud immer dann vor, wenn der Beweis erbracht ist, dass die misrepresentation (1) wissend oder (2) ohne Überzeugung von deren Richtigkeit

---

798 O'Sullivan/Hilliard, Rn. 10.52, S. 232.

799 Dies ist beispielsweise dann der Fall, wenn die mangelhafte Software in einer Maschine eingesetzt wird und an dieser Maschine aufgrund der Software einen Schaden entsteht. In diesem Fall kann der Schaden im Rahmen von sec. 2 (1) geltend gemacht werden.

800 Treitel/Peel, Rn. 9-041, S. 382.

801 [1964] A.C. 465.

802 McKendrick, S. 617.

803 (1789) 3 T.R. 51.

oder (3) rücksichtslos, da dem Erklärenden gleichgültig, ob richtig oder falsch, begangen wurde[804].

Der Vorteil des tort of deceit besteht darin, dass der Anspruchsteller nicht das Bestehen einer Sorgfaltspflicht beweisen muss, so dass er auch bei einem Vertrieb über Zwischenhändler zur Haftung des Herstellers führen kann. Weiterhin kann der tort of deceit nicht durch eine vertragliche Haftungsregelung ausgeschlossen werden. Dabei sind auch reine Vermögensschäden sowie Folgeschäden (consequential damages) ersatzfähig, sofern sie direkt auf der misrepresentation beruhen[805]. Der remoteness test mit der Frage der Vorhersehbarkeit des Schadens (foreseeability of damage) findet bei einer vorsätzlichen Täuschung keine Anwendung bzw. wird sehr großzügig ausgelegt[806].

bb) „Negligent misrepresentation“

Wenn eine negligent misrepresentation vorliegt, kann der Anspruch sowohl auf sec. 2 (1) Misrepresentation Act 1967 als auch auf den tort of negligence gestützt werden.

Gem. sec. 2 (1) Misrepresentation Act 1967[807] hat die Person, die eine misrepresentation begeht, der anderen Vertragspartei den Schaden zu ersetzen, den diese durch den daraus resultierenden Vertragsabschluss erleidet. Dabei geht sec. 2 (1) Misrepresentation Act 1967 von einer fiction of fraud aus. Dies bedeutet, dass eine in Wirklichkeit fahrlässig erfolgte Täuschung so behandelt wird, als wäre sie vorsätzlich erfolgt[808].

---

804 (1889) 14 A.C. 337, 374.

805 Lord Denning hat hierzu in der Entscheidung Doyle v Olby[1969] 2 Q.B. 158, 167 ausgeführt: „The defendant is bound to make reparation for all the actual damage directly flowing from the fraudulent inducement […]. It does not lie in the mouth of the fraudulent person to say that they could not reasonably have been foreseen.“

806 McBride/Bagshaw, S. 575f.

807 Sec. 2 (1) Misrepresentation Act 1967 lautet: „Where a person has entered into a contract after a misrepresentation has been made to him by another party thereto and as a result thereof he has suffered loss, then, if the person making the misrepresentation would be liable to damages in respect thereof had the misrepresentation been made fraudulently, that person shall be so liable notwithstanding that the misrepresentation was not made fraudulently, unless he proves that he had reasonable ground to believe and did believe up to the time the contract was made that the facts represented were true.“

808 In der Literatur wurde diese Konstruktion dahingehend kritisiert, dass die Entscheidung den Effekt habe „to treat the foolish but honest man as if he were dishonest“. Siehe hierzu Hooley, 107 L.Q.R. 547 (1991) S. 549.

Die besondere Bedeutung der Vorschrift ist einerseits darin zu sehen, dass die Beweislast für das Verschulden des Täuschenden umgekehrt wird[809]. Der Täuschende haftet für die misrepresentation, wenn er nicht beweisen kann, dass eine angemessene Grundlage für seine Aussage bestand und dass er bis zum Vertragsschluss davon ausging, dass die mitgeteilten Tatsachen wahr sind. Weiterhin verzichtet die Vorschrift auf das Erfordernis einer besonderen Beziehung zwischen den Parteien. So ist beispielsweise nicht wie bei dem tort of negligence erforderlich, dass den Täuschenden eine Sorgfaltspflicht gegenüber dem Getäuschten trifft. Allerdings setzt sec. 2 (1) Misrepresentation Act 1967 voraus, dass die Täuschung zu einem Vertragsschluss zwischen dem Täuschenden und dem Getäuschten führt.

Die Höhe des auf sec. 2 (1) Misrepresentation Act 1967 gestützten Schadensersatzes berechnet sich gemäß der Entscheidung Royscott Trust Ltd v Rogerson[810] nach deliktischen und nicht nach vertraglichen Grundsätzen, da sec. 2 (1) ausdrücklich eine Gleichstellung mit dem fraud vorsieht. Der Geschädigte kann daher verlangen, so gestellt zu werden, wie er ohne die misrepresentation stehen würde. Im Hinblick auf die Ersatzfähigkeit von consequential damages hat diese Gleichstellung mit dem fraud weiterhin zur Folge, dass der Schaden nach der überwiegenden Ansicht für den Täuschenden nicht reasonably foreseeable gewesen sein muss[811].

Neben dem Anspruch aus sec. 2 (1) Misrepresentation Act besteht bei einer negligent misrepresentation seit der Entscheidung Hedley Byrne & Co Ltd v Heller & Partner Ltd[812] auch ein Anspruch auf Schadensersatz aus dem tort of negligence. Jedoch ist der Anspruch aus sec. 2 (1) Misrepresentation Act für den Getäuschten im Regelfall vorteilhafter, da beispielsweise die Vorhersehbarkeitsregel im Hinblick auf den Schadensumfang keine Anwendung findet. In der Praxis kommt dem tort of negligence daher nur eine geringe Bedeutung zu[813].

---

809 Wie die Entscheidung Howard Marine and Dredging Co Ltd v A Ogden & Sons (Excavations) Ltd [1978] Q.B. 574 zeigt, ist dieser Entlastungsbeweis in der Praxis schwer zu führen. Der Beklagte wurde hier wegen misrepresentation verurteilt, obwohl er sich auf eine Eintragung im öffentlichen Schiffsregister verlassen hatte.

810 [1991] 2 Q.B. 297.

811 Royscott Trust Ltd. v Rogerson [1991] 2 Q.B. 297, 306f. Zur Gegenansicht siehe Treitel/Peel, Rn. 9-063, S. 395 sowie O'Sullivan/Hilliard, Rn. 10.55, S. 233.

812 [1964] A.C. 465.

813 Eine praxisrelevante Bedeutung kommt dem tort of negligence wohl nur dann zu, wenn die misrepresentation nicht zu einem Vertragsschluss geführt hat und der Misrepresentation Act 1967 deshalb keine Anwendung findet.

Voraussetzung für die Geltendmachung des Anspruchs ist, dass der Verkäufer durch die unzutreffende Aussage eine dem Käufer gegenüber obliegende Schutzpflicht fahrlässig verletzt hat. Während von dem Bestehen einer duty of care gegenüber dem Käufer schon allein wegen der (vor-)vertraglichen Beziehung auszugehen ist, bestimmt sich das Vorliegen einer Verletzung dieser Sorgfaltspflicht nach den konkreten Umständen des Einzelfalls. Bei dem Erwerb von Software ist dabei von entscheidender Bedeutung, wo der Anwender die Software erworben hat. So kann er von einem hohen Beratungsstandard ausgehen, wenn er die Software direkt vom Hersteller erworben hat[814]. Der Getäuschte ist für das Vorliegen einer Sorgfaltspflichtverletzung beweispflichtig[815].

Zwar kann eine Sorgfaltspflicht nach der Entscheidung Hedley Byrne & Co Ltd v Heller & Partner Ltd[816] auch gegenüber vertragsfremden Dritten bestehen. Jedoch sei hierfür eine besondere Beziehung erforderlich, die im Regelfall nur dann besteht, wenn der Dritte demjenigen, der die Äußerung tätigt, bekannt ist. Eine generelle Äußerung, also beispielsweise in der Werbung, ist hingegen nicht ausreichend, da sich diese an einen unbestimmten Personenkreis richte[817]. Daraus folgt, dass eine Werbeäußerung des Herstellers im Regelfall keine Haftung wegen negligent misrepresentation begründen kann.

Von besonderer Bedeutung ist weiterhin, dass das House of Lords in der Entscheidung Hedley Byrne & Co Ltd v Heller & Partner Ltd[818] bei der Erteilung von falschen Informationen, abweichend von dem prägenden Grundsatz des tort-Rechts, auch den Ersatz eines reinen Vermögensschadens ermöglicht hat. Der Getäuschte ist dabei so zu stellen wie er ohne die Täuschung stünde. Zu ersetzen ist daher in der Regel die Differenz zwischen dem tatsächlichen Wert der Software und dem gezahlten Kaufpreis[819]. Im Hinblick auf consequential damages ist zu beachten, dass diese nur dann ersetzt werden, wenn sie reasonable foreseeable

---

814 In Ladengeschäften hingegen, die erkennbar nicht auf Software spezialisiert sind, kann nur ein geringerer Standard erwartet werden.

815 Auch insofern ist der auf sec. 2 (1) Misrepresentation Act 1967 gestützte Anspruch vorteilhaft für den Kläger. Er muss hier lediglich beweisen, dass eine misrepresentation begangen wurde. Im Übrigen liegt es am Täuschenden, sich von dem Vorwurf der Fahrlässigkeit zu entlasten.

816 [1964] A.C. 465.

817 Siehe hierzu speziell für den Fall der Produkthaftung Lambert v Lewis [1980] 1 All E.R. 978; Caparo Industries plc v. Dickman [1990] 1 All E.R. 568.

818 [1964] A.C. 465.

819 Smith v Eric Bush [1990] 1 A.C. 831, 851.

waren. Die diesbezügliche Privilegierung aus dem tort of deceit findet mithin im Rahmen der negligence keine Anwendung.

cc) „Innocent misrepresentation“

Wenn der Täuschende die misrepresentation schuldlos begangen hat und dies auch beweisen kann, kann der Getäuschte keinen Schadensersatz geltend machen. Eine schuldlose misrepresentation liegt dabei immer dann vor, wenn diese weder als fraudulent noch als negligent anzusehen ist[820]. Bei einer innocent misrepresentation hatte der Getäuschte traditionell lediglich das Recht zur rescission, das zur Auflösung des gesamten Vertrags führt. Da dieses Alles-oder-Nichts-Prinzip als unangemessen empfunden wurde, kann das Gericht seit der Einführung der sec. 2 (2) Misrepresentation Act 1967 nach seinem Ermessen statt der rescission Schadensersatz gewähren[821].

III. Recht der USA

Die Haftung für falsche oder irreführende Aussagen wird im Recht der USA ebenfalls unter dem Aspekt der misrepresentation diskutiert. Solche Aussagen können einerseits zu der Verletzung einer express warranty gem. § 2-313 (1) UCC führen. Darüber hinaus kann die Haftung für eine misrepresentation auch auf das tort-Recht gestützt werden. Da die Geltendmachung eines tort-Anspruchs keine privity of contract erfordert, kann dieser sowohl gegen Hersteller als auch gegen den Verkäufer geltend gemacht werden[822]. Dabei stellt sich ein auf misrepresentation gestützter Anspruch für den Geschädigten häufig als vorteilhaft dar, da hier vertragliche Haftungsausschlüsse entweder gar nicht vereinbart wurden oder strengen Wirksamkeitsanforderungen unterliegen[823]. Es gibt daher kaum einen Rechtsstreit über fehlerhafte oder irreführende Aussagen des Verkäufers oder Herstellers der

820 Koffman/Macdonald, S. 357, Rn. 13.61.

821 Nach seinem Wortlaut besteht dieses Recht, wenn die misrepresentation „otherwise than fraudulently“ gemacht wurde, so dass das Gericht auch bei einer negligent misrepresentation hiervon Gebrauch machen könnte. Jedoch beschränken sich die Gerichte, soweit ersichtlich, auf innocent misrepresentation, die im Hinblick auf einen unwesentlichen Gegenstand abgegeben wurde. Siehe hierzu Treitel/Peel, Rn. 9-051, S. 388.

822 Owen, § 3.1, S. 112.

823 Zur Wirksamkeit von vertraglichen Haftungsausschlüssen, die sich auf einen tort-Anspruch beziehen, siehe S. 302f.

Software, in welchem neben der Verletzung einer express warranty nicht auch ein Anspruch wegen misrepresentation geltend gemacht wird[824].

1. Vorliegen einer „misrepresentation"

Das Vorliegen einer misrepresentation bestimmt sich auch im Recht der USA im Wesentlichen nach den Kriterien, die bereits im Rahmen des englischen Rechts angeführt wurden[825]. Auch hier muss der Getäuschte durch eine fehlerhafte oder irreführende Aussage über eine erhebliche Tatsache (material past or existing fact), auf die er sich vernünftigerweise verlassen durfte (justifiable reliance), zum Vertragsschluss veranlasst worden sein[826].

Die Aussage stellt eine Tatsache dar, wenn sie einen objektiv nachprüfbaren Inhalt hat[827]. Die Nachprüfbarkeit der Aussage muss dabei bereits im Zeitpunkt des Vertragsschlusses gegeben sein. Abzugrenzen ist der Tatsachenbegriff gegenüber bloßen Werbeaussagen[828] bzw. Meinungen oder Aussagen über zukünftige Umstände[829]. So sah das Gericht in der Entscheidung Badger Bearing Co. v. Burroughs Corporation[830] die Aussage, das installierte Softwaresystem würde die zukünftigen Anforderungen des Unternehmens an die Datenverarbeitung erfüllen können, nicht als Tatsachenkundgabe an, sondern vielmehr als das Versprechen einer zukünftigen Leistung[831].

Weiterhin erfordert das Vorliegen einer misrepresentation, dass die falsch dargestellte Tatsache eine gewisse Erheblichkeit (materiality) aufweist. Gem. § 538 Restatement (Second) Torts liegt eine solche Erheblichkeit vor, wenn eine vernünftige Person die Aussage für wichtig halten würde oder wenn derjenige,

---

824 Nimmer, Ch. 10.03, S. 10-5. Boss/Woodward, 43 Bus. Law. 1513 (1988) S. 1532 führen das einerseits auf die Schnelligkeit des technologischen Wandels zurück, der häufig das Bedürfnis nach Auflösung eines Vertrags nach sich zieht sowie auf exzessives Anpreisen seitens der Vertriebsleute.

825 Siehe hierzu oben, S. 203ff.

826 Owen, § 3.2, S. 115ff.

827 Owen, § 3.2, S. 120.

828 In Strand v. Librascope, Inc. 197 F.Supp. 743 (E.D. Mich 1961) wurden die Aussagen des Verkäufers nicht als „puffing" oder trade talk angesehen, sondern vielmehr als statement of fact.

829 S. hierzu Dobbs, Torts, S. 1359; Calamari/Perillo, S. 342ff.; Ferriell/Navin, S. 523; Diamond, S. 121.

830 444 F.Supp. 919 (E.D. Wis. 1977).

831 444 F.Supp. 919 (E.D. Wis. 1977) S. 925; ebenso das Gericht in Iten Leasing Co. v. Burroughs Corp., 684 F.2d 573 (1982).

der die Aussage tätigt, davon ausgeht, dass der Empfänger die Aussage für wichtig hält.

Darüber hinaus ist erforderlich, dass sich der Getäuschte vernünftigerweise auf die Aussage verlassen durfte und aus diesem Grund das Produkt erwirbt oder es in einer bestimmten Weise verwendet[832]. Dies setzt zum einen voraus, dass die Aussage dem Käufer bekannt und kausal für den Abschluss des Vertrags war. Weiterhin muss das Vertrauen auf die Aussage objektiv berechtigt gewesen sein, wobei diesbezüglich im unternehmerischen Geschäftsverkehr strengere Anforderungen bestehen[833]. Eine solche Berechtigung ist beispielsweise dann nicht gegeben, wenn konkrete Anhaltspunkte für die Unrichtigkeit der Aussage vorlagen[834]. Hingegen spricht die besondere Fachkunde des Verkäufers für ein berechtigtes Vertrauen des Getäuschten. So hat die Beklagte in der Entscheidung Ottawa Strong v. McLeod Bishop Systems, Inc.[835] zugesichert, dass es nicht schwer sei, die erworbene Software an die geschäftlichen Anforderungen des Kunden anzupassen und dass dies schnell und kostengünstig erfolgen könne. In Wirklichkeit erforderte eine solche Anpassung jedoch viel Zeit und einen hohen finanziellen Aufwand, was dem Verkäufer auch bewusst war. Das Gericht war hier der Auffassung, dass die Klägerin sich auf die Aussagen des Verkäufers verlassen durfte und hat daher einen Anspruch wegen fraudulent misrepresentation bejaht[836]. Viele Softwareprodukte seien nämlich dazu ausgelegt, an die speziellen Bedürfnisse eines Kunden angepasst zu werden. Der auf dem Gebiet der Software erkennbar unerfahrene Käufer hatte keine Anhaltspunkte dafür, dass eine solche Anpassung bei der vorliegenden Software nur unter erschwerten Bedingungen möglich war.

2. Pflicht zur Offenbarung

Auch im Recht der USA trifft den Hersteller oder Verkäufer grundsätzlich keine Aufklärungspflicht (duty to disclose)[837]. Jedoch existieren auch hier eine

832 Vgl. Owen, § 3.2, S. 122f.

833 Siehe zum Beispiel Dillon v. Zeneca Corp., 42 P.3d 598 (Ariz. Ct. App. 2002) S. 603.

834 Dobbs, Torts, S. 1358f.

835 676 F.Supp. 159 (N.D. Ill. 1987).

836 676 F.Supp. 159 (N.D. Ill. 1987) S. 160.

837 Schaller Tel. v. Golden Sky, 298 F.3d 736 (8th Cir. 2002); Fisher Development v. Boise Cascade, 37 F.3d 104 (3d Cir. 1994). Siehe hierzu auch den klassischen Fall Laidlaw v. Organ 15 U.S. 178 (1817). Der Kläger erwarb hier weit unter dem normalen Preis eine große Menge Tabak, da er im Gegensatz zu dem Verkäufer bereits von der Unterzeichung des Friedensvertrags von Ghent gehört hatte, der zur

Reihe von anerkannten Ausnahmen[838]. So besteht eine Aufklärungspflicht immer dann, wenn das Gesetz eine solche Offenlegung erfordert[839], ein ursprünglich wahrer Umstand nachträglich unwahr geworden ist oder die Parteien in einem besonderen Vertrauensverhältnis stehen[840]. Weiterhin liegt eine misrepresentation des Verkäufers vor, wenn er die Wahrheit durch aktives Tun verdecken will (active concealment)[841] oder einen relevanten Umstand nur teilweise offenbart und den Käufer dadurch irreführt[842] Eine vergleichsweise neue, aber sehr praxisrelevante Aufklärungspflicht befindet sich in § 551 (e) Restatement (Second) Torts. Danach besteht eine Aufklärungspflicht immer dann, wenn dem Verkäufer bekannt ist, dass der Käufer einem Irrtum über einen Umstand unterliegt, der grundlegend für das Geschäft ist[843]. Aus diesem Grund geht die Rechtsprechung beispielsweise dann vom Vorliegen einer misrepresentation aus, wenn der Verkäufer dem Käufer nicht mitteilt, dass die Software zukünftig nicht mehr produziert und unterstützt werden wird[844]. Weiterhin wurde in Strand v. Librascope[845] eine misrepresentation durch Unterlassen angenommen, da der Verkäufer bekannte Fehler in einer Systemkomponente verschwiegen hatte, was den Käufer zu erheblichen Aufwendungen zur Fehlersuche im Endsystem veranlasste.

3. Rechtsfolgen

Auch im Recht der USA kommen als Rechtsfolgen einer misrepresentation sowohl die Auflösung des Vertrages (rescission) als auch die Geltendmachung von Schadensersatz in Betracht. Zu beachten ist, dass sich in § 2-721 UCC eine Sonderregel für die fraudulent misrepresentation befindet. Danach kann der Geschädigte in

---

Beendigung der britischen Blockade führte. Das Gericht verneinte das Bestehen einer Aufklärungspflicht.

838 Zu den weitgehend mit dem englischen Recht übereinstimmenden Fallgruppen siehe Calamari/Perillo, S. 349ff.

839 S. hierzu Gardner/Kuehl 104 Com. L. J. 168 (1999) S. 179.

840 Burkons v. Ticor Title Insurance Co. of California, 813 P.2d 710 (1991).

841 Dobbs, Torts, S. 1374.

842 Meade v. Cedarapids, Inc., 164 F.3d 1218 (9th Cir. 1999).

843 Eine inhaltsgleiche Regelung der Fallgruppe befindet sich in § 161 (b) Restatement (Second) of Contracts.

844 Hundred East Credit Corp. v. Eric Shuster Corp., 515 A.2d 246 (1986); Tandy Corp. v. Eisenberg, 488 So.2d 927 (Fla. Ct. App. 1986).

845 197 F.Supp. 743 (E.D. Mich. 1961).

diesem Fall alle remedies, die der UCC für die Verletzung einer warranty vorsieht, geltend machen.

a) „Rescission“

Wenn zwischen dem Täuschenden und dem Getäuschten eine vertragliche Beziehung besteht, kann eine misrepresentation zunächst zur Auflösung des Vertrags berechtigen. Nach § 164 (1) Restatement (Second) Contracts ist der Vertrag auflösbar (voidable), wenn die Zustimmung zum Vertrag durch eine fraudulent misrepresentation bewirkt wurde oder die misrepresentation einen erheblichen (material) Umstand betrifft. So hat das Gericht in Clayton Brokerage Company v. Teleswitcher Corporation[846] eine fraudulent misrepresentation über die Fähigkeiten eines Computersystems angenommen und daher folgerichtig die rescission des zugrunde liegenden Vertrages für rechtmäßig erklärt[847].

Unabhängig vom Verschuldensgrad ist eine Auflösung des Vertrags wegen misrepresentation aber auch dann möglich, sofern diese als erheblich einzustufen ist. Gem. § 162 (2) Restatement (Second) Contracts ist dies immer dann der Fall, wenn sie geeignet ist, eine vernünftige (reasonable) Person zur Zustimmung zum Vertrag zu bewegen.

Auch im Recht der USA ergeben sich jedoch aus dem equity-Recht Begrenzungen, die der Auflösung des Vertrags entgegenstehen können[848]. Aus diesem Grund erlischt das Recht zur rescission beispielsweise dann, wenn der Käufer trotz Kenntnis von der misrepresentation das Geschäft ausdrücklich oder konkludent bestätigt[849]. Gleiches gilt, wenn der Getäuschte nach Kenntnis von den Umständen eine zu lange Zeit mit der Geltendmachung von Ansprüchen wartet oder sich die Umstände nach Vertragsschluss derart geändert haben, dass eine rescission nicht mehr angemessen erscheint[850]. Als Rechtsfolge einer rescission sind bei einem Kaufvertrag die empfangenen Leistungen zurückzugewähren (restitution)[851].

---

846 555 F.2d 1349 (8th Cir. 1977).

847 555 F.2d 1349 (8th Cir. 1977) S. 1352.

848 Prosser/Keeton, S. 730; Siehe auch Restatement (Second) of Contracts, Chapter 16, welches für bestimmte Fälle die Ausübung der rescission ausschließt.

849 Parsons v. McKinley, 57 N.W. 1134 (1894).

850 Everson v. J.L. Owens Manufacturing Co., 176 N.W. 505 (1920).

851 Siehe zu den im Rahmen der restitution möglicherweise auftretenden Problemstellungen, Dobbs, Remedies, S. 708ff.

b) Schadensersatz

Weiterhin kann das Vorliegen einer misrepresentation auch zur Geltendmachung von Schadensersatz berechtigen[852]. Für die konkreten Voraussetzungen des Schadensersatzanspruchs ist zwischen den verschiedenen Verschuldensformen zu unterscheiden.

aa) „Fraudulent misrepresentation"

Voraussetzung für einen auf fraudulent misrepresentation[853] gestützten Anspruch ist, dass der Täuschende vorsätzlich im Hinblick auf die misrepresentation gehandelt hat (sog. scienter-Erfordernis) und dem Erklärungsempfänger hierdurch ein ersatzfähiger Schaden entstanden ist[854].

Der Vorsatz des Täuschenden liegt immer dann vor, wenn er von der Unrichtigkeit seiner Aussage wusste und den Erklärungsempfänger damit täuschen wollte. Dieser Vorsatz ist häufig nur schwer zu beweisen[855]. Eine arglistige Täuschung wurde aber beispielsweise in dem Fall Glovatorium, Inc. v. NCR Corporation[856] angenommen. Hier hatte der Projektleiter von NCR entgegen besseren Wissens zugesichert, dass die Software bestimmte Funktionen ausführen kann. Glovatorium konnte beweisen, dass die Mängel der Software im Zeitpunkt der misrepresentation bereits firmenintern bekannt waren[857]. Als fraud gelten auch solche Aussagen, die ins Blaue hinein (reckless) getätigt werden[858]. Hierunter versteht man Aussagen, die der Erklärende trifft, obwohl er nicht weiß, ob diese

852 Im Hinblick auf eine fraudulent misrepresentation bestimmt § 2-721 UCC, dass eine rescission den Getäuschten nicht daran hindert, Schadensersatz geltend zu machen.

853 Häufig wird eine fraudulent misrepresentation auch als tort of deceit oder generell als fraud bezeichnet.

854 Durch eine zusätzliche Aufgliederung der verschiedenen Elemente der misrepresentation kann ein Anspruch wegen fraudulent misrepresentation bis zu neun verschiedene Tatbestandsmerkmale umfassen, vgl. Williams v. Philip Morris Inc., 48 P.3d 824 (Or. Ct. App. 2002) S. 830.

855 S. zu den prozessualen Voraussetzungen Nimmer, Ch. 10.02, S. 10-4 sowie Owen, § 3.2, S. 114.

856 684 F.2d 658 (9th Cir. 1982).

857 684 F.2d 658 (9th Cir. 1982) S. 660; eine arglistige Täuschung wurde verneint in der Entscheidung Chatlos Systems, Inc. v. National Cash Register Corp., 635 F.2d 1081; ebenso in der Entscheidung Stahl Management Corp. v. Conceptions Unlimited, 554 F.Supp. 890 (S.D. N.Y. 1983).

858 Owen, § 3.2, S. 122.

zutreffend sind[859]. In der Entscheidung Dunn Appraisal Co. v. Honeywell Information Systems, Inc.[860] hat das Gericht ein solches Verhalten angenommen, da die Vertriebsperson trotz starker Bedenken eines Fachmanns dem Kunden ein Computersystem empfahl, das sich im Ergebnis tatsächlich als ungeeignet herausstellte.

Weiterhin muss dem Geschädigten durch das Vertrauen auf die misrepresentation ein ersatzfähiger Schaden entstanden sein. Grundsätzlich zählen hierzu alle Schäden, die aus der misrepresentation resultieren, so dass auch ein reiner Vermögensschaden ersatzfähig ist[861]. Im Gegensatz zu den allgemeinen Grundsätzen des Schadensrechts sieht die Rechtsprechung consequential damages zumeist auch dann als ersatzfähig an, wenn diese nicht vorhersehbar waren. Erforderlich ist allerdings, dass der Getäuschte beweisen kann, dass der Schaden mit hinreichender Wahrscheinlichkeit eingetreten wäre[862].

Bei Vorliegen einer fraudulent misrepresentation können dem Geschädigten nach dem Recht der meisten Bundesstaaten der USA unter Umständen auch punitive damages zugesprochen werden. Häufig wird in diesem Zusammenhang zwischen ordinary fraud und extraordinary fraud unterschieden. Punitive damages sollen dabei nur bei einem extraordinary fraud gewährt werden[863]. In der Entscheidung Glovatorium, Inc. v. NCR Corporation hat das Gericht statt des tatsächlichen Schadens i.H.v. $ 253.000 einen Betrag von $ 2.073.000 als punitive damages zugesprochen, da der Verkäufer vorsätzlich über die Fähigkeiten eines Computersystems getäuscht hatte. Zu beachten ist allerdings, dass die Vollstreckung eines Urteils, das dem Geschädigten rein pönalisierende punitive damages zuspricht, sowohl von den deutschen Gerichten als auch jenen der übrigen Mitgliedsstaaten

859 § 526 Restatement (Second) of Torts.

860 687 F.2d 877 (6th Cir. 1982) S. 883; Siehe auch Botanicals on the Park, Inc. v. Microcode Corp., 7 S.W.3d 465 (E.D. Mo. Ct. App. 1999).

861 Tietsworth v. Harley-Davidson, Inc., 661 N.W.2d 450 (Wis. Ct. App. 2003) S. 454; a.A.: Werwinski v. Ford Motor Co., 286 F.3d 661 (3d Cir. 2002). Zur Ersatzfähigkeit von Körperschäden vgl. § 310 Restatement (Second) Torts.

862 Gardner/Kuehl, 104 Com. L. J. 168 (1999) S. 184f. Siehe auch die Entscheidung Harper Tax Services, Inc. v. Quick Tax, Ltd., 686 F.Supp. 109 (D. Md. 1988), in der das Gericht Folgeschäden nicht als ersatzfähig ansah.

863 In der Entscheidung Curry Motor Co. v. Hasty, 505 So.2d 347 (Ala. 1987) hat das Gericht einen extraordinary fraud folgendermaßen beschrieben: „...malicious, oppressive, gross, made with knowledge of the lie or with such recklessness as to be, in effect, the same as an intent to injure the victim".

der Europäischen Gemeinschaft regelmäßig unter Verweis auf den ordre public-Vorbehalt abgelehnt wird[864].

bb) „Negligent misrepresentation“

Sofern der Täuschende fahrlässig gehandelt hat, kann der Getäuschte unter Umständen einen Anspruch aus negligent misrepresentation geltend machen. Dieser ähnelt dem Anspruch aus fraud, wobei das Vorsatz-Erfordernis durch das Tatbestandsmerkmal der fahrlässigen Verletzung einer duty of care ersetzt wird. Der Anspruch kann sowohl gegen den Verkäufer als auch gegen den Hersteller geltend gemacht werden[865].

Unproblematisch ist dabei von einer Sorgfaltspflicht dahingehend auszugehen, dass die erteilten Informationen nicht zu vorhersehbaren Körper- und Eigentumsverletzungen führen dürfen[866]. Ob hingegen auch die Verhinderung von reinen Vermögensschäden von der duty of care erfasst ist, wird von den Gerichten unterschiedlich gesehen[867]. Überwiegend lehnen diese eine solche Ersatzpflicht zumindest im Hinblick auf allgemeine Werbeaussagen ab, da eine Ersatzpflicht für reine Vermögensschäden grundsätzlich nur bei dem Bestehen einer besonderen Nähebeziehung anzunehmen ist. Dieser Grundsatz hat auch in § 552 Restatement (Second) of Torts seinen Niederschlag gefunden[868]. Danach besteht eine Haftung für reine Vermögensschäden nur dann, wenn die fahrlässige misrepresentation im Rahmen eines Vertragsverhältnisses erfolgt, das die Erteilung von korrekten Informationen als primäre Leistungspflicht zum Gegenstand hat[869]. So hat das Gericht in der Entscheidung Black, Jackson & Simmons Insurance Brokerage,

---

864 Siehe hierzu oben, S. 162.

865 Owen, § 3.3, S. 133.

866 Zur Ersatzfähigkeit von Körperschäden, vgl. § 311 Restatement (Second) Torts.

867 Einige Gerichte halten einen reinen Vermögensschaden im Rahmen der negligent misrepresentation für ersatzfähig, vgl. U.S. Welding Corp. v. Burroughs Corp., 587 F.Supp. 49 (D. Colo. 1984) S. 50; Interfase Marketing, Inc. v. Pioneer Technologies Groups, Inc., 774 F.Supp. 1355 (M.D. Fla. 1991) S. 1359f. Die überwiegende Ansicht geht aber hier von der Nichtersetzbarkeit von Vermögensschäden aus, vgl. Appolo Group, Inc. v. Avnet, Inc., 58 F.3d 477 (9th Cir. 1995) S. 479ff; Transport Corporation of America v. IBM Corporation, 30 F.3d 953 (8th Cir. 1994) S. 956; Krider Pharmacy & Gifts v. Medi-Care Data Systems, Inc., 791 F.Supp. 221 (E.D. Wis. 1992) S. 226.

868 Zu der besonderen Rechtslage im Hinblick auf die negligent misrepresentation im Bundesstaat New York vgl. Lipner/Catalano 39 U. Mem. L. Rev. 663 (2009).

869 Siehe hierzu Black, Jackson & Simmons Insurance Brokerage, Inc. v. IBM, 440 N.E.2d 282 (Ill. App.1982) S. 283f.

Inc. v. IBM[870] einen Anspruch aus negligent misrepresentation verneint, da der Unternehmenszweck der Beklagten nicht das Erteilen von Informationen, sondern vielmehr auf den Vertrieb von Computerprodukten gerichtet war[871].

cc) „Innocent misrepresentation"

Wenn ein Hersteller oder ein anderer Beteiligter der Vertriebskette falsche oder irreführende Angaben über das Produkt gemacht hat, kann dies zunächst zu einer verschuldensunabhängigen Haftung wegen der Verletzung einer express warranty führen. Darüber hinaus kann sich eine solche verschuldensunabhängige Haftung des Verkäufers aus den Grundsätzen des § 552C Restatement (Second) Torts ergeben. Danach haftet derjenige, der eine misrepresentation über eine erhebliche Tatsache macht, welche die andere Partei zum Abschluss des Vertrages bewegen soll, auf Ersatz des reinen Vermögensschadens, der durch das gerechtfertigte Vertrauen auf die misrepresentation entstanden ist. Viele kritische Stimmen in Rechtsprechung und Literatur haben sich allerdings mit Ausnahme von Verbraucherfällen gegen das Rechtsinstitut der innocent misrepresentation ausgesprochen, da der Ersatz von reinen Vermögensschäden dem Vertragsrecht vorbehalten bleiben soll[872]. Da der Schadensersatz gem. § 552C (2) Restatement (Second) of Torts jedoch auf den Wertunterschied zwischen der erhaltenen Kaufsache und dem gezahlten Preis begrenzt ist, erscheint diese Kritik unberechtigt, da hierdurch letztlich das wirtschaftliche Ergebnis einer rescission herbeigeführt wird[873].

Weiterhin sieht § 402B Restatement (Second) Torts eine verschuldensunabhängige Haftung für öffentliche Äußerungen vor[874]. Hiernach haftet ein

---

870 440 N.E.2d 282 (Ill. App.1982).

871 Siehe auch die vergleichbare Situation in Accusystems, Inc. v. Honeywell Information Systems, Inc. 580 F.Supp. 474 (S.D. N.Y 1984) S. 480f., wo das Gericht das Bestehen eines Vertrauensverhältnisses für eine negligent misrepresentation erforderlich hält, was es aber bei einem Kaufvertrag typischerweise nicht als gegeben ansieht.

872 Dobbs, Torts, S. 1354.

873 Vgl. Dobbs, Remedies, S. 697f. Bei einer rescission findet eine Rückgewähr der aufgrund der misrepresentation ausgetauschten Rechtsgüter statt. Beim Schadensersatz wegen innocent misrepresentation behält der Getäuschte die Sache und kann dafür den Minderwert der Sache als Schaden ersetzt verlangen.

874 § 402B Restatement (Second) Trots lautet: One engaged in the business of selling chattels who, by advertising, labels, or otherwise makes to the public a misrepresentation of material fact concerning the character of quality of a chattel sold by him is subject to liability for physical harm to a consumer of the chattel caused by justifiable reliance upon the misrepresentation, even though (a) is not made fraudulently or

gewerbsmäßiger Verkäufer von Waren für seine öffentlichen Aussagen in der Werbung oder der Produktbeschreibung, wenn einem Verbraucher, der sich vernünftigerweise auf diese Aussagen verlassen hat, hierdurch ein Köper- oder Eigentumsschaden (physical harm) entstanden ist[875]. Ein reiner Vermögensschaden ist hingegen nicht ersatzfähig[876]. Im Unterschied zu § 552C Restatement (Second) Torts ist diese Haftung unabhängig von dem Bestehen einer vertraglichen Beziehung, so dass der Anspruch auch gegen den Hersteller geltend gemacht werden kann.

Die Einführung dieser Vorschrift ist darauf zurückzuführen, dass der Haftung für die Verletzung einer express warranty im Verhältnis zum Hersteller traditionell die Doktrin der privity entgegenstand. Da der Hersteller durch seine Werbeaussagen den Endbenutzer zum Kauf animiert, hielten es die Verfasser des Restatement (Second) Torts für angemessen, dass er auch für die Richtigkeit dieser Aussagen haftet[877]. Die Rechtsprechung hat sich jedoch insgesamt sehr zurückhaltend bei der Anwendung der strict liability in tort aus § 402B Restatement (Second) Torts gezeigt, da die verschuldensunabhängige Haftung für Aussagen des Herstellers oder Verkäufers traditionell dem Vertragsrecht vorbehalten ist. So haben die Gerichte der meisten Bundesstaaten § 402B Restatement (Second) Torts nie angewendet[878]. Von daher überrascht es, dass auch das Restatement (Third) Torts in § 9 eine im Wesentlichen dem § 402B Restatement (Second) Torts vergleichbare Regelung enthält[879].

---

negligently, and (b) the consumer has not bought the chattel from or entered into any contractual relation with the seller.

875 Zu § 402B Restatement (Second) Torts war umstritten, ob dieser auch den Eigentumsschaden umfasst, vgl. Massey, 28 Cumb. L. Rev. 177 (1997–98) S. 208ff.

876 Massey, 28 Cumb. L. Rev. 177 (1997–98) S. 205.

877 Siehe hierzu bereits die Entscheidung Baxter v. Ford Motor Co., 12 P.2d 409 (Wash. 1932).

878 Vgl. Owen, S. 136. In einigen bedeutenden Bundesstaaten wie Kalifornien und Texas scheint sich die verschuldensunabhängige Haftung für Informationen allerdings etabliert zu haben.

879 § 9 Restatement (Third) Torts lautet: „One engaged in the business of selling or otherwise distributing products who, in connection with the sale of a product, makes a fraudulent, negligent, or innocent misrepresentation of material fact concerning the product is subject to liability for harm to person or property caused by the misrepresentation."

IV. Vergleichende Analyse

1. Gegenüberstellung der nationalen Ergebnisse

Die Haftung für fehlerhafte Informationen im vorvertraglichen Bereich trifft zumindest im deutschen und englischen Recht vornehmlich den Verkäufer. Der auf §§ 280 Abs. 1, 311 Abs. 2, 241 Abs. 2 BGB gestützte Anspruch setzt nämlich eine vorvertragliche Beziehung voraus, so dass die Haftung des Herstellers, der seine Software über Zwischenhändler vertreibt, ausscheidet. Der Geschädigte ist hier auf die weniger Erfolg versprechenden deliktischen Ansprüche angewiesen. Eine vergleichbare Situation besteht auch im englischen Recht. Hier kann der Getäuschte gegen den Hersteller, der seine Software über Zwischenhändler vertreibt, nur einen Anspruch wegen fraudulent misrepresentation geltend machen, da dieser keine besondere Nähebeziehung erfordert. Der auf negligent misrepresentation sowie auf sec. 2 (1) Misrepresentation Act 1967 gestützte Anspruch scheidet hingegen aus, da dieser eine solche Nähebeziehung erfordert bzw. einen späteren Vertragsschluss zwischen den Parteien voraussetzt. Im Gegensatz hierzu kann der Ersatzanspruch wegen falscher oder irreführender Informationen im U.S.-amerikanischen Recht gegen Hersteller sowohl bei einem Direktvertrieb als auch bei einem Vertrieb über Zwischenhändler geltend gemacht werden.

Die Voraussetzungen, welche die untersuchten Rechtsordnungen an das Vorliegen einer Täuschung oder misrepresentation durch aktives Tun stellen, sind im Wesentlichen vergleichbar. So erfordern diese im Regelfall eine auf objektiv nachprüfbare Tatsachen bezogene Aussage, welche falsch oder irreführend ist. Im englischen Recht ist dabei traditionell für das Vorliegen einer misrepresentation von Bedeutung, dass die Aussage nicht Vertragsbestandteil geworden ist, auch wenn dieser Umstand mit Einführung des Misrepresentation Act 1967 an Bedeutung verloren hat. Im deutschen Recht ist dieser Umstand hingegen erst indirekt bei der Abgrenzung von Ansprüchen aus culpa in contrahendo und der kaufrechtlichen Gewährleistung von Bedeutung. Im Recht der USA hingegen können Ansprüche aus misrepresentation und der Verletzung einer express warranty unabhängig voneinander bestehen.

Unterschiede bei der Gewichtung der Interessen weisen die untersuchten Rechtsordnungen jedoch im Hinblick auf eine Täuschung durch Unterlassen auf. Während das Unterlassen der Aufklärung im deutschen Recht immer dann einer Täuschung gleichzustellen ist, wenn hierdurch die Erreichung des Vertragszwecks gefährdet ist oder der Käufer um eine entsprechende Beratung gebeten hat, ist das Unterlassen der Aufklärung im englischen Recht mit Ausnahme eng begrenzter

Fallgruppen nicht geeignet, eine Haftung wegen misrepresentation zu begründen. Im Recht der USA besteht tendenziell ein Gleichklang mit dem englischen Recht, auch wenn das Restatement (Second) of Torts in § 551 (e) eine dem deutschen Recht vergleichbare Aufklärungspflicht immer dann vorsieht, wenn die andere Partei erkennbar einem Irrtum über einen Umstand unterliegt, der grundlegend für das Geschäft ist.

Im deutschen Recht berechtigt sowohl eine vorsätzliche als auch eine fahrlässige Täuschung im Rahmen der culpa in contrahendo zur Auflösung des Vertrags[880]. Bei fehlendem Verschulden ist der Getäuschte hingegen auf die Ausübung des vertraglichen Rücktrittsrechts im Rahmen der kaufrechtlichen Gewährleistung angewiesen, wobei hier insbesondere das erfolglose Verstreichen einer Nachfrist erforderlich ist. Im englischen Recht hingegen berechtigt das Vorliegen einer misrepresentation unabhängig vom Verschuldensgrad stets zur rescission des Vertrags, sofern im Einzelfall kein Auflösungshindernis entgegensteht oder das Gericht gem. sec. 2 (2) Misrepresentation Act 1967 Schadensersatz statt der rescission zuspricht. Das Recht der USA ist insofern tendenziell strenger. Eine rescission kommt zunächst nur bei einer vorsätzlichen misrepresentation in Betracht. Unabhängig vom Verschuldensgrad ist eine solche Auflösung aber auch dann möglich, wenn die misrepresentation einen wesentlichen Umstand betrifft.

Der Getäuschte kann bei einer vorsätzlichen Täuschung in allen untersuchten Rechtsordnungen sowohl gegen den Hersteller als auch gegen den Verkäufer einen Anspruch auf Schadensersatz geltend machen. Dabei ist grundsätzlich das negative Interesse zu ersetzen, wobei auch reine Vermögensschäden von der Ersatzpflicht erfasst sind. Im common law findet dabei, anders als bei einem fahrlässigen Verhalten, keine Begrenzung auf den vorhersehbaren Schaden statt. Darüber hinaus kann ein U.S.-amerikanisches Gericht bei Vorliegen von fraud nach dem Recht der meisten Bundesstaaten der USA auch punitive damages zusprechen, wobei ein solches Urteil in Deutschland wie auch in den anderen Mitgliedsstaaten der Europäischen Gemeinschaft aufgrund des ordre-public-Vorbehalts regelmäßig nicht vollstreckbar wäre. Dieser rein pönalisierende Strafschadensersatz verstößt nämlich gegen die grundlegende Wertung, dass dem Schadensersatz ausschließlich kompensatorische Funktion zukommen darf.

880 Bei vorsätzlichem Handeln kann die Auflösung des Vertrags darüber hinaus durch Anfechtung gem. § 123 BGB sowie einen auf § 823 Abs. 2 i.V.m. § 263 StGB und § 826 BGB gestützten Anspruch erfolgen.

Bei der fahrlässigen Erteilung von falschen oder irreführenden Informationen kann im deutschen Recht über die culpa in contrahendo auch ein reiner Vermögensschaden ersatzfähig sein, wohingegen der Ersatz eines solchen Schadens nach § 823 Abs. 1 BGB ausgeschlossen ist. Auch im englischen Recht ist bei einem fahrlässigen Verhalten des Verkäufers ein reiner Vermögensschaden zu ersetzen, wobei sec. 2 (1) Misrepresentation Act 1967 hierbei sogar auf das Erfordernis der Vorhersehbarkeit verzichtet. Im Recht der USA hingegen sehen die Gerichte einen solchen reinen Vermögensschaden häufig nur dann als ersatzfähig an, wenn die falsche oder irreführende Information im Rahmen eines Beratungsvertrags erteilt wurde. Wenn dem Getäuschten jedoch ein Körper- oder Eigentumsschaden entstanden ist, kann dieser einen Anspruch auf Schadensersatz gegen den Hersteller sowohl im Direktvertrieb als auch bei einem Vertrieb über Zwischenhändler geltend machen.

Im Recht der USA besteht gem. § 402B Restatement (Second) Torts darüber hinaus auch ein Anspruch auf Schadensersatz, wenn der Täuschende schuldlos gehandelt hat und hierdurch eine Körper- oder Eigentumsverletzung eingetreten ist. Von dieser strict liability für falsche Informationen hat die Rechtsprechung jedoch nur in sehr begrenztem Umfang Gebrauch gemacht. Im deutschen und englischen Recht besteht ein solcher Anspruch nicht, wobei es einem englischen Gericht auch bei einer innocent misrepresentation gem. sec. 2 (2) Misrepresentation Act 1967 freisteht, Schadensersatz statt der Auflösung des Vertrags zuzusprechen.

2. Bewertung und Ergebnis

Die untersuchten Rechtsordnungen gehen übereinstimmend davon aus, dass der Hersteller unter bestimmten Voraussetzungen für falsche oder irreführende Informationen über die Software haften muss und nehmen damit im Grundsatz eine vergleichbare Gewichtung der Interessen der Softwarehersteller und der Nutzer vor. Graduelle Abweichungen bestehen jedoch im Hinblick auf die Anspruchsvoraussetzungen und den Umfang der Haftung.

Die Haftungssituation für falsche oder irreführende Aussagen im vorvertraglichen Bereich stellt sich im englischen Recht vergleichsweise vorteilhaft für den Softwarehersteller dar. Dies ist darauf zurückzuführen, dass eine solche Haftung mit Ausnahme des fraud auf den Direktvertrieb beschränkt ist. Darüber hinaus besteht eine duty to disclose nur in sehr begrenztem Umfang. Vorteilhaft für den geschädigten Nutzer ist allerdings zu bewerten, dass der Hersteller auch bei einer fahrlässigen Täuschung für nichtvorhersehbare Schäden haftet, die auch in einem reinen Vermögensschaden liegen können. Weiterhin ist aus Sicht der Nutzer grundsätzlich von Vorteil, dass eine Auflösung des Vertrags bei allen

Verschuldensgraden möglich ist. Wie bereits an anderer Stelle ausgeführt[881], ist aber auch hier zu berücksichtigen, dass eine Auflösung des Kaufvertrags über Software, anders als bei klassischen Waren, keine erheblichen Kosten für den Verkäufer verursacht, da insbesondere die erforderliche Rückgewähr der Software nur mit minimalen Kosten verbunden ist. Im Ergebnis ist daher der Umstand, dass eine misrepresentation unabhängig vom Verschuldensgrad möglich ist, für die Bewertung der Haftungssituation von untergeordneter Bedeutung.

Soweit das englische Recht Ansprüche des Geschädigten gegen den Hersteller grundsätzlich auf den Direktvertrieb beschränkt, ist darin eine unangemessene Benachteiligung der Nutzer zu sehen. Die englische Rechtsprechung hat die Grundsätze zur misrepresentation zu einer Zeit entwickelt, in der Hersteller ihre Waren direkt vertrieben haben. Das Erfordernis einer vertraglichen Verbindung war hier im absoluten Regelfall erfüllt, so dass dem Geschädigten bei falschen oder irreführenden Aussagen Ansprüche aus misrepresentation zustanden. Mittlerweile wird Software wie auch andere Waren häufig über Zwischenhändler vertrieben, so dass dem getäuschten Nutzer – mangels vertraglicher Beziehung – keine Ansprüche gegen den Hersteller zustehen, es sei denn der Hersteller hat vorsätzlich getäuscht. Diese Haftungsprivilegierung, die allein auf die Vertriebsform zurückzuführen ist, ist nicht mehr zeitgemäß. Häufig werben Softwarehersteller aggressiv für ihre Produkte, um deren Absatz zu steigern. Es erscheint daher angemessen, dass sie auch für fahrlässige falsche oder irreführende Aussagen von dem Geschädigten in Anspruch genommen werden können. Ebenso bedenklich erscheint im englischen Recht, dass eine duty to disclose seitens des Verkäufers nur in sehr begrenztem Umfang besteht. Diese Risikozuweisung an den Käufer schien interessengerecht in einer Zeit, in der Waren einfach und die Aussagen der Hersteller leicht zu überprüfen waren. Bei komplexen Gegenständen wie Software hat der Käufer jedoch zumeist keine Möglichkeit, eventuelle Fehler durch eine Inspektion der Ware bei Abschluss des Kaufvertrags zu entdecken, so dass dem Verkäufer weitergehende Offenbarungspflichten auferlegt werden sollten.

Gegenüber dem englischen Recht stellt sich das deutsche Recht nutzerfreundlicher dar. Zwar ist der getäuschte Käufer bei einem Vertrieb der Software über Zwischenhändler auf deliktische Ansprüche begrenzt, wenn er gegen den Hersteller vorgehen will. Der Ersatz von reinen Vermögensschäden ist daher auch hier nur bei einem vorsätzlichen Verhalten des Herstellers möglich. Jedoch zeigt sich

881 Siehe hierzu die Bewertung des vertraglichen Haftungsrisikos im Direktvertrieb, S. 112.

der Vorteil für die Nutzer bei dem Direktvertrieb der Software, da ein Anspruch aus culpa in contrahendo sowohl bei vorsätzlichem als auch bei fahrlässigem Verhalten die Geltendmachung von Schadensersatz, auch für reine Vermögensschäden, ermöglicht. Dabei bestehen im Vergleich zum englischen Recht weitergehende Aufklärungs- und Beratungspflichten des Verkäufers. Grundsätzlich ist aus Nutzersicht auch von Vorteil, dass der Anspruch aus culpa in contrahendo die Auflösung des Vertrags ermöglicht, auch wenn dieser Umstand im Hinblick auf Software von untergeordneter Bedeutung ist.

Das Recht der USA misst den Interessen der Nutzer tendenziell am meisten Bedeutung zu, so dass das Haftungsrisiko des Herstellers für falsche oder irreführende Informationen hier am höchsten einzustufen ist. Dies ist zum einen dadurch bedingt, dass Ansprüche der Nutzer wegen misrepresentation gegen den Hersteller sowohl im Direktvertrieb als auch bei einem Vertrieb über Zwischenhändler denkbar sind. In diesem Zusammenhang besteht im Vergleich zum englischen Recht eine weitergehende duty to disclose. Bei Vorliegen von fraud ist darüber hinaus zu beachten, dass U.S.-amerikanische Gerichte nach dem Recht der meisten Bundesstaaten auch punitive damages zusprechen können, deren Vollstreckung in Deutschland und den anderen Mitgliedsstaaten der EG allerdings regelmäßig an dem ordre-public-Vorbehalt scheitern würde. Weiterhin besteht auch die Möglichkeit einer strikten Haftung für die Erteilung von falschen oder irreführenden Informationen gem. § 402B Restatement (Second) Torts. Aus Sicht der Hersteller ist im Recht der USA jedoch vorteilhaft, dass die Gerichte bei einer fahrlässigen Täuschung, soweit diese nicht im Rahmen eines Beratungsvertrags erfolgt, zumeist den Ersatz eines reinen Vermögensschadens ablehnen. Körper- und Eigentumsverletzungen berechtigen jedoch auch hier zu einem Anspruch des getäuschten Nutzers.

D. Ausschluss und Begrenzung der Haftung durch Vertrag

Die vorstehenden Ausführungen, die sich mit den Ansprüchen des Endbenutzers gegen den Hersteller beschäftigen, lassen den rechtstatsächlichen Umstand unberücksichtigt, dass der Vertrag zur Überlassung von Standardsoftware in vielen Fällen von Vertragsbedingungen begleitet wird, mit denen sich der Hersteller von dieser Haftung freizuzeichnen versucht. Diese Freizeichnungen befinden sich zumeist in dem Endbenutzer-Lizenzvertrag des Herstellers (End User License Agreement, „EULA“). Hierbei handelt es sich um einen vorformulierten

Vertrag[882], der neben den signifikanten Haftungsfreizeichnungen insbesondere Nutzungsbeschränkungen im Hinblick auf die Software enthält[883].

Im Folgenden wird der Frage nachgegangen, inwieweit die in einem EULA enthaltenen Freizeichnungen wirksam sind. Im Kern handelt es dabei um die für jede Privatrechtsordnung grundlegende Frage nach der Reichweite und den Grenzen der Vertragsfreiheit[884]. Da der Hersteller abhängig von der im konkreten Fall vorliegenden Vertriebsart unterschiedlich ausgeprägte Möglichkeiten der Einflussnahme auf den Endbenutzer hat, ist im Folgenden zwischen dem Direktvertrieb der Software und einem Vertrieb über Zwischenhändler zu unterscheiden.

I. Direktvertrieb des Herstellers

Wie an anderer Stelle bereits ausgeführt[885], stellte der Direktvertrieb der Software zunächst den Regelfall dar. Mit der Entwicklung der Software zur Massenware gingen die Produzenten jedoch dazu über, ihre Software über Zwischenhändler zu vertreiben. Die zunehmende Verwendung des Internets hat allerdings dazu geführt, dass die Hersteller wieder vermehrt einen Direktvertrieb der Software vornehmen, indem sich der Anwender die Software von einer Webseite des Herstellers herunterlädt. In diesem Zusammenhang verwendet der Hersteller zumeist einen „click-wrap"-Vertrag[886]. Der Käufer kann hier die Vertragsbestimmungen des Herstellers problemlos einsehen und muss seine Zustimmung zu diesen ausdrücklich kundtun, in der Regel durch das Anklicken eines „Ich stimme zu"-Buttons. Bei

---

882 Bei der überwiegenden Mehrheit der Softwareüberlassungsverträge handelt es sich um vorformulierte EULAs. In der älteren Literatur wurde teilweise vertreten, dass über 90% der abgeschlossenen Softwareüberlassungsverträge vorformuliert sind, vgl. Bartl, CR 1985, 13f. Mangels entgegenstehender Anhaltspunkte ist davon auszugehen, dass diese Schätzung auch heute noch Gültigkeit besitzt.

883 Diese Nutzungsbeschränkungen dienen letztendlich der Gewinnmaximierung des Herstellers. So bestimmt das EULA zumeist, dass die Software nur für die interne Verwendung benutzt werden darf und beschränkt den potentiellen Benutzerkreis durch eine Bindung an bestimmte Personen oder Rechner. Darüber hinaus ermöglichen diese Nutzungsbeschränkungen eine Preisdifferenzierung zwischen privaten und unternehmerischen Benutzern der Software.

884 Dauner-Lieb/Axer, ZIP 2010, 309, 312.

885 Siehe oben, S. 25.

886 Diese Bezeichnung scheint sich auch im Deutschen durchgesetzt zu haben. Als deutsche Übersetzung wird teilweise der Begriff „Enter/Return-Vertrag" verwendet, vgl. Marly, Softwarerecht, Rn. 975.

einem „browse-wrap“-Vertrag[887] hingegen befindet sich auf der Webseite lediglich ein Hinweis auf die Geltung der Vertragsbedingungen des Herstellers. Die Bedingungen können dann durch das Anklicken des Hinweises eingesehen werden.

1. Deutsches Recht

Bei einem Direktvertrieb der Software kommt der als Kaufvertrag einzustufende Überlassungsvertrag zwischen dem Hersteller und dem Endbenutzer zustande. Aufgrund des unmittelbaren Kontakts kann der Hersteller ohne besondere Schwierigkeiten sein EULA in den Überlassungsvertrag einbeziehen. Die gesetzlichen Vorschriften zur Inhaltskontrolle können jedoch zur Unwirksamkeit von Beschränkungen der Gewährleistung und Haftung des Herstellers führen. Aufgrund der Unterschiede in der rechtlichen Bewertung ist im Folgenden zwischen dem Rechtsverkehr mit Verbrauchern und dem unternehmerischen Geschäftsverkehr zu unterscheiden.

a) Rechtsverkehr mit Verbrauchern

Der Direktvertrieb von Software erfolgt im Rechtsverkehr mit Verbrauchern mittlerweile fast ausschließlich über das Internet, weshalb sich die folgenden Ausführungen hierauf beschränken[888].

aa) Eingang der Haftungsklauseln in den Überlassungsvertrag

Der als Kauf einzustufende Softwareüberlassungsvertrag kommt bei einem Direktvertrieb über das Internet gemäß den allgemeinen Vorschriften über Angebot und Annahme zustande[889].

Ob das EULA wirksam in den Überlassungsvertrag einbezogen wurde, bestimmt sich nach den §§ 305ff. BGB. Bei dem EULA des Herstellers handelt es

---

887 Als deutsche Übersetzung wird teilweise der Begriff „Gebrauchsvertrag“ verwendet, vgl. Marly, Softwarerecht, Rn. 975.

888 Vereinzelt besteht auch noch die Möglichkeit, Software beim Hersteller über das Telefon zu bestellen. Hier erfolgt der Abschluss des Überlassungsvertrags bereits am Telefon, so dass sich im Hinblick auf die spätere Einbeziehung der EULA ähnliche Probleme stellen wie beim Vertrieb über Zwischenhändler. Siehe hierzu S. 317ff.

889 Der Hersteller hat bei der Überlassung der Software an einen Verbraucher die Vorschriften über den Fernabsatz gem. §§ 312b ff. BGB zu berücksichtigen. Hierzu zählen insbesondere die allgemeinen Informationspflichten gem. § 312c BGB sowie die besonderen Pflichten im elektronischen Geschäftsverkehr gem. § 312e BGB zu beachten.

sich um Allgemeine Geschäftsbedingungen i.S.v. § 305 Abs. 1 BGB, da hierunter alle für eine Vielzahl von Verträgen vorformulierten Vertragsbedingungen fallen, die eine Vertragspartei (Verwender) der anderen Vertragspartei bei Abschluss eines Vertrages stellt. Das Mindesterfordernis der angestrebten dreifachen Verwendung[890] wird von einem EULA unproblematisch erfüllt[891]. Es wird auch von dem Softwarelieferanten einseitig gestellt, da dieser den Abschluss des Vertrages zu den von ihnen vorformulierten Bedingungen verlangt[892].

Im Rechtsverkehr mit Verbrauchern richtet sich die Wirksamkeit der Einbeziehung von Allgemeinen Geschäftsbedingungen nach § 305 Abs. 2 BGB. Sinngemäß werden danach Allgemeine Geschäftsbedingungen nur dann Bestandteil eines Vertrages, wenn der Verwender bei Vertragsschluss ausdrücklich oder durch deutlich sichtbaren Aushang auf sie hinweist (Nr. 1) und der anderen Person die Möglichkeit verschafft, von ihrem Inhalt Kenntnis zu nehmen (Nr. 2). Die andere Vertragspartei muss anschließend mit ihrer Geltung einverstanden sein[893].

Diese Voraussetzungen sind bei einem Abschluss des Überlassungsvertrags auf der Webseite des Herstellers in der Form eines „click-wrap"-Vertrags regelmäßig unproblematisch erfüllt. Der Käufer stimmt hier bei Abschluss des Überlassungsvertrags der Geltung des EULA ausdrücklich zu, nachdem er zuvor die Möglichkeit hatte, dieses zur Kenntnis zu nehmen[894]. Dem Käufer muss gem. § 312e Abs. 1 Nr. 4 BGB lediglich die Möglichkeit gegeben werden, die Allgemeinen Geschäftsbedingungen zu speichern[895].

Weniger Rechtssicherheit besteht bei der Verwendung eines „browse-wrap"-Vertrags, obgleich auch dieser häufig zu einer wirksamen Vereinbarung führt. Der Verbraucher stimmt hier zwar nicht ausdrücklich der Geltung des EULA zu. Auf der Webseite befindet sich lediglich ein Hinweis, dass die Überlassung der Software zu den Lizenzbedingungen des Herstellers erfolgt. Durch den Download

890 BGH NJW 2002, 138.

891 Gem. § 310 Abs. 3 Nr. 2 BGB finden § 305c Abs. 2 sowie §§ 306 und 307 bis 309 BGB auf vorformulierte Vertragsbedingungen im Rechtsverkehr mit Verbrauchern sogar dann Anwendung, wenn diese nur zur einmaligen Verwendung bestimmt sind und soweit der Verbraucher auf Grund der Vorformulierung auf ihren Inhalt keinen Einfluss nehmen konnte.

892 BGHZ 130, 57. Hiervon abgesehen gelten die Allgemeinen Geschäftsbedingungen bei einem Vertrag zwischen einem Unternehmer und einem Verbraucher gem. § 310 Abs. 3 Nr. 1 BGB sogar stets als vom Unternehmer gestellt.

893 Für den genauen Wortlaut siehe § 305 Abs. 2 Nr. 1 und 2 BGB.

894 Lejeune, ITRB 2001, 263; Karger, ITRB 2004, 110ff.

895 Vgl. Baus, S. 53.

der Software erklärt der Käufer dann konkludent, dass er dem EULA des Herstellers zustimmt. Erforderlich ist hier allerdings, dass der Hinweis auf die Allgemeinen Geschäftsbedingungen auch bei flüchtiger Betrachtung nicht übersehen werden kann[896]. Die Rechtsprechung hat die Wirksamkeit beispielsweise dann anerkannt, wenn die Allgemeinen Geschäftsbedingungen über einen gut sichtbaren Link aufgerufen und ausgedruckt oder gespeichert werden können[897].

Im Rahmen der wirksamen Einbeziehung von Allgemeinen Geschäftsbedingungen stellt sich bei der Verwendung von englischen Fachausdrücken im EULA die Frage, ob dies der Möglichkeit zur Kenntnisnahme entgegensteht[898]. Entsprechendes gilt, wenn die Vertragsbestimmungen gänzlich in englischer Sprache abgefasst sind. Im Rechtsverkehr mit Verbrauchern steht dies einer Einbeziehung entgegen. Bei fachkundigen Unternehmern mit eigener EDV-Abteilung sind englischsprachige Geschäftsbedingungen regelmäßig ausreichend. Es genügt hier, wenn dem Käufer auf Anfrage die Fachausdrücke erläutert oder eine deutsche Übersetzung der Vertragsbestimmungen zur Verfügung gestellt wird[899]. Die Verwendung von englischen Begriffen wie beispielsweise hard disc für Festplatte ist nicht zu beanstanden, falls diese – wie im vorstehenden Beispiel – mittlerweile gängige Begriffe darstellen[900].

bb) Gesetzliche Kontrolle der Haftungsfreizeichnung

Selbst wenn das EULA grundsätzlich wirksam in den Überlassungsvertrag einbezogen wurde, kann eine darin enthaltene Regelung dennoch unwirksam sein.

In diesem Zusammenhang ist zunächst auf die allgemeinen Vorschriften des BGB hinzuweisen. Diese finden gleichermaßen auf Individualvereinbarungen und Allgemeine Geschäftsbedingungen sowie auf den Rechtsverkehr mit Verbrauchern und dem unternehmerischen Geschäftsverkehr Anwendung[901]. So ergibt sich beispielsweise aus § 276 Abs. 3 BGB, dass dem Schuldner die Haftung wegen Vorsatzes nicht im Voraus erlassen werden kann. Über §§ 138, 242 BGB werden besonders schwerwiegende Missbräuche erfasst, bei denen ein auffälliges Missverhältnis in der Leistungsbeziehung besteht[902]. Weiterhin sind die §§ 442, 444 BGB von Bedeutung.

---

896 LG Essen NJW-RR 2003, 1207.
897 BGH NJW 2006, 2976.
898 Siehe hierzu Kunick/Patzak, CRi 2007, 1, 3.
899 Schmidt, in: Lehmann, Rechtsschutz, Rn. 17.
900 Marly, Softwarerecht, Rn. 1929; Junker/Benecke, Rn. 386.
901 Vgl. den Überblick bei Hörl, ITRB 2005, 217ff.
902 Nach AGB-Klauselwerke/Hoeren, IT-Verträge, Rn. 110 sind hiervon beispielsweise umfassende faktische Gewährleistungsausschlüsse erfasst, wie z.B.: „Der Käufer

Grundsätzlich gilt gem. § 442 Abs. 1 S. 1 BGB, dass die Rechte des Käufers wegen eines Mangels ausgeschlossen sind, wenn er den Mangel bei Vertragsschluss kennt[903]. Darüber hinaus kann sich der Verkäufer gem. § 444 BGB nicht auf eine Vereinbarung berufen, durch welche die Rechte des Käufers wegen eines Mangels ausgeschlossen oder beschränkt werden, soweit er den Mangel arglistig verschwiegen oder eine Garantie für die Beschaffenheit der Sache übernommen hat.

Von besonderer Bedeutung für die Wirksamkeit von Freizeichnungsklauseln sind weiterhin die Vorschriften über den Verbrauchsgüterkauf sowie die §§ 305ff. BGB, die im Folgenden dargestellt werden.

(1) Verbrauchsgüterkauf, §§ 474ff. BGB

Die Vorschriften über den Verbrauchsgüterkauf gem. §§ 474ff. BGB finden unabhängig vom Vorliegen Allgemeiner Geschäftsbedingungen Anwendung[904], sofern es sich bei dem Verkäufer um einen Unternehmer und dem Käufer um einen Verbraucher i.S.v. §§ 474 Abs. 1, 13, 14 BGB handelt[905].

(a) Anwendung auf Standardsoftware

Zunächst stellt sich allerdings die Frage, ob die §§ 474ff. BGB überhaupt auf Standardsoftware Anwendung finden. Der Wortlaut des § 474 Abs. 1 BGB verlangt nämlich ausdrücklich, dass der Verbraucher eine bewegliche Sache kauft.

Für die Ansicht, die im Rahmen der vertragstypologischen Einordnung vom Vorliegen eines Sachkaufs ausgeht[906], sind die §§ 474ff. BGB unproblematisch auf Standardsoftware anwendbar. Aber auch die Auffassung, welche die Sachqualität von Software verneint und Software als „sonstigen Gegenstand“ i.S.v. § 453 Abs. 1 BGB ansieht, kommt im Ergebnis zur Anwendbarkeit der §§ 474ff. BGB. Zwar ergebe sich aus der systematischen Stellung des § 453 Abs. 1 BGB, dass

---

bestätigt die Mangelfreiheit der Ware.“. Weiterhin ist ein kompletter Ausschluss der Haftung gem. § 138 Abs. 1 BGB unwirksam.

903 Siehe hierzu ausführlich oben, S. 38.

904 Diese Vorschriften wurden im Rahmen des Schuldrechtsmodernisierungsgesetzes eingeführt. Sie beruhen auf der Richtlinie 99/44/EG vom 25. 5. 1999 zu bestimmten Aspekten des Verbrauchsgüterkaufs und der Garantien für Verbrauchsgüter (ABl.EG Nr. L 171 S. 12).

905 Auf Geschäfte zwischen Unternehmern finden die §§ 474ff. BGB keine Anwendung. Deren Wertungen sind auch nicht in die Vorschriften hineinzulesen, die den Rechtsverkehr zwischen Unternehmern regeln, da die Vorschriften über den Verbrauchsgüterkauf eng auszulegen sind, vgl. AGB-Klauselwerke/Hoeren, IT-Verträge, Rn. 92.

906 Zu den vertretenen Ansichten siehe oben, S. 27ff.

dieser lediglich auf die §§ 433 bis 452 BGB und gerade nicht auf §§ 474ff. BGB verweist. Da Software jedoch dieselben verbraucherspezifischen Gefahren wie bewegliche Sachen aufweise, sei aber eine analoge Anwendung gerechtfertigt[907]. Aufgrund des weit auszulegenden Sachbegriffs der Verbrauchsgüterkaufrichtlinie sei die Anwendbarkeit sogar unabhängig davon gegeben, ob die Übertragung körperlich oder unkörperlich erfolgt[908].

(b) Sonderregelungen des Verbrauchsgüterkaufs

Die Anwendbarkeit der §§ 474ff. BGB hat zur Folge, dass diverse Sonderregelungen zum Schutz des Verbrauchers eingreifen[909]. Im vorliegenden Rahmen ist insbesondere die Regelung des § 475 Abs. 1 S. 1 BGB von Bedeutung. Danach kann sich der Unternehmer nicht auf eine vor Mitteilung des Mangels getroffene Vereinbarung berufen, die zum Nachteil des Verbrauchers von den §§ 433 bis 435, 437, 439 bis 443 sowie von den §§ 474 bis 479 BGB abweicht[910]. Gesetzliche Mängelgewährleistungsansprüche sind daher gegenüber einem Verbraucher nicht dispositiv[911]. Die Vorschriften über den Verbrauchsgüterkauf gelten nicht nur für Individualvereinbarungen, sondern auch für solche durch Allgemeine Geschäftsbedingungen[912], weshalb sich in deren Anwendungsbereich eine Kontrolle der Allgemeinen Geschäftsbedingungen gem. §§ 305ff. BGB erübrigt.

Eine bedeutsame Beschränkung des Anwendungsbereichs der §§ 474ff. BGB befindet sich allerdings in § 475 Abs. 3 BGB. Danach gelten die Vorschriften über den Verbrauchsgüterkauf nicht für den Ausschluss oder die Beschränkung des Anspruchs auf Schadensersatz. Die inhaltliche Kontrolle derartiger Vorschriften erfolgt vielmehr nach den §§ 305ff. BGB, sofern es sich dabei um eine vorformulierte Klausel handelt.

(2) Allgemeine Geschäftsbedingungen

Neben den bereits dargestellten Grundsätzen zur Einbeziehungskontrolle[913], erfolgt der Schutz vor missbräuchlichen Klauseln schwerpunktmäßig über

---

907 Spindler/Klöhn, CR 2003, 81, 84.

908 MüKo/Lorenz, § 474 Rn. 10; Jauernig/Berger, § 474 Rn. 4.

909 Siehe hierzu Marly, Softwarerecht, Rn. 1259ff.

910 Zulässig sind lediglich Vereinbarungen, die die Rechte des Käufers erweitern, vgl. MüKo/Lorenz, § 475 Rn. 10.

911 Aufgrund der überschießenden Umsetzung der EG-Richtlinie 99/44/EG erfasst § 475 Abs. 1 BGB sowohl Sach- als auch Rechtsmängel.

912 Müko/Lorenz, § 475 Rn. 7.

913 Siehe hierzu S. 228ff.

die Inhaltskontrolle der §§ 307ff. BGB[914]. Ergänzt wird dieser Schutz durch den Vorrang der Individualvereinbarung gem. § 305b BGB, die Vorschriften über überraschende und mehrdeutige Klauseln gem. § 305c BGB und das in § 307 Abs. 1 S. 2 BGB enthaltene Transparenzgebot[915].

(a) Auslegungsregeln und Transparenzgebot

Die deutsche Rechtsprechung gehörte weltweit zu den ersten, die Allgemeine Geschäftsbedingungen einer umfassenden inhaltlichen Überprüfung unterzogen haben[916]. Diese inhaltliche Überprüfung erfolgte vor der Einführung des Gesetzes über die Allgemeinen Geschäftsbedingungen im Jahr 1976[917] anhand der allgemeinen Vorschriften der §§ 138, 242 BGB[918].

So hat der BGH beispielsweise in ständiger Rechtsprechung vertreten, dass überraschende Klauseln unwirksam sind[919]. Mittlerweile befindet sich eine Kodifizierung dieses Grundsatzes in § 305c Abs. 1 BGB. Eine solche überraschende Klausel liegt beispielsweise dann vor, wenn sie eine Aushöhlung einer Herstellergarantie durch erhebliche Einschränkungen enthält[920]. Weiterhin gilt die von der Rechtsprechung entwickelte Auslegungsregel, wonach Zweifel bei der Auslegung der Allgemeinen Geschäftsbedingungen zu Lasten des Verwenders gehen[921]. Diese sog. Unklarheitenregel findet sich mittlerweile in § 305c Abs. 2 BGB wieder[922].

Darüber hinaus ist das in § 307 Abs. 1 S. 2 BGB kodifizierte Transparenzgebot zu berücksichtigen. Danach muss die in Allgemeinen Geschäftsbedingungen enthaltene Klausel klar und verständlich sein, so dass eine Haftungsbeschränkung unwirksam

914 Vgl. Junker/Benecke, Rn. 389.
915 Palandt/Grüneberg, Vor § 305 Rn. 7.
916 Siehe hierzu Neumayer, Contracting Subject to Standard Terms and Conditions, International Encyclopedia of Comparative Law, Bd. 7, Kap. 12, S. 12-20.
917 Zur Entstehungsgeschichte des AGBG siehe ausführlich Ulmer/Habersack, in: Ulmer/Brandner/Hensen, Einl. Rn. 13ff.
918 Beale/Hartkamp/Kötz/Tallon, S. 511.
919 BGHZ 17, 1, 3.
920 In der Entscheidung OLG Hamm, MDR 1984, 53 hat der Hersteller den Käufern gegenüber eine Garantie für die kostenlose Reparatur oder Ersatz bei Material- und Herstellungsfehlern übernommen. Das Gericht hat daher eine Klausel in den Garantiebedingungen für unwirksam gehalten, durch welche sich der Hersteller vorbehalten hat, statt der Mängelbeseitigung den Kaufpreis ganz oder teilweise entsprechend dem Minderwert oder der bisherigen Nutzungsdauer zu erstatten.
921 Siehe Ulmer/Schäfer, in: Ulmer/Brandner/Hensen,§ 305c, Rn. 61.
922 BGH NJW 2008, 2254. Wegen der Auslegung zu Lasten des Verwenders wird auch häufig die Bezeichnung „contra proferentem“ verwendet.

ist, die an einer systematisch nicht nachvollziehbaren Stelle steht oder nicht in eindeutiger Weise zum Ausdruck bringt, dass es sich um eine Beschränkung der Haftung handelt[923]. In diesem Zusammenhang stellt sich die Frage, ob eine Freizeichnungsklausel aufgrund der Vorgaben des Transparenzgebots ausdrücklich klarstellen muss, dass die Haftung aufgrund von Mängeln der Software nach zwingenden Vorschriften, beispielsweise § 14 ProdHaftG und § 444 BGB, unberührt bleibt. Die wohl überwiegende Ansicht hält dies nicht für erforderlich[924], da nicht auf jeden denkbaren Sonderfall bei der Formulierung der Allgemeinen Geschäftsbedingungen Rücksicht genommen werden kann. Teilweise wird eine Aufnahme derartiger Klarstellungen aus Gründen der größtmöglichen Sicherheit dennoch für sinnvoll erachtet[925].

(b) §§ 307ff. BGB

Den Schwerpunkt des Schutzes vor missbräuchlichen AGB stellen die Vorschriften über die Inhaltskontrolle gem. §§ 307ff. BGB dar.

Gem. § 307 Abs. 1 BGB sind Bestimmungen in Allgemeinen Geschäftsbedingungen unwirksam, wenn sie den Vertragspartner des Verwenders entgegen den Geboten von Treu und Glauben unangemessen benachteiligen. Eine solche unangemessene Benachteiligung liegt gem. § 307 Abs. 2 BGB im Zweifel vor, wenn eine Bestimmung mit wesentlichen Grundgedanken der gesetzlichen Regelung, von der abgewichen wird, nicht zu vereinbaren ist (Nr. 1) oder wesentliche Rechte oder Pflichten, die sich aus der Natur des Vertrags ergeben, so einschränkt, dass die Erreichung des Vertragszwecks gefährdet ist (Nr. 2). Bei der Überprüfung von vorformulierten Haftungs- und Gewährleistungsklauseln ist insbesondere § 307 Abs. 2 Nr. 2 BGB von Bedeutung, da hieran die Rechtsprechung zur Aushöhlung von Kardinalpflichten anknüpft.

Im Rechtsverkehr mit Verbrauchern richtet sich die inhaltliche Überprüfung der Freizeichnung jedoch vorrangig nach den §§ 308f. BGB, welche der allgemeinen Regelung in § 307 BGB vorgehen. Die §§ 308f BGB enthalten einen Katalog von Klauseln, welche in Allgemeinen Geschäftsbedingungen unwirksam sind[926]. Für vertragliche Freizeichnungen von der Haftung für fehlerhafte Software sind insbesondere § 309 Nr. 7 und Nr. 8 BGB von Bedeutung, da diese unwirksame Haftungs- und Gewährleistungsklauseln enthalten.

---

923 BGH NJW 1992, 2016, 2017.

924 Christensen, in: Ulmer/Brandner/Hensen, § 309 Nr. 7 Rn. 40.

925 Koch, WM 2002, 2173, 2183.

926 Bei § 309 BGB gilt dies im Gegensatz zu § 308 BGB grundsätzlich ohne dem Erfordernis oder der Möglichkeit einer richterlichen Wertung, vgl. MüKo/Wurmnest, § 309 Rn. 2.

Im Rahmen der Umsetzung der EG-Richtlinie über missbräuchliche Klauseln in Verbraucherverträgen[927] entschied sich der deutsche Gesetzgeber dazu, diese in das bestehende Regelungssystem zu integrieren[928]. Die Richtlinie wurde mit dem Ziel erlassen, einen gemeinschaftsweiten Minimalschutz vor missbräuchlichen Allgemeinen Geschäftsbedingungen zu schaffen. Den Mitgliedsstaaten stand es dabei offen, einen höheren Schutz für Verbraucher zu gewährleisten. Durch die von der Rechtsprechung angenommene Indizwirkung der Klauseln auch für den Unternehmensverkehr ist die deutsche Umsetzung in ihrem Anwendungsbereich allerdings weitgehender als die Richtlinie[929].

(c) Rechtsfolgen bei unwirksamer Klausel

Soweit eine vorformulierte Klausel nicht wirksam in den Vertrag einbezogen oder unwirksam ist, richtet sich der Inhalt des Vertrages gem. § 306 Abs. 2 BGB nach den gesetzlichen Vorschriften. In Abweichung von § 139 BGB bleibt der Vertrag gem. § 306 Abs. 1 BGB im Übrigen wirksam[930], es sei denn das Festhalten am Vertrag würde gem. § 306 Abs. 3 BGB eine unzumutbare Härte für eine Vertragspartei darstellen. Es gilt das Verbot der geltungserhaltenden Reduktion[931]. Wenn eine Klausel teilweise gegen die §§ 307ff. BGB verstößt, ist daher die gesamte Klausel unwirksam. Eine Reduzierung auf das gerade noch zulässige Maß durch die Rechtsprechung würde die Formulierung überzogener Klauseln risikolos stellen und ist daher abzulehnen. Sofern die unwirksame Klausel allerdings von einem verbleibenden wirksamen Teil sprachlich und inhaltlich abtrennbar ist, nimmt die Rechtsprechung eine solche Abtrennung des unwirksamen Teils vor[932].

b) Unternehmerischer Geschäftsverkehr

Der unternehmerische Geschäftsverkehr weist Besonderheiten sowohl im Hinblick auf die Einbeziehung als auch auf die Inhaltskontrolle auf.

---

927 Richtlinie 93/13/EWG des Rates vom 5. April 1993 über missbräuchliche Klauseln in Verbraucherverträgen (ABl.EG Nr. L 95 v. 21.4.1993, S. 29ff.).

928 Siehe Ulmer/Habersack, in: Ulmer/Brandner/Hensen, Einl. Rn. 26. Die entsprechenden Vorgängervorschriften aus dem AGBG wiesen ebenfalls einen Katalog mit unwirksamen Klauseln auf, vgl. §§ 10f. AGBG.

929 Beale/Hartkamp/Kötz/Tallon, S. 529.

930 BGH NJW 2007, 3568.

931 BGH NJW 2000, 1110, 1113; NJW 2011, 139, Tz. 27.

932 BGH NJW 2006, 1059, 1060.

aa) Einbeziehung Allgemeiner Geschäftsbedingungen

Das Vorliegen von Allgemeinen Geschäftsbedingungen ist freilich auch im geschäftlichen Unternehmensverkehr unproblematisch, wenn der Erwerb der Software im Wege eines Massengeschäfts, beispielsweise unter Verwendung eines click-wrap Vertrags stattgefunden hat.

(1) Auswirkungen von Vertragsverhandlungen

Problematisch ist allerdings, inwieweit Verhandlungen über den Inhalt des Überlassungsvertrags das Vorliegen von Allgemeinen Geschäftsbedingungen im Rechtsverkehr zwischen Unternehmen ausschließen. Wenn der Hersteller solche Verhandlungen überhaupt zulässt, erfolgen diese in aller Regel auf der Grundlage seines Hersteller-Lizenzvertrags, wobei dem potentiellen Vertragspartner die Gelegenheit gegeben wird, Änderungsvorschläge zu unterbreiten[933]. Das Ergebnis wird bei gleichstarken Verhandlungspartnern häufig einen Kompromiss zwischen den beiden Interessenlagen darstellen, wobei einige Klauseln des ursprünglichen Vertrags abgeändert und andere in der ursprünglichen Form belassen werden.

Allerdings führen solche Verhandlungen nur selten dazu, dass die Rechtsprechung das Vorliegen von Allgemeinen Geschäftsbedingungen verneint. Sowohl im Hinblick auf die Widerlegung des Merkmals „Stellen" i.S.v. § 305 Abs. 1 S. 1 BGB als auch den Nachweis eines „Aushandelns" i.S.v. § 305 Abs. 1 S. 3 BGB bestehen für den Verwender erhebliche Hürden. Entscheidendes Kriterium für ein „Stellen" ist die Einseitigkeit der Auferlegung und der Umstand, dass der andere Vertragsteil, der mit den vorformulierten Vertragsbedingungen konfrontiert wird, auf deren Ausgestaltung gewöhnlich keinen Einfluss nehmen kann[934]. Zwar besteht für das Erfordernis des Stellens der Allgemeinen Geschäftsbedingungen gem. § 305 Abs. 1 S. 1 BGB, anders als im Rechtsverkehr mit Verbrauchern, keine gesetzliche Vermutung i.S.v. § 310 Abs. 3 Nr. 1 BGB. Allerdings obliegt dem Verwender die Beweislast dafür, dass die vorformulierte Klausel entgegen ihrem ersten Anschein verhandelbar war[935]. Hierzu muss er beweisen, dass der Vertragspartner die Möglichkeit hatte, eigene Textvorschläge mit der effektiven Möglichkeit ihrer Durchsetzung in die Verhandlungen einzubringen[936]. Das Vorliegen von Allgemeinen Geschäftsbedingungen sei dabei nur dann abzulehnen, wenn der

933 Zum Verhandlungsprozess im Einzelnen siehe Lischek/Mahnken, ZIP 2007, 158, 159f.

934 BGH ZIP 2010, 628, 631, Rn. 18 unter Verweis auf BT-Drs. 7/3919, S. 15f.

935 Kaufhold, ZIP 2010, 631, 634.

936 BGH ZIP 2010, 628, 631, Rn. 18. Siehe hierzu auch Westphalen, ZIP 2010, 1110ff.

Verwender seine Verhandlungsbereitschaft bei der Einführung seiner vorformulierten Vertragsbedingungen eindeutig zum Ausdruck bringt und diese dann auf Verlangen seines Vertragspartners dann auch in die Tat umsetzt[937].

Wenn die Allgemeinen Geschäftsbedingungen demnach als vom Verwender gestellt anzusehen sind, stellt der BGH an ein Aushandeln i.S.v. § 305 Abs. 1 S. 3 BGB hohe Anforderungen[938]. Ein solches sei nur dann anzunehmen, wenn der Verwender den gesetzesfremden Kerngehalt seiner Allgemeinen Geschäftsbedingungen ernsthaft zur Disposition stellt und dem anderen Teil Gestaltungsfreiheit zur Wahrung eigener Interessen einräumt mit zumindest der realen Möglichkeit, die inhaltliche Ausgestaltung der Vertragsbedingungen zu beeinflussen[939]. Regelmäßig seien daher nur solche Klauseln als ausgehandelt und damit nicht als Allgemeine Geschäftsbedingungen anzusehen, die tatsächlich abgeändert wurden[940]. Dass auch die anderen Klauseln Gegenstand der Verhandlungen waren und unter Umständen nur deshalb in der Originalform belassen wurden, weil hierdurch im Gegenzug Zugeständnisse an anderer Stelle erfolgten, ist für die Annahme eines Aushandelns hingegen regelmäßig nicht ausreichend[941]. Aus der Formulierung „soweit“ in § 305 Abs. 1 BGB folge daher, dass die nicht abgeänderten Klauseln des Mustervertrags grundsätzlich der Inhaltskontrolle unterliegen. Zwar ist auch das Ausstrahlen einer ausgehandelten Vorschrift auf andere Vertragsbedingungen anerkannt. Der Verwender wird jedoch seiner diesbezüglichen Darlegungs- und Beweispflicht häufig nicht nachkommen können, da nach Abschluss der Verhandlungen nicht mehr rekonstruierbar ist, wie die im Rahmen der Verhandlungen erfolgten Zugeständnisse miteinander verknüpft waren[942].

Um auf gleicher Augenhöhe agierenden Unternehmen eine Nichtanwendung der Missbrauchskontrolle zu ermöglichen, stellen Teile des Schrifttums an das Aushandeln einer Klausel im Rechtsverkehr zwischen Unternehmen geringere Anforderungen[943]. So wird teilweise vorgeschlagen, den Begriff des „Aushandelns“ durch den des „Verhandelns“ zu ersetzen und hierdurch der Rechtsprechung ein Abrücken von ihrem Standpunkt zu ermöglichen, wonach ein Aushandeln mehr

---

937 Vgl. Kaufhold, ZIP 2010, 631, 633.

938 Vgl. BGH NJW 1991, 1678, 1679: „Aushandeln bedeutet mehr als bloßes Verhandeln.“

939 BGH ZIP 2000, 314; NJW 1991, 1678, 1679; 2003, 1805, 1807.

940 BGH NJW 2003, 1805, 1807.

941 BGH NJW 1991, 1678.

942 Berger, ZIP 2006, 2149, 2152.

943 Siehe Staudinger/Schlosser, § 305 Rn. 36a; Berger, ZIP 2006, 2149ff; Lischek/Mahnken, ZIP 2007, 158, 159ff.

als bloßes Verhandeln darstelle[944]. Hierdurch könne den im unternehmerischen Geschäftsverkehr anzutreffenden mehrdimensionalen Verhandlungsprozessen Rechnung getragen werden und auch verhandelte, aber im Ergebnis unverändert gebliebene Klauseln der Kontrolle durch §§ 305ff. BGB entzogen werden. Weiterhin wird die Einführung eines Kriterienkatalogs diskutiert, bei dessen Vorliegen eine Vermutung dafür sprechen soll, dass die Parteien sämtliche Klauseln des Vertrags ausgehandelt haben[945]. So soll ein Aushandeln immer dann vorliegen, wenn die Parteien länger als zwei Monate über den Vertrag verhandelt haben oder der Vertragsgegenstand den Wert von 1 Million Euro übersteigt. Um die dargestellten Beweisprobleme zu umgehen, soll im geschäftlichen Unternehmensverkehr darüber hinaus eine Vermutung dafür sprechen, dass die Möglichkeit zur Einflussnahme auf den Vertragsinhalt bestand[946]. Nur mit einer solchen Auslegung könne erreicht werden, dass Unternehmen ihre Verträge weiterhin der deutschen Rechtsordnung unterwerfen und nicht auf andere Rechtsordnungen ausweichen[947].

(2) Einbeziehung

Sofern das Vorliegen von Allgemeinen Geschäftsbedingungen feststeht, ist die Frage der Einbeziehung im Rechtsverkehr zwischen Unternehmen in aller Regel unproblematisch. § 305 Abs. 2 BGB findet hier gem. § 310 Abs. 1 BGB keine Anwendung. Es gelten vielmehr die allgemeinen Grundsätze zum Vertragsschluss gem. §§ 145ff. BGB und ergänzend unter Umständen Vorschriften aus dem HGB, was auch eine Einbeziehung des EULA nach den Grundsätzen zum kaufmännischen Bestätigungsschreiben ermöglicht[948]. Die Allgemeinen Geschäftsbedingungen eines Verwenders werden auch dann Vertragsbestandteil, wenn sich die Parteien über ihre Anwendung stillschweigend geeinigt haben[949]. Allerdings muss der Käufer auch hier die Möglichkeit haben, in zumutbarer Weise von den

944 Berger, NJW 2010, 465, 467ff. Ablehnend Müller/Griebeler/Pfeil, BB 2009, 2658, 2661; Westphalen, BB 2010, 195, 197, da auch der Begriff des Verhandelns nicht definiert ist und damit nicht zur Präzisierung beitragen kann.

945 Müller/Griebeler/Pfeil, BB 2009, 2658, 2661f. Ablehnend Westphalen, BB 2010, 195, 197; Kaufhold, ZIP 2010, 631, 632, da solche Kriterien nicht vom Schutzzweck der §§ 305ff. BGB umfasst sind, der sich in der Verhinderung einer inhaltlichen Einflussnahme des Vertragspartners erschöpft.

946 Lischek/Mahnken, ZIP 2007, 158, 160 unter Verweis auf Berger, ZIP 2006, 2149, 2153.

947 Lischek/Mahnken, ZIP 2007, 158, 163.

948 Baus, S. 54.

949 BGH NJW 1988, 1210, 1212.

Allgemeinen Geschäftsbedingungen Kenntnis zu erlangen[950]. Der entscheidende Unterschied besteht jedoch darin, dass diese Möglichkeit zur Kenntnisnahme nicht zwingend im Zeitpunkt des Vertragsschlusses bestanden haben muss[951].

bb) Inhaltskontrolle

Die Vorschriften über die Auslegung von Allgemeinen Geschäftsbedingungen und das Transparenzgebot finden auch im geschäftlichen Unternehmensverkehr Anwendung[952]. Der Schwerpunkt der Inhaltskontrolle liegt hier im Gegensatz zum Rechtsgeschäft mit Verbrauchern aber auf § 307 BGB. §§ 308, 309 BGB finden hingegen gem. § 310 Abs. 1 S. 1 BGB keine unmittelbare Anwendung auf Allgemeine Geschäftsbedingungen, die gegenüber einem Unternehmer i.S.v. § 14 BGB gestellt werden. Dem Katalog des § 309 BGB komme aber nach Auffassung der Rechtsprechung eine indizielle Bedeutung auch für die Annahme einer unangemessenen Benachteiligung im Rechtsverkehr zwischen Unternehmern zu[953], so dass sich die Inhaltskontrolle im Rechtsverkehr mit Verbrauchern und im unternehmerischen Geschäftsverkehr weitgehend angenähert haben. Zwar sind gem. § 310 Abs. 1 S. 2 2. HS BGB stets die im Handelsverkehr geltenden Gewohnheiten und Bräuche angemessen zu berücksichtigen[954]. Jedoch läuft diese Einschränkung im Ergebnis leer, da Handelsbräuche nicht geeignet sind, den zwingenden und damit vorrangigen Maßstab des § 307 BGB außer Funktion zu setzen[955]. Der Verwender kann daher eine spezifische Interessenlage, um den an sich indizierten Verstoß auszuschließen, gar nicht darlegen[956].

Wie schon im Rahmen des Aushandelns von Allgemeinen Geschäftsbedingungen ist eine Ansicht in der Literatur bestrebt, die in ihren Augen übermäßige Einschränkung der Vertragsfreiheit durch eine „bevormundende Inhaltskontrolle im Rechtsverkehr zwischen Unternehmen zu verhindern“[957]. Die indizielle Wirkung der Klauseln für den unternehmerischen Geschäftsverkehr widerstreite nämlich

---

950 Schmidt, NJW 2011, 3329, 3331.

951 Der Verkäufer ist nicht verpflichtet, dem Käufer seine Allgemeinen Geschäftsbedingungen unaufgefordert zuzusenden, vgl. BGH NJW 1992, 1232.

952 Siehe hierzu oben, S. 233.

953 BGH NJW 2007, 3774; 1996, 389; 1993, 2054, 2055; NJW-RR 2005, 247, 248.

954 Zur Entstehungsgeschichte des Differenzierungsgebots siehe Dauner-Lieb/Axer, ZIP 2010, 309, 311f.

955 Westphalen, BB 2010, 195.

956 Ulmer/Schäfer, in: Ulmer/Brandner/Hensen, § 310, Rn. 19; Berger, ZIP, 2006, 2149, 2150.

957 Berger, ZIP 2006, 2149, 2156; differenzierend Schmidt, NJW 2011, 3329, 3330.

den Erfordernissen einer praxisnahen Rechtsanwendung und führe zu einem Wettbewerbsnachteil der deutschen Wirtschaft im internationalen Handelsverkehr[958].

Aus diesem Grund werden im Schrifttum verschiedene Ansätze vertreten, die im unternehmerischen Geschäftsverkehr das Eingreifen der Indizwirkung unterbinden sollen. So wird beispielsweise vorgeschlagen, statt auf die „Handelsbräuche“ auf die „Bedürfnisse des unternehmerischen Verkehrs“ abzustellen und damit der Rechtsprechung die Möglichkeit zu eröffnen, die Besonderheiten des unternehmerischen Geschäftsverkehrs differenzierter zu würdigen[959]. Weiterhin wird vorgeschlagen, im unternehmerischen Geschäftsverkehr auf die Indizwirkung der §§ 308f. BGB zu verzichten und vielmehr im Einzelfall zu prüfen, ob eine Übertragung der für den Verbraucherverkehr bestimmten Klauseln auf den Rechtsverkehr zwischen Unternehmen angebracht sei[960]. Als relevante Kriterien werden hierfür etwa die Branchenüblichkeit einer derartigen Klausel, die Versicherbarkeit des Schadens und die rechtlichen und kaufmännischen Fähigkeiten des Vertragspartners ins Spiel gebracht. Weiterhin sei zu berücksichtigen, inwieweit eine wirtschaftliche Überlegenheit des Verwenders vorliege oder der Wettbewerb als Korrektiv versagt habe[961]. Auch der BGH hat in einer Entscheidung aus dem Jahr 2010 auf eine generell-abstrakte Bewertung der AGB-Klausel verzichtet und vielmehr „eine am Maßstab des § 307 BGB ausgerichtete Prüfung der Umstände des Einzelfalls“ vorgenommen[962]. Allerdings lag dieser Entscheidung ein spezieller mietrechtlicher Sachverhalt zugrunde, so dass im Schrifttum stets auf den Einzelfallcharakter dieser Entscheidung hingewiesen wird[963].

Die im Schrifttum vertretene Gegenmeinung spricht sich gegen die Einführung derartiger Wertungskriterien in die §§ 305ff. BGB aus[964]. In dogmatischer Hinsicht

958 Berger, ZIP 2006, 2149, 2156.

959 Müller/Griebeler/Pfeil, BB 2010, 2658ff. Ablehnend Westphalen, BB 2010, 195ff., da das Abstellen auf die Bedürfnisse des unternehmerischen Verkehrs noch unschärfer sei als die Bezugnahme auf die im Handelsverkehr geltenden Gewohnheiten, da diese zumindest in § 346 HGB verankert seien.

960 Berger, ZIP, 2006, 2149, 2153. Siehe auch den Vorschlag eines zweistufigen Prüfungsmodells von Kessel/Stomps, BB 2009, 2666, 2672ff., wonach auf der ersten Stufe eine generell-abstrakte Prüfung zu erfolgen habe, ob eine einseitige Inanspruchnahme der Vertragsfreiheit vorliege. Auf der zweiten Stufe sei aber darüber hinaus zu prüfen, ob dies zu einer Störung des vertraglichen Gleichgewichts geführt habe.

961 Siehe zu diesen und weiteren Kriterien Berger, ZIP, 2006, 2149, 2154.; Kessel/Stomps, BB 2009, 2666, 2672ff.; Merkel, FS Gerd Nobbe, S. 141, 150f.

962 BGH NJW 2010, 3708, Ls. 1.

963 Leo/Ghassemi-Tabar, NJW 2010, 3710; Westphalen, NJW 2011, 2098, 2102f.

964 Vgl. Westphalen, ZIP 2007, 149, 15; BB 2010, 195ff.

sei hierfür Ausschlag gebend, dass deren Schutzzweck allein darauf abziele, der mit der Verwendung von vorformulierten Geschäftsbedingungen einhergehenden Gefahr entgegenzutreten, dass der Verwender die Vertragsgestaltungsfreiheit einseitig zu Lasten des Vertragspartners ausnutzt[965]. Die von der Gegenansicht angeführten Kriterien seien daher nicht vom Schutzzweck der AGB-Kontrolle erfasst. Darüber hinaus sei die Verwendung derartiger Kriterien mit einer erheblichen Rechtsunsicherheit verbunden, die nicht nur zur Entstehung eines unübersichtlichen Fallrechts führen, sondern auch die Dauer gerichtlicher Verfahren erheblich hinauszögern würde[966]. Weiterhin würden solche allgemeinen Begriffe ein nicht zu rechtfertigendes Einfallstor für „mehr oder weniger ausgeprägte politisch-wirtschaftliche Vorlieben der Richterschaft" bieten[967].

c) Wirksamkeit spezieller Freizeichnungsklauseln

Die nachstehenden Ausführungen untersuchen, inwieweit Haftungsfreizeichnungen des Herstellers, die in Überlassungsverträgen enthalten sind, zu einem wirksamen Ausschluss oder einer wirksamen Begrenzung führen. Zu diesem Zweck werden typische Ausschlüsse und Begrenzungen der vertraglichen, außervertraglichen und vorvertraglichen Haftung untersucht.

aa) Vertragliche Ansprüche

Der Verkäufer versucht zumeist, den Anspruch auf Schadensersatz auszuschließen oder zu begrenzen sowie den Endbenutzer an der Ausübung sonstiger Rechte zu hindern.

(1) Ausschluss Schadensersatzanspruch

Wenn die Klausel den Anspruch auf Schadensersatz ausschließt, ist zu unterscheiden, ob der Hersteller oder Verkäufer der Software seine Haftung für Körperschäden oder für sonstige Schäden auszuschließen versucht.

(a) Leben, Körper und Gesundheit

In Allgemeinen Geschäftsbedingungen ist gem. § 309 Nr. 7 a) BGB ein Ausschluss oder eine Begrenzung der Haftung für Schäden aus der Verletzung des

965 Ulmer/Habersack, in: Ulmer/Brandner/Hensen Einl. Rn. 48; Westphalen, BB 2010, 195, 200.

966 Westphalen, ZIP 2007, 149, 156f.

967 Westphalen, ZIP 2007, 149, 158.

Lebens, des Körpers oder der Gesundheit unwirksam, wenn diese auf einer fahrlässigen Pflichtverletzung des Verwenders oder einer vorsätzlichen oder fahrlässigen Pflichtverletzung eines gesetzlichen Vertreters oder Erfüllungsgehilfen des Verwenders beruhen. In softwarespezifischer Hinsicht beschränkt sich der Anwendungsbereich der Vorschrift auf solche Programme, die in gefahrträchtigen Bereichen eingesetzt werden, beispielsweise in medizintechnischen Geräten oder Fortbewegungsmitteln[968].

Zu beachten ist in diesem Zusammenhang, dass auch eine formularmäßige Verkürzung der Verjährungsfrist zur Unwirksamkeit der Haftungsklausel führen kann[969]. Eine solche bewirkt nämlich eine Beschränkung der Haftung bei der Verletzung des Lebens, des Körpers und der Gesundheit, welche gem. § 309 Nr. 7 a) BGB unwirksam ist[970]. Als eine Begrenzung der Haftung im Sinne dieser Vorschriften kann nämlich auch die zeitliche Begrenzung der Durchsetzbarkeit durch Verkürzung der Verjährungsfristen angesehen werden[971]. Voraussetzung für die Wirksamkeit einer solchen verkürzten Verjährungsfrist ist somit, dass die Klausel ausdrücklich Schadensersatzansprüche von der verkürzten Verjährungsfrist ausnimmt[972].

Problematisch ist allerdings, ob eine Freizeichnungsklausel auch stets klarstellen muss, dass ein Ausschluss der Haftung wegen der Verletzung des Lebens, des Körpers oder der Gesundheit aufgrund der zwingenden Vorgaben des § 309 Nr. 7 a) BGB nicht möglich ist. Aufgrund des Transparenzgebotes ist zwar grundsätzlich erforderlich, dass die Formulierung des Haftungsausschlusses den Tatbestand des § 309 Nr. 7 BGB nachbildet[973]. Nach der überwiegenden Ansicht in der Literatur ist eine solche ausdrückliche Klarstellung allerdings entbehrlich, wenn die konkrete Software unter keinen Umständen zu einer Verletzung i.S.d. § 309 Nr. 7 BGB führen kann, da eine solche Klarstellung als eine reine Förmelei anzusehen wäre[974]. Weiterhin gelte der Grundsatz, dass bei der Suche

---

968 Marly, Softwarerecht, Rn. 1846. Bei Software, die offensichtlich nicht zu solchen Schäden führen kann, ist ein Hinweis auf die Nichtausschließbarkeit solcher Schäden entbehrlich, vgl. oben, S. 233.

969 Die Unwirksamkeit tritt ein, obwohl § 309 Nr. 8 b) ff) BGB ausdrücklich nur die Verkürzung der Verjährungsfrist auf eine weniger als ein Jahr ab dem gesetzlichen Verjährungsbeginn betragende Frist für unwirksam erklärt.

970 Die Unwirksamkeit ergibt sich weiterhin aus § 309 Nr. 7 b) BGB.

971 BGH NJW 2007, 674, 675.

972 Redeker, ITRB 2004, 163, 164; Schumacher MDR 2002, 973, 980.

973 Christensen, in: Ulmer/Brandner/Hensen, § 309 Nr. 7 Rn. 40.

974 Marly, Softwarerecht, Rn. 1847 mit dem Beispiel eines Textverarbeitungsprogramms.

nach Zweifeln im Rahmen von § 305c Abs. 2 BGB nicht allzu strenge Maßstäbe anzulegen seien[975].

(b) Grobe Fahrlässigkeit

Gem. § 307 Nr. 7. b) BGB ist weiterhin eine Klausel in Allgemeinen Geschäftsbedingungen unwirksam, die einen Ausschluss oder eine Begrenzung der Haftung für sonstige, nicht in § 309 Nr. 7 a) BGB angeführte Schäden anordnet, sofern diese auf einer grob fahrlässigen Pflichtverletzung des Verwenders oder auf einer vorsätzlichen oder grob fahrlässigen Pflichtverletzung eines gesetzlichen Vertreters oder Erfüllungsgehilfen des Verwenders beruhen[976]. Im Ergebnis bewirkt § 309 Nr. 7 b) BGB, dass Klauseln in Allgemeinen Geschäftsbedingungen, die jegliche Haftung ausschließen, unwirksam sind[977].

Die Wertungen des § 309 Nr. 7 BGB finden über § 307 Abs. 1 BGB grundsätzlich auch im Unternehmensverkehr Anwendung[978]. Ein Haftungsausschluss bei der Verletzung des Lebens, des Körpers und der Gesundheit sowie bei grobem Verschulden des Verwenders ist damit in jedem Fall ausgeschlossen.

(c) Leichte Fahrlässigkeit

Grundsätzlich ist der Ausschluss eines durch leichte Fahrlässigkeit verursachten Schadens, der nicht zu einer Verletzung des Lebens, des Körpers oder der Gesundheit geführt hat, zulässig. Allerdings kann im Umkehrschluss aus § 309 Nr. 7 b) BGB nicht gefolgert werden, dass dieser Grundsatz stets gilt. § 309 Nr. 7 BGB stellt nämlich lediglich ein punktuellen Aspekt dar, der bei der Freizeichnung von der Haftung für Pflichtverletzungen in jedem Fall berücksichtigt werden muss. Die Unwirksamkeit einer Klausel kann darüber hinaus aus § 307 Abs. 2 Nr. 2 BGB folgen, der gegenüber § 309 Nr. 7 BGB einen breiteren Ansatz verfolgt[979]. Nach

975 BGH NJW 1993, 657, 658; Marly, Softwarerecht, Rn. 1847. Um jeglichen Zweifeln an der Wirksamkeit der Haftungsklausel entgegenzuwirken, wird im Schrifttum teilweise angeraten, auch in Fällen von ungefährlicher Software klarzustellen, dass die Haftung für Schäden aus Körperverletzungen unberührt bleibt, in diesem Sinne wohl Schneider, Handbuch EDV-Recht, Rn. J 283.

976 § 309 Nr. 7 BGB erwähnt nicht die vorsätzliche Pflichtverletzung des Verwenders, da die Haftung für eine solche bereits wegen § 276 Abs. 3 BGB nicht ausgeschlossen werden kann.

977 BGH NJW 1983, 1322.

978 BGH NJW 2007, 3774.

979 Christensen, in: Ulmer/Brandner/Hensen, § 309 Nr. 7 Rn. 32. Allerdings kommt bei der leicht fahrlässigen Verletzung von Kardinalpflichten eine Haftungsbegrenzung in

Ansicht der Rechtsprechung sind Haftungsausschlüsse für Sach- und Vermögensschäden regelmäßig gem. § 307 Abs. 2 Nr. 2 BGB unwirksam, wenn es um die Verletzung von wesentlichen Vertragspflichten (sog. Kardinalpflichten) geht[980]. Um eine Unwirksamkeit der Klausel zu vermeiden, muss der Klauselverwender daher die Kardinalpflichten ausdrücklich von der Freizeichnung ausnehmen[981]. Die Rechtsprechung zu den Kardinalpflichten findet auch im Unternehmensverkehr Anwendung, da eine Gefährdung des Vertragszwecks unabhängig von der Stellung als Verbraucher oder Unternehmer zu beurteilen ist[982]. Einen pauschalen Ausschluss für leichte Fahrlässigkeit hat die Rechtsprechung nur ganz vereinzelt für bestimmte Vertragstypen mit branchenspezifischen Besonderheiten zugelassen[983]. Allerdings ist bislang kein Anwendungsfall für eine solche branchenspezifische Ausnahme im IT-Bereich ersichtlich.

Zu den vertragswesentlichen Pflichten zählen solche, die zueinander im Gegenseitigkeitsverhältnis stehen, für den Schutz des Kunden von zentraler Bedeutung sind oder generell die ordnungsgemäße Durchführung des Vertrages erst ermöglichen[984]. So wird in der Literatur beispielsweise die Nichtbeschädigung der vorhandenen Daten durch die gekaufte Software als Kardinalpflicht angesehen, so dass ein Haftungsausschluss diesbezüglich ausscheidet. Gleiches gilt für die Pflicht des Herstellers, die Software vor Auslieferung auf Virenbefall zu überprüfen, da es

---

Betracht, sofern diese den vorhersehbaren, typischerweise anfallenden Schaden abdeckt, vgl. BGH NJW 1993, 335.

980 Siehe hierzu Intveen, ITRB 2002, 295, 296.

981 Unwirksam ist daher wohl die folgende Klausel, die sich im Endbenutzer-Lizenzvertrag für Microsoft Windows XP Home Edition befindet: „Der Hersteller haftet in Fällen von Vorsatz, grober Fahrlässigkeit, bei Verletzung von Leib oder Leben sowie bei Ansprüchen nach dem Produkthaftungsgesetz nach den gesetzlichen Vorschriften. Eine weitergehende Haftung des Herstellers besteht nicht."

982 BGH NJW-RR 2006, 267, 269; Koch, WM 2002, 2173, 2179; Christensen, in: Ulmer/Brandner/Hensen, § 309 Nr. 7 Rn. 35.

983 BGH NJW 1988, 1785; BGH NJW 1998, 1640. Entscheidend ist in diesen Fällen häufig die Frage der Versicherbarkeit des Schadens. Wenn sich der Schaden ausnahmsweise durch den Kunden leichter versichern lässt, dann kann ein Haftungsausschluss für leichte Fahrlässigkeit auch bei wesentlichen Vertragspflichten in Betracht kommen. Gleiches gilt, wenn bei den Kunden sehr unterschiedliche Haftungsrisiken bestehen und es nicht gerechtfertigt wäre, die hohen Risiken einzelner Kunden nebst deren hoher Versicherungskosten, auf alle Kunden zu verteilen, vgl. Christensen, in: Ulmer/Brandner/Hensen, § 309 Nr. 7 Rn. 35.

984 MüKo/Wurmnest, § 309 Nr. 7 Rn. 26.

sich hierbei um eine leicht durchzuführende Maßnahme handelt, die schwerwiegende Schäden des Käufers verhindern kann[985].

Allerdings kann eine Freizeichnungsklausel selbst dann unwirksam sein, wenn sie die Ausnahme für Kardinalpflichten ausdrücklich mit in den Vertrag aufnimmt[986]. Nach Auffassung des BGH sei dies immer dann der Fall, wenn die Klausel lediglich den Begriff „Kardinalpflicht" erwähnt, ohne eine abstrakte Umschreibung der daraus resultierenden Pflichten zu enthalten. Eine solche Klausel sei nicht klar und verständlich i.S.v. § 307 Abs. 1 S. 2 BGB und damit unwirksam, da sich auch einem durchschnittlichen Unternehmer der Inhalt des Begriffs „Kardinalpflicht" auch bei sorgfältiger und aufmerksamer Lektüre des Vertrages nicht erschließen könne. Erforderlich ist zwar nicht eine Auflistung der konkreten wesentlichen Vertragspflichten. Jedoch muss zumindest eine abstrakte Umschreibung der Kardinalpflichten erfolgen.

Diese Entscheidung ist in der Literatur auf Kritik gestoßen. Die abstrakte Umschreibung des Begriffs Kardinalpflicht bringe keinen weiteren Erkenntnisgewinn für einen juristischen Laien[987]. Vielmehr birge die weitere Umschreibung der Kardinalpflicht die Gefahr, ihrerseits zu einer unübersichtlichen Klausel zu führen. Vor dem Hintergrund des Transparenzgebotes ließe sich mithin eine sicher wirksame Freistellungsklausel kaum noch formulieren[988]. Hingegen könne sich der Käufer ohne weitere Probleme anhand von allgemein zugänglichen Quellen informieren, dass es sich bei der Verletzung von Kardinalpflichten um Pflichtverletzungen von einigem Gewicht handele[989].

(2) Ausschluss sonstiger Rechte bei mangelhafter Kaufsache

Neben den dargestellten Haftungsfreizeichnungen, die sich auf den Ersatz des Schadens, der durch eine fehlerhafte Software entstanden ist, beziehen, enthält der Überlassungsvertrag häufig Regelungen, welche den Benutzer bei Vorliegen eines Softwarefehlers in seinen Gewährleistungsrechten beschränken. Die Wirksamkeit solcher Klauseln richtet sich insbesondere nach § 309 Nr. 8 b) BGB.

---

985 Hierzu sowie weitere Beispiele bei Marly, Softwarerecht, Rn. 1854ff.

986 Vgl. hierzu BGH NJW-RR 2005, 1496, 1497, 1505f. Hier ging es um die folgende Klausel: „[...] Jedoch haftet H nur für den aus einer vorsätzlichen oder grob fahrlässigen Vertragsverletzung resultierenden Schaden, soweit es sich nicht um die Haftung für die Verletzung von Kardinalpflichten handelt."

987 Berger/Kleine, NJW 2007, 3526, 3528.

988 Christensen, in: Ulmer/Brandner/Hensen, § 309 Nr. 7 Rn. 3.

989 Kappus, NJW 2006, 15, 16.

(a) Anwendungsbereich

Der Anwendungsbereich von § 309 Nr. 8 b) BGB ist allerdings beschränkt. Sofern ein Verbrauchsgüterkauf vorliegt, wird die Vorschrift nämlich von den §§ 474ff. BGB verdrängt[990], wobei diese jegliche Abweichung von den gesetzlichen Rechten des Verbrauchers untersagen. Im Rechtsverkehr zwischen Unternehmen hingegen findet § 309 Nr. 8 BGB gem. § 310 Abs. 1 BGB keine Anwendung. Bei dem Verkauf von Standardsoftware beschränkt sich damit die Relevanz der Vorschrift vornehmlich auf ihre Indizfunktion im Unternehmensverkehr, die im Rahmen von § 307 Abs. 1 BGB zur Unwirksamkeit einer Klausel führen kann[991].

(b) Unwirksame Klauseln

Die unter § 309 Nr. 8 b) BGB angeführten Klauselverbote beziehen sich auf die Konstellation, dass eine neu hergestellte Kaufsache bei Lieferung einen Mangel aufweist[992]. Im Hinblick auf den Softwarekauf sind dabei insbesondere die folgenden Regelungen relevant.

Gem. § 309 Nr. 8 b) aa) BGB ist beispielsweise eine vorformulierte Klausel unwirksam, nach der die Ansprüche gegen den Verwender insgesamt oder bezüglich einzelner Teile ausgeschlossen, auf die Einräumung von Ansprüchen gegen Dritte beschränkt oder von der vorherigen gerichtlichen Inanspruchnahme Dritter abhängig gemacht werden[993]. Über § 307 Abs. 1 BGB findet die Vorschrift grundsätzlich auch im Rechtsverkehr zwischen Unternehmen Anwendung[994]. Ein vollständiger Ausschluss der Haftung kann daher nicht formularmäßig vereinbart werden[995]. Ebenso ist die Begrenzung der Gewährleistung auf bestimmte Mangelarten

990 Bamberger/Roth/Becker § 309 Nr. 8 Rn. 1. § 309 Nr. 7 BGB wird hingegen auch bei Vorliegen eines Verbrauchsgüterkaufs nicht verdrängt, da § 475 Abs. 3 BGB Schadensersatzansprüche ausdrücklich von dessen Anwendungsbereich ausnimmt.

991 Andere Anwendungsbereiche sind der Verkauf unbeweglicher Sachen sowie die Zwangsversteigerung gebrauchter Sachen, vgl. § 474 Abs. 1 BGB. Weiterhin findet § 309 Anwendung, wenn im Rechtsverkehr zwischen Verbrauchern Allgemeine Geschäftsbedingungen verwendet werden. Die praktische Relevanz hiervon dürfte jedoch begrenzt sein, vgl. Marly, Softwarerecht, Rn. 1790.

992 Erfasst sind hiervon sowohl Rechts- als auch Sachmängel.

993 In Softwareverträgen besteht beispielsweise die Gefahr, dass der Verkäufer versucht, den Käufer auf seine Ansprüche gegen den Hersteller zu begrenzen oder zunächst dessen Inanspruchnahme verlangt.

994 Christensen, in: Ulmer/Brandner/Hensen, § 309 Nr. 8 Rn. 46.

995 BGHZ 124, 351; BGH NJW-RR 1993, 561.

unwirksam[996]. Grundsätzlich zulässig ist im unternehmerischen Geschäftsverkehr hingegen, die eigene Haftung von der vorherigen Inanspruchnahme eines Dritten abhängig zu machen[997].

Ebenso ist gem. § 309 Nr. 8 b bb) BGB eine Beschränkung des Kunden auf eine der beiden Nacherfüllungsarten[998] unzulässig, sofern dem Vertragspartner nicht ausdrücklich das Recht vorbehalten wird, bei Fehlschlagen der Nacherfüllung nach seiner Wahl zu mindern oder vom Vertrag zurückzutreten[999]. Dies gilt grundsätzlich auch im Rechtsverkehr zwischen Unternehmern[1000]. Dem Käufer muss hier zumindest das Rücktrittsrecht zustehen, wenn die Nacherfüllung fehlschlägt[1001]. Das Rücktrittsrecht darf dabei keinen erschwerten Bedingungen unterliegen[1002]. Für das Fehlschlagen der Nacherfüllung ist bei Software zu berücksichtigen, dass für deren ungestörten Betrieb häufig eine längere Testphase als bei anderen Waren erforderlich ist[1003].

Weiterhin ist eine Klausel gem. § 309 Nr. 8 b) cc) BGB unwirksam, durch welche die Verpflichtung des Verkäufers ausgeschlossen oder beschränkt werden soll, die zum Zwecke der Nacherfüllung erforderlichen Aufwendungen zu tragen. Im Hinblick auf Software enthalten Verträge oft eine Klausel, nach welcher die Behebung von Fehlern aufgrund eines separaten Wartungsvertrags erfolgt. Solche Klauseln sind als unwirksam anzusehen[1004]. Dies gilt auch im Unternehmensverkehr, da die Verpflichtung des Verkäufers, gem. § 439 Abs. 2 BGB die Kosten der Nacherfüllung zu tragen, als vertragswesentliche Pflicht anzusehen ist, deren Ausschluss an § 307 Nr. 2 BGB scheitert[1005].

---

996 Christensen, in: Ulmer/Brandner/Hensen, § 309 Nr. 8 Rn. 46.

997 Staudinger/Coester-Waltjen, § 309 Nr. 8, Rn. 53.

998 Hierzu gehören gem. § 439 BGB Nachbesserung oder Ersatzlieferung.

999 Siehe hierzu Christensen, in: Ulmer/Brandner/Hensen, § 309 Nr. 8 Rn. 55.

1000 BGH WM 1995, 1456; MüKo/Wurmnest, § 309 Nr. 8 Rn. 48.

1001 BGH WM 1995, 1456; OLG Köln CR 2000, 503. Eine Beschränkung nur auf das Minderungsrecht ist unwirksam, vgl. BGH NJW 1993, 2436.

1002 BGH NJW-RR 1993, 560 [schuldhafte Verursachung des Mangels]; BGH NJW 1981, 1501 [Rücktritt erst bei Scheitern der Verhandlungen über Minderungshöhe].

1003 Dieser Aspekt ist jedoch bei Standardsoftware nur bedingt zu berücksichtigen. Vgl. hierzu OLG Düsseldorf CR 1992, 724, wo das Gericht einen zweimonatigen Testbetrieb für eine standardmäßige EDV-Anlage als zu lang angesehen hat.

1004 AGB-Klauselwerke/Hoeren, IT-Verträge, Rn. 102; OLG Köln, NJW-RR 1987, 1192.

1005 AGB-Klauselwerke/Hoeren, IT-Verträge, Rn. 103.

bb) Deliktische Produkthaftung

Die Wirksamkeit eines Ausschlusses der Haftung für deliktische Ansprüche in Allgemeinen Geschäftsbedingungen ist von mehreren Umständen abhängig. Zunächst ist zu berücksichtigen, dass ein Anspruch, der auf dem Produkthaftungsgesetz beruht, gem. § 14 ProdHaftG im Voraus weder ausgeschlossen noch beschränkt werden kann.

Im Hinblick auf Ansprüche, die sich aus der auf § 823 Abs. 1 BGB beruhenden Produzentenhaftung ergeben, ist ein solcher Ausschluss hingegen grundsätzlich möglich. Der Haftungsausschluss muss hierfür allerdings die Auslegung zulassen, dass er neben den vertraglichen auch deliktische Ansprüche erfasst. Wegen der Unklarheitenregelung in § 305 Abs. 2 BGB ist eine solche Auslegung nur dann möglich, wenn die Klausel den Ausschluss deliktischer Ansprüche eindeutig zum Ausdruck bringt[1006]. Darüber hinaus darf die Freizeichnung nicht gegen § 309 Nr. 7 BGB verstoßen. Diese Regelung bezieht sich nach überwiegender Ansicht auch auf deliktische Ansprüche. Teilweise wird dabei von einer direkten Anwendung ausgegangen, da nach dem Wortlaut sämtliche Ansprüche erfasst sind, die auf Pflichtverletzungen beruhen. Nach anderer Ansicht findet diese Klausel bei deliktischen Ansprüchen zumindest entsprechende Anwendung[1007].

In inhaltlicher Hinsicht gilt hier, dass eine Freizeichnung für deliktische Haftung immer dann möglich ist, wenn der Ausschluss eines konkurrierenden vertraglichen Anspruchs ebenfalls zulässig wäre[1008]. Andernfalls wäre zu befürchten, dass ein berechtigtes Freizeichnungsinteresse unmöglich gemacht wird[1009].

cc) Haftung für vorvertragliche Aussagen

Bei einem Ausschluss der Haftung für einen Anspruch aus culpa in contrahendo ist zu berücksichtigen, dass dieser Anspruch im Zeitpunkt des Vertragsschlusses, wenn die Haftungsfreizeichnung eingreift, bereits entstanden ist. Es handelt sich daher der Sache nach nicht um einen Ausschluss der Haftung aus dem laufenden Vertragsverhältnis, sondern vielmehr um einen Verzicht auf einen bereits entstandenen Anspruch[1010]. Ein wirksamer Haftungsausschluss für einen Anspruch aus culpa in contrahendo kann daher nur dann angenommen werden, wenn der Klausel ein eindeutiger Haftungsverzicht für vorvertragliche Ansprüche zu entnehmen

1006 BGH NJW 1992, 2016, 2017.

1007 BGH NJW 1995, 1488, 1489.

1008 BGH NJW 1979, 2148.

1009 Fuchs, in: Ulmer/Brandner/Hensen, § 307 Rn. 311.

1010 Bamberger/Roth/Becker, § 309 Nr. 7 Rn. 40.

ist[1011]. Hierfür ist auf den genauen Wortlaut der formularmäßigen Freizeichnung abzustellen.

Darüber hinaus ist auch hier § 309 Nr. 7 BGB zu berücksichtigen[1012]. Da sich dessen Wortlaut generell auf die Haftung für Pflichtverletzungen bezieht, sind grundsätzlich auch vorvertragliche Pflichtverletzungen erfasst[1013]. Über § 307 BGB findet die Vorschrift auch im unternehmerischen Geschäftsverkehr Anwendung[1014].

dd) Beschränkung der Höhe der Haftung

Um das Haftungsrisiko des Softwareherstellers auch in den Fällen zu reduzieren, in denen ein Haftungsausschluss nicht möglich ist, enthält das EULA regelmäßig Begrenzungen der Haftungshöhe. Zu untersuchen ist daher, inwieweit die Begrenzung der Haftungshöhe in Allgemeinen Geschäftsbedingungen zulässig ist[1015].

(1) Grundsatz

Die §§ 305ff. BGB enthalten diesbezüglich keine speziellen Vorgaben[1016], so dass die Wirksamkeit einer solchen Begrenzung an § 307 Abs. 2 Nr. 2 BGB zu messen ist[1017]. Überwiegend wird dabei unter bestimmten Voraussetzungen von der Wirksamkeit einer solchen Haftungsbegrenzung ausgegangen, was für die Versicherbarkeit des Schadensrisikos seitens des Verkäufers von großer Bedeutung ist[1018].

1011 Ziegler, BB 1990, 2345; MüKo/Wurmnest, § 309 Nr. 7 Rn. 7.

1012 Die Problematik des Ausschlusses der Haftung für Kardinalpflichten ist im Zusammenhang mit vorvertraglichen Ansprüchen nicht gegeben, da diese sich nach der Natur des Anspruchs bestimmen. Diese lässt sich jedoch erst mit Abschluss des Vertrages bestimmen. Bei einem Ausschluss der Haftung für eine c.i.c. ist aber gerade nur der vorvertragliche Bereich relevant, vgl. Ziegler, BB 1990, 2345.

1013 Christensen, in: Ulmer/Brandner/Hensen, § 309 Nr. 7 Rn. 13.

1014 MüKo/Wurmnest, § 309 Nr. 7 Rn. 33.

1015 Schneider, Handbuch EDV-Recht, Rn. J 284, führt beispielsweise folgende Klausel zur Begrenzung der Haftungshöhe an: „Die Lizenzgeberin haftet maximal in Höhe von Euro 50.000, sofern und in dem Umfang, wie die Betriebshaftpflichtversicherung der Lizenzgeberin die Schäden deckt.“

1016 Die §§ 309 Nr. 5 (Pauschalierung von Schadensersatzansprüchen und Nr. 6 (Vertragsstrafe) BGB betreffen den umgekehrten Fall, in dem der Verkäufer einen Anspruch gegen den Käufer geltend macht. Die Klauseln verhindern dabei, dass der Anspruch unangemessen hoch ist bzw. aus nicht gerechtfertigten Umständen resultiert.

1017 Christensen, in: Ulmer/Brandner/Hensen, § 309 Nr. 7 Rn. 39.

1018 Christensen, in: Ulmer/Brandner/Hensen, § 309 Nr. 7 Rn. 46; MüKo/Wurmnest, § 309 Nr. 7 Rn. 38.

Voraussetzung für die Wirksamkeit einer Haftungsbegrenzung ist zunächst, dass der verbleibende Haftungsbetrag einen angemessenen Ausgleich für die Gefährdung des Vertragszwecks darstellt. Dies ist nach der Rechtsprechung des BGH dann der Fall, wenn der Klauselverwender weiterhin für den vertragstypisch vorhersehbaren Schaden haftet[1019]. Dieser umfasst mehr als den Durchschnittsschaden, jedoch bleiben besondere Exzessrisiken unberücksichtigt[1020]. Zu solchen Exzessrisiken gehört beispielsweise der Schaden, den der Käufer der Software dadurch erleidet, dass er das Anfertigen regelmäßiger und umfassender Sicherheitskopien unterlässt[1021]. Weiterhin wird auch ein Ausschluss von nicht vorhersehbaren mittelbaren Schäden oder Folgeschäden als zulässig angesehen[1022].

Darüber hinaus ist nach Auffassung des BGH erforderlich, dass auch die Haftungsbegrenzung nach der Schwere des Verschuldens und der Schadensart differenziert[1023], da auch diese in den Anwendungsbereich des § 309 Nr. 7 BGB fällt. Die Haftungsbeschränkung muss sich daher auf eine leicht fahrlässige Verursachung von Sach- und Vermögensschäden beziehen. Im Gegensatz zu Haftungsausschlüssen sind Haftungsbegrenzungen im unternehmerischen Geschäftsverkehr auch dann zulässig, wenn es sich um die Verletzung einer wesentlichen Vertragspflicht handelt[1024].

(2) Einzelfälle

In vorformulierten Softwareverträgen findet sich häufig eine Haftungsbegrenzung auf eine konkret angeführte Höchstsumme. Eine solche Klausel kann nur dann wirksam sein, wenn sie sich auf ein leicht fahrlässiges Verhalten beschränkt[1025] und den typischerweise vorhersehbaren Schaden abdeckt[1026]. Die Höhe des jeweils zulässigen Haftungshöchstbetrages ist vom Einzelfall abhängig, eine Branchenübung in Bezug auf dessen Angemessenheit hat sich – soweit ersichtlich – noch nicht herausgebildet[1027].

1019 BGH NJW 1993, 335. Siehe auch Kunich/Patzak, CRi 2007, 1, 6.

1020 Westphalen, BB 2002, 209, 212.

1021 Marly, Softwarerecht, Rn, 1856.

1022 BGH NJW 2005, 422, 424. Der Nutzungsausfall aufgrund einer mangelhaften Software ist nach der Argumentation des Gerichts wohl als vorhersehbar anzusehen.

1023 BGH NJW-RR 1998, 1426, 1429.

1024 BGH NJW 1993, 335; Koch, WM 2002, 2173, 2179; Seffer, ITRB 2002, 244, 245f.

1025 Dies gilt allerdings auch bei der Verletzung einer Kardinalpflicht, vgl. BGH NJW 2001, 292, 302.

1026 MüKo/Wurmnest, § 309 Nr. 7 Rn. 30.

1027 Schneider, Handbuch EDV-Recht, Rn. J 287.

Eine Begrenzung der Haftung durch den Verweis auf die Deckung durch die eigene Haftpflichtversicherung wird von einem Teil der Literatur als wirksam angesehen, sofern die Versicherungssumme das vertragstypische Risiko abdeckt[1028]. Die überwiegende Ansicht in der Literatur geht jedoch von der Unwirksamkeit eines solchen Verweises aus[1029]. Der Käufer hat in der Regel keine Kenntnis der Versicherungsbestimmungen, so dass die Haftung gegenüber dem Kunden nicht hiervon abhängig gemacht werden kann. Selbstbehalte und Eigenbeteiligungen in geringem Umfang sind hingegen regelmäßig zulässig, da sie den Käufer davon abhalten, die kostenintensive Regelung eines Bagatellschadens zu verlangen[1030].

2. Englisches Recht

Klauseln, die die Haftung des Herstellers oder Verkäufers ausschließen oder begrenzen (exemption clauses), müssen auch im englischen Recht zunächst wirksam in den Vertrag einbezogen worden sein. In einem zweiten Schritt ist dann zu untersuchen, ob sie auch unter inhaltlichen Gesichtspunkten wirksam sind.

a) Eingang der Haftungsklauseln in den Überlassungsvertrag

Zwar haben die englischen Gerichte noch keine Stellung zur Frage der Wirksamkeit eines „click-wrap"-Vertrags genommen. In der Literatur wird aber aufgrund der zeitlich vorhergehenden, ausdrücklichen Anerkennung des EULA dessen Einbeziehung in den Überlassungsvertrag überwiegend bejaht[1031]. Hierbei wird häufig auf die Entscheidung L'Estrange v. Graucob[1032] Bezug genommen, in der das Gericht klargestellt hat, dass unterschriebene Klauseln in jedem Fall Bestandteil des Vertrags werden, auch wenn der Vertragspartner diese nicht zur Kenntnis genommen hat[1033]. Die Law Commission of England and Wales geht in diesem

---

1028 Auer-Reinsdorff, ITRB 2006, 181, 184; Fuchs, BB 1992, 1217, 1222.

1029 Christensen, in: Ulmer/Brandner/Hensen, § 309 Nr. 7 Rn. 46, Schneider, Handbuch EDV-Recht, Rn. J 284.

1030 MüKo/Wurmnest, § 309 Nr. 7 Rn. 31.

1031 Rees, 2001 12(4) Computers and Law 18; Johnson E.I.P.R., 2003, 25(2), 98, 102: Lloyd, Rn. 26.74; Deveci, C.T.L.R. 2007, 13 (8), 223, S. 226f.

1032 [1934] 2 K.B. 394.

1033 Dieser Grundsatz gilt nur dann nicht, wenn außergewöhnliche Umstände vorliegen. So kann sich der Verwender nicht auf einen Haftungsausschluss berufen, wenn er dessen Inhalt gegenüber dem Kunden falsch wiedergibt, vgl. Curtis v Chemical Cleaning and Dyeing Co Ltd [1951] 1 K.B. 805. Weiterhin ist eine beim Vertragsschluss

Zusammenhang davon aus, dass das ausdrückliche Anklicken eines Zustimmungs-Buttons mit einer Unterschrift zu vergleichen sei[1034].

Da es sich um einen Fernabsatz handelt, hat der Hersteller allerdings die Vorgaben der Consumer Protection (Distance Selling) Regulations 2000, insbesondere im Hinblick auf Informationspflichten und die Möglichkeit zur Speicherung der Vertragsbedingungen, zu beachten[1035].

Grundsätzlich führt nach der überwiegenden Auffassung in der Literatur auch die Verwendung eines „browse-wrap"-Vertrags zur wirksamen Einbeziehung[1036]. Zwar stimmt der Käufer hier der Geltung des EULA nicht ausdrücklich zu. Jedoch wird aus der Vornahme des Downloads das konkludente Einverständnis des Käufers geschlussfolgert. Im Hinblick auf die Einbeziehung von standard terms gilt dabei der Grundsatz, dass diese nur dann Bestandteil des Vertrags werden, wenn auf dessen Geltung in angemessener Weise hingewiesen wurde[1037]. Kennzeichnend für einen „browse-wrap"-Vertrag ist aber gerade, dass die Webseite einen Hinweis auf das EULA enthält. Ob der Hinweis die Anforderungen an die Deutlichkeit erfüllt, bestimmt sich nach den Umständen des Einzelfalls. Grundsätzlich gilt hier, dass die Anforderungen an die Deutlichkeit des Hinweises in dem Umfang zunehmen, in dem die Klausel eine unangemessene oder ungewöhnliche Regelung enthält[1038].

Im Rechtsverkehr mit Unternehmen kann es darüber hinaus zu Vertragsverhandlungen kommen, bei dem ein Überlassungsvertrag auf dem herkömmlichen Weg geschlossen wird. Es gilt auch hier der Grundsatz, dass eine Einbeziehung

---

mündlich zugesicherte Eigenschaft als vorrangig vor den Allgemeinen Geschäftsbedingungen anzusehen, vgl. Couchman v Hill [1947] K.B. 554.

1034 Siehe hierzu die Ausführungen der Law Commission, Electronic Commerce: Formal Requirements in Commercial Transactions Advice (Dec 2001), para. 3.39. Zur Kritik der Gleichstellung einer Unterschrift mit dem Anklicken eines „Ich stimme zu"-Buttons siehe Koffman/Macdonald, Rn. 9.17, S. 169.

1035 Siehe hierzu Johnson, E.I.P.R., 2003, 25(2), 98, S. 102.

1036 Deveci, C.T.L.R. 2007, 13 (8), 223, S. 226f.

1037 Vgl. Parker v South Eastern Railway Co Ltd (1877) 2 C.P.D. 416; siehe auch Treitel, S. 82; Rowland/Macdonald, S. 103.

1038 Diese Regel wird auch als red hand rule bezeichnet. Diese Bezeichnung ist auf die Ausführungen von Lord Denning in Spurling v Bradshaw [1956] 1 W.L.R. 461 zurückzuführen: „The more unreasonable a clause is, the greater the notice which must be given of it. Some clauses which I have seen would need to be printed in red ink on the face of the document with a red hand pointing to them before the notice could be held to be sufficient." Siehe auch Interfoto Picture Library v Stiletto Visual Programmes [1988] 1 All E.R. 348; McKendrick, S. 334.

des EULA in den Überlassungsvertrag nur dann erfolgt, wenn in angemessener Weise darauf hingewiesen wurde. Nur ausnahmsweise kann bei dauerhaften Geschäftsbeziehungen eine Einbeziehung auch im Wege des course of dealing erfolgen[1039]. Der Verkäufer kann hier davon ausgehen, dass der Käufer das EULA kennt, so dass dieses auch dann Vertragsbestandteil wird, wenn im konkreten Fall kein Hinweis erfolgt ist.

b) Inhaltskontrolle

Sofern eine wirksame Einbeziehung in den Vertrag stattgefunden hat, muss der in den standard terms enthaltene Haftungsausschluss auch einer inhaltlichen Kontrolle standhalten. Hierzu ist zunächst die Auslegung (construction) der Vorschrift von Bedeutung. Darüber hinaus sind gesetzliche Vorschriften zu beachten, nach denen sich die Wirksamkeit von Haftungsfreizeichnungen bestimmt.

aa) Auslegung und fundamental breach

Wegen der hervorgehobenen Stellung der Vertragsfreiheit haben es die englischen Gerichte traditionell vermieden, eine offene Inhaltskontrolle der Vertragsklauseln durchzuführen[1040]. Neben den bereits dargestellten Grundsätzen zur Einbeziehung (incorporation) im Zeitpunkt des Vertragsschlusses hat die Rechtsprechung daher eine indirekte Kontrolle durch die Auslegung des Wortlauts der Klausel (construction) vorgenommen. In diesem Zusammenhang sind mehrdeutige Vertragsklauseln, insbesondere wenn diese auf einen Ausschluss der Haftung abzielen, gegen den Verwender (contra proferentem) auszulegen[1041].

Ein softwarebezogenes Beispiel für eine Auslegung contra proferentem findet sich in der Entscheidung Salvage Association v CAP Financial Services Ltd[1042]. Das Gericht sah hier den Inhalt der Gewährleistungsklausel als zweideutig an. Er ließ nämlich eine Auslegung dahingehend zu, dass die Klausel nur auf solche Mängel Anwendung findet, die nach Abnahme entstanden sind. Wegen der Mangelhaftigkeit der Software ist es aber im vorliegenden Fall nie zu einer Abnahme gekommen[1043]. Aus diesem Grund war nach Auffassung des Gerichts auch nicht

---

1039 Siehe hierzu Kendall (Henry) & Sons v Lillico (William) & Sons Ltd, [1969] 2 A.C. 31; Hollier v Rambler Motors, [1972] 1 All E.R. 399.

1040 Stone, S. 290.

1041 McKendrick, S. 415.

1042 [1995] F.S.R. 654.

1043 [1995] F.S.R. 654, 669.

die in der Klausel enthaltene Haftungsbegrenzung anzuwenden, so dass CAP im Ergebnis unbegrenzt haftete[1044].

Seit der Einführung des Unfair Conctract Terms Act 1977 (im Folgenden: UCTA 1977) und den Unfair Terms in Consumer Contracts Regulations 1999 (im Folgenden UTCCR 1999) lässt sich in der Rechtsprechung des House of Lords jedoch die Tendenz erkennen, von der oft künstlich anmutenden Auslegung zu Lasten des Verwenders Abstand zu nehmen und vielmehr den Inhalt der Klausel einer direkten Kontrolle anhand der angeführten gesetzlichen Regelwerke zu unterziehen[1045].

Mit dem Argument, dass UCTA 1977 den Gerichten genügend Spielraum biete, um Haftungsbegrenzungen für unwirksam zu erklären, hat das House of Lords auch die zeitweise von Teilen der englischen Rechtsprechung vertretene fundamental breach-Doktrin abgelehnt[1046]. Insbesondere der Court of Appeal hielt in mehreren Entscheidungen eine Haftungsfreizeichnung für unwirksam, wenn der Verwender eine schwerwiegende Vertragsverletzung (fundamental breach) begangen hat[1047]. Hierunter versteht man eine solche Verletzung des Vertrags, die die grundlegenden Vertragspflichten einer Partei berührt (breach which goes to the very root of the contract). Im Softwarebereich wäre eine solche Verletzung denkbar, wenn die gelieferte Software die angepriesenen Funktionen in keiner Weise erfüllt.

bb) Gesetzliche Kontrolle der Haftungsfreizeichnung

UCTA 1977 und die UTCCR 1999 stellen die beiden wichtigsten gesetzlichen Regelwerke zum Schutz vor missbräuchlichen Vertragsklauseln dar[1048].

1044 Ein ähnliches Beispiel für eine Auslegung contra proferentem befindet sich in Pegler v Wang [2002] B.L.R. 218. Hier befand sich im Vertrag ein Haftungsausschluss, wonach Wang nicht für Folgeschäden (consequential loss) zu haften habe, die im Zusammenhang mit der Lieferung oder Nutzung des Computersystems stehen. Nach Auffassung des Gerichts war die Klausel contra proferentem dahingehend auszulegen, dass die Haftungsbegrenzung keine Anwendung findet, wenn gar keine Bereitstellung des Systems stattgefunden hat oder diese verspätet erfolgt ist.

1045 Vgl. Photo Production Ltd v Securicor Transport Ltd [1980] 1 All E.R. 556, 568; Ailsa Craig Fishing Co Ltd v Malvern Fishing Co Ltd [1983] 1 All E.R. 101, 104.

1046 Siehe Photo Production Ltd v Securicor Transport Ltd [1980] 1 All E.R. 556. In Suisse Atlantique Société d'Armement Maritime SA v NV Rotterdamsche Kolen Centrale [1967] 1 A.C. 361 hatte das House of Lords bereits grundsätzliche Zweifel an der fundamental breach-Doktrin geäußert. Siehe hierzu auch Adams/Brownsword, (1988) 104 L.Q.R. 95, 96; Atiyah/Adams/MacQueen, S. 232ff.

1047 Siehe insbesondere Denning LJ in Karsales (Harrow) Ltd v Wallis [1956] 2 All E.R. 866; Harbutt's Plasticine Ltd v Wayne Tank and Pump Co Ltd [1970] 1 Q.B. 447, 467.

1048 Die Kontrolle durch UCTA 1977 wird in sec. 55 (1) SGA 1979 ausdrücklich angeführt.

Diese beschränken sich dabei auf eine Kontrolle des Inhalts der Klauseln. Vorschriften zur Einbeziehung von Vertragsbestimmungen enthalten diese nicht, so dass insofern die Regelungen des common law Anwendung finden.

(1) UCTA 1977

Durch die Einführung des UCTA 1977 wurde die englische Rechtsprechung in die Lage versetzt, eine offene Inhaltskontrolle vorzunehmen. Sie war damit nicht mehr darauf angewiesen, Haftungsausschlüsse indirekt über die common law-Regeln zu deren Einbeziehung und Auslegung für unwirksam zu erklären.

(a) Anwendungsbereich

UCTA 1977 findet nicht generell auf möglicherweise als unfair zu betrachtende Vertragsbestimmungen Anwendung, sondern grundsätzlich nur auf solche Klauseln, welche die Haftung ausschließen oder begrenzen[1049]. Eine wichtige Einschränkung des Anwendungsbereichs ergibt sich aus sec. 1 (3) UCTA 1977, wonach sec. 2 bis 7 nur auf solche Pflichtverletzungen Anwendung finden, die durch das Betreiben eines Geschäfts entstehen (business liability)[1050]. Nach R & B Customs Brokers v United Dominion Trust[1051] ist dies davon abhängig, ob der konkrete Vertrag ein essentieller Bestandteil des Geschäftsbetriebs ist oder, sofern dies nicht der Fall ist, zumindest regelmäßig im Rahmen des Geschäfts abgeschlossen wird[1052].

Weitere Einschränkungen des Anwendungsbereichs von sec. 2 bis 4 und 7 UCTA 1977 ergeben sich aus dessen Anhang (Schedule) 1 unter para. 1. Dort findet sich eine Auflistung von Vertragsarten, auf welche die Regelungen des UCTA 1977 keine Anwendung finden. Diese Liste erfasst auch solche Verträge, die die Übertragung von geistigen Eigentumsrechten zum Gegenstand haben[1053], so dass

---

1049 Rowland/Macdonald, S. 191.

1050 Sec. 1 (3) UCTA 1977 lautet: „[…] sections 2 to 7 apply […] only to business liability, that is liability to breach of obligations or duties arising – (a) from things done or to be done by a person in the course of a business.“.

1051 [1988] 1 All E.R. 847.

1052 Zu beachten ist, dass im Rahmen von sec. 6 UCTA 1977 ausnahmsweise nicht erforderlich ist, dass der Verkäufer als Unternehmer (in the course of a business) handelt, vgl. sec. 6 (4) UCTA 1977. Siehe hierzu auch Rogers/Clarke, sec. 6 Subs. (2).

1053 Schedule 1 Abs. 1 lautet: Sections 2 to 4 of this Act do not extend to – […] (c) any contract so far as it relates to the creation or transfer of a right or interest in any patent, trade mark, copyright or design right, registered design, technical or

UCTA 1977 nach einer teilweise vertretenen Ansicht nicht auf Softwareüberlassungsverträge Anwendung findet, da diese im Regelfall die Einräumung einer Lizenz zum Gegenstand haben. In Salvage Association v CAP Financial Services Ltd[1054] hat Judge Forbes jedoch klargestellt, dass von der genannten Einschränkung nur solche Klauseln in einem Softwarevertrag erfasst sind, die sich mit der Vereinbarung oder der Übertragung eines geistigen Eigentumsrechts befassen. Eine Ausweitung auf andere Teile des Vertrages, insbesondere dessen Haftungs- und Gewährleistungsklauseln, sei hingegen abzulehnen. Softwareüberlassungsverträge seien daher nicht generell, sondern nur soweit sie lizenzspezifische Regelungen betreffen, vom Anwendungsbereich des UCTA 1977 ausgenommen.

(b) Vorschriften zur Inhaltskontrolle

UCTA 1977 wird allgemein als ein schwer zu durchdringendes, unsystematisches Regelwerk angesehen[1055]. Eine grobe Systematisierung lässt sich jedoch dadurch erreichen, dass man die erfassten Ansprüche und die vorgesehenen Rechtsfolgen unterscheidet.

(aa) Unterscheidung nach erfassten Ansprüchen

Bei der Anwendung von UCTA 1977 ist zu beachten, dass das Gesetz verschiedene Regelungen vorsieht, je nachdem auf welchem Rechtsgrund der Anspruch beruht. Dabei können drei verschiedene Anspruchsarten unterschieden werden, deren Ausschluss jeweils unterschiedlichen Wirksamkeitsvoraussetzungen unterliegt.

So werden sämtliche Ansprüche, die auf einem fahrlässigen Handeln (negligence) des Verwenders beruhen, von sec. 2 UCTA 1977 erfasst. Aus der Definition in sec. 1 (1) UCTA 1977 ergibt sich, dass ein fahrlässiges Verhalten sowohl aus der Verletzung von vertraglichen als auch von deliktischen Pflichten resultieren kann.

Weiterhin erfasst UCTA 1977 solche Klauseln, welche die Haftung für bestimmte implied terms ausschließen oder begrenzen. Wenn die zugrunde liegende Transaktion beispielsweise als ein sale of goods anzusehen ist, sind die Vorgaben von sec. 6 UCTA 1977 zu beachten.

---

commercial information or other intellectual property, of relates to the termination of any such right or interest.“

1054 [1995] F.S.R. 654, 663.

1055 Siehe Stone, S. 336; Beale/Hartkamp/Kötz/Tallon, S. 518 unter Verweis auf die englische Übersetzung von Zweigert/Kötz, S. 366 (2. Aufl. 1987; Übersetzung Tony Weir): „This very complex enactment is hard enough for the English lawyer, let alone the foreigner, to understand.“

Schließlich werden gem. sec. 3 UCTA 1977 solche Haftungsausschlüsse einer Kontrolle unterzogen, die entweder in einem Vertrag mit einem Verbraucher oder in den Allgemeinen Geschäftsbedingungen einer Vertragspartei enthalten sind. Eine Partei handelt gem. sec. 12 (1) UCTA 1977 als Verbraucher, (a) wenn sie den Vertrag nicht im Rahmen ihres Geschäftsbetriebs abschließt und dies auch nicht vorgibt, (b) die andere Partei im Rahmen ihres Geschäftsbetriebs handelt und (c) bei einem Kaufvertrag die gelieferten Sachen gewöhnlich zum privaten Ge- oder Verbrauch bestimmt sind[1056].

Wann ein Handeln auf der Grundlage der schriftlichen, vorformulierten Geschäftsbedingungen der Gegenseite vorliegt, ist im Gesetz nicht definiert. Aus dem case law ergibt sich jedoch, dass hierfür mehrere Faktoren ausschlaggebend sind. Zunächst ist hierbei nach der Entscheidung Salvage Association v CAP Financial Services Ltd[1057] der Umstand der Vorformulierung sowie der Häufigkeit der geplanten Verwendung relevant. Dem Vorliegen von standard terms stehe auch nicht entgegen, dass die Gegenseite die Möglichkeit gehabt hat, einzelne Klauseln individuell auszuhandeln. Entscheidend sei vielmehr, zu welchem Grad die Geschäftsbedingungen der Gegenseite in der vorformulierten Art noch vorhanden sind und inwiefern die Bedingungen verhandelbar waren oder einseitig vom Verwender auferlegt wurden[1058].

(bb) Unterschiede in der Rechtsfolge

Weiterhin unterscheiden sich die Regelungen des UCTA 1977 im Hinblick auf die vorgeschriebene Rechtsfolge.

1056 Sec. 12 (1) UCTA 1977 lautet: „A party to a contract ‚deals as a consumer‘ in relation to another party if – (a) he neither makes the contract in the course of a business nor holds himself out as doing so; and (b) the other party does make the contract in the course of a business; and (c) in the case of a contract governed by the law of sale of goods [...], the goods passing under or in pursuance of the contract are of a type ordinarily supplied for private use or consumption.“

1057 [1995] F.S.R. 654, 671.

1058 [1995] F.S.R. 654, 672. Im Regelfall gehen die Gerichte bei der Verwendung von vorformulierten Geschäftsbedingungen trotz der individuellen Aushandlung einzelner Klauseln davon aus, dass ein dealing on the other's written standard terms of business vorliegt, vgl. St. Albans City and District Council v International Computers Ltd [1996] 4 All E.R. 481, 492; Salvage Association v CAP Financial Services Ltd [1995] F.S.R. 654, 671; Pegler v Wang [2000] EWHC Technology 137; Horace Holman Group v Sherwood International Group Ltd [2000] WL 491372.

So ordnet beispielsweise sec. 2 (1) für den Fall, dass die Freizeichnung sich auf ein fahrlässiges Verhalten bezieht, das zum Tod oder der Körperverletzung geführt hat, die unmittelbare Unwirksamkeit einer entsprechenden Regelung an. Gleiches gilt gem. sec. 6 (2) UCTA 1977 bei Vorliegen eines Kaufvertrags im Hinblick auf den Ausschluss bestimmter implied terms im Rechtsverkehr mit Verbrauchern.

Andere Vorschriften sehen eine Unwirksamkeit der Freizeichnung hingegen nur dann vor, wenn die Abwägung der relevanten Umstände dazu führt, dass diese nicht das Erfordernis der Angemessenheit (reasonableness) erfüllt. Dies gilt beispielsweise gem. sec. 6 (3) UCTA 1977 für einen Ausschluss der implied terms im unternehmerischen Geschäftsverkehr oder für die von sec. 3 (2) UCTA 1977 erfassten Verträge.

Die Rechtsprechung lehnt es grundsätzlich ab, den wirksamen vom unwirksamen Teil einer Haftungsfreizeichnung zu trennen[1059]. Dies ist jedoch dann anders zu beurteilen, wenn Ausschlüsse und Begrenzungen der Haftung auf mehrere Klauseln verteilt sind, so dass Teile der Haftungsregelung trotz Unwirksamkeit einer Klausel aufrechterhalten werden können. So hat das Gericht in Watford Electronics Ltd v Sanderson CFL Ltd[1060] beispielsweise eine solche Aufteilung der Haftung akzeptiert und die Angemessenheit jeder Haftungsklausel isoliert betrachtet[1061].

(c) Erfordernis der Angemessenheit

Grundsätzlich ist zu beachten, dass die Entscheidung über die Angemessenheit eines Haftungsausschlusses stets von den Umständen des Einzelfalls abhängt[1062]. Konkretisierende Vorgaben für die Durchführung des reasonableness test finden sich in sec. 11 (1) UCTA 1977. Danach ist Voraussetzung für die Angemessenheit

1059 McKendrick, S. 443.

1060 [2001] All E.R. (Comm) 696.

1061 Siehe hierzu auch Peel, [2001] L.Q.R. 545, 549.

1062 Aus Respekt vor der Einzelfallwürdigung der ersten Instanz zeigen die höheren Instanzen regelmäßig große Zurückhaltung, wenn es um die Überprüfung einer solchen Entscheidung geht, vgl. hierzu Adams/Brownsword, (1988) 104 L.Q.R. 95, 99. Sofern die Erwägungen alle relevanten Faktoren enthalten und eine vertretbare Abwägung derselben stattgefunden hat, wird die Entscheidung der unteren Instanz daher Bestand haben, vgl. St. Albans City and District Council v International Computers Ltd [1996] 4 All E.R. 481, 492. In seltenen Fällen kann die Entscheidung aber auch aufgehoben werden, wie beispielsweise in Watford Electronics Ltd v Sanderson CFL Ltd [2001] 1 All E.R. (Comm) 696, da die zweite Instanz die Entscheidung als schlicht und einfach falsch ansah.

einer Klausel, dass diese fair und angemessen (fair and reasonable) ist[1063]. Für die Bestimmung der Angemessenheit sind alle Umstände maßgeblich[1064], die den Parteien bei Vertragsschluss bekannt waren oder hätten bekannt sein müssen[1065]. Die Beweislast für die Angemessenheit einer Klausel liegt gem. sec. 11 (5) UCTA 1977 bei der Partei, die sich auf die Wirksamkeit der Klausel beruft.

Gem. sec. 11 (2) UCTA 1977 sind für die Beurteilung der Angemessenheit weiterhin die Vorgaben von dessen Anhang 2 zu beachten[1066]. Danach sind bei der Beurteilung der Angemessenheit insbesondere die Verhandlungsmacht der jeweiligen Partei und die Möglichkeit eines Vertragsabschlusses ohne die betreffende Klausel bei einem anderen Anbieter ausschlaggebend. Weiterhin ist zu berücksichtigen, ob den Parteien die Klausel bekannt war und ob die Ware speziell für den Kunden angefertigt wurde.

Für den Fall der Haftungsbeschränkung[1067] auf eine bestimmte Geldsumme ist gem. sec. 11 (4) UCTA 1977 weiterhin zu berücksichtigen, ob der Verwender der Klausel davon ausgehen durfte, im Fall der Haftung den auftretenden Schaden begleichen zu können. Ebenfalls relevant ist, ob er die Möglichkeit hatte, Versicherungsschutz zu erlangen.

Jedoch steht dem Gericht ein großer Ermessensspielraum im Hinblick auf die Faktoren zu, die in die Abwägung einfließen. Dies zeigt sich beispielsweise daran, dass der Frage des Versicherungsschutzes nicht nur bei Haftungsbeschränkungen, sondern auch bei Haftungsausschlüssen eine zentrale Rolle zukommt. Weiterhin fließt stets in die Abwägung mit ein, ob sich der Haftungsausschluss auf den Preis der Software ausgewirkt hat[1068]. Schließlich ist der Umstand relevant, dass

1063 Vgl. den tautologisch anmutenden Wortlaut von sec. 11 (1) UCTA 1977: „In relation to a contract term, the requirement of reasonableness for the purpose of this Part of this Act […] is that the term shall have been a fair and reasonable one to be included having regard to the circumstances which were, or ought reasonably to have been, known to or in the contemplation of the parties when the contract was made."

1064 Vgl. Steart Gill Ltd v Horatio Myer & Co Ltd [1992] 2 All E.R. 257, wo dieser Unterschied für die Entscheidung des Falls ausschlaggebend war.

1065 Adams/Brownsword, (1988) 104 L.Q.R. 95, 114

1066 Zwar gilt dieser nach dem Wortlaut von sec. 11 (2) UCTA 1977 nur im Hinblick auf sec. 6 (3) und 7 (3) UCTA 1977. Jedoch werden diese Kriterien von den Gerichten auch für die Beurteilung der Angemessenheit im Rahmen von sec. 3 (2) UCTA 1977 herangezogen, vgl. hierzu McKendrick, S. 440; Flamar Interocean Ltd v Denmac Ltd (The Flamar Pride) [1990] 1 Lloyd's Rep 434, 438.

1067 Zu der Wirksamkeit von Haftungsbeschränkungen siehe ausführlich, S. 276ff.

1068 Dabei gehen die Gerichte häufig von der Angemessenheit einer Klausel aus, wenn dem Kunden zwei Vertragsvarianten angeboten werden, nämlich eine preisgünstige

Software nie komplett fehlerfrei arbeiten kann. Es ist daher auch das Interesse des Lieferanten zu berücksichtigen, die Haftung für fehlerhafte Software ausschließen zu können.

(2) UTCCR 1999

Im Rechtsverkehr mit Verbrauchern richtet sich die Kontrolle von missbräuchlichen Vertragsklauseln weiterhin nach den UTCCR 1999. Diese beruhen auf der Richtlinie 93/13/EWG und ersetzen die UTCCR 1994[1069]. Im Rahmen der Umsetzung wurden die Vorschriften also nicht in das bestehende Regelwerk integriert, sondern fast inhaltsgleich in einem eigenständigen Regelwerk umgesetzt. Dabei handelt es sich um einen untergesetzlichen Rechtsakt, der vom Secretary of State in einer Rechtsverordnung veröffentlicht wird.

Die UTCCR 1999 bezwecken den Schutz vor unfairen Vertragsklauseln (unfair terms) in Verträgen zwischen einem Verkäufer oder Lieferanten und einem Verbraucher, die nicht individualvertraglich vereinbart wurden. Die zentrale Aussage des Gesetzes liegt darin, dass ein unfairer Vertragsbestandteil keine Bindungswirkung für den Verbraucher entfaltet.

(a) Anwendungsbereich

Aus Reg. 5 (1) UTCCR 1999 ergibt sich zunächst, dass nur solche Vertragsklauseln einer Kontrolle unterliegen, die die Parteien nicht individuell ausgehandelt haben. Eine Klausel ist gem. Reg. 5 (2) UTCCR 1999 immer dann als nicht individualvertraglich vereinbart anzusehen, wenn sie im Voraus formuliert wurde und der Verbraucher daher keine Möglichkeit hatte, den Inhalt der Klausel zu beeinflussen.

Gem. Reg. 4 (1) UTCCR 1999 finden die Vorschriften auf solche Klauseln Anwendung, die in Verträgen zwischen einem Verkäufer oder Lieferant (seller or supplier) und einem Verbraucher (consumer) enthalten sind. Gem. Reg. 3 (1) UTCCR 1999 versteht man unter einem Verbraucher (consumer) jede natürliche Person, die nicht zu Zwecken des Handels, Geschäfts oder Berufs tätig wird. Die Definition des Verbrauchers ist im Gegensatz zu UCTA 1977 auf natürliche Personen beschränkt[1070]. Juristische Personen sind mithin von der Anwendung der UTCCR 1999 ausgeschlossen, ohne dass es auf die Bedeutung des konkreten Geschäfts

---

Variante mit weitgehendem Haftungsausschluss und eine teurere Option mit weitgehender Haftung, vgl. Koffman/Macdonald, S. 288.

1069 Macdonald (2002) 65 M.L.R. 763, 764.

1070 Zur Rechtslage nach sec. 1 (3) UCTA 1977 siehe oben, S. 256.

ankäme[1071]. Unter einem Verkäufer oder einem Lieferanten versteht man gem. Reg. 3 (1) UTCCR 1999 eine natürliche oder juristische Person, die unternehmerisch (trade, business or profession) tätig wird, und zwar unabhängig davon, ob sie mehrheitlich der öffentlichen Hand oder einer Privatperson gehört.

Zu beachten ist allerdings, dass die Hauptleistungspflichten des Vertrages (main subject matter oder core terms) nur einer beschränkten Überprüfung durch das Gericht unterliegen. Gem. Reg. 6 (2) UTCCR 1999 findet der fairness test nämlich nicht auf die Bestimmung der Hauptleistungspflichten des Vertrages sowie auf die Angemessenheit des Preises oder der Bezahlung im Verhältnis zu den gelieferten Waren oder erbrachten Diensten Anwendung[1072]. Allerdings unterliegen auch diese Bestimmungen einer Kontrolle durch die UTCCR 1999. Gem. Reg. 7 (1) ist nämlich Voraussetzung für deren Wirksamkeit, dass diese in klarer und verständlicher Sprache (plain, intelligible language) formuliert sind. Es sind daher weitestgehend alltägliche Begriffe in ihrer normalen Bedeutung zu benutzen und rechtliche oder technische Fachbegriffe zu vermeiden[1073].

(b) Erfordernis der „Fairness"

In Reg. 5 (1) UTCCR 1999 befindet sich die Generalklausel, nach welcher die Fairness eines von den Regulations erfassten Vertragsbestandteils zu beurteilen ist. Danach ist eine Klausel, die nicht individualvertraglich vereinbart wurde, als unfair anzusehen, wenn sie entgegen dem Grundsatz von Treu und Glauben (good faith) ein bedeutendes Ungleichgewicht in den vertraglichen Rechten und Pflichten der Parteien zum Nachteil des Verbrauchers bewirkt[1074]. Der fairness test ist

---

1071 Wie der Fall R & B Customs Broker v United Dominion Trust [1988] 1 All E.R. 847 gezeigt hat, kann im Rahmen von UCTA 1977 eine Einzelfallbetrachtung dazu führen, dass ein Unternehmen als Verbraucher zu behandeln ist.

1072 Der Grund für den Ausschluss dieser Punkte vom Anwendungsbereich liegt darin, dass die Verbraucher nach Ansicht des Gesetzgebers in der Lage sind, diese Aspekte selbst zu beurteilen, vgl. McKendrick, S. 474; Cheshire/Fifoot/Furmston, S. 255f. Allerdings ist bei der Annahme eines solchen core term nach Ansicht von Lord Bingham in Director of Fair Trading v First National Bank [2002] All E.R. 97, Rn. 12 Zurückhaltung geboten, da die UTCCR 1999 ansonsten ihren Zweck des Verbraucherschutzes nicht realisieren können.

1073 Harrison, Rn. 19.24, S. 709.

1074 Reg. 5 (1) UTCCR 1999 lautet: „A contractual term which has not been individually negotiated shall be regarded as unfair if, contrary to the requirement of good faith, it causes a significant imbalance in the parties' rights and obligations arising under the contract, to the detriment of the consumer."

gem. Reg. 6 (1) UTCCR 1999 anhand der Umstände, die beim Vertragsschluss bekannt sind, durchzuführen[1075]. Dabei ist zu berücksichtigen, dass der Begriff des good faith im englischen Recht bis zur Einführung des Gesetzes unbekannt war[1076], mittlerweile allerdings vom House of Lords als Pflicht zum fair and open dealing konkretisiert wurde[1077].

Darüber hinaus enthält Anhang 2 zu den UTCCR 1999 eine umfassende Auflistung von Klauseln (indicative and non-exhaustive list), die für das Vorliegen eines unfair terms sprechen. Als unfair ist beispielsweise eine Klausel anzusehen, die die Haftung des Verwenders für den Tod oder eine Körperverletzung des Vertragspartners ausschließt oder begrenzt. Weiterhin sind Klauseln angeführt, bei denen die Unfairness darin zu sehen ist, dass der Verkäufer zu Lasten des Verbrauchers ein zu geringes Haftungsrisiko übernommen hat oder dass der Verbraucher aufgrund der vertraglichen Regelung nicht angemessen auf eine Rechtsausübung des Verkäufers reagieren kann[1078]. Hierzu gehören beispielsweise Klauseln, bei denen der Verkäufer oder Lieferant sich einseitig das Recht zur sofortigen Beendigung oder zur verbindlichen Auslegung des Vertrags zuspricht[1079]. Der konkrete Nutzen dieser Auflistung ist allerdings fraglich, da dem Verbraucher die Beweislast im Hinblick auf die Unfairness der Klausel obliegt[1080]. Die UTCCR 1999 enthalten keine Regelung dahingehend, dass das Vorliegen einer Klausel eine Umkehr der Beweislast bewirkt[1081].

Gem. Reg. 8 (1) UTCCR 1999 entfaltet eine unfaire Klausel, die von einem Verkäufer oder Lieferanten benutzt wird, keine Bindungswirkung gegenüber einem Verbraucher. Sofern es sich bei der unfairen Klausel beispielsweise um eine

---

1075 Dies gilt auch für den reasonable test, vgl. sec. 11 (1) UCTA 1977.

1076 Siehe hierzu den Aufsatz von Dean, (2002) 65 M.L.R. 773.

1077 Lord Bingham führt in der Entscheidung Director of Fair Trading v First National Bank [2002] All E.R. 97 aus: „The requirement of good faith in this context is one of fair and open dealing. Openness requires that the terms should be expressed fully, clearly and legibly, containing no concealed pitfalls or traps. Appropriate prominence should be given to terms which might operate disadvantageously to the customer. Fair dealing requires that a supplier should not, whether deliberately or unconsciously, take advantage of the consumer's necessity, indigence, lack of experience, unfamiliarity with the subject matter of the contract, weak bargaining positions or any other factor listed in or analugous to those listed in Schedule 2 of the regulations."

1078 Willet, in: Brownsword/Hird/Howells, Good Faith in Consumer Contracts, S. 86.

1079 Stone, S. 333.

1080 Poole, S. 310.

1081 Beale/Hartkamp/Kötz/Tallon, S. 543.

Freizeichnungsklausel handelt, kann der Verbraucher bei der Durchsetzung seines Anspruchs so verfahren, als wäre die Haftungsklausel nicht in dem Vertrag enthalten[1082]. Gem. Reg. 8 (1) UTCCR 1999 bleiben die übrigen Bestimmungen des Vertrages wirksam, sofern diese ohne die unwirksame Bestimmung sinnvoll bestehen können.

(c) Vergleich mit UCTA 1977 und Reformbestrebungen

Um wirksam zu sein, muss eine Vertragsbestimmung sowohl die Anforderungen von UCTA 1977 als auch der UTCCR 1999 erfüllen[1083]. Soweit sich deren Anwendungsbereiche überschneiden, also bei Haftungsfreizeichnungen in vorformulierten Verträgen mit Verbrauchern, ist grundsätzlich davon auszugehen, dass die beiden Gesetze bei der Beurteilung von Haftungsklauseln zu demselben Ergebnis führen[1084]. Soweit UCTA 1977 eine unmittelbare Unwirksamkeit vorsieht, wie beispielsweise in sec. 6 (2), ist dieser vorrangig anzuwenden, da sich hierdurch die Ermittlung der Unfairness nach Reg. 5 UTCCR 1999 erübrigt[1085].

Trotz der teilweise sich überschneidenden Anwendungsbereiche, bestehen jedoch insgesamt erhebliche Unterschiede. So finden die Regelungen der UTCCR 1999 nur auf solche Bestimmungen Anwendung, die die Parteien nicht individualvertraglich vereinbart haben. Mit Ausnahme von sec. 3 (1) ist das Vorliegen von standard terms im Rahmen von UCTA 1977 nicht erforderlich, so dass dieser grundsätzlich auch auf Individualverträge Anwendung findet. Weiterhin finden UTCCR 1999 gem. Reg. 8 (1) nur unter der Bedingung Anwendung, dass auf der einen Seite ein Unternehmen und auf der anderen Seite ein Verbraucher handelt. UCTA 1977 kann hingegen auch bei einem Geschäft Anwendung finden, bei dem beide Parteien oder keine Partei als Unternehmer tätig sind. Weiterhin ist der Anwendungsbereich von UCTA 1977 auf Haftungsklauseln begrenzt, wohingegen die UTCCR 1999 auch auf andere Klauseln Anwendung finden. Neben den Anwendungsbereichen bestehen auch im Hinblick auf die Verteilung der Beweislast Unterschiede. So obliegt die Erbringung des Beweises, dass die Klausel angemessen ist, bei UCTA 1977 dem Verwender der Klausel. Bei den UTCCR 1999

1082 Treitel, S. 116.

1083 Poole, S. 315.

1084 Treitel, S. 117.

1085 Vgl. McKendrick, S. 483; Koffman/Macdonald, S. 287. Eine für den Verbraucher wichtige Bedeutung kommt den UTCCR 1999 aber unter dem Aspekt zu, dass die Durchsetzung der Unwirksamkeit einer unfairen Klausel, anders als bei UCTA 1977, durch das Office of Fair Trading erfolgen kann.

hingegen ist der Verbraucher dafür beweispflichtig, dass die Klausel als unfair anzusehen ist[1086].

Aufgrund dieser mangelnden Abstimmung zwischen den beiden Regelwerken sowie der nur schwer nachzuvollziehenden Struktur des UCTA 1977 und des dem englischen Sprach- und Formulierungsstil widersprechenden Wortlauts der UTCCR 1999 hat die Law Commission for England and Wales den Vorschlag unterbreitet, die beiden Gesetze zusammenzufassen und durch ein einheitliches Gesetz zu ersetzen[1087]. Neben der Beseitigung der angeführten Missstände ist ein weiteres Kernanliegen des Reformvorschlages, den Schutz von kleineren und mittleren Unternehmen vor missbräuchlichen Klauseln zu verbessern[1088].

c) Wirksamkeit spezieller Haftungsklauseln

Die folgenden Ausführungen untersuchen die Wirksamkeit von Klauseln, welche die auf vertraglichen und außervertraglichen Ansprüchen sowie auf einer misrepresentation beruhende Haftung des Herstellers ausschließen. Weiterhin ist von Bedeutung, inwiefern die Höhe der Haftung beschränkt werden kann.

aa) Vertragliche Ansprüche

Im Hinblick auf vertragliche Ansprüche ist insbesondere die Freizeichnung von Schadensersatzansprüchen sowie der Ausschluss oder die Begrenzung von anderen Rechten von Bedeutung.

(1) Schadensersatz

Bei dem Ausschluss des Anspruchs auf Schadensersatz ist zunächst zwischen solchen Schäden, die zu einer Tötung oder einer Körperverletzung geführt haben sowie sonstigen Schäden zu unterscheiden.

1086 Poole, S. 316.

1087 Unfair Terms in Contracts, Law Commission Consultation No. 292. Der Bericht wurde im Februar 2005 veröffentlicht. Unklar ist bislang, ob und in welchem Umfang der englische Gesetzgeber diesen Bericht umsetzen wird.

1088 Diese kleinen und mittleren Unternehmen fallen nicht unter den Verbraucherbegriff und können sich daher weder auf die UTCCR 1999 noch auf viele Vorschriften des UCTA 1977 berufen. In der Praxis ist jedoch zu beobachten, dass sie häufig eine wesentlich geringere Verhandlungsmacht als beispielsweise der Softwarehersteller aufweisen, so dass nach Ansicht der Law Commission der Gesetzgeber eingreifen und den Schutz dieser Unternehmen verbessern sollte. Für eine Zusammenfassung der Reformvorschläge siehe Stone, S. 336ff.

(a) Tötung und Körperverletzung

Wie bereits angesprochen, erklärt sec. 2 (1) UCTA 1977 einen Ausschluss der Haftung für unwirksam, wenn ein fahrlässiges Verhalten des Verwenders zur Tötung oder Körperverletzung des Vertragspartners geführt hat. Aus sec. 1 (1) (a) UCTA 1977 ergibt sich, dass hiervon auch die fahrlässige Erbringung einer vertraglichen Pflicht erfasst ist.

Weiterhin ist die vergleichbare Regelung in Anhang 2 para 1 (a) UTCCR 1999 zu beachten. Danach ist ein Ausschluss oder die Begrenzung der Haftung für den Tod oder die Verletzung eines Verbrauchers regelmäßig als unfair und damit unwirksam anzusehen.

(b) Sonstiger Schaden

Auch im Hinblick auf sonstige Schäden gibt das Gesetz vor, inwieweit ein Ausschluss zulässig ist. Bei der Anwendung der Vorschriften auf fehlerhafte Software ist ein Richtungswechsel der Rechtsprechung zu beobachten.

(aa) Gesetzliche Vorgaben

Der Ausschluss eines sonstigen Schadens, der nicht in einer Tötung oder einer Körperverletzung liegt, betrifft hauptsächlich den Mangelfolgeschaden (indirect and consequential damages). Wenn ein solcher Schaden durch eine fahrlässige Erfüllung der vertraglichen Pflichten entstanden ist, kann er gem. sec. 2 (2) UCTA 1977 nur dann ausgeschlossen werden, wenn ein solcher Ausschluss als angemessen i.S.v. sec. 11 UCTA 1977 anzusehen ist.

Sofern der Anspruch jedoch auf die verschuldensunabhängige vertragliche Haftung gestützt wird, ist für die Wirksamkeit eines Haftungsausschlusses die vertragstypologische Einordnung der Softwareüberlassung entscheidend[1089].

Wenn das vertragliche Verhältnis als sale of goods anzusehen ist, gilt sowohl für den Rechtsverkehr mit Verbrauchern als auch den Unternehmensverkehr die Regelung der sec. 6 (1) UCTA 1977. Danach kann der Verkäufer die Haftung für den implied term aus sec. 12 SGA 1979, welcher die Berechtigung zum Verkauf der Ware enthält, nicht ausschließen oder begrenzen. Bei Softwareüberlassungsverträgen würde ein solches Verbot immer dann relevant werden, wenn eine Standardsoftware auf einem Datenträger geliefert wird, da eine solche Transaktion nach der überwiegenden Ansicht als sale of goods anzusehen ist.

1089 Zur vertragstypologischen Einordnung siehe oben, S. 47ff.

Im Hinblick auf die weiteren implied terms des SGA 1979 ist wie folgt zu unterscheiden: Gegenüber einem Verbraucher kann der Verkäufer gem. sec. 6 (2) UCTA 1977 seine Haftung aus sec. 13, 14 und 15 SGA 1979 weder ausschließen noch begrenzen[1090]. Gegenüber einer Person, die nicht als Verbraucher handelt, kann die Haftung gem. sec. 6 (3) UCTA 1977 nur dann ausgeschlossen werden, wenn die Klausel das Erfordernis der Angemessenheit erfüllt. Erfasst sind hiervon sowohl Bestrebungen des Verkäufers, einen implied term auszuschließen, als auch ein vertraglich vereinbartes Recht an die Stelle der gesetzlichen Regelungen treten zu lassen[1091].

Wenn die Software hingegen nicht auf einem Datenträger übertragen wird, verneint die herrschende Rechtsprechung das Vorliegen eines sale of goods, so dass sec. 6 UCTA 1977 nicht anwendbar ist. In diesem Fall richtet sich die Kontrolle von missbräuchlichen Haftungsausschlüssen nach sec. 3 UCTA 1977, die unabhängig von einer vertragstypologischen Einordnung die Fälle erfasst, in denen eine der Vertragsparteien als Verbraucher oder auf der Grundlage von Allgemeinen Geschäftsbedingungen handelt[1092].

Die Anwendung unterschiedlicher Vorschriften, abhängig von der vetragstypologischen Einordnung, führt jedoch – zumindest theoretisch – zu einem erheblichen Unterschied im Schutzniveau, wenn es sich bei dem Anwender um einen Verbraucher handelt. Bei dem Erwerb der Software auf einem Datenträger findet nämlich sec. 6 (2) UCTA 1977 Anwendung, wonach jede Abweichung von den gesetzlichen implied terms des SGA 1979 automatisch unwirksam ist. Bei

---

1090 Sofern neben sec. 6 auch sec. 3 UCTA 1977 Anwendung findet, beispielsweise wenn ein Verbraucher eine auf einem Datenträger verkörperte Software erwirbt, wendet das Gericht die Vorschrift an, die im konkreten Fall einen höheren Schutz liefert, vgl. Reed/Angel, S. 16. Dies ist in aller Regel sec. 6 (2) (a) UCTA 1977, da diese als unmittelbare Rechtsfolge die Unwirksamkeit der Klausel vorsieht und es somit nicht mehr auf die Angemessenheit der Klausel ankommt. Gleiches gilt im Verhältnis zu den UTCCR 1999. Im Rechtsverkehr mit Verbrauchern ist gem. Anhang 2 para. 1 (b) UTCCR 1999 eine Klausel als unfair i.S.v. Reg. 5 UTCCR 1999 anzusehen, die unangemessen (inappropriately) die Rechte der Verbraucher gegenüber dem Verkäufer oder Lieferanten für den Fall der Nicht- oder Schlechtleistung ausschließt oder einschränkt. Aufgrund der Unbestimmtheit der Vorschrift ist die Regelung des UCTA 1977 vorzugswürdig, vgl. McKendrick, S. 483.

1091 Atiyah/Adams/MacQueen, S. 242.

1092 Wegen der Ungewissheit bei der vertragstypologischen Einordnung von Softwareüberlassungsverträgen lässt die Rechtsprechung teilweise die genaue Einordnung offen und wendet sec. 3 und sec. 6 (und auch sec. 7) UCTA 1977 parallel an, vgl. St. Albans City & District Council v International Computers Ltd [1995] F.S.R. 686, 707.

Anwendung von sec. 3 UCTA 1977 hingegen ist der Ausschluss der Haftung nur dann unwirksam, wenn dieser nicht das Erfordernis der Angemessenheit erfüllt. In der Entscheidung St. Albans City & District Council v International Computers Ltd[1093] hat Glidewell LJ allerdings zum Ausdruck gebracht, dass das Schutzniveau des Anwenders nicht von der vertragstypologischen Einordnung abhängig sein soll. In der Praxis ist daher davon auszugehen, dass die Gerichte den Ermessensspielraum im Rahmen von sec. 3 UCTA 1977 dergestalt anwenden, dass im Rechtsverkehr mit Verbrauchern eine Abweichung von den gesetzlichen implied terms des SGA 1979 unwirksam ist.

(bb) Entwicklung der Rechtsprechung

Die Rechtsprechung zur Angemessenheit des Ausschlusses von Mangelfolgeschäden in Softwareüberlassungsverträgen, die zunächst sehr anwenderfreundlich war, ist nunmehr durch einen Richtungswechsel gekennzeichnet. Als Höhepunkt der anwenderfreundlichen Rechtsprechung kann die Entscheidung Horace Holman Group v Sherwood International Group Ltd[1094] angesehen werden[1095]. Das Gericht hielt hier einen Haftungsausschluss für consequential und special damages[1096] für unwirksam, da Sherwood zu diesem Zeitpunkt die beste Software auf dem Markt anbot und Horace Holman mithin vernünftigerweise keine andere Wahl hatte, als den Vertrag mit Sherwood abzuschließen. Weiterhin ging das Gericht davon aus, dass die verwendete Klausel auch in den Verträgen anderer Anbieter Verwendung findet, was ebenfalls die Unangemessenheit der Klausel belege[1097].

1093 [1996] 4 All E.R. 481.

1094 [2000] WL 491372, 1.

1095 Vorher ergingen bereits die anwenderfreundlichen Entscheidungen The Salvage Association v CAP Financial Services Ltd und St. Albans City & District Council v International Computers Ltd, die jedoch die Unwirksamkeit von Begrenzungen der Haftungshöhe betrafen, siehe hierzu unten S. 277.

1096 [2000] WL 491372, 2. Klausel 15.01 lautete: The supplier shall have no liability in respect of any indirect, special, consequential or economic loss or loss of contracts, goodwill, revenue, profits, anticipated savings or other benefits whether arising from negligence, breach of contract or otherwise for any loss incurred by the customer as a result of claims made against the customer by third parties […].“

1097 Diese Argumente sind in der Literatur auf Kritik gestoßen, vgl. Reed/Angel, S. 21. Zum einen sei nicht nachvollziehbar, warum die Entwicklung einer guten, marktbeherrschenden Software dazu führen solle, dass ein Haftungsausschluss als unangemessen bewertet wird. Weiterhin sei nicht verständlich, warum das Verwenden vergleichbarer Klauseln durch andere Softwareanbieter die Unangemessenheit derselben zur Folge habe.

In den Folgejahren ging jedoch die Tendenz dahin, die Interessen der Softwarehersteller stärker in den Vordergrund zu stellen. So ging Chadwick LJ in der Entscheidung Watford Electronics Ltd v Sanderson CFL Ltd[1098] von der Angemessenheit eines Haftungsausschlusses für Mangelfolgeschäden aus[1099]. Für die Aufhebung der erstinstanzlichen Entscheidung[1100] war dabei zunächst der Umstand maßgeblich, dass es sich um modifizierte Standardsoftware für eine komplexe Anwendung handelte und ein nicht unerhebliches Risiko bestand, dass die Software die Erwartungen des Anwenders nicht erfülle. In diesem Fall bestehe ein großes Risiko, dass der Anwender sein Geschäft nicht ordnungsgemäß ausüben und daher einen hohen Mangelfolgeschaden, insbesondere wegen entgangenen Gewinns, erleiden könne. Weiterhin ging das Gericht davon aus, dass sich beide Parteien bewusst waren, dass eine Übernahme des Risikos für indirect loss und dessen Versicherung durch den Hersteller die Kosten für die Software erheblich erhöht hätten. Für die Beurteilung der Angemessenheit war auch ausschlaggebend, dass die Parteien eine vergleichbare Verhandlungsmacht aufwiesen. Nach Ansicht von Chadwick LJ seien zwei erfahrene, gleich starke Verhandlungsparteien the best judge of the commercial fairness of the agreement[1101].

Als weitere Abkehr von der anwenderfreundlichen Rechtsprechung ist SAM Business Systems Ltd v Hedley & Co Ltd[1102] anzusehen[1103]. Nach Ansicht von Bowsher QC war der Anspruch auf Ersatz des Folgeschadens, der durch die Fehlerhaftigkeit der Software entstanden war, wegen des wirksamen vertraglichen Haftungsausschlusses ausgeschlossen[1104]. Dabei berücksichtigte er unter anderem, dass die Lizenzverträge von anderen Softwareanbietern vergleichbare

1098 [2001] 1 All E.R. (Comm) 696, 714.

1099 Klausel 7.3 des Vertrags enthielt die folgende Regelung: „Neither the Company nor the Customer shall be liable to the other for any claims for indirect or consequential losses whether arising from negligence or otherwise. […].

1100 Vgl. [2000] 2 All E.R. (Comm) 984. Thornton QC ging hier von der Wirksamkeit des Haftungsausschlusses aus. Dies stützte er vornehmlich auf den Aspekt, dass sich der Softwarelieferant unproblematisch gegen den Schaden hätte versichern können, siehe S. 1020.

1101 [2001] 1 All E.R. (Comm) 696, 716.

1102 [2003] 1 All E.R. (Comm) 465.

1103 Vgl. hierzu auch den Kommentar zur Entscheidung von Lloyd, CRi 2003, 186.

1104 Ziffer 3.2 des Vertrags lautet: […] Except as provided in clauses 3.2 and 3.3, SAM will not be responsible for any direct, incidential or consequential damages such as, but not limited to, loss of profits, resulting from the use of the software […].

Haftungsregelungen aufwiesen und somit nicht außergewöhnlich waren[1105]. Von entscheidender Bedeutung war auch, dass Hedley keine Bemühungen unternommen hatte, die Haftungsklausel des Vertrages zu verhandeln und zu ändern. Außerdem hätte die Stattgabe des Anspruchs dazu geführt, dass Hedley die Software fast 18 Monate kostenfrei benutzt hätte[1106]. Schließlich hat Bowsher QC berücksichtigt, dass die beiden Vertragsparteien gleiche Verhandlungsmacht aufwiesen, da beide Unternehmen als mittelständisch anzusehen waren.

(2) Sonstige Rechte

Im Hinblick auf den Ausschluss sonstiger Rechte des Käufers, also insbesondere im Hinblick auf Gewährleistungsrechte, enthalten die UTCCR 1999 konkrete Klauseln, bei denen eine Unfairness i.S.v. Reg. 5 UTCCR 1999 nahe liegt. Die Vorgaben in sec. 3 (2) und sec. 13 (1) UCTA 1977 betreffen ebenfalls den Ausschluss von Rechten des Käufers, wenn die Kaufsache fehlerhaft ist. Jedoch sind deren Vorgaben im Vergleich zu den UTCCR 1999 allgemeiner Natur.

Zunächst ist im Rechtsverkehr mit Verbrauchern wiederum Anhang 2 para. 1 (b) UTCCR 1999 zu berücksichtigen, der unangemessene Ausschlüsse oder Begrenzungen der gesetzlichen Rechte des Verbrauchers für unfair erklärt, wenn der Verkäufer die Leistung gar nicht oder mangelhaft erbracht hat. Weiterhin erfassen die UTCCR 1999 solche Klauseln, die eine einseitige Rechtseinräumung vorsehen. So legt Anhang 2 para. 1 (f) UTCCR 1999 die Unfairness einer Klausel nahe, die ein einseitiges Rücktrittsrecht nach Ermessen des Verkäufers oder des Lieferanten enthält, ohne dass ein solches Recht für den Verbraucher bestünde. In lit. (j) und (k) Anhang 2 UTCCR 1999 werden solche Klauseln angeführt, die eine einseitige Änderung von Charakteristika des Produkts oder der Dienstleistung vorsehen. Weiterhin werden von lit. (m) Anhang 2 UTCCR 1999 solche Klauseln erfasst, die dem Unternehmer das ausschließliche Recht zur Beurteilung der Vertragsgemäßheit der Ware oder der Auslegung (interpretation) des Vertrages zuweisen.

Die angeführten Klauseln fallen regelmäßig auch unter sec. 13 (1) UCTA 1977, der klarstellt, dass von dem Anwendungsbereich der sec. 2 und 5 bis 7 UCTA 1977 nicht nur reine Haftungsausschlüsse und -begrenzungen, sondern auch der

---

1105 Im Gegensatz zu anderen Entscheidungen, wie beispielsweise Horace Holman Group v Sherwood International Group Ltd, sprach dieser Aspekt in der vorliegenden Entscheidung für die Angemessenheit des Haftungsausschlusses.

1106 Lloyd, CRi 2003, 186, 188 kritisiert an diesem Argument, dass die Benutzung der Software im Ergebnis nicht möglich war und das Gericht daher nicht den Aspekt der kostenfreien Nutzung der Software in die Abwägung hätte einbeziehen dürfen.

Ausschluss von gesetzlich vorgesehenen Rechtsmitteln erfasst ist. Hierzu gehört beispielsweise ein Ausschluss des Rechts zur Abnahmeverweigerung sowie vertragliche Klauseln, welche den Käufer auf eine Neulieferung begrenzen und dadurch das Recht zur Rückzahlung des Kaufpreises ausschließen[1107]. Soweit die Überlassung der Software daher als Kaufvertrag i.S.v. sec. 6 UCTA 1977 einzuordnen ist, sind solche vertraglichen Haftungsausschlüsse gegenüber einem Verbraucher unwirksam und unterliegen im unternehmerischen Geschäftsverkehr dem Erfordernis der Angemessenheit. Im Rechtsverkehr zwischen Unternehmen mit vergleichbarer Verhandlungsmacht ist eine solche Freizeichnung hingegen regelmäßig als Ausdruck der wirtschaftlichen Risikoverteilung wirksam. Wenn die Überlassung der Software hingegen nicht als Kaufvertrag anzusehen ist, findet sec. 3 UCTA 1977 Anwendung. Dabei sieht sec. 3 (1) (b) UCTA 1977 eine der sec. 13 UCTA 1977 vergleichbare Klarstellung vor, wonach auch der Ausschluss gesetzlicher Rechtsmittel erfasst ist, so dass die angeführten Klauseln regelmäßig einer Angemessenheitsprüfung zu unterziehen sind[1108].

bb) Deliktische Produkthaftung

Ansprüche auf Ersatz des Schadens gem. sec. 2 CPA 1987, die einer Person aufgrund eines defekten Produktes entstehen, sind gem. sec. 7 CPA 1987 nicht ausschließbar. Eine entsprechende Klausel ist daher unwirksam.

Nach dem common law besteht allerdings grundsätzlich die Möglichkeit, die Haftung für negligence auszuschließen. Erforderlich ist hierfür, dass dieser Ausschluss durch eindeutige Formulierungen (clear words) erfolgt[1109]. Dies ist unproblematisch dann der Fall, wenn negligence ausdrücklich von dem Wortlaut des Haftungsausschlusses erfasst ist. In der Rechtspraxis enthalten Softwareüberlassungsverträge daher regelmäßig eine ausdrückliche Klarstellung dahingehend, dass die Haftungsklausel sich auch auf eine Haftung aus negligence bezieht. Wenn die Haftungsklausel allerdings einen solchen ausdrücklichen Ausschluss nicht aufweist, dann bestand traditionell die ausgeprägte Tendenz, negligence nicht von dem Haftungsausschluss erfasst anzusehen[1110].

1107 Vgl. Atiyah/Adams/MacQueen, S. 242.

1108 Beale, in Beatson/Friedmann, S. 240.

1109 Gillespie Bros & Co Ltd v Roy Bowles Transport Ltd [1973] Q.B. 400, 419.

1110 Nach Canada Steamship Lines Ltd v The King [1952] A.C. 192, 208 ist in diesem Fall zu untersuchen, ob die verwendete Formulierung überhaupt geeignet ist, Ansprüche aus negligence zu erfassen. Selbst wenn dies der Fall ist, ist die Haftung für negligence aber nur dann wirksam ausgeschlossen, wenn sie die einzige mögliche

Mit Einführung des UCTA 1977 und mittlerweile der UTCCR 1999 haben die Gerichte allerdings zunehmend von der oft künstlich anmutenden Auslegung contra proferentem Abstand genommen und sind zu einer offenen Inhaltskontrolle anhand der gesetzlichen Regelwerke übergegangen. In diesem Zusammenhang ist zunächst wiederum sec. 2 UCTA 1977 von Bedeutung. Gem. sec. 1 (1) (b) UCTA 1977 ist von dem Begriff negligence auch der gleichnamige tort erfasst. Die Anwendung von sec. 2 (1) UCTA 1977 führt daher auch hier dazu, dass die Haftung für ein fahrlässiges Verhalten, das zur Tötung oder zur Körperverletzung des Vertragspartners geführt hat, nicht ausgeschlossen werden kann. Im Rechtsverkehr mit Verbrauchern ergibt sich die Unwirksamkeit dieser Klausel darüber hinaus aus sec. 5 (1) UTCCR 1999 i.V.m. Anhang 2 para. 1 (a).

Gem. sec. 2 (2) UCTA 1977 kann bei Schäden, die nicht in der Tötung oder in einer Körperverletzung liegen, die Haftung für Fahrlässigkeit nur dann ausgeschlossen oder begrenzt werden, wenn dies dem Erfordernis der Angemessenheit entspricht. Im Rechtsverkehr mit Verbrauchern sollen derartige Haftungsausschlüsse allerdings nach Ansicht des Office of Fair Trading grundsätzlich unwirksam sein[1111].

cc) „Misrepresentation“

Die Wirksamkeit eines vertraglichen Haftungsausschlusses für eine misrepresentation ist an sec. 3 Misrepresentation Act 1967 zu messen. Dabei stellt sich häufig das Problem, ob entire agreement-Klauseln, mit welchen der Vertragspartner erklärt, dass er sich nicht auf Aussagen des anderen Vertragspartners verlassen hat, von der Regelung erfasst sind[1112].

(1) Sec. 3 Misrepresentation Act 1967

Gem. sec. 3 (a) Misrepresentation Act 1967 ist eine Vertragsbestimmung unwirksam, durch welche die Haftung einer Vertragspartei für eine vorvertragliche

---

Anspruchsgrundlage darstellt. Bei mehreren möglichen Anspruchsgrundlagen muss der Ausschluss von negligence ausdrücklich erfolgen.

1111 Office of Fair Trading, Bulletin 3, S. 30 und 54.

1112 Ein Beispiel für eine entire agreement-Klausel befindet sich in der Entscheidung Watford Electronics Ltd v Sanderson CFL Ltd [2001] All E.R. (Comm) 696, 699: „The parties agree that these terms and conditions (together with any other terms and conditions expressly incorporated in the Contract) represent the entire agreement between the parties relating to the sale and purchase of the Equipment and that no statement or representation made by either party have been relied upon by the other in agreeing to enter into the Contract.“

misrepresentation ausgeschlossen wird, es sei denn, der Haftungsausschluss genügt dem Erfordernis der Angemessenheit i.S.v. sec. 11 (1) UCTA 1977[1113]. Dasselbe gilt gem. sec. 3 (b) Misrepresentation Act 1967, wenn die Klausel die dem Getäuschten zustehenden Rechtsmittel (remedies) ausschließt, also beispielsweise das Recht zur Abnahmeverweigerung[1114]. Dabei ist zu beachten, dass sich bereits aus den Grundsätzen des common law ergibt, dass die Haftung für eine vorsätzliche Täuschung (fraudulent misrepresentation) nicht vertraglich ausgeschlossen werden kann[1115]. Die in sec. 3 Misrepresentation Act 1967 enthaltene Regelung kann mithin nur für die negligent oder innocent misrepresentation Bedeutung haben.

(2) „Entire Agreement Clause"

Die momentan vorherrschende Auffassung geht zumindest im unternehmerischen Geschäftsverkehr davon aus, dass entire agreement-Klauseln nicht von sec. 3 Misrepresentation Act 1967 erfasst werden, da ansonsten zu Lasten der Rechtssicherheit in die vertragliche Risikozuweisung eingegriffen werde[1116]. So sah das Gericht in Watford Electronics Ltd v Sanderson CFL Ltd, unter Aufhebung der erstinstanzlichen Entscheidung[1117], die im Vertrag enthaltene entire agreement-Klausel nicht als Haftungsausschluss an[1118]. Vielmehr verhindere die Klausel aufgrund des Verbots des widersprüchlichen Verhaltens (evidential estoppel), dass sich die getäuschte Partei darauf berufen könne, sie habe beim Abschluss des Vertrages auf die misrepresentation vertraut. Daher könne schon kein Anspruch aus misrepresentation geltend gemacht werden, der an dem Maßstab der sec. 3 Misrepresentation Act 1967 zu messen wäre[1119].

Allerdings ist die Rechtsprechung insofern nicht einheitlich. Es gibt verschiedene Entscheidungen, die den durch die entire agreement-Klausel bewirkten

1113 Sec. 3 Misrepresentation Act 1967 ist im Gegensatz zu UCTA 1977 auch auf solche Freizeichnungen anzuwenden, die nicht die im Rahmen eines Geschäftsbetriebs entstandene Haftung (business liability) betreffen, vgl. Saunders v Edwards [1987] 2 All E.R. 651.

1114 Macdonald, Exemption Clauses and Unfair Terms, S. 308.

1115 S Pearson & Son Ltd v Dublin Corporation [1907] A.C. 351.

1116 Eine entsprechende Ansicht findet sich in der Entscheidung des Court of Appeal in Grimstead (EA) & Son v McGarrigan (1999) unreported, 27 October, nach welcher die vertragliche Vereinbarung einer entire agreement-Klausel einen evidential estoppel zur Folge hat.

1117 [2000] 2 All E.R. (Comm) 984, 1014.

1118 [2001] 1 All E.R. (Comm) 696, 710.

1119 [2001] 1 All E.R. (Comm) 696, 711.

Haftungsausschluss für entscheidend halten und diese daher der Kontrolle durch sec. 3 Misrepresentation Act 1967 unterziehen[1120].

Im Rechtsverkehr mit Verbrauchern sind entire agreement-Klauseln nach Auffassung des Gerichts in Watford Electronics Ltd v Sanderson CFL Ltd jedoch grundsätzlich einer Kontrolle durch sec. 3 Misrepresentation Act 1967 zu unterziehen. Hier sei nämlich der Beweis eines widersprüchlichen Verhaltens, also dass sich der Verbraucher nicht auf die vorvertraglichen Äußerungen des Verkäufers verlassen habe, nur schwer zu führen. Die Aussagen des Verkäufers zielten in der Praxis nämlich gerade darauf ab, den Verbraucher zum Vertragsabschluss zu veranlassen[1121].

Weiterhin geht die überwiegende Ansicht davon aus, dass eine entire agreement-Klausel im Rechtsverkehr mit Verbrauchern der Überprüfung durch Reg. 5 (1) UTCCR 1999 unterliegt[1122]. Zwar erfolgt eine misrepresentation im vorvertraglichen Bereich, wohingegen der Wortlaut von Reg. 5 (1) UTCCR 1999 verlangt, dass die Vertragsklausel einen bedeutsamen Nachteil für die Rechte und Pflichten der Vertragsparteien aus dem Vertrag zur Folge hat[1123]. Jedoch steht dies der Anwendbarkeit von Reg. 5 (1) UTCCR 1999 nicht entgegen, wenn man mit der überwiegenden Ansicht davon ausgeht, dass der eigentliche Nachteil einer entire agreement-Klausel darin besteht, dass der Geschädigte keine Ansprüche auf Schadensersatz während der Durchführung des Vertrages geltend machen kann[1124]. Ob die Rechtsprechung solche Klauseln als unfair i.S.v. Reg. 5 UTCCR 1999 ansehen wird, bleibt abzuwarten. Nach einer Ansicht in der Literatur erfüllt eine entire agreement-Klausel jedenfalls das Regelbeispiel in Anhang 2 para 1 (n) UTCCR 1999[1125]. Danach ist in Verbraucherverträgen eine Klausel als unfair

---

1120 Siehe hierzu die erstinstanzliche Entscheidung Watford Electronics Ltd v Sanderson CFL Ltd [2000] 2 All E.R. (Comm) 984, 1014. Judge Thornton QC hat hier entschieden, dass eine entire agreement-Klausel der Überprüfung durch sec. 3 Misrepresentation Act 1967 unterliegt. Es könne nicht darauf ankommen, ob eine Klausel die Haftung ausschließt oder ob sie aufgrund ihrer Formulierung den Effekt hat, dass eine Haftung gar nicht erst entsteht. Siehe weiterhin Walker v Boyle [1981] 1 W.L.R. 495; South Western General Property Co Ltd v Marton (1982) 263 EG 1090. Diese Auffassung wird auch von Teilen der Literatur befürwortet, vgl. Peel, [2001] L.Q.R. 545, 549.

1121 Bei Verträgen zwischen Unternehmen erscheint das Berufen auf evidential estoppel eher möglich, da diese im Regelfall eine professionelle rechtliche Beratung vor Abschluss des Vertrages in Anspruch nehmen, Rowland/Macdonald, S. 136.

1122 Treitel/Peel, Rn. 9-122, S. 424.

1123 Vgl. den Wortlaut von Reg. 5 (1) UTCCR 1999: „...significant imbalance in the parties' rights and obligations arising under the contract...".

1124 Macdonald, Exemption Clauses and Unfair Terms, S. 310.

1125 Rowland/Macdonald, S. 136.

anzusehen, durch die sich eine Vertragspartei von der Verpflichtung freizeichnen will, die ein Vertreter (agent) der Vertragspartei, also beispielsweise ein Verkäufer, eingegangen ist.

dd) Begrenzung der Haftungshöhe

Wenn eine Klausel die Haftung des Verwenders nicht ausschließt, sondern lediglich begrenzt, unterliegt diese Klausel einem modifizierten Bewertungsmaßstab. Dieser Maßstab lässt sich nur teilweise den gesetzlichen Vorgaben entnehmen. Im Übrigen sind die Vorgaben des common law und der aktuellen softwarebezogenen Rechtsprechung zu beachten.

(1) Gesetzliche Vorgaben

In sec. 11 (4) UCTA 1977 führt das Gesetz verschiedene Kriterien an, die bei der Beurteilung der Angemessenheit einer Haftungsbegrenzung zu berücksichtigen sind[1126]. Danach ist für die Abwägung beispielsweise von Bedeutung, ob der Verwender der Klausel davon ausgehen durfte, im Fall der Haftung den auftretenden Schaden begleichen zu können oder ob die Möglichkeit bestand, den Schaden durch Abschluss einer Versicherung abzudecken. Jedoch ist das Gericht auch hier befugt, andere Kriterien in die Abwägung einfließen zu lassen.

Dem contra proferentem-Grundsatz kommt bei Haftungsbegrenzungen praktisch keine Bedeutung mehr zu. Während er mit Einführung des UCTA 1977 und mittlerweile der UTCCR 1999 auch bei Haftungsausschlüssen nur noch restriktiv angewendet wird[1127], gilt er bei Haftungsbeschränkungen noch in stärkerem Ausmaß. So hat das House of Lords in Ailsa Craig Fishing Co Ltd v Malvern Fishing Co Ltd[1128] betont, dass bei einer Haftungsbegrenzung ausschließlich auf deren natürlichen Wortsinn abzustellen und nicht künstlich nach Mehrdeutigkeiten zu suchen sei[1129]. Allerdings wurde diese Unterscheidung zwischen Haftungsausschluss und –begrenzung für die Fälle kritisiert, in denen der Haftungshöchstbetrag so gering angesetzt ist, dass dieser einem Ausschluss der Haftung gleichkommt[1130].

1126 Siehe hierzu bereits oben, S. 260f. Die Rechtsprechung zieht diese Kriterien auch bei der Beurteilung von Haftungsausschlüssen heran.

1127 Siehe hierzu bereits oben, S. 260.

1128 [1983] 1 All E.R. 101.

1129 [1983] 1 All E.R. 101, 124.

1130 George Mitchell (Chesterhall) Ltd v Finney Lock Seeds [1983] 1 All E.R. 108; Atiyah/Adams/MacQueen, S. 228.

(2) Entwicklung der Rechtsprechung

Wie auch im Rahmen des Ausschlusses der Haftung ist die Entwicklung der Rechtsprechung zur Haftungsbegrenzung dadurch gekennzeichnet, dass die Interessen der Softwarehersteller und –verkäufer stärker berücksichtigt werden.

So kam das Gericht in der Entscheidung Salvage Association v CAP Financial Services Ltd[1131] aus dem Jahr 1995 noch zu dem Ergebnis, dass die im Überlassungsvertrag enthaltene Haftungsbegrenzung[1132] unangemessen i.S.v. sec. 3, 11 UCTA 1977 sei[1133]. Zwar sprachen gewisse Aspekte für deren Angemessenheit, beispielsweise, dass die Parteien eine vergleichbare Verhandlungsmacht hatten und dass die Klauseln auch verhandelbar gewesen wären[1134]. Jedoch konnte CAP nicht nachvollziehbar begründen, warum gerade eine Begrenzung der Haftungshöhe auf £25,000 gewählt wurde[1135]. Vielmehr zeigte sich, dass auch CAP diesen Betrag für unangemessen niedrig hielt, da das Unternehmen den Betrag aus eigener Initiative in einer nachfolgenden Version der standard terms auf £1 Million erhöht hat. Weiterhin sprach für die Unangemessenheit der Haftungsbegrenzung, dass es für Salvage Association nicht möglich gewesen wäre, zu einem akzeptablen Preis Versicherungsschutz zu erlangen[1136]. CAP hingegen genoss Versicherungsschutz über eine Summe von £5 Millionen.

Diese anwenderfreundliche Rechtsprechung setzte sich zunächst in der Entscheidung St. Albans City & District Council v International Computers Ltd[1137] fort, in der Scott-Baker J die im Vertrag enthaltende Begrenzung der

---

1131 [1995] F.S.R. 654.

1132 Die Haftungsbegrenzung lautete, [1995] F.S.R. 654, 673: „CAP's total liability under or in connection with the Agreement (whether in contract, tort or otherwise) is limited in respect of each event or series of connected events (i) £250,000 in respect of physical damage to or loss of tangible property, (ii) in any other case not falling within (i) above (and excluding negligence resulting in death or injury for which no limit applies) the lesser of £25,000 or 100% of all sums received under the Agreement by CAP from the Customer."

1133 [1995] F.S.R. 654, 673.

1134 [1995] F.S.R. 654, 675. Weiterhin sei es möglich gewesen, eine vergleichbare Software von anderen Anbietern zu erlangen. Darüber hinaus habe Salvage Association als erfahrene Partei bei voller Kenntnis der Umstände freiwillig die Vorgaben des Vertrages, auch im Hinblick auf die Haftungsverteilung, akzeptiert.

1135 Die Beweislast für die Angemessenheit der Klausel liegt gem. sec. 11 (5) UCTA 1977 beim Verwender. Diesen Beweis konnte CAP nicht erbringen.

1136 [1995] F.S.R. 654, 678.

1137 [1995] F.S.R. 686.

Haftungshöhe auf £ 100.000 als unangemessen ansah[1138]. Im Rahmen der Abwägung stellt er eine Ungleichheit der Verhandlungsmacht fest, da auf der einen Seite eine im Softwarebereich unerfahrene Behörde und auf der anderen Seite ein Softwareunternehmen stand[1139]. Weiterhin ließ sich die geringe Höhe der Haftungsbegrenzung von £100,000 nicht anhand von nachvollziehbaren Kriterien erklären[1140]. Auch wäre ICL unter Berücksichtigung ihres erfolgreichen Jahresabschlusses mit Gewinnen von mehr als £100 Millionen finanziell in der Lage gewesen, das Haftungsrisiko zu übernehmen. Darüber hinaus hätte die Versicherung des Softwarelieferanten den aufgetretenen Schaden abgedeckt, so dass nicht ersichtlich ist, warum die Haftung insoweit ausgeschlossen werden sollte.

In der Folgezeit setzte sich aber auch im Hinblick auf Haftungsbegrenzungen eine herstellerfreundliche Rechtsprechung durch, die das Bedürfnis der Softwarehersteller nach einer Begrenzung der Haftung in den Vordergrund stellte. Hierfür stehen exemplarisch die bereits angeführten Entscheidungen Watford Electronics Ltd v Sanderson CFL Ltd und SAM Business Systems Ltd v Hedley & Co Ltd[1141]. In der Entscheidung Watford Electronics Ltd v Sanderson CFL Ltd[1142] sah das Gericht die Begrenzung der Haftungshöhe auf den Kaufpreis beispielsweise mit dem Argument als angemessen an, dass dies dem Wert entspreche, den Watford bei ordnungsgemäßer Erfüllung erhalten hätte. Eine solche Begrenzung könne aber nicht als unangemessen einzustufen sein.

1138 Die Haftungsbegrenzung lautete: „In all other cases ICL's liability will not exceed the price or charge payable for the item of equipment, program or service in respect of which the liability arises, or £100,000 (whichever is the lesser). […]"

1139 [1995] F.S.R. 686, 708. Die Ungleichheit sah das Gericht vornehmlich darin, dass die Behörde bei der Einführung des neuen Systems unter Zeitdruck stand und deshalb seitens des Softwarelieferanten angedeutet wurde, dass bei einer Verhandlung der standard terms eine rechtzeitige Lieferung nicht mehr garantiert werden könne. Diese Annahme einer schwächeren Verhandlungsposition des St. Albans Council hat die Literatur überwiegend als verfehlt angesehen, vgl. Macdonald [1995] M.L.R. 585. Zum einen hat dieser nämlich die Hilfe eines professionellen Beratungsunternehmens in Anspruch genommen. Weiterhin verfügte der Council über eine eigene Rechtsabteilung, die die Klauseln einer entsprechenden Kontrolle hätte unterziehen können.

1140 In der neueren Version der standard terms verwendete ICL auch bereits eine höhere Haftungssumme.

1141 Siehe hierzu bereits im Rahmen des Ausschlusses der Haftung oben S. 269ff.

1142 [2001] 1 All E.R. (Comm) 696, 716.

3. Recht der USA

Auch im Recht der USA ist in einem ersten Schritt zu untersuchen, ob eine wirksame Einbeziehung des EULA in den Überlassungsvertrag stattgefunden hat. Anschließend stellt sich die Frage, ob und in welchem Umfang die in dem EULA enthaltenen Ausschlüsse und Begrenzungen der Haftung wirksam sind.

a) Eingang der Haftungsklauseln in den Überlassungsvertrag

Die Verwendung eines „click-wrap"-Vertrags führt nach der überwiegenden Ansicht in der Rechtsprechung zu einer wirksamen Einbeziehung des EULA[1143]. Der potentielle Vertragspartner wird hier nach der Möglichkeit zur Kenntnisnahme des EULA aufgefordert, seine ausdrückliche Zustimmung zu erklären. Nur wenn diese Zustimmung erteilt wird, überlässt der Hersteller dem Anwender die Software[1144]. Bei diesem Vorgehen kommen keine nachträglichen Überraschungen auf den Käufer zu, da die Einbeziehung des EULA mit dem Hersteller im Zeitpunkt des Kaufvertrags stattfindet[1145].

Grundsätzlich wirksam ist auch das Vorgehen im Rahmen eines „browse-wrap"-Vertrags, bei dem sich auf der Webseite des Herstellers ein Hinweis auf die Geltung des EULA befindet und der Benutzer diese über einen Link einsehen kann. Das EULA wird hier in den Überlassungsvertrag einbezogen, da der Benutzer durch den Download der Software konkludent sein Einverständnis zu den Vertragsbedingungen des Herstellers erklärt. Voraussetzung ist allerdings, dass der Hinweis auf die Geltung des EULA die Anforderungen an die Erkennbarkeit und die sprachliche Eindeutigkeit erfüllt[1146].

1143 Specht v. Netscape Communications Corp., 150 F.Supp.2d 585 (S.D. N.Y. 2001) S. 594; Hotmail Corp. v. Van$ Money Pie, Inc., 47 U.S.P.Q.2d (BNA) 1020 (N.D. Cal. 1998) S. 1021, 1025; Caspi v. Microsoft Network L.L.C., 732 A.2d 528 (N.J. Sup. Ct. 1999); Jallali v. National Board of Osteopathic Medical Examiners, Inc., 908 N.E.2d 1168 (Ind. Ct. App. 2009) S. 1173.

1144 Siehe Register.com, Inc. v Verio, Inc., 356 F.3d 393 (2d Cir. 2004) S. 429.

1145 Siehe Lemley/Menell/Merges/Samuelson, S. 494; vgl. auch Nadan, 961 PLI/Pat 11 (2009) S. 97.

1146 Wirksamkeit des „browse-wrap"-Vertrags bestätigt: Register.com, Inc. v. Verio, Inc., 126 F.Supp.2d 238 (S.D. N.Y. 2000); Pollstar v. Gigmania Ltd., 170 F.Supp.2d 974 (E.D. Cal. 2001) S. 982. Wirksamkeit verneint: Specht v. Netscape Communications Corp., 150 F.Supp.2d 585 (S.D. N.Y. 2001)

b) *Wirksamkeitskontrolle anhand allgemeiner Konzepte*

Auch wenn das EULA grundsätzlich ein wirksamer Bestandteil des Überlassungsvertrags wurde, können einzelne Bestimmungen unwirksam sein. So enthalten insbesondere §§ 2-316 und 2-719 UCC konkrete Vorgaben zur Bestimmung der Wirksamkeit von Haftungsausschlüssen, die sich auf vertragliche Ansprüche beziehen[1147]. Im Unterschied zum englischen und deutschen Recht bestehen aber keine ausdifferenzierten Regelwerke zur Kontrolle von Haftungsfreizeichnungen. Das Recht der USA bedient sich zu diesem Zweck vielmehr verschiedener allgemeiner Konzepte, die eine direkte Wirksamkeitskontrolle von Haftungsfreizeichnungen ermöglichen. Im Folgenden wird insoweit auf die zu den contracts of adhesion entwickelten Grundsätze und die Doktrin der unconscionability näher eingegangen[1148].

aa) „Contracts of adhesion"

Die Grundsätze über die contracts of adhesion knüpfen an den Umstand der Vorformulierung an und können unter bestimmten Voraussetzungen zu der Unwirksamkeit einer Vertragsklausel führen[1149]. Unter einem adhesion contract versteht man einen Vertrag, der einseitig von dem Verwender gestellt wird und den die andere Partei aufgrund ihrer geringeren Verhandlungsmacht annehmen muss, ohne dessen Inhalt beeinflussen zu können[1150]. Häufig zeichnen sich derartige Verträge auch durch ihre komplizierte sprachliche Fassung aus.

In der Entscheidung Vault Corp. v. Quaid Software Ltd.[1151] hat das Gericht das von dem Softwarehersteller verwendete EULA ohne weitere Begründung zunächst

---

1147 Siehe hierzu ausführlich, S. 286ff.

1148 Grundsätzlich ist in diesem Zusammenhang auch § 211 (3) Restatement (Second) of Contracts von Bedeutung. Da die Rechtsprechung dieses Konzept jedoch im Zusammenhang mit Softwareverträgen – soweit ersichtlich – nicht verwendet, wird auf eine Darstellung verzichtet. Zu § 211 (3) Restatement (Second) of Contracts siehe Burnham, 11 Duq. Bus. L. J. 217 (2009) S. 224; Lemley 68 S. Cal. L. Rev. 1239 (1995) S. 1255; Hillman/Rachlinski, 77 N.Y.U. L. Rev. 429 (2002) S. 459; Schubert, S. 110ff.

1149 Die Diskussion der Grundsätze zu den adhesion contracts ist häufig auf Schutzhüllenverträge bezogen. Die Argumente sind aber auch auf „click-wrap"-Verträge anwendbar, vgl. Hull, 51 Hastings L. J. 1391 (2000) S. 1395.

1150 Burnham, 11 Duq. Bus. L. J. 217 (2009); Smith, 5 Ave Maria L. Rev. 237 (2007) S. 237f. Die Einstellung des Verwenders wird in diesen Fällen häufig mit „take it or leave it" charakterisiert.

1151 655 F.Supp. 750 (E.D. La. 1987) S. 761f., aff'd, 847 F.2d 255 (5th Cir. 1988).

als einen solchen contract of adhesion angesehen. Weiterhin hat das Gericht hieraus dessen grundsätzliche Unwirksamkeit geschlussfolgert[1152].

Gegen eine Unwirksamkeit des EULA unter dem Gesichtspunkt der contract of adhesion sprechen jedoch zwei Gründe. Einerseits ist bereits umstritten, ob das von einem Hersteller verwendete EULA als contract of adhesion anzusehen ist. Zwar gehen weite Teile des Schrifttums wie das Gericht in Vault Corp. v. Quaid Software Ltd. von der Anwendung der Grundsätze des contract of adhesion auf das EULA aus[1153]. Jedoch gibt es Entscheidungen, die die Annahme eines contract of adhesion ablehnen. So ging das Gericht in der Entscheidung Brower v. Gateway 2000[1154] beispielsweise davon aus, dass aufgrund der Wahlmöglichkeit des Anwenders zwischen den Produkten verschiedener Hersteller und der Möglichkeit der Rückgabe der Software innerhalb von 30 Tagen die Annahme eines contract of adhesion nicht gerechtfertigt sei[1155].

Selbst wenn man die Einstufung als contract of adhesion vornimmt, geht die ganz überwiegende Ansicht in Rechtsprechung und Schrifttum jedenfalls davon aus, dass aus dem Vorliegen eines contract of adhesion nicht automatisch dessen Unwirksamkeit folgt[1156]. Erforderlich sei vielmehr, dass der Inhalt der Klausel beispielsweise nach der Doktrin of unconscionability oder aus Gründen der public policy zu beanstanden ist.[1157].

1152 Die Unwirksamkeit eines in dem EULA enthaltenen Vervielfältigungsverbots hätte das Gericht nur dann abgelehnt, wenn der Louisiana Software License Enforcement Act eine wirksame Rechtsgrundlage für das Vervielfältigungsverbot dargestellt hätte. Die in Betracht kommende Rechtsgrundlage hat das Gericht jedoch wegen eines Verstoßes gegen § 17 des Copyright Act für unwirksam erklärt.

1153 Goodman, 21 Cardozo L. Rev. 319 (1999) S. 534ff.; Lemley, 68 S. Cal. L. Rev. 1239 (1995) S. 1254f.; Hull, 51 Hastings L. J. 1391 (2000) S. 1395 unter Berufung auf Farnsworth, § 4.26

1154 676 N.Y.S.2d 569 (N.Y. App. Div. 1998) S. 252. Das Gericht verweist auf die ablehnende Haltung des Gerichts in der ähnlich gelagerten Entscheidung Filias v. Gateway 2000, Inc., unreported.

1155 Mit ähnlichen Argumenten einen adhesion contract ablehnend: Meridian Project Systems, Inc. v. Hardin Construction Co., LLC, 426, F.Supp. 2d 1101 (E.D. Cal. 2006); siehe auch Davidson & Associates, Inc. v. Internet Gateway, Inc., 334 F.Supp. 2d 1164 (E.D. Mo. 2004).

1156 Vgl. Lemley/Menell/Merges/Samuelson, S. 491; Ferriel/Navin, S. 540; Hull, 51 Hastings L. J. 1391 (2000) S. 1395 unter Berufung auf Farnsworth, § 4.26, der von der grundsätzlichen Wirksamkeit von adhesion contracts ausgeht.

1157 Siehe Smith, 5 Ave Maria L. Rev. 237 (2007) S. 249 für Beispiele, inwieweit die Rechtsprechung der einzelnen Bundesstaaten im Rahmen der Überprüfung von adhesion contracts eine Kombination dieser Aspekte vornimmt.

bb) Doktrin der „unconscionability“

Der Doktrin der unconscionability, die ihre Grundlage im equity-Recht hat[1158] und mittlerweile in § 2-302 (1) UCC gesetzlich normiert ist, kommt eine zentrale Rolle bei der Beurteilung der Wirksamkeit von Vertragsbestandteilen zu. Danach hat das Gericht die Möglichkeit, einen Vertrag insgesamt oder teilweise für unwirksam zu erklären, wenn dieser bei Vertragsschluss als unbillig (unconscionable[1159]) anzusehen ist[1160]. Der Grundsatz der unconscionability findet unabhängig davon Anwendung, ob der Vertrag in der Form einer Individualvereinbarung oder unter Verwendung von standard terms abgeschlossen wurde oder ob die betroffene Person ein Unternehmer oder Verbraucher ist[1161].

Im UCC findet sich allerdings keine Definition von unconscionability[1162] und auch die Ausführungen im Official Comment konkretisieren den unbestimmten Rechtsbegriff nur dahingehend, dass dieser die unangemessene Einseitigkeit von Vertragsklauseln verhindern will[1163]. Von dem Begriff der unconscionability

---

1158 Als Grundlage der Doktrin werden häufig die Ausführungen des Gerichts in der englischen Entscheidung Earl of Chesterfield v Janssen, 28 E.R. 82 (1751) S. 100 angeführt. Danach ist ein solcher Vertrag unbillig „that no man in his senses and not under delusion would make on the one hand, and as no honest and fair man would accept on the other“.

1159 Nicht unproblematisch ist die Übersetzung des Begriffs, da dieser mehrere Unwirksamkeitsgründe abdeckt. Wenn eine vorformulierte Geschäftsbedingung betroffen ist, biete sich wohl der Begriff „unangemessene Benachteiligung“ (vgl. § 307 Abs. 1 BGB) an. Bei einer individualvertraglich vereinbarten Klausel scheint eine Übersetzung als „sittenwidrig“ (vgl. § 138 Abs. 1 BGB) angebrachter. Mit der Übersetzung als unbillig bieten Zweigert/Kötz S. 336 eine auf beide Konstellationen anwendbare Übersetzung an.

1160 § 2-302 (1) UCC lautet: „If the court as a matter of law finds the contract or any clause of the contract to have been unconscionable at the time it was made the court may refuse to enforce the contract, or it may enforce the remainder of the contract without the unconscionable clause, or it may so limit the application of any unconscionable clause as to avoid any unconscionable result.“

1161 Weitere Kriterien bei Scott, 67 Md. L. Rev. 425 (2008) S. 438. Zu beachten ist allerdings, dass die Wahrscheinlichkeit, dass ein Gericht eine Klausel als unconscionable ansieht, wesentlich höher ist, wenn es sich um vorformulierte Geschäftsbedingungen handelt und darüber hinaus noch ein Rechtsgeschäft mit einem Verbraucher vorliegt.

1162 White/Summers, § 4.3, S. 156 behaupten sogar, eine Definition der unconscionability sei unmöglich: „It is not a concept, but a determination to be made in light of a variety of factors not unifiable into a formula.“

1163 Vgl. Official Comment Nr. 1: „The basic test is whether, in the light of the general commercial background and the commercial needs of the particular trade or case,

seien daher Bestimmungen erfasst, welche die Unterdrückung (oppression) der schwächeren Vertragspartei ermöglichen oder unbillige Überraschungen (unfair surprise) enthalten[1164].

Ausgehend vom Schrifttum, hat sich schon bald nach Einführung des UCC die Ansicht durchgesetzt, dass für die Annahme von unconscionability sowohl verfahrensrechtliche als auch materielle Umstände erfüllt sein müssen. Im Englischen werden diese Begriffspaare mit substantial und procedural unconscionability umschrieben, wobei die procedural unconscionability das Zustandekommen und substantive unconscionability den Inhalt des Vertrags betrifft[1165]. Dabei wird ganz überwiegend davon ausgegangen, dass die Annahme einer unbilligen Klausel sowohl ein gewisses Maß an procedural als auch an substantive unconscionability erfordert, wobei eine schwächere Ausprägung des verfahrensrechtlichen Elements durch eine stärkere Ausprägung des materiellen Elements ausgeglichen werden kann und umgekehrt[1166].

Im Rechtsverkehr zwischen Unternehmen ist die Rechtsprechung mit der Annahme von unconscionability wesentlich zurückhaltender als bei Verbrauchern, so dass Ausschlüsse und Begrenzungen der Haftung regelmäßig wirksam sind[1167]. Dies ist darauf zurückzuführen, dass die Vertragsparteien hier zumeist von rechtskundigen Personen vertreten werden und häufig eine vergleichbare Verhandlungsmacht aufweisen.

Zwar argumentieren die Erwerber von Software häufig, dass sie als Anwender der Software im Hinblick auf die technischen Details und die besonderen

---

the clauses involved are so one-sided as to be unconscionable under the cirumstances existing at the time of making the contract."

1164 Vgl. Official Comment Nr. 1 zu § 2-302 UCC; siehe auch Campbell Soup Co. v Wentz, 172 F.2d 80 (3d Cir. 1948).

1165 Diese Einteilung geht zurück auf den Aufsatz von Leff, 115 U. Pa. L. Rev. 485 (1967) und wurde anschließend auch von der überwiegenden Rechtsprechung und Literatur verwendet, vgl. Nelson v. McGoldrick, 871 P.2d 177 (1994); Calamari/Perillo, S. 381; Swanson, 31 N.M. L. Rev. 359 (2001).

1166 Schubert, S. 115; Bischoff v. DirectTV, Inc., 180 F.Supp.2d 1097 (C.D. Cal. 2002) S. 1107. Um eine Klausel für unwirksam zu erklären, haben die Gerichte teilweise bereits das Vorliegen von substantive unconscionability ausreichen lassen, vgl. beispielsweise Rodziewicz v. Waffco Heavy Duty Towing, 763 N.E.2d 491 (Ind. App. 2002).

1167 Farnsworth, Bd. I, § 4.28; Nimmer, Ch. 6.23. In der Entscheidung Continental Airlines v Goodyear Tyre & Rubber Co, 819 F.2d 1519, 1527 (9th Cir. 1987) war das Gericht der Ansicht, dass the unconscionability doctrin makes little sense in the context of two large, legally sophisticated companies.

Wortschöpfungen der Softwareindustrie wie ungebildete Verbraucher anzusehen seien. In Office Supply Co. v. Basic/Four Corp[1168] hat das Gericht eine solche Argumentation aber abgelehnt. Zwar war das Unternehmen, das die Software kaufen wollte, wesentlich kleiner als der Softwarehersteller und hatte keine Erfahrung mit Computern. Dennoch sei es dem Käufer zuzumuten gewesen, alle erforderlichen Vorkehrungen für ein technisch und rechtlich angemessenes Geschäft zu treffen.

(1) „Procedural unconscionability"

Der Aspekt der procedural unconscionability betrifft die Unbilligkeit des Vertragsschlusses selbst[1169], etwa weil der Vertragspartner mangels entsprechender Bildung[1170], der allgemeinen Marktsituation[1171] oder aufgrund seiner wesentlich geringeren Verhandlungsmacht[1172] (absence of meaningful choice or bargaining power) zur Akzeptanz der Vertragsbedingungen gezwungen war.

Ob das Verwenden eines EULA die Voraussetzungen der procedural unconscionability erfüllt, ist umstritten. Im unternehmerischen Geschäftsverkehr ist, dem allgemeinen Grundsatz folgend, nur in Ausnahmefällen von der procedural unconscionability eines EULA auszugehen[1173]. So hat das Gericht in der Entscheidung M.A. Mortenson Co., Inc. v. Timberline Software Corp.[1174] die procedural unconscionability einer Freizeichnungsklausel verneint, da diese in Großbuchstaben abgedruckt war und darüber hinaus auf den Datenträgern, in der Bedienungsanleitung

1168 538 F.Supp. 776 (E.D. Wis. 1982).

1169 Procedural unconscionability wird daher auch als „cousin to misrepresentation or fraud in the inducement" bezeichnet, vgl. Gemignani, § 10.3.

1170 White/Summers, § 4-3, S. 157f.

1171 So wurde für die Automobilindustrie in Henningsen v Bloomfield Motors, Inc., 161 A.2d 69 (1960) entschieden, der Käufer eines Kraftfahrzeugs habe keine ernstzunehmende Alternative, wenn alle Hersteller vergleichbare Haftungsklauseln in ihren standard terms verwenden.

1172 White/Summers, § 4-5, S. 158. Dieser Aspekt ist nicht auf den Rechtsverkehr mit Verbrauchern beschränkt, sondern kann auch im unternehmerischen Geschäftsverkehr relevant werden.

1173 Dies war insbesondere dann der Fall, wenn auf der einen Seite eine verhandlungsstarke und erfahrene Partei und auf der anderen Seite eine ungebildete oder unerfahrene Partei anzutreffen war. So lag beispielsweise in der Entscheidung Weaver v American Oil Company, 276 N.E.2d 144 (1971) procedural unconscionability vor, da der Vertragspartner ein ungebildeter Hilfsarbeiter war, die standard terms in einer unauffälligen Schriftart (fine print) verfasst waren, keine Überschrift aufwiesen und auf der Rückseite der Rechnung abgedruckt waren.

1174 998 P.2d 305 (Wash. 2000) S. 315.

und beim Installationsprozess auf dem Bildschirm zur Kenntnis genommen werden konnten. Weiterhin war entscheidend, dass M.A. Mortenson ein landesweit tätiges Unternehmen ist und bereits zuvor Software erworben hatte.

Im Rechtsverkehr mit Verbrauchern hat die Rechtsprechung teilweise ebenfalls das Vorliegen von procedural unconscionability verneint. Dabei hat das Gericht in Brower v Gateway 2000, Inc.[1175] beispielsweise auf das 30-tägige Rückgaberecht sowie die gute Lesbarkeit und die Kürze des Vertrags betont. Ein anderer Teil der Rechtsprechung hingegen sieht die Vertragsbedingungen des Softwareherstellers, insbesondere unter Berufung auf die Grundsätze zu den contracts of adhesion, im Rechtsverkehr mit Verbrauchern stets als verfahrensmäßig unbillig an[1176]. Vor dem Hintergrund, dass die unconscionability einer Vertragsklausel nur dann angenommen werden kann, wenn auch in verfahrensrechtlicher Hinsicht Unbilligkeit vorliegt, entspricht diese Ansicht auch der überwiegenden Meinung im Schrifttum[1177].

(2) „Substantive unconscionability“

Das Merkmal der substantive unconscionability betrifft hingegen den unbilligen Inhalt einer Klausel und ist insbesondere dann erfüllt, wenn der Inhalt des Vertrags zu einseitig (one-sided) oder übermäßig benachteiligend (overly harsh) ist[1178]. Eine typische Fallgruppe der substantive unconscionability ist der übermäßige Ausschluss von Rechten[1179]. Diese Fallgruppe ist für Verträge im Softwarebereich von besonderer Bedeutung, da diese vergleichsweise weitgehende Freizeichnungen enthalten[1180].

c) Wirksamkeit spezieller Freizeichnungsklauseln

Für die Beurteilung der Wirksamkeit von Freizeichnungsklauseln ist zwischen vertraglichen, außervertraglichen und Ansprüchen wegen misrepresentation zu unterscheiden.

1175 246 A.D.2d 246 (N.Y. 1999) S. 253.

1176 Siehe beispielsweise Bischoff v. DirectTV, Inc., 180 F.Supp.2d 1097 (C.D. Ca. 2002) S. 1107: „a finding of a contract of adhesion is essentially a finding of procedural unconscionability.“ Siehe auch Comb v. PayPal, Inc., CRi 2003, 24ff.

1177 Vgl. Lemley, 68 S. Cal. L. Rev. 1239 (1995) S. 1254f.;

1178 Vgl. M.A. Mortenson Co., Inc. v. Timberline Software Corporation, 998 P.2d 305 (Wash. 2000) S. 314.

1179 White/Summers, § 4-6, S. 163ff.

1180 Vgl. die von Collins, 111 W. Va. L. Rev. 531 (2009) S. 548f. angeführten Vertragsbedingungen von Apple und Microsoft, nach denen dem Käufer nur sehr beschränkte Rechte verbleiben.

aa) Vertragliche Ansprüche

Zwecks Freizeichnung von vertraglichen Ansprüchen versucht der Hersteller regelmäßig, die vertraglich geschuldete Leistung durch den Ausschluss von warranties zu begrenzen. Weiterhin enthält der Vertrag zumeist Regelungen, welche die dem Käufer zustehenden Rechtsmittel begrenzen. Fraglich ist, ob und in welchem Umfang derartige Begrenzungen zulässig sind[1181].

Der UCC enthält hier unabhängig von dem Vorliegen von standard terms konkrete inhaltliche Vorgaben, welche Anforderungen die angeführten Freizeichnungsklauseln erfüllen müssen. Dabei kommt insbesondere den §§ 2-316 und 2-719 UCC eine besondere Bedeutung zu.

Zu berücksichtigen ist hierbei, dass die Frage des Verbraucherschutzes trotz intensiver Diskussionen und Reformvorschläge bislang keinen nennenswerten Niederschlag im UCC gefunden hat[1182]. Da die Gesetzgebungskompetenz für den Verbraucherschutz zwischen state und federal legislators aufgeteilt ist[1183], haben sowohl ein Teil der Bundesstaaten als auch der Bund mit dem MMA entsprechende Gesetze erlassen, welche die Rechtsstellung des Verbrauchers stärken sollen. Zumeist sind diese Gesetze jedoch auf Teilbereiche beschränkt und bewirken keinen umfassenden Schutz des Verbrauchers. Diesem Versäumnis versucht die Rechtsprechung bei der Anwendung der Vorschriften des UCC dadurch entgegenzuwirken, dass sie im Rechtsverkehr mit Verbrauchern strengere Anforderungen stellt als im unternehmerischen Geschäftsverkehr.

(1) Begrenzung der geschuldeten Leistung durch Ausschluss von „warranties“

Der Verkäufer versucht in aller Regel, seine Haftung dadurch zu begrenzen, dass er den geschuldeten Qualitätsstandard herabsetzt. Zu diesem Zweck enthalten Softwareverträge häufig eine Klausel, die alle express und implied warranties ausschließt. Ob ein solcher Ausschluss wirksam ist, bestimmt sich nach § 2-316 UCC[1184].

1181 Zu beachten ist, dass die Kontrolle dieser Regelungen unabhängig davon erfolgt, ob sie im Rahmen einer Individualvereinbarung oder als standard term vereinbart wurden.

1182 Vgl. Owen, § 4.9, S. 237ff.

1183 Tangl, ZfRV 2000, 16, 20.

1184 Vgl. Official Comment Nr. 1 zu § 2-316 UCC: „This section is designed principally to deal with those frequent clauses in sales contracts which seek to exclude 'all warranties, express or implied'.“

(a) „Express warranties“

Während der MMA die Anforderungen an die Ausgestaltung einer express warranty regelt, bestimmt sich nach § 2-316 UCC, inwieweit eine express warranty vertraglich ausgeschlossen werden kann. Dabei ist zu beachten, dass ein solcher Ausschluss in der Regel nicht möglich ist. Zwar soll der Widerspruch zwischen der Erteilung einer express warranty und dem späteren Ausschluss an anderer Stelle zunächst gem. § 2-316 (1) UCC durch Auslegung beseitigt werden[1185]. Dies wird jedoch in aller Regel nicht möglich sein, da es sich bei der Erteilung einer express warranty einerseits und deren Ausschluss andererseits um diametrale Gegensätze handelt[1186]. In diesem Sinne bestimmt § 2-316 (1) UCC auch, dass der Ausschluss der express warranty bei mangelnder Vereinbarkeit mit der vorangegangenen Erteilung unwirksam ist.

Wenn die Parteien einen schriftlichen Vertrag abgeschlossen haben, was regelmäßig der Fall ist, gewährt § 2-316 (1) UCC dem Verkäufer allerdings durch den ausdrücklichen Verweis auf die parol evidence rule aus § 2-202 UCC Schutz vor der Geltendmachung mündlich erfolgter express warranties. Nach der parol evidence rule kann einem schriftlichen Vertrag grundsätzlich keine widersprechende mündliche Vereinbarung entgegengehalten werden, die vor dem Abschluss des schriftlichen Vertrags getätigt worden sein soll[1187]. Voraussetzung hierfür ist allerdings, dass die Parteien die schriftliche Vereinbarung als abschließend betrachtet haben[1188]. Im Hinblick auf technische Angaben wird dies in der Regel nicht der Fall sein, da die vorformulierten Geschäftsbedingungen diesbezüglich keine detaillierten Angaben enthalten. Die technischen Angaben stehen daher nicht im Widerspruch zu den

---

1185 Hillman, 11 Duq. Bus. L. J. 167 (2009) S. 170ff. spricht sich für eine Abschaffung dieses „inconsistent disclaimer“-Ansatzes aus. Entscheidend solle vielmehr sein, wie in Official Comment Nr. 1 zu § 316 angedeutet, ob ein vernünftiger Vertragspartner mit einem solchen Ausschluss rechnen musste.

1186 Phillips, 50 Bus. Law. 151 (1994) S. 169f. Zur Wirksamkeit solcher Haftungsausschlüsse im Online Verkehr siehe die Untersuchung von Hillman/Barakat, 11 Yale J.L. & Tech. 1 (2009) S. 22ff.

1187 Zur parol evidence rule im Online-Verkehr siehe auch Hillman/Barakat, 11 Yale J.L. & Tech. 1 (2009) S. 17ff.

1188 Farnsworth, Bd. II, § 7.3, S. 239. Wenn nur ein Teil der Rechtsbeziehung abschließend geregelt werden sollte, kann der Käufer solche mündlichen Abreden geltend machen, die dem Inhalt des schriftlichen Vertrags nicht widersprechen, sondern diesen ergänzen. Umstritten ist, wie die komplette oder teilweise Abgeschlossenheit des Vertrags zu bestimmen ist. Nach dem sog. „Williston's View“ ist hierbei nur der Vertrag selbst zu berücksichtigen. Der „Corbin's view“ hingegen berücksichtigt hierfür alle Umstände des Einzelfalls.

Inhalten des schriftlichen Vertrags, sondern konkretisieren diese lediglich[1189]. Die Beweiserhebung über technische Angaben, die im Rahmen der Vorverhandlungen getroffen wurden, wird das Gericht daher in der Regel zulassen.

Um diese Unsicherheiten im Hinblick auf die abschließende Funktion des Vertragsdokuments zu beseitigen, enthält der Vertrag zumeist eine merger clause, welche klarstellt, dass die Parteien den Inhalt des Vertrags als abschließende Regelung (entire agreement) ihrer Rechtsbeziehung betrachten[1190]. Die Folge hiervon ist, dass das Gericht zumindest im Rechtsverkehr zwischen Unternehmen traditionell keinen Beweis über die vorgebrachten mündlichen Abreden erhebt[1191]. So hat das Gericht in Bridgestone/Firestone, Inc. v. Oracle Corp.[1192] aufgrund der merger clause die im schriftlichen Vertragsdokument enthaltenen Regelungen als abschließend angesehen, obwohl der Vertrag auf andere Dokumente Bezug nahm und unbestimmte Begriffe sowie das Erfordernis einer späteren Finalisierung enthielt. Eine Berücksichtigung von Umständen, die sich nicht aus dem Vertrag ergeben, habe nach Ansicht des Gerichts nur dann zu erfolgen, wenn der Käufer Umstände darlegen kann, die einen fraud seitens des Verkäufers beweisen[1193].

Es ist jedoch ein Trend in der Rechtsprechung zu beobachten, eine merger clause lediglich als Vermutung dahingehend anzusehen, dass der schriftliche Vertrag als abschließende Regelung von den Parteien gewollt war. Unter besonderen Umständen kann diese Vermutung jedoch als widerlegt gelten. So hat das Gericht in der Entscheidung Sierra Diesel Injection Service, Inc. v. Burroughs Corp.[1194] den Vertrag nicht als abschließend angesehen, da der Vertrag insgesamt vier verschiedene Schriftstücke enthielt, so dass die Abgeschlossenheit des Vertrags für den unerfahrenen Käufer nicht ersichtlich war. Weiterhin hat das Gericht Zusagen des Verkäufers, die in einem Brief der Marketingabteilung enthalten waren, als so bedeutend angesehen, dass es diese trotz der merger clause für verbindlich erklärte[1195].

1189 Nimmer, Ch. 6.07[3].

1190 Merger clauses werden auch manchmal als integration oder entire agreement clauses bezeichnet.

1191 Siehe beispielsweise Office Supply Co. v. Basic/Four Corporation, 538 F.Supp. 776 (E.D. Wis. 1982); White/Summers, § 2-12, S. 104.

1192 No. C-91-1420-DLJ, 1991 U.S. Dist. LEXIS 20180 (N.D. Cal. 1991).

1193 Phillips, 50 Bus. Law. 151 (1994) S. 162; Financial Timing Publications, Inc. v. Compugraphic Corp., 893 F.2d 936 (8th Cir. 1990) S. 943f.

1194 890 F.2d 108 (9th Cir. 1989).

1195 Vom dieser Einschätzung ließ sich das Gericht auch nicht durch den Hinweis auf dem Schreiben abbringen, dass es sich um eine vorläufige Empfehlung handele und die Bestellung des Käufers die einzig bindende Vereinbarung darstellen solle.

(b) „Implied warranties“

Im Vergleich zur express warranty ist der Ausschluss oder die Modifikation einer implied warranty unter erleichterten Voraussetzungen möglich. Die Voraussetzungen hierfür bestimmen sich nach § 2-316 (2) UCC. Nach dieser Regelung ist zu unterscheiden, ob der Verkäufer den Ausschluss spezifischer warranties oder einen Pauschalausschluss anstrebt.

(aa) Ausschluss spezifischer „implied warranties“

Nach § 316 (2) UCC hat der Verkäufer zunächst die Möglichkeit, die „implied warranty of merchantibility“ und die „implied warranty of fitness for a particular purpose“ einzeln auszuschließen.

Im Hinblick auf die implied warranty of fitness ist zu beachten, dass diese nur unter Wahrung der Schriftform ausgeschlossen werden kann[1196]. Die implied warranty of merchantibility hingegen kann auch mündlich ausgeschlossen werden. Erforderlich für deren Ausschluss ist jedoch stets, dass das Wort „merchantibility“ ausdrücklich erwähnt wird, was z.B. in der Entscheidung Jaskey Finance & Leasing Corporation v. Display Data Corporation[1197] zur Unwirksamkeit des Ausschlusses führte[1198].

Für den Ausschluss einer einzelnen implied warranty ist gem. § 2-316 (2) UCC weiterhin erforderlich, dass dieser deutlich (conspicuous) erfolgt. Hierdurch soll vermieden werden, dass der Käufer durch den Ausschluss überrascht wird[1199]. Gem. § 1-201 (10) UCC ist eine Vertragsklausel conspicuous, wenn sie so abgefasst ist, dass ein vernünftiger Vertragspartner diese zur Kenntnis genommen haben muss. Ein Textabschnitt erfüllt diese Voraussetzung beispielsweise dann, wenn er eine auffällige Überschrift enthält[1200] und darüber hinaus in einer größeren oder sich auf andere Weise abhebenden Schrift oder Farbe geschrieben ist[1201].

1196 An die Formulierung stellt der UCC keine besonderen Vorgaben. Der UCC führt in § 2-316 (2) die folgende beispielhafte Formulierung an: „There are no warranties which extend beyond the description on the face hereof.“

1197 564 F.Supp. 160 (E.D. Pa. 1983).

1198 Siehe auch Eaton Corporation v. Magnovox Co., 581 F.Supp. 1514 (E.D. Mich. 1984), wo der Ausschluss nicht den Begriff merchantibility enthielt und darüber hinaus auch nicht conspicuous war.

1199 Vgl. Official Comment Nr. 1 zu § 2-316 UCC.

1200 Die Auffälligkeit kann durch die Verwendung einer Schriftgröße erzielt werden, die gleich groß oder größer als der umliegende Text oder durch einen kontrastierenden Schrifttyp oder Farbe hervorgehoben wird.

1201 Die Beispielhaftigkeit der Aufzählung ergibt sich aus den Ausführungen in Official Comment Nr. 10 zu § 1-201 (10) UCC, vgl. auch White/Summers, S. 424.

Bei der Beurteilung der conspicuousness im Einzelfall ist aber stets auf den konkreten Empfänger abzustellen. Im Rechtsverkehr mit Verbrauchern sind aufgrund deren geschäftlicher Unerfahrenheit daher höhere Anforderungen an die Deutlichkeit des Hinweises zu stellen als im unternehmerischen Geschäftsverkehr. So kann zwischen Geschäftsleuten der Ausschluss einer warranty trotz zweifelhaften Hinweises wirksam sein, weil die Parteien den Ausschluss vor Vertragsschluss diskutiert hatten[1202] oder weil die Vertragspartner als verhandlungsstark und erfahren anzusehen sind[1203].

(bb) Pauschaler Ausschluss

Gem. § 2-316 (3) (a) UCC besteht weiterhin die Möglichkeit, durch die Formulierungen „as is" oder „with all faults" oder vergleichbaren Formulierungen einen pauschalen Ausschluss aller implied warranties herbeizuführen[1204]. In der Rechtspraxis ist zu beobachten, dass die meisten EULA von der Option dieses pauschalen Ausschlusses Gebrauch machen[1205].

Erstaunlich ist, dass § 2-316 (3) (a) im Gegensatz zu (2) UCC nicht das Erfordernis enthält, dass der Ausschluss conspicuous sein muss. Aus diesem Grund argumentiert eine Ansicht in der Rechtsprechung, dass der Gesetzgeber hierbei bewusst gehandelt habe und eine entsprechende Anwendung nicht in Betracht

1202 In Office Supply Co. v. Basic Four Corporation 538 F.Supp. 776 (E.D. Wis. 1982) S. 784 sah das Gericht einen in kursiver Schrift ohne Überschrift gedruckten Ausschluss nicht als conspicuous an. Da der Käufer die Haftungsklausel aber kannte, war diese unter Berücksichtigung von Sinn und Zweck des conspicuousness-Erfordernisses, dem Schutz vor Überraschungen, aufrechtzuerhalten.

1203 AMF, Inc. v. Computer Automation, Inc., 573 F.Supp. 924 (S.D. Ohio 1983) S. 929f.; Jaskey Finance and Leasing Corporation v. Display Data Corporation, 564 F.Supp. 160 (E.D. Pa. 1983) S. 165. In Sierra Diesel Injection Services v. Burroughs Corp., 874 F.2d 653 (9th Cir. 1989) S. 114 hat das Gericht hingegen den Ausschluss der warranty nicht als hinreichend conspicuous angesehen, obwohl der Käufer als Kaufmann gehandelt hat, da dieser keine Erfahrung mit derartigen Verträgen hatte und sich der Ausschluss auf der Rückseite des Formulars befand.

1204 Jedoch haben Gerichte bei Neuwaren teilweise den Ausschluss durch die Worte „as is" vereint, da ein solcher nach dem konkreten Handelsbrauch bei Neuwaren vom Käufer nicht erwartet werden muss, vgl. Gindy Manufacturing Corporation v. Cardinale Trucking Corporation, 268 A.2d 345 (1970).

1205 Vgl. auch die Entscheidungen Bakal v. Burroughs Corporation, 343 N.Y.S.2d 541 (Sup. Ct. 1972) S. 543f; Office Supply Co. v. Basic/Four Corporation, 538 F.Supp. 776 (E.D. Wis. 1982) S. 783.

komme[1206]. Ganz überwiegend geht die Rechtsprechung, jedenfalls für den Rechtsverkehr mit Verbrauchern, davon aus, dass das Erfordernis der Deutlichkeit auch im Rahmen von (3) (a) Anwendung findet, da der Käufer auch in diesem Zusammenhang schutzwürdig ist und daher ein Gleichklang mit (2) angemessen erscheint[1207].

Weiterhin kann der Verkäufer gem. UCC § 2-316 (3) (b) einen Haftungsausschluss herbeiführen, indem er den Käufer vor Abschluss des Kaufvertrags zur Überprüfung (examination) der Ware auffordert[1208]. Hierbei sind die Kenntnisse des Käufers über die Kaufsache zu berücksichtigen[1209]. Außerdem dürfen wegen der Komplexität von Computersoftware keine zu hohen Anforderungen gestellt werden[1210]. So liegt in der Regel auch dann kein Verzicht auf eine implied warranty vor, wenn der Käufer das Computersystem vor dem Kauf schon einige Zeit in seinem Besitz hatte[1211].

Schließlich kann ein Ausschluss von implied warranties gem. § 2-316 (3) (c) auch durch „course of dealing", course of performance" oder „usage of trade" erfolgen, wobei diese Konzepte im Rahmen der Softwareüberlassung von untergeordneter Bedeutung sind.

(cc) Ausschluss von „implied warranties" und Verbraucherschutz

Im Jahr 1960 hat Justice Francis in der bahnbrechenden Entscheidung Henningsen v. Bloomfield Motor, Inc.[1212] den Ausschluss von implied warranties im Rechtsverkehr mit Verbrauchern für unwirksam erklärt. Obwohl diese Entscheidung im Schrifttum ganz überwiegend auf Zustimmung gestoßen

1206 Vgl. Auburn Ford, Lincoln, Mercury, Inc. v. Norred, 541 So.2d 1077 (Ala. 1989) S. 1080.

1207 Vgl. Owen, § 4.7, S. 220. Siehe auch § 2-316 (3) (a) der revidierten Fassung des UCC aus dem Jahr 2003, der nunmehr auch hier im Rechtsverkehr mit Verbrauchern das Erfordernis der Deutlichkeit normiert.

1208 Hiervon ist die „inspection" im Rahmen von § 2-606 (1) (b) UCC zu unterscheiden. Die examination betrifft den Auswahlprozess, die Inspektion hingegen ist ein Verhalten, das nach der Lieferung zur Annahme führt.

1209 Nimmer, Ch. 6.08[2].

1210 Scott, § 6.43.

1211 Vgl. die Entscheidung Sperry Rand Corporation v. Industrial Supply Corporation, 337 F.2d 363 (5th Cir. 1964) S. 369f., die allerdings nach common law entschieden wurde [„The personnel of Industry Supply could not be expected to understand the processes by which a set of these modern miracle makers perform their tasks."].

1212 161 A.2d 69 (N.J. 1960).

ist[1213], enthielt der zur gleichen Zeit von den Bundesstaaten umgesetzte UCC keine entsprechenden Regelungen zum Schutz der Verbraucher. Im Gegenteil: Der Ausschluss einer implied warranty ist unter Beachtung der angeführten Vorgaben unproblematisch möglich.

Um diese allgemein als unbillig empfundene Schutzlücke zu schließen, hat ein Teil der Bundesstaaten Verbraucherschutzgesetze erlassen, welche den Ausschluss von implied warranties im Rechtsverkehr mit Verbrauchern verhindern[1214]. Andere Staaten haben eine entsprechende Regelung in ihre staatliche Umsetzung des UCC integriert[1215].

Daneben findet der bundesgesetzliche MMA Anwendung, wenn der Hersteller oder Verkäufer gegenüber einem Verbraucher eine schriftliche express warranty erteilt hat. Gem. § 2308 (a) MMA ist der Ausschluss einer implied warranty in diesen Fällen nicht möglich[1216]. Der Schutz des Verbrauchers wird überwiegend damit begründet, dass dieser durch die Erteilung einer schriftlichen warranty keine Beschränkung, sondern vielmehr eine Erweiterung seiner Rechte erwarte. Der Hersteller, der schriftlich eine limited warranty erteilt[1217], kann die implied warranties allerdings gem. § 2308 (b) MMA auf den Zeitraum begrenzen, für den die limited warranty gilt, sofern diese Begrenzung eindeutig, klar erkennbar und insgesamt conscionable ist. Wenn also der Softwarehersteller wie üblich eine schriftliche warranty dahingehend gibt, dass die Software für einen Zeitraum von 90 Tagen seiner Leistungsbeschreibung entspricht, kann er, einen deutlichen Hinweis vorausgesetzt, die Haftung für die Verletzung von implied warranties auf diesen Zeitraum begrenzen[1218]. In dieser Konstellation hat das Gericht beispielsweise in Against Gravity Apparel, Inc. v Quarterdeck Corporation[1219] eine Verletzung des MMA abgelehnt und den Ausschluss der implied warranties für rechtmäßig erachtet.

1213 Owen, § 4.9, S. 237ff.

1214 Siehe die Übersicht bei Clifford, 71 N.C. L. Rev. 1011 (1993).

1215 Zumeist erfolgt dies durch Hinzufügung eines weiteren Absatzes in § 2-316 UCC, welcher die Möglichkeit des Ausschlusses von implied warranties im Rechtsverkehr mit Verbrauchern untersagt, vgl. § 2-316 UCC des Bundesstaats Connecticut.

1216 Siehe hierzu Strasser, 27 Mercer L. Rev. 1111 (1976) S. 1133ff.

1217 Bei einer full warranty ist dies wegen § 2303 (a) (2) MMA nicht möglich. Siehe Lautsch, § 9.8 (h); Collins, 111 W. Va. L. Rev. 531 (2009) S. 577f.; Kaner, 18 J. Marshall J. Computer & Info. L. 435 (1999) S. 459.

1218 Zu beachten ist allerdings, dass manche Staaten den Ausschluss oder die Begrenzung von implied warranties in Rechtsgeschäften mit Verbrauchern untersagen.

1219 699 N.Y.S.2d 368 (1999).

Allerdings regelt der MMA nicht die Begrenzung von remedies. So kann der Hersteller beispielsweise unter den Voraussetzungen des § 2304 (a) (3) MMA seine Haftung für consequential damages ausschließen. Dies belegt den bereits angesprochenen Umstand, dass der MMA und die anderen Verbraucherschutzregelungen nur zu einem begrenzten Schutzniveau für den Verbraucher führen.

(c) Ausschluss von Rechtsmängeln

Die gem. § 2-312 (1) und (3) UCC in den Kaufvertrag einbezogenen warranties stellen keine implied warranties i.S.v. § 2-316 UCC dar, so dass die dortigen Voraussetzungen für einen Ausschluss im Hinblick auf Rechtsmängel keine Anwendung finden.

Für den Ausschluss der warranty of good title gilt vielmehr die spezielle Regelung des § 2-312 (2) UCC, wonach ein ausdrücklicher Ausschluss (specific language) erforderlich ist oder der Käufer zumindest aus den Umständen schließen können muss, dass der Verkäufer nur die Rechte überträgt, die er auch innehat[1220]. Die in § 2-312 (3) enthaltene warranty against infringement, welche den Käufer vor der Inanspruchnahme von Dritten schützen soll, die geistige Eigentumsrechte an der Kaufsache geltend machen, kann durch Parteivereinbarung abbedungen werden, was in der Praxis regelmäßig geschieht[1221].

(2) Ausschluss von „remedies“

Ein Haftungsausschluss kann neben dem Ausschluss von warranties auch über die Beschränkung der Rechte erreicht werden, die dem Käufer für den Fall einer Vertragsverletzung zur Verfügung stehen. Typischerweise werden in diesem Zusammenhang die Begrenzung auf ein sole and exclusive remedy, der Ausschluss von consequential damages sowie die Begrenzung der Schadenshöhe relevant.

(a) Begrenzung auf „sole and exclusive remedy“

Der UCC erlaubt den Parteien grundsätzlich, die dem Käufer im Fall der Verletzung einer warranty zustehenden Rechte auf ein exklusives Recht (sole and exclusive remedy) zu begrenzen. Diese Begrenzung ist allerdings unwirksam, sofern sie ihren grundlegenden Zweck verfehlt (failure of essential purpose).

1220 Vgl. den Official Comment Nr. 6 zu § 2-312 UCC.

1221 Viele Verträge enthalten standardmäßig sog. „indemnity clauses“, die das genaue Vorgehen regeln, wenn der Vertragspartner durch einen Dritten wegen der Verletzung von Schutzrechten in Anspruch genommen wird.

(aa) Voraussetzungen

Gem. § 2-719 (1) (a) UCC kann eine vertragliche Vereinbarung remedies vorsehen, welche die in Art. 2 UCC angeführten remedies ergänzen oder an deren Stelle treten. Nach lit. (b) ist dabei grundsätzlich davon auszugehen, dass der Vertrag zusätzliche remedies begründen will, es sei denn, die Parteien haben die Ausschließlichkeit eines remedies vereinbart[1222]. Wenn die Parteien ein solches sole and exclusive remedy vereinbart haben, sind die übrigen Rechte des UCC, die dem Käufer bei einer Vertragsverletzung des Verkäufers zustehen, ausgeschlossen. Beispielhaft führt das Gesetz die Möglichkeit des Verkäufers zur Begrenzung auf die Rückgabe der Kaufsache und der Rückzahlung des Preises an. Weiterhin kommt die Beschränkung auf Nacherfüllung (repair or replacement) in Betracht. Eine solche Beschränkung auf repair und replacement stellt in der Praxis die Regel dar.

(bb) „Failure of essential purpose“

Eine häufig vom Käufer erfolgreich geltend gemachte Grenze für die Beschränkung auf ein exklusives remedy befindet sich allerdings in § 2-719 (2) UCC. Danach kann der Käufer sämtliche gesetzlichen Rechte aus Art. 2 UCC geltend machen, wenn das ausschließliche oder beschränkte remedy unter Berücksichtigung der konkreten Umstände seinen grundlegenden Zweck verfehlt. Dadurch soll sichergestellt werden, dass dem Käufer trotz der Beschränkung eine angemessene Rechtsstellung verbleibt[1223].

Entscheidend für die Beurteilung, ob eine Verfehlung des grundlegenden Zwecks vorliegt, ist, ob das vertraglich vereinbarte, exklusive Recht dem Käufer den gesetzlich beabsichtigten Minimalschutz gewährt. Bei der Beschränkung auf replace und repair ist dies grundsätzlich der Fall, da hierdurch das Recht des Käufers gewahrt ist, eine vertragsgemäße Ware zu erhalten[1224]. So sah das Gericht

---

1222 Die Rechtsprechung hat teilweise die Ausschließlichkeit eines remedies verneint, wenn sich ein dahingehender Wille der Parteien nicht ausdrücklich aus dem Vertrag ergab, vgl. die Entscheidung Triad Systems Corporation v. Alsip, 880 F.2d 247 (10th Cir. 1989) S. 249f., in der das Gericht das 60-tägige Rückgaberecht mangels ausdrücklicher Klarstellung als zusätzliches Recht angesehen hat. Anders in Garden State Food Co. v. Sperry Rand Corporation, 512 F.Supp. 975 (D. N.J. 1981) S. 977 [Wortlaut: „customer's sole remedy for liability of any kind“ eindeutig].

1223 Vgl. Official Comment Nr. 1 zu § 2-719 UCC.

1224 Vgl. Nimmer, Ch. 6.18[1].

in Office Supply Co. v. Basic/Four Corporation[1225] eine solche Beschränkung als wirksam an, da der Verkäufer in der Lage war, die fehlerhafte Software zu reparieren.

Dies ist aber immer dann anders zu beurteilen, wenn der Verkäufer keine oder unzureichende Reparaturversuche vornimmt oder eine Reparatur zu viel Zeit in Anspruch nehmen würde[1226]. Ein weiterer Aspekt, der zur Verfehlung des grundlegenden Zwecks führt, ist in der Entscheidung Chatlos Systems, Inc. v. National Cash Register Corp.[1227] angeführt. Als sole and exclusive remedy stand dem Käufer das Recht auf Fehlerbeseitigung an der Software innerhalb von 60 Tagen nach Lieferung zur Verfügung. Da der Verkäufer aber nur einen Teil des versprochenen Systems geliefert hatte, war das eingeräumte Reparaturrecht als grundlegend verfehlt anzusehen[1228].

Der Verkäufer kann sich vor der Annahme einer grundlegenden Zweckverfehlung schützen, indem er ein weiteres Recht (back-up remedy) für den Fall vorsieht, dass das primäre Recht seinen grundlegenden Zweck verfehlt. Als ein derartiges Recht kommt beispielsweise die Erstattung des Kaufpreises oder eines vertraglich vereinbarten Geldbetrags in Betracht[1229]. So hat das Gericht in Computerized Radiological Services v. Syntex[1230] ausgeführt, dass die Vereinbarung der Erstattung des Kaufpreises die grundlegende Verfehlung des remedies verhindert[1231].

1225 538 F.Supp. 776 (E.D. Wis. 1982).

1226 White/Summers, § 12-10, S. 451f. In Chatlos Systems, Inc. v National Cash Register Corp., 635 F.2d 1081 (3d Cir. 1980) hat das Gericht ausgeführt: „To be effective the repair remedy must be provided within a reasonable time after discovery of the defect.“

1227 635 F.2d 1081 (3d Cir. 1980) S. 1086; siehe auch W.R. Weaver & Co. v. Burroughs Corporation, 580 S.W.2d 76 (Tex. Civ. App. 1979) S. 82 sowie Fargo Machine & Tool Co. v. Kearney & Trecker Corporation, 428 F.Supp. 364 (E.D. Mich. 1977) S. 381f.

1228 In der Literatur wird allerdings vertreten, dass eine im Rechtsverkehr zwischen Unternehmen ein zwischen den Vertragsparteien vereinbarter Ausschluss von den Gerichten respektiert und daher keine grundlegende Verfehlung des sole and exclusive remedy angenommen werden sollte, vgl. White/Summers, § 12-10, S. 453.

1229 Scott, § 6.52.

1230 595 F.Supp. 1495 (E.D. N.Y. 1984) S. 1510.

1231 In Ritchie Enterprise v. Honeywell Bull, Inc., 730 F.Supp. 1041 (D. Kan. 1990) hat das Gericht die Beschränkung auf replace und repair aufrechterhalten, da der Vertrag für deren Fehlschlagen dem Käufer die Geltendmachung von Schadensersatz in Höhe des Kaufpreises ermöglichte.

(b) „Consequential damages“

Der Verkäufer hat regelmäßig ein besonderes Interesse am Ausschluss von consequential damages[1232], da diese gerade bei einer fehlerhaften Software mit sehr hohen Schadenssummen verbunden sind. So kann eine fehlerhafte Software beispielsweise dazu führen, dass ein Unternehmen über einen längeren Zeitraum keine Geschäfte betreiben kann und dadurch enorme Umsatzeinbußen erleidet.

Für die Beurteilung der Wirksamkeit solcher Ausschlüsse macht die Rechtsprechung teilweise von der aus dem common law stammenden contra proferentem-Doktrin Gebrauch. In der Entscheidung Consolidated Data Terminals v. Applied Digital Data Systems[1233] sah das Gericht aufgrund einer Zweideutigkeit der vertraglichen Regelung nur unmittelbar durch den Gebrauch der fehlerhaften Software entstandenen Schäden vom Ausschluss der Folgeschäden erfasst an. Die geltend gemachte Beschädigung des „good will“ des Unternehmens sei hingegen nicht erfasst. In Hawaiian Tel. Co. V. Microform Data Systems[1234] legte das Gericht den Wortlaut der Freizeichnung dahingehend aus, dass hiervon nur solche Schäden erfasst seien, die aus der Lieferung eines mangelhaften Computersystems folgen. Da das System aber gar nicht ausgeliefert wurde, waren die aus der Nichtlieferung resultierenden Folgeschäden zu ersetzen.

Überwiegend erfolgt die Kontrolle von Vertragsklauseln, welche den Ausschluss oder die Begrenzung von Folgeschäden zum Gegenstand haben, aber nach § 2-719 (3) S. 1 UCC. Danach ist eine solche Freizeichnung nur dann zulässig, solange dies nicht als unconscionable anzusehen ist[1235]. Hierbei ist im Grundsatz die bereits erwähnte Unterscheidung zwischen procedural und substantive unconscionability durchzuführen[1236]. Für den Ausschluss von consequential damages enthält das Gesetz allerdings konkrete Vorgaben für die Beurteilung der Billigkeit. Dabei ist zwischen dem Rechtsverkehr mit Verbrauchern und dem unternehmerischen Geschäftsverkehr zu unterscheiden.

1232 Vgl. die Definition in § 2-715 (2) UCC.

1233 708 F.2d 385 (9th Cir. 1987) S. 392f.

1234 829 F.2d 919 (9th Cir. 1987) S. 923f.

1235 Nach Official Comment Nr. 1 zu § 2-719 UCC ist eine remedy limitation clause nur dann als unconscionable anzusehen, wenn sie dem Käufer selbst ein Minimum an angemessenen Rechten (minimum adequate remedies) versagt.

1236 Summers/Hillman, S. 614; siehe auch M.A. Mortenson Co., Inc. v. Timberline Software Corporation, 998 P.2d 305 (Wash. 2000) S. 314f.

(aa) Rechtsverkehr mit Verbrauchern

Gem. § 2-719 (3) S. 2 UCC ist die Freizeichnung von consequential damages bei Personenschäden, die durch Verbrauchsgüter (consumer goods) hervorgerufen werden, prima facie als unconscionable anzusehen[1237]. Es besteht also eine Vermutung der Unwirksamkeit, die in aller Regel nicht zu widerlegen ist[1238]. Unter Verbrauchsgütern versteht man gem. § 9-109 (1) UCC solche Güter, die vornehmlich für den Gebrauch zu privaten, familiären oder haushaltsbezogenen Zwecken benutzt oder gekauft werden[1239].

Ob der Ausschluss von consequential damages auch dann einer Vermutung der unconscionability untersteht, wenn diese aus einer Sachbeschädigung resultieren, ist hingegen umstritten. Da der UCC ausdrücklich nur den Ausschluss von Folgeschäden bei einer Körperverletzung prima facie als unconscionable ansieht, sieht die Rechtsprechung einen solchen Ausschluss überwiegend als wirksam an[1240]. Gleiches gilt für den Ausschluss von reinen Vermögensschäden. Allerdings kann im Einzelfall auch hier ein unwirksamer Ausschluss gegeben sein, wenn die Klausel unter Beachtung der konkreten Umstände als unconscionable anzusehen ist.

(bb) Unternehmerischer Geschäftsverkehr

Ein Ausschluss von Folgeschäden im unternehmerischen Geschäftsverkehr ist hingegen gem. § 2-719 (3) S. 2 UCC regelmäßig wirksam[1241]. Dieser begründet nämlich eine Vermutung der conscionability, so dass es nur ganz wenige Entscheidungen gibt, in denen der Ausschluss von consequential damages im

---

1237 Darüber hinaus haben einige Bundesstaaten bei der Umsetzung des UCC in state law Anpassungen vorgenommen, die den Ausschluss von consequential damages verbieten, vgl. Ala. Code § 7-2-719 [kein Ausschluss consequential damages bei Personenschäden, die von consumer good verursacht werden]; Miss. Code Ann. § 75-2-719 (4) [kein Ausschluss consequential damages, wenn dies die Rechte wegen Verletzung einer implied warranty beschränkt]; Vt. Stat. Ann. Tit. 9A, § 2-719 [kein Ausschluss, sondern nur Begrenzung von consequential damages möglich; prima facie unwirksam ist darüber hinaus eine Begrenzung, die consequential damages für dangerous instrumentalities begrenzt].

1238 Owen § 4.8, S. 234.

1239 § 9-109 (1) UCC lautet: „'Consumer goods' means goods that are used or bought for use primarily for personal, family or household purposes."

1240 Vgl. White/Summers, § 12-12, S. 465.

1241 Siehe hierzu Farnsworth, Bd. I, § 4.28a, S. 601.

Rechtsverkehr zwischen Unternehmen als unbillig eingestuft wurde[1242]. In der Entscheidung M.A. Mortenson Co., Inc. v. Timberline Software Corporation[1243] hielt es das Gericht sogar für unwahrscheinlich, dass der Ausschluss von consequential damages im Rechtsverkehr zwischen Unternehmen überhaupt jemals als unwirksam angesehen werden kann. Damit kann sich der Hersteller im unternehmerischen Geschäftsverkehr auch von der Haftung für Körperschäden freizeichnen.

(cc) Mittelbarer Ausschluss

Während die vorstehenden Ausführungen vornehmlich die ausdrückliche Freizeichnung von Folgeschäden betreffen, kann ein solcher Ausschluss auch eine mittelbare Folge von anderen Haftungsbeschränkungen darstellen.

So kann beispielsweise der Ausschluss einer gesetzlichen warranty gem. § 2-316 UCC dazu führen, dass der Käufer seinen gesetzlichen Anspruch auf Ersatz von consequential damages nicht durchsetzen kann. Umstritten ist in diesem Zusammenhang, ob sich die Wirksamkeit des warranty-Ausschlusses in diesem Fall auch nach § 2-719 (3) UCC beurteilt. Dies haben einige Gerichte bejaht und den Ausschluss im Ergebnis als unconscionable angesehen[1244]. Nach der überwiegenden Ansicht ist diese Vorschrift jedoch nicht auf den Ausschluss von warranties anwendbar. Dieser führe nämlich bereits dazu, dass gar kein Anspruch auf den Ersatz von consequential damages entstehen könne[1245].

Ein vergleichbares Problem besteht im Zusammenhang mit der vertraglichen Beschränkung auf ein sole and exclusive remedy, da auch hierdurch die Geltendmachung von consequential damages ausgeschlossen wird. Die ganz überwiegende Ansicht geht in diesem Zusammenhang aber davon aus, dass der Maßstab der unconscionability aus § 2-719 (3) UCC Anwendung findet. Allerdings ist eine solche mittelbare Freizeichnung von Folgeschäden nach den Ausführungen des Gerichts in Consolidated Data Terminals v. Applied Digital Data Systems, Inc.[1246]

1242 Vgl. White/Summers, § 12-10, S. 454ff.

1243 998 P.2d 305 (Wash. 2000) S. 314 [„...it is questionable whether clauses excluding consequential damages in a commercial contract can ever be substantively unconscionable.“]. Zur Wirksamkeit des Ausschlusses von consequential damages im unternehmerischen Geschäftsverkehr siehe auch Colonial Life Insurance Company v. Electronic Data Systems Corporation, 817 F.Supp. 235 (D. N.H. 1993) S. 241.

1244 Siehe beispielsweise Ford Motor Co. v. Tritt, 430 S.W.2d 778 (Ark. 1968).

1245 Vgl. auch den Official Comment Nr. 2 zu § 2-316 UCC: „If no warranty exists, there is of course no problem of limiting remedies for breach of warranty.“

1246 708 F.2d 385 (9th Cir. 1983) S. 392 n. 6.

zumindest im Unternehmensverkehr nicht unconscionable[1247]. Vielmehr sei eine solche Begrenzung als ein wirtschaftlich sinnvolles Vorgehen anzusehen[1248].

Neben dem Ausschluss der Haftung für consequential damages enthalten Softwareverträge grundsätzlich auch eine Regelung dahingehend, dass die Haftung des Verkäufers in keinem Fall einen bestimmten Höchstbetrag übersteigt. Häufig ist die Haftung dabei auf den Betrag beschränkt, den der Verkäufer als Kaufpreis erhalten hat[1249]. In anderen Verträgen befinden sich aber auch absolute Beträge[1250]. Gem. § 2-719 (a) (1) UCC sind solche Beschränkungen der Schadenshöhe ausdrücklich zulässig[1251].

Allerdings gilt auch für Beschränkungen der Schadenshöhe die Grenzen der § 2-719 (2) und (3) UCC. Sofern der in der Höhe beschränkte Schadensersatz das sole and exclusive remedy darstellt, ist er gem. § 2-719 (2) UCC unwirksam, wenn er seinen grundlegenden Zweck verfehlt[1252]. Der relevante Maßstab ist hier, ob dem Käufer ein Mindestmaß an angemessener Kompensationsmöglichkeit verbleibt.

Weiterhin darf die Beschränkung der Haftungshöhe nicht unconscionable i.S.v. § 2-719 (3) UCC sein. Im unternehmerischen Geschäftsverkehr sind solche Beschränkungen grundsätzlich wirksam, es sei denn, der Käufer kann ausnahmsweise Umstände darlegen, die zu deren Unbilligkeit führen. Dabei ist grundsätzlich unerheblich ob der vereinbarte Betrag eine angemessene Schätzung des vorhersehbaren Schadens darstellt, so dass auch große Diskrepanzen zwischen dem begrenzten Schadensbetrag und dem tatsächlichen Schaden unberücksichtigt bleiben[1253].

1247 Zu diesem Ergebnis kam auch das Gericht in W.R. Weaver Co. v. Burroughs Corp., 580 S.W.2d 76 (Tex. Civ. App. 1979) S. 82.

1248 Dowty Communications, Inc. v. Novatel Computer Systems Corporation, 817 F.Supp. 581 (1992) S. 589f.

1249 Vgl. beispielsweise die Lizenzvereinbarung von IBM „System x“: IBM is liable for no more than […] the amount of any other actual direct damages up to the charges for the Program that is the subject of this claim. Abrufbar unter www. ibm.com.

1250 Vgl. beispielsweise Microsoft Windows XP Home Edition EULA: „[…] the entire liability of Microsoft […] shall be limited to the greater of the actual damages you incur in reasonable reliance on the Software up to the amount actually paid by you for the Software or US $5.00.“

1251 Der relevante Teil der Vorschrift lautet: „… [T]he agreement may limit or alter the measure of damages recoverable under this article…“

1252 Siehe beispielsweise die Entscheidung Varner v. B.L. Lanier Fruit Co., 370 So.2d 61 (Fla. App. 1979).

1253 Global Octanes Texas, L.P. v. BP Exploration & Oil, Inc., 154 F.3d 518 (5th Cir. 1998) S. 521.

bb) Deliktische Produkthaftung

Die Möglichkeit des vertraglichen Ausschlusses eines Anspruchs, der auf den tort of negligence oder die strict liability in torts gestützt wird, ist umstritten[1254]. Die jeweiligen Bundesstaaten weisen diesbezüglich große Unterschiede auf, so dass die folgenden Ausführungen auf die Darstellung der sich im Grundsatz gegenüberstehenden Argumente sowie einige Beispiele aus der Rechtsprechung beschränken. In diesem Zusammenhang ist zu beachten, dass der Ausschluss eines vertraglichen und eines deliktischen Anspruchs anderen Maßstäben unterliegen[1255]. Der bei vertraglichen Ansprüchen entscheidende Maßstab des UCC findet auf deliktische Ansprüche keine Anwendung, so dass ein wirksamer Ausschluss des vertraglichen Anspruchs nicht automatisch den Ausschluss des deliktischen Anspruchs zur Folge hat. In Produkthaftungsfällen ist vielmehr entscheidend, ob einem Ausschluss oder einer Begrenzung der Haftung Wertungen der public policy entgegenstehen.

So wird gegen die Möglichkeit eines solchen Ausschlusses zumeist angeführt, dass die deliktischen Sorgfaltspflichten einen gesetzlich bestimmten Mindeststandard darstellen, dessen Einhaltung aus Gründen der public policy erforderlich sei[1256]. Es kann daher nicht den einzelnen Parteien zustehen, von diesem Mindeststandard abzuweichen[1257]. Könnte sich jemand von deren Gültigkeit freizeichnen, würde dies zu nicht hinnehmbaren Nachlässigkeiten im Umgang mit Anderen führen[1258]. Für die Wirksamkeit eines solchen Ausschlusses wird hingegen häufig das Argument der Vertragsfreiheit angeführt. Wenn sich also zwei gleichstarke Verhandlungspartner gegenüberstehen, dann sei eine solche Freizeichnung Ausdruck einer gegenseitig akzeptierten Risikoverteilung und daher wirksam. Freilich kann

---

1254 Vgl. den Überblick bei Mann/Roberts, 79 Neb. L. Rev. 215 (2000) S. 236ff. Siehe auch McNichols, 28 Okla. L. Rev. 494 (1975).

1255 White/Summers, § 12-1, S. 425. Vgl. auch die Ausführungen des Gerichts in Salt River Project v. Westinghouse Electric Corporation, 694 P.2d 198 (Ariz. 1984) S. 212ff.

1256 Dieses Argument kann sich auch auf den in § 1-302 (b) UCC enthaltenen Grundsatz stützen: „The obligations of good faith, diligence, reasonableness, and care prescribed by the Uniform Commercial Code may not be disclaimed by agreement.“.

1257 Salt River Project v. Westinghouse Electric Corporation, 694 P.2d 198 (Ariz. 1984) S. 212ff.; Sterner Aero AB v Page Airmotive, Inc., 499 F.2d 709 (10th Cir. 1974) S. 713.

1258 Union Pacific Railroad Co. v. El Paso Natural Gas Co., 408 P.2d 910 (1965) S. 913: „This would tend to encourage carelessness“.

dieses Argument immer dann nicht überzeugen, wenn die Parteien starke Unterschiede in der Verhandlungsmacht aufweisen.

Die Mehrzahl der Gerichte geht daher davon aus, dass die Haftung, die auf den tort of negligence oder die strict liability in torts gestützt wird, im Rechtsverkehr zwischen Unternehmen mit gleichstarker Verhandlungsstärke grundsätzlich ausgeschlossen werden kann[1259], da in diesem Fall kein Verstoß gegen den Grundsatz der public policy vorliege[1260].

Voraussetzung sei aber stets, dass sich ein dahingehender Wille in eindeutiger Sprache (clear expression) aus der Vereinbarung ergebe[1261]. Die Gerichte nehmen daher eine strikte Auslegung contra proferentem vor, welche häufig zur Unwirksamkeit der Freizeichnung führt, wenn diese nicht ausdrücklich den tort of negligence oder die strict liability in torts anführen[1262]. Die Anforderungen, die an das Erfordernis der clear expression gestellt werden, hat die Rechtsprechung jedoch unterschiedlich bewertet. So haben viele Gerichte gefordert, dass der Ausschluss ausdrücklich den tort of negligence anführen muss, um dem Erfordernis der Eindeutigkeit gerecht zu werden[1263]. Andere Gerichte haben hingegen einen allgemein gehaltenen Haftungsausschluss für wirksam erachtet[1264]. Teilweise haben Gerichte auch gefordert, dass der Haftungsausschluss den Anforderungen an die conspicuousness in § 2-316 (2) UCC gerecht wird[1265].

1259 Keystone Aeronautics Corp. v. R.J. Enstrom Corp., 499 F.2d 146 (3rd Cir. 1974) S. 149. A.A.: Sterner Aero AB v. Page Airmotive, Inc., 499 F.2d 709 (10th Cir. 1974), der selbst im unternehmerischen Rechtsverkehr den Ausschluss der strict products liability für unwirksam erklärt hat. Siehe hierzu Mann/Roberts, 79 Neb. L. Rev. 215 (2000) S. 237 sowie McNichols, 28 Okl. L. Rev. 494 (1975).

1260 Der Official Comment a zu § 18 Restatement (Third) Torts legt bereits nahe, dass die Regelung nur für solche Produktbenutzer gelten soll, die nicht ausreichend Informationen und Verhandlungsmacht haben, um angemessene Haftungsklauseln auszuarbeiten.

1261 Siehe hierzu 499 F.2d 146 (3d. Cir. 1974) S. 149f. Weiterentwickelt in Posttape Associates v. Eastman Kodak Co., 537 F.2d 751 (3d. Cir. 1976) S. 755f.; Siehe auch Mann/Roberts, 79 Neb. L. Rev. 215 (2000) S. 238.

1262 Keystone Aeronautics Corp. v. R.J. Enstrom Corp., 499 F.2d 146 (3rd Cir. 1974) S. 149; Sterner Aero AB v Page Airmotive, Inc., 499 F.2d 709 (10th Cir. 1974) S. 713f. Farnsworth, § 4.29a, S. 617f.

1263 Mead Corp. v. Allendale Mutual Insurance Co., 465 F.Supp. 355 (N.D. Ohio 1979).

1264 Siehe beispielsweise Thermo King Corp. v. Strick Corp., 467 F.Supp. 75 (W.D. Pa. 1979); Mann/Roberts, 79 Neb. L. Rev. 215 (2000) S. 240. Shapo, Ch. 26.1, S. 121f.

1265 Vgl. Shapo, Ch. 26.1, S. 122 mit Argument, dass die tort-Haftung für fehlerhafte Produkte Ähnlichkeit mit der vertraglichen implied warranty Haftung aufweise.

Aufgrund der im Regelfall wesentlich schwächeren Verhandlungsposition von Verbrauchern ist diesen gegenüber eine Freizeichnung von der Haftung für negligence oder aus der strict liability in torts häufig unwirksam, insbesondere wenn diese in einem contract of adhesion enthalten ist. In diesem Sinne bestimmt auch § 18 Restatement (Third) Torts ausdrücklich, dass jedenfalls ein Ausschluss für Personenschäden unwirksam ist und dass die Bestimmung der Wirksamkeit eines Ausschlusses bei sonstigen Schäden der Rechtsprechung vorbehalten bleibt[1266].

cc) „Misrepresentation“

Der Verkäufer versucht in der Regel, seine Haftung für eine misrepresentation durch eine vertragliche merger clause auszuschließen[1267]. Allerdings hält die Rechtsprechung einen solchen Ausschluss überwiegend dann für unwirksam, wenn der Täuschende vorsätzlich gehandelt hat[1268]. Dies wird damit begründet, dass ein Haftungsausschluss bei Vorliegen einer fraudulent misrepresentation gegen den public policy-Grundsatz verstößt[1269].

Sofern die merger clause einen Anspruch aus negligent misrepresentation ausschließt, ist die Rechtsprechung jedoch weniger einheitlich. So geht der wohl überwiegende Teil der Rechtsprechung unter Hervorhebung der Vertragsfreiheit davon aus, dass eine negligent misrepresentation nicht geeignet sei, die vertraglich vorgenommene Haftungsverteilung zu umgehen[1270]. Andere Gerichte halten Haftungsausschlüsse für fahrlässige Täuschungen jedoch für unwirksam. Wenn das negligent misstatement Bestandteil des Vertrags wurde, wird wie auch bei

1266 Vgl. Official Comment f. zu § 21 Restatement (Third) Torts. Siehe auch die weitergehende Auffassung im Rahmen von § 402A Restatement (Second) Torts. Im Official Comment m befindet sich die folgende Aussage: „The consumer's cause of action [...] is not affected by any disclaimer or other agreement [...].“.

1267 Zu den merger clauses siehe bereits oben, S. 287f.

1268 Owen, § 3.2, S. 128. First National Bank of Louisville v Brooks Farms, 821 S.W.2d 925 (Tenn. 1991) S. 928; Houghland v Security Alarms & Services, Inc., 755 S.W.2d 769 (Tenn. 1988) S. 773; In Champion Home Builders Co. v. ADT Sec. Services, Inc., 179 F.Supp.2d 16 (N.D N.Y. 2001) S. 25 hat das Gericht hingegen die merger clause auch bei Vorliegen einer fraudulent misrepresentation für wirksam gehalten. Zu den Fallgruppen, in denen Teile der Rechtsprechung trotz fraudulent misrepresentation von der Wirksamkeit der merger clause ausgehen, siehe Dobbs, Tort Law, S. 1378.

1269 Cummings v. HPG International, Inc., 244 F.3d 16 (1st Cir. 2001) S. 21.

1270 Cummings v. HPG International, Inc., 244 F.3d 16 (1st Cir. 2001) S. 21; Houghland v Security Alarms & Services, Inc., 755 S.W.2d 769 (Tenn. 1988) S. 773. Siehe auch Dobbs, Tort Law, S. 1379.

dem Ausschluss einer express warranty damit argumentiert, dass dem Käufer ein Anspruch zusteht, da er sich auf die im Vertrag ausdrücklich enthaltenen Aussagen verlassen können muss[1271].

Die Unentschiedenheit der Rechtsprechung lässt sich exemplarisch an der softwarebezogenen Entscheidung Rio Grande Jewelers Supply Co. v. Data Gen. Corp.[1272] aufzeigen. Während der Vorsitzende und ein weiterer Richter von der Wirksamkeit des Haftungsausschlusses ausgingen, hat der dritte Richter in einer dissenting opinion die Wirksamkeit des Haftungsausschlusses durch eine merger clause verneint, da er die Möglichkeit eines solchen Ausschlusses durch Standardklauseln (boiler plate) als einen Verstoß gegen den Willen des Gesetzgebers ansah.

4. Vergleichende Analyse

a) Gegenüberstellung der nationalen Ergebnisse

aa) Eingang der Haftungsklauseln in den Überlassungsvertrag

Die untersuchten Rechtsordnungen gehen übereinstimmend davon aus, dass das EULA des Herstellers bei einem Direktvertrieb der Software über das Internet regelmäßig wirksamer Bestandteil des Überlassungsvertrags wird.

Im Recht der USA ergibt sich dies aus den hierzu vorliegenden Entscheidungen der Rechtsprechung, im deutschen und englischen Recht hingegen aus der überwiegenden Ansicht in der Literatur. Bei der Verwendung eines „click-wrap"-Vertrags folgt die Wirksamkeit der Einbeziehung aus dem Umstand, dass der Vertragspartner vor dem Download der Software von den Lizenzbedingungen des Herstellers Kenntnis nehmen kann und deren Geltung anschließend ausdrücklich bestätigt. Zu einer wirksamen Einbeziehung des EULA führt grundsätzlich auch die Verwendung eines „browse-wrap"-Vertrags, sofern der Hinweis deutlich genug ausgestaltet ist. Der Vertragspartner bestätigt hier durch die Vornahme des Downloads konkludent die Geltung des EULA.

bb) Kontrolle von vorformulierten Haftungsfreizeichnungen

Die Rechtsprechung hat in den untersuchten Rechtsordnungen traditionell eine indirekte Inhaltskontrolle von Haftungsfreizeichnungen vorgenommen. Neben der

---

1271 Snelten v. Schmidt Implement Co., 647 N.E.2d 1071 (Ill. App. Ct. 1995) S. 1075. Siehe auch Agristor Leasing v. A.O. Smith Harvestore Products, Inc., 869 F.2d 264 (6th Cir. 1989) S. 268.

1272 689 P.2d 1269 (NM 1984).

Einbeziehungskontrolle anhand der Grundsätze zum Vertragsschluss ist in diesem Zusammenhang insbesondere die Auslegung contra proferentem hervorzuheben. Diese indirekte Kontrolle wird von der Rechtsprechung auch heute noch teilweise praktiziert. Allerdings hat sich deren Bedeutung mit der Einführung spezieller Regelungen relativiert, da diese eine offene Kontrolle von vorformulierten Haftungsklauseln ermöglichen.

So hat der deutsche Gesetzgeber im Jahr 1976 das mittlerweile in §§ 305ff. BGB integrierte AGBG erlassen. Daneben finden, unabhängig vom Vorliegen Allgemeiner Geschäftsbedingungen, bei einem Verbrauchsgüterkauf die §§ 474ff. BGB Anwendung, welche ein Abweichen vom gesetzlichen Gewährleistungssystem, Schadensersatz ausgenommen, für unwirksam erklären. Im englischen Recht stellt UCTA 1977 das zentrale Gesetz zum Schutz vor missbräuchlichen Freizeichnungsklauseln dar. Daneben finden im Rechtsverkehr mit Verbrauchern die UTCCR 1999 Anwendung, welche auf der Richtlinie 93/13/EG beruhen und im Gegensatz zum deutschen Recht in einer eigenständigen Regelung umgesetzt wurden.

Im Recht der USA erfolgt die Überprüfung von vorformulierten Haftungsausschlüssen schwerpunktmäßig über die Doktrin der unconscionability gem. § 2-302 UCC. Dieses Konzept, das ebenfalls unabhängig vom Vorliegen von standard terms Anwendung findet, erfordert für die Annahme der Unwirksamkeit einer Klausel neben der procedural unconscionability, die auf eine verfahrensrechtliche Unbilligkeit beim Vertragsschluss abstellt, das Vorliegen einer substantive unconscionability, die den unbilligen Inhalt der Klausel selbst betrifft. Daneben enthalten §§ 2-316 und 2-719 UCC spezielle Wirksamkeitsvorgaben für Haftungsfreizeichnungen in Kaufverträgen. Darüber hinaus findet bei Erteilung einer schriftlichen express warranty gegenüber einem Verbraucher der MMA Anwendung, welcher unter bestimmten Voraussetzungen den Ausschluss von implied warranties untersagt.

Diesen verschiedenen Ansätzen zur Kontrolle von vorformulierten Haftungsfreizeichnungen ist gemeinsam, dass sie das Prinzip der Vertragsfreiheit einschränken. Unterschiede bestehen jedoch im Hinblick auf den Grad, in dem eine solche Einschränkung vorgenommen wird.

Das deutsche Recht und das Recht der USA stellen in diesem Zusammenhang die beiden Extrempositionen dar. Während das deutsche Recht im Hinblick auf Freizeichnungen sowohl im Rechtsverkehr mit Verbrauchern als auch im unternehmerischen Geschäftsverkehr durch erhebliche Einschränkungen der Vertragsfreiheit auffällt, sind solche Freizeichnungen im Recht der USA weitgehend dem Willen der Parteien überlassen. Das englische Recht nimmt insofern eine

Zwischenstellung ein, da es neben einem ausgeprägten Verbraucherschutz, der mit dem deutschen Ansatz vergleichbar ist, im unternehmerischen Geschäftsverkehr im Wesentlichen dem liberalen Ansatz des U.S.-amerikanischen Rechts entspricht.

cc) Spezielle Freizeichnungsklauseln und deren Wirksamkeit

Zur genaueren Darstellung dieser aufgezeigten Tendenz ist im Folgenden zwischen den verschiedenen Anspruchsarten zu unterscheiden.

(1) Vertragliche Haftung

Bei der Freizeichnungsmöglichkeit von der vertraglichen Haftung sind sowohl im Rechtsverkehr mit Verbrauchern als auch im unternehmerischen Geschäftsverkehr die vorstehend angesprochenen Unterschiede zu beobachten.

(a) Rechtsverkehr mit Verbrauchern

Im deutschen Recht ist bei der Freizeichnung von Schadensersatzansprüchen insbesondere § 309 Nr. 7 BGB von Bedeutung. Danach kann der Klauselverwender seine Haftung für den Schaden aus einer Verletzung des Lebens, des Körpers oder der Gesundheit einerseits und für ein grobes Verschulden andererseits nicht in Allgemeinen Geschäftsbedingungen ausschließen. Darüber hinaus ist ein Ausschluss der Haftung für leichte Fahrlässigkeit gem. § 307 Abs. 2 Nr. 2 BGB immer dann unwirksam, wenn eine wesentliche Vertragspflicht verletzt wurde. Bei Vorliegen eines Verbrauchsgüterkaufs ist zu beachten, dass § 475 Abs. 1 BGB einer Abweichung von den gesetzlichen Gewährleistungsvorschriften zu Lasten des Verbrauchers entgegensteht. Weiterhin enthält § 309 Nr. 8 b) BGB eine Reihe von Klauseln, deren Ausschluss bei Vorliegen eines Mangels unwirksam ist.

Das englische Recht weist für den Rechtsverkehr mit Verbrauchern ein vergleichbares Schutzniveau auf. Zunächst haftet der Verkäufer gem. sec. 2 (1) UCTA 1977 zwingend für Tötungen und Körperverletzungen, die auf einem fahrlässigen Verhalten beruhen. Von der Haftung für sonstige Schäden, die auf einem fahrlässigen Verhalten beruhen, kann sich der Verkäufer nur dann freizeichnen, wenn dieser Ausschluss das Erfordernis der Angemessenheit erfüllt. Weiterhin kann er gem. sec. 6 (2) UCTA 1977 bei einem Verbrauchsgüterkauf die Haftung für eine Verletzung der wesentlichen implied terms aus dem SGA 1979 nicht ausschließen. Darüber hinaus enthalten die UTCCR 1999 in Anhang 2 Klauseln, die – vergleichbar den Klauseln in §§ 308f. BGB – gegenüber Verbrauchern als unfair einzustufen sind.

Im Vergleich hierzu ist der Schutz von Verbrauchern im Recht der USA weniger stark ausgeprägt. Hier können Haftungsfreizeichnungen sowohl durch einen

Ausschluss der warranties als auch durch einen Ausschluss oder eine Modifikation der remedies erfolgen.

Die Möglichkeit des Ausschlusses oder der Modifikation von warranties bestimmt sich nach § 2-316 UCC. Nach dessen Abs. 2 ist ein Ausschluss der implied warranties problemlos möglich, sofern dieser die dort angeführten Anforderungen an die zu verwendende Sprache und Deutlichkeit erfüllt. Allerdings führt die – in der Praxis häufig zu beobachtende – Erteilung einer schriftlichen express warranty gegenüber einem Verbraucher dazu, dass der Hersteller die implied warranties gem. § 2308 MMA nicht ausschließen, sondern lediglich zeitlich auf die Dauer der schriftlichen express warranty begrenzen kann.

Der Hersteller hat jedoch die Möglichkeit, bei Vorliegen einer Vertragsverletzung die dem Verbraucher zustehenden Rechte zu begrenzen. So kann insbesondere durch eine Beschränkung auf ein sole and exclusive remedy gem. § 2-719 (1) UCC der Ausschluss eines Anspruchs auf Schadensersatz oder sonstiger Rechte herbeigeführt werden. Gem. § 2-719 (3) UCC ist ein solcher Ausschluss gegenüber Verbrauchern nur dann prima facie unconscionable und damit unwirksam, wenn er auch die Haftung für Körperschäden erfasst. Auch wenn die Rechtsprechung teilweise bestrebt ist, die Stellung des Verbrauchers zu stärken und einige Bundesstaaten spezielle Verbraucherschutzgesetze erlassen haben, weist das Recht der USA insgesamt ein vergleichsweise niedriges Verbraucherschutzniveau auf.

(b) Unternehmerischer Geschäftsverkehr

Im deutschen Recht ist das Schutzniveau des gewerblichen Käufers mit dem eines Verbrauchers vergleichbar. Die Klauselverbote des § 309 BGB finden nämlich im Wesentlichen auch im Rechtsverkehr zwischen Unternehmen Anwendung, da das Vorliegen einer solchen Klausel auch eine unangemessene Benachteiligung gem. § 307 Abs. 1 BGB indiziert. Darüber hinaus ist zu beachten, dass die Rechtsprechung an ein „Aushandeln" i.S.v. § 305 Abs. 1 S. 3 BGB sehr hohe Anforderungen stellt, so dass ein solches im Regelfall nur dann vorliegt, wenn der Vertragstext abgeändert wurde.

Im Vergleich hierzu besteht im englischen Recht und dem Recht der USA im unternehmerischen Geschäftsverkehr ein höheres Maß an Vertragsfreiheit.

Zwar gilt im englischen Recht sec. 2 (1) UCTA 1977 auch im unternehmerischen Geschäftsverkehr. Im Übrigen bestimmen sec. 2 (2), 3 und 6 (3) UCTA 1977 aber, dass Freizeichnungen immer dann wirksam sind, wenn sie das Erfordernis der Angemessenheit erfüllen. Nach der mittlerweile als herstellerfreundlich einzustufenden Rechtsprechung im Softwarebereich, die insbesondere in den Entscheidungen SAM Business Systems Ltd v Hedley & Co Ltd und Watford Electronics

Ltd v Sanderson CFL Ltd zum Ausdruck gekommen ist, sehen die Gerichte einen Ausschluss von consequential damages im Regelfall nicht als einen Verstoß gegen das Erfordernis der Angemessenheit an.

In den USA besteht im Rechtsverkehr zwischen Unternehmen zunächst die Möglichkeit, die implied warranties gem. § 2-316 UCC auszuschließen. Der Hersteller hat somit die Möglichkeit, über die von ihm erteilten express warranties festzulegen, wann überhaupt eine Vertragsverletzung vorliegt. Darüber hinaus kann der Verkäufer die Rechte des Käufers gem. § 2-719 (1) UCC auf ein exklusives Recht begrenzen. Der daraus resultierende Ausschluss von consequential damages ist prima facie wirksam gem. § 2-719 (3) UCC.

(2) Außervertragliche Ansprüche

In allen untersuchten Rechtsordnungen ist zu beobachten, dass die Gerichte an die sprachliche Eindeutigkeit eines vertraglichen Ausschlusses von deliktischen Ansprüchen hohe Anforderungen stellen. Durch die in diesem Zusammenhang noch anzutreffende Anwendung des traditionellen contra-proferentem-Grundsatzes werden sprachliche Unklarheiten in der Haftungsfreizeichnung zulasten des Verwenders ausgelegt.

Im Übrigen setzt sich aber die bereits im Rahmen des Ausschlusses von vertraglichen Ansprüchen zu beobachtende Tendenz fort, dass Freizeichnungen insbesondere im Recht der USA, aber auch im englischen Recht unter leichteren Voraussetzungen möglich sind als im deutschen Recht.

Das deutsche und das englische Recht weisen zwar die Übereinstimmung auf, dass Ausschlüsse und Begrenzungen der außervertraglichen Haftung unwirksam sind, wenn sie auf einer Fehlerhaftigkeit des Produkts beruhen. So erklären § 14 ProdHaftG und sec. 7 CPA 1987 eine vertragliche Regelung für unwirksam, die Beschränkungen oder Ausschlüsse der Haftung vorsehen.

Im Hinblick auf § 823 Abs. 1 BGB und den tort of negligence unterscheiden sich jedoch die Möglichkeiten der Freizeichnung. So muss im deutschen Recht auch der Ausschluss von Ansprüchen aus der Produzentenhaftung gem. § 823 Abs. 1 BGB im Rechtsverkehr mit Verbrauchern die Anforderungen des § 309 Nr. 7 BGB erfüllen. Über § 307 BGB gelten diese Anforderungen im Wesentlichen auch für den unternehmerischen Geschäftsverkehr. Weiterhin kann auch der Ausschluss für leichte Fahrlässigkeit unwirksam sein, wenn die Klausel nicht ausdrücklich wesentliche Vertragsverletzungen hiervon ausnimmt.

Im englischen Recht richtet sich die Möglichkeit des Ausschlusses eines auf den tort of negligence gestützten Anspruchs hingegen nach sec. 2 UCTA 1977. Danach ist zwar der Ausschluss der Haftung für die Tötung und Körperverletzungen, die auf einem fahrlässigen Verhalten beruhen, stets unwirksam. Die Freizeichnung von der Haftung für sonstige Schäden ist allerdings gem. sec. 2 (2) UCTA 1977 immer dann wirksam, wenn sie im Einzelfall angemessen ist. Diese Angemessenheit hält die Rechtsprechung im Rechtsverkehr zwischen geschäftserfahrenen Unternehmen regelmäßig für gegeben, da sie einen solchen Ausschluss als Ausdruck einer wirtschaftlichen Risikoverteilung ansieht, gegen das sich die belastete Partei durch einen entsprechenden Versicherungsschutz absichern kann.

Unter Anwendung derselben Wertungsgesichtspunkte werden auch im Recht der USA im unternehmerischen Geschäftsverkehr Freizeichnungen von der Haftung aus dem tort of negligence oder der strict liability in torts grundsätzlich für wirksam gehalten. Dies gilt häufig sogar dann, wenn im konkreten Fall eine Körperverletzung vorliegt. Gegenüber einem Verbraucher sind solche Freizeichnungen hingegen tendenziell unwirksam, was auch in § 18 Restatement (Third) Torts zum Ausdruck kommt.

(3) Falsche oder irreführende Aussagen im vorvertraglichen Bereich

Auch im Hinblick auf Haftungsausschlüsse für falsche oder irreführende Aussagen im vorvertraglichen Bereich findet sich die bereits aufgezeigte Tendenz wieder. So muss ein solcher Haftungsausschluss im deutschen Recht im Rechtsverkehr mit Verbrauchern die Anforderungen des § 309 Nr. 7 BGB erfüllen, dessen Maßstab über § 307 BGB im Wesentlichen auch im unternehmerischen Geschäftsverkehr gilt. Darüber hinaus ist für einen Ausschluss der Haftung aus culpa in contrahendo erforderlich, dass die Klausel als Verzichterklärung formuliert ist, da dieser Anspruch im Zeitpunkt des Vertragsschlusses bereits entstanden ist.

Im common law gilt zwar der Grundsatz, dass die Haftung für eine vorsätzlich erfolgte Täuschung nicht vertraglich ausschließbar ist. Im Übrigen ist ein Haftungsausschluss für eine misrepresentation aber grundsätzlich möglich.

Im englischen Recht bestimmt sich die Wirksamkeit einer solchen Freizeichnung nach sec. 3 Misrepresentation Act 1967, wonach diese einer Angemessenheitsprüfung zu unterziehen ist. Im unternehmerischen Geschäftsverkehr ist dabei regelmäßig von der Wirksamkeit eines solchen Ausschlusses auszugehen. Umstritten ist allerdings, ob auch der indirekte Ausschluss von der Haftung für eine misrepresentation durch entire agreement-Klauseln einer Kontrolle durch sec. 3 Misrepresentation Act 1967 unterliegt. Während die wohl überwiegende Ansicht für den unternehmerischen Geschäftsverkehr eine solche Kontrolle ablehnt, ist sec. 3 Misrepresentation Act 1967 im Rechtsverkehr mit Verbrauchern anzuwenden. Darüber hinaus kann sich die Unwirksamkeit einer entire agreement-Klausel im Rechtsverkehr mit Verbrauchern auch aus Reg. 5 (1) UTCCR 1999 ergeben.

Im Recht der USA geht der wohl überwiegende Teil der Gerichte unter Hervorhebung der Vertragsfreiheit von der Wirksamkeit einer entire agreement-Klausel aus, so dass Ansprüche wegen negligent misrepresentation ausgeschlossen sind. Jedoch wird zum Teil auch darauf hingewiesen, dass ein solcher Ausschluss nicht mit dem Willen des Gesetzgebers vereinbar sei.

(4) Beschränkungen der Haftungshöhe

Im Gegensatz zu einem Ausschluss der Haftung ist eine Begrenzung der Haftungshöhe in den untersuchten Rechtsordnungen unter weniger strengen Bedingungen möglich.

Im deutschen Recht geht der BGH davon aus, dass eine Begrenzung der Haftungshöhe auf den typischerweise vorhersehbaren Schaden möglich ist. Auch hier sind allerdings die Verbote der §§ 309 Nr. 7, 307 BGB zu berücksichtigen. Im Unterschied zu einem Haftungsausschluss ist eine Begrenzung der Haftung allerdings auch dann möglich, wenn der Klauselverwender wesentliche Vertragspflichten leicht fahrlässig verletzt.

Im englischen Recht führt sec. 11 (4) UCTA 1977 ausdrücklich verschiedene Kriterien an, die bei der Beurteilung der Angemessenheit einer Haftungsbegrenzung zu berücksichtigen sind. Danach ist für die Abwägung beispielsweise von Bedeutung, ob der Verwender der Klausel davon ausgehen durfte, im Fall der Haftung den auftretenden Schaden begleichen zu können. Weiterhin ist zu berücksichtigen, ob er die Möglichkeit hatte, den Schaden durch Abschluss einer Versicherung abzudecken. Unter Anwendung dieser Kriterien halten die Gerichte eine Beschränkung der Haftungshöhe auf den Kaufpreis im unternehmerischen Geschäftsverkehr regelmäßig für wirksam, was beispielsweise in der softwarebezogenen Entscheidung Watford Electronics Ltd v Sanderson CFL Ltd zum Ausdruck gekommen ist.

Im Recht der USA ist eine Begrenzung der Haftungshöhe gem. § 2-719 (1) UCC grundsätzlich möglich. Dabei ist unerheblich ob der vereinbarte Betrag eine angemessene Schätzung des vorhersehbaren Schadens darstellt, so dass auch große Diskrepanzen zwischen dem begrenzten Schadensbetrag und dem tatsächlichen Schaden unberücksichtigt bleiben. Allerdings darf die Begrenzung nicht dazu führen, dass ein exklusives Recht seinen grundlegenden Zweck verfehlt, da dies die Unwirksamkeit der Begrenzung zur Folge hätte. Unwirksam ist auch die Begrenzung der Schadenshöhe bei der Körperverletzung eines Verbrauchers, da eine solche als unconscionable gem. § 2-719 (3) UCC anzusehen ist.

b) Bewertung

Aus Sicht der Hersteller ist zunächst von entscheidender Bedeutung, dass die Verwendung eines „click-wrap“- oder „browse-wrap“-Vertrags in allen untersuchten

Rechtsordnungen zur wirksamen Einbeziehung des EULA führen kann, da hierdurch eine Haftungsfreizeichnung erst ermöglicht wird. Der Umfang, in dem der Hersteller seine Haftung beschränken kann, variiert in den untersuchten Rechtsordnungen jedoch erheblich. Insbesondere im unternehmerischen Geschäftsverkehr wird das Freizeichnungsinteresse des Herstellers unterschiedlich gewichtet.

Besonders weitgehende Möglichkeiten der Haftungsfreizeichnung bietet das Recht der USA. So kann der Verkäufer sein vertragliches Haftungsrisiko im Rechtsverkehr mit Verbrauchern durch die Beschränkung auf ein exklusives Recht erheblich reduzieren, da bis zur Grenze der Körperverletzung gem. § 2-719 (3) UCC hierdurch auch Folgeschäden ausgeschlossen sind. Im unternehmerischen Geschäftsverkehr ist der Ausschluss von Folgeschäden im Regelfall sogar vollumfänglich wirksam. Darüber hinaus kann der Verkäufer hier sämtliche implied warranties des UCC gem. dessen § 2-316 ausschließen, so dass er über seine express warranties selbst definieren kann, wann überhaupt eine Vertragsverletzung vorliegt. Im Rechtsverkehr mit Verbrauchern ist ein solcher Ausschluss der gesetzlichen Haftungstatbestände theoretisch ebenfalls möglich, jedoch scheitert er in der Praxis zumeist an § 2308 MMA, da das EULA im Regelfall express warranties enthält. Weiterhin kann der Hersteller im Recht der USA auch die deliktische Produkthaftung im unternehmerischen Geschäftsverkehr vollumfänglich ausschließen. Mit Ausnahme von Körperverletzungen ist ein solcher Ausschluss auch im Rechtsverkehr mit Verbrauchern tendenziell zulässig. Diese Wertungen gelten auch für den Ausschluss der Haftung wegen misrepresentation, sofern diese im konkreten Fall nicht vorsätzlich begangen wurde.

Die weitgehenden Möglichkeiten der Freizeichnung im U.S.-amerikanischen Rechts erscheinen immer dann angemessen, wenn sich zwei Unternehmen mit vergleichbarer Verhandlungsstärke gegenüber stehen. Diese werden in aller Regel professionell beraten, weshalb sie ihr wirtschaftliches Risiko einschätzen und – wenn dieses als nicht vertretbar erscheint – durch eine Abänderung bestimmter Regelungen oder durch das Erwirken von Zugeständnissen an anderer Stelle beeinflussen können. In diesen Fällen muss im Umkehrschluss gelten, dass nicht abgeänderten Klauseln für vertretbar gehalten und bewusst in Kauf genommen werden, so dass zwingende Vorschriften, von denen die Parteien nicht abweichen dürfen, überflüssig erscheinen. Ein Bedürfnis für zwingende Vorschriften besteht im unternehmerischen Geschäftsverkehr erst dann, wenn sich eine Partei als wesentlich professioneller und verhandlungsstärker darstellt und damit ein individuelles Verhandeln der Vertragsklauseln regelmäßig ausscheidet. Weiterhin erscheint die umfängliche Freizeichnungsmöglichkeit des U.S.-amerikanischen Rechts im Rechtsverkehr mit Verbrauchern zu weitgehend, da der Hersteller die Vertragsbedingungen auf einer „take it or leave it“-Basis anbietet und der

Verbraucher aufgrund seiner geringen Verhandlungsmacht keine Möglichkeit hat, diese Bedingungen individualvertraglich abzuändern.

Das englische Recht stellt sich im Vergleich zum Recht der USA nutzerfreundlicher dar, da der Softwarehersteller weniger Möglichkeiten hat, seine Haftung zu begrenzen. Im Rechtsverkehr mit Verbrauchern ist dies besonders ausgeprägt, da der Verkäufer im Anwendungsbereich der sec. 2 (1), sec. 6 (2) UCTA 1977 seine vertragliche Haftung weder ausschließen noch begrenzen kann. Darüber hinaus findet der Klauselkatalog der UTCCR 1999 Anwendung. Das hieraus resultierende Haftungspotential ist für den Hersteller jedoch insofern überschaubar, als dass hohe wirtschaftliche Folgeschäden bei Verbrauchern regelmäßig nicht anfallen. Auch im unternehmerischen Geschäftsverkehr kann der Verkäufer gem. sec. 2 (1) UCTA 1977 die Haftung für Tötung und Körperverletzung nicht ausschließen. Im Übrigen, insbesondere im Hinblick auf reine Vermögensschäden, sieht die Rechtsprechung Freizeichnungen, welche Unternehmen mit vergleichbarer Verhandlungsstärke vereinbart haben, wie auch im Recht der USA grundsätzlich als wirksam an.

Darüber hinaus ist für das englische Recht kennzeichnend, dass sich der Hersteller im unternehmerischen Geschäftsverkehr von einem Anspruch aus dem tort of negligence, Tötung und Körperverletzung ausgenommen, grundsätzlich freizeichnen kann. Diese Tendenz gilt auch im Rahmen der Haftung für eine misrepresentation, da eine Freizeichnung hier im Rechtsverkehr zwischen Unternehmen durch die Verwendung einer entire agreement-Klausel erreicht werden kann, sofern die Täuschung nicht vorsätzlich erfolgt ist. Im Rechtsverkehr mit Verbrauchern ist ein solcher Ausschluss hingegen nur dann wirksam, wenn er gem. sec. 3 Misrepresentation Act 1967 das Erfordernis der Angemessenheit erfüllt.

Damit ist dem englischen Recht ein überzeugender Interessenausgleich gelungen, der einerseits den Unternehmen die Möglichkeit bietet, frei von zwingendem Recht vertragliche Vereinbarungen zu treffen und andererseits nicht nur die schutzwürdigen Interessen der Verbraucher berücksichtigt, sondern auch solcher Unternehmen, die eine vergleichsweise geringe Verhandlungsmacht aufweisen.

Die für die Interessen der Nutzer vorteilhaftesten Regelungen enthält das deutsche Recht, da dieses den Herstellern die geringsten Möglichkeiten zur Haftungsfreizeichnung bietet. Zum einen besteht hier der ausgeprägte Schutz des Verbrauchers über §§ 474ff. BGB sowie §§ 307ff. BGB. Darüber hinaus indizieren die in §§ 308, 309 BGB enthaltenen Klauseln über § 307 Abs. 1 BGB auch im unternehmerischen Geschäftsverkehr eine unangemessene Benachteiligung. Dabei ist insbesondere problematisch, dass regelmäßig auch Vertragsverhandlungen die Kontrolle durch §§ 305ff. BGB nicht verhindern können, soweit die konkrete Freizeichnung nicht in ihrem Wortlaut abgeändert wurde. Diese begrenzte Möglichkeit der Freizeichnung gilt auch für die Produzentenhaftung gem. § 823 Abs. 1 BGB sowie für die Haftung für falsche oder irreführende Aussagen im vorvertraglichen Bereich.

Die Regelungen des deutschen Rechts überzeugen im Hinblick auf den Rechtsverkehr mit Verbrauchern sowie bei kleineren Unternehmen, da diese aufgrund ihrer schwachen Verhandlungsstellung auf einen zwingenden Schutz durch die AGB-Kontrolle angewiesen sind. Im Hinblick auf verhandlungsstarke Unternehmen erscheint die restriktive Möglichkeit der Freizeichnung hingegen nicht gerechtfertigt. Zu berücksichtigen ist zwar, dass die Annahme einer Indizwirkung der §§ 308, 309 BGB für den unternehmerischen Geschäftsverkehr auf nachvollziehbaren und gewichtigen Gründen beruht, da eine einseitige Inanspruchnahme der Vertragsgestaltungsfreiheit grundsätzlich auch im unternehmerischen Geschäftsverkehr denkbar ist[1273]. Weiterhin kann der deutsche Ansatz für sich in Anspruch nehmen, dass er die Rechtssicherheit sowie die Effizienz und Schnelligkeit von gerichtlichen Verfahren fördert, da sich Feststellungen im Einzelfall zur Verhandlungsmacht und der Erfahrung der beteiligten Unternehmen erübrigen[1274]. Andererseits ist zu berücksichtigen, dass Unternehmen mit vergleichbarer Verhandlungsstärke und professionellen Beratern die Freiheit zugestanden werden muss, Vertragsklauseln auch dann zu akzeptieren, wenn diese eine nachteilige Regelung enthalten, zumal diese durch Zugeständnisse an anderer Stelle wieder ausgeglichen werden können.

c) Ergebnis

Das deutsche Recht eröffnet dem Softwarehersteller nur eine sehr begrenzte Möglichkeit zur Freizeichnung. Während diese nutzerfreundliche Tendenz des deutschen Rechts im Rechtsverkehr mit Verbrauchern überzeugen kann, erscheint das zwingende Eingreifen der AGB-Kontrolle mit einem Maßstab, der sich am Rechtsverkehr mit Verbrauchern orientiert, im Rechtsverkehr zwischen Unternehmen zu weitgehend.

Die Kontrolle von Allgemeinen Geschäftsbedingungen nach deutschem Recht ist so weitgehend, dass Stimmen in der Literatur einen großen Teil der Haftungsklauseln in Allgemeinen Geschäftsbedingungen von Softwarelieferanten für unwirksam halten[1275]. Dies hat dazu geführt, dass teilweise sogar der Sinn der Verwendung von Haftungsklauseln – auch im unternehmerischen Geschäftsverkehr – grundlegend in Frage gestellt wird[1276].

1273 Westphalen, BB 2010, 195, 200.

1274 Westphalen, ZIP 2007, 149, 156f.

1275 AGB-Klauselwerke/Hoeren, IT-Verträge, Rn. 115.

1276 Westphalen, NJW 2002, 12, 18. Mit dieser Tendenz auch Schuster, CR 2011, 215, 216.

II. Vertrieb über Zwischenhändler

Der Direktvertrieb der Software wurde durch deren Entwicklung zur Massenware zunehmend von dem Vertrieb über Zwischenhändler abgelöst. Bei dieser Vertriebsform, von der auch heute noch umfassend Gebrauch gemacht wird, hat der Hersteller keinen direkten Kontakt mehr mit dem Anwender, so dass insoweit auch zunächst kein Vertragsverhältnis besteht. Der regelmäßig als Kaufvertrag einzustufende Überlassungsvertrag[1277] kommt vielmehr zwischen dem Händler und dem Endbenutzer zustande. Um aber auch bei einem solchen Massenvertrieb der Software ihre Vertragsbestimmungen, insbesondere im Hinblick auf Nutzungsrechte und auf Haftungsvorschriften, gegenüber dem Anwender durchzusetzen, sind die Hersteller bestrebt, ein EULA mit dem Anwender abzuschließen[1278].

Hierzu bedienen sich die Hersteller häufig eines Schutzhüllenvertrags[1279]. Das EULA befindet sich hier zusammen mit dem Datenträger in der Verpackung der Software. Ein Aufdruck auf der Verpackung weist darauf hin, dass der Käufer mit dem Öffnen der Verpackung die Vertragsbedingungen akzeptiert[1280]. In anderen Fällen ist auf der Verpackung ein Hinweis angebracht, dass für die Benutzung der Software die Zustimmung zu den Lizenzbedingungen des Herstellers erfolgen muss, welche im Internet abrufbar sind.

Ein weiteres Modell, welches dem EULA zur Wirksamkeit verhelfen soll, stellen die „Enter"-Verträge dar[1281]. Hierbei erscheint das EULA des Herstellers während des Installationsvorgangs auf dem Bildschirm[1282]. Der Anwender muss

---

1277 Siehe S. 26ff.

1278 Wenn die Software direkt beim Hersteller gekauft wird, geht es hingegen nicht um die Frage, ob das EULA wirksam als separater Vertrag neben dem Kaufvertrag abgeschlossen wurde, sondern ob es wirksam in den Kaufvertrag einbezogen wurde.

1279 Im Englischen werden diese als „shrink-wrap"-Vertrag bezeichnet.

1280 In den Anfängen des Softwarevertriebs wurden die Vertragsbedingungen des Herstellers von außen sichtbar auf die Verpackung gedruckt. Da diese ursprüngliche Form des „shrink-wrap"-Vertrags – soweit ersichtlich – heutzutage nicht mehr existiert, wird hierauf nicht weiter eingegangen.

1281 In Anlehnung an die „shrink-wrap"-Verträge wird ein Enter-Vertrag im Englischen als „install-wrap"-Vertrag bezeichnet.

1282 In der deutschen Literatur werden solche „Enter-Verträge" auch als „Maus-Klick"-Verträge bezeichnet, vgl. Marly, Softwarerecht, Rn. 975. In der englischsprachigen Literatur werden diese Verträge auch als „click-wrap"-Verträge bezeichnet. Diese Terminologie erscheint jedoch passender für einen Vertragsschluss, bei dem die Vertragsbedingungen auf einer Webseite akzeptiert werden, siehe S. 228ff.

die Bedingungen ausdrücklich durch Anklicken eines „Ich stimme zu“-Buttons akzeptieren, um mit der Installation fortfahren zu können.

Im Folgenden wird in einem ersten Schritt untersucht, inwieweit diese Modelle in den untersuchten Rechtsordnungen einen wirksamen Abschluss des EULA herbeiführen können. In einem zweiten Schritt ist zu untersuchen, ob und in welchem Umfang die in dem EULA enthaltenen Ausschluss- und Begrenzungsklauseln zu einer wirksamen Freizeichnung des Herstellers von der Haftung gegenüber dem Endbenutzer führen können. In diesem Zusammenhang sind häufig dieselben Grundsätze relevant, die bereits im Zusammenhang mit dem Direktvertrieb der Software behandelt wurden, so dass zur Vermeidung von Wiederholungen teilweise auf die obigen Ausführungen verwiesen wird.

1. Deutsches Recht

Wie bereits angesprochen, werden zunächst die Modelle vorgestellt, die dem Hersteller im Verhältnis zum Endabnehmer die Geltung seines EULA ermöglichen sollen. Darüber hinaus ist anschließend von Bedeutung, inwieweit die im EULA enthaltenen Haftungsausschlüsse und –begrenzungen zu einer Freizeichnung des Softwareherstellers führen können.

a) Wirksamkeit des EULA

Diskutiert werden in diesem Zusammenhang einerseits Konzepte, die den Herstellerbedingungen im Zusammenhang mit dem Abschluss des Überlassungsvertrags zur Wirksamkeit verhelfen, insbesondere durch die Annahme eines Vertretungsverhältnisses zwischen dem Hersteller und dem Händler oder durch die Einbeziehung des EULA in den Überlassungsvertrag. Weiterhin wird die Möglichkeit diskutiert, ob der Hersteller durch die Verwendung eines Schutzhüllen-, Enter- oder Registriervertrags eine eigenständige Vertragsbeziehung mit dem Benutzer begründet.

aa) Händler als Stellvertreter und Einbeziehung in Überlassungsvertrag

Zunächst werden im Schrifttum verschiedene theoretische Konstruktionen diskutiert, die zeitlich an den Abschluss des Überlassungsvertrags anknüpfen und die Wirksamkeit des EULA von einem Verhalten des Händlers abhängig machen. Im Ergebnis sind diese Ansätze aber alle als praxisfern einzustufen, weshalb sie sich auch nicht durchsetzen konnten. Im Folgenden wird daher nur auf zwei dieser Ansätze kurz eingegangen[1283].

1283 Für eine ausführliche Darstellung dieser und weiterer Ansätze, siehe Söder, S. 88ff.

So wird beispielsweise vorgeschlagen, dass der Händler als Stellvertreter des Herstellers tätig wird und damit einen direkten Abschluss des Überlassungsvertrags unter Geltung des EULA zwischen dem Hersteller und dem Käufer herbeiführt[1284]. Dem steht jedoch entgegen, dass der Käufer regelmäßig davon ausgeht, dass er eine Vertragsbeziehung mit dem Händler eingeht. Wegen des Offenkundigkeitsprinzips müsste der Händler daher auf das Vertretungsverhältnis hinweisen, was aufgrund der Ungewöhnlichkeit einer solchen Konstruktion wegen § 305c BGB nicht in den Allgemeinen Geschäftsbedingungen des Händlers erfolgen dürfte[1285]. Ein ausdrücklicher Hinweis des Softwarehändlers auf das Vertretungsverhältnis ist allerdings bei den in der Praxis anzutreffenden Massengeschäften nur schwer vorstellbar, da dies aufgrund der Vielzahl der verkauften Softwareexemplare von verschiedenen Herstellern mit erheblichen logistischen Problemen verbunden wäre[1286].

Weiterhin wird teilweise vertreten, dass der Softwarehändler das EULA durch einen entsprechenden Hinweis auf der Verpackung in seinen Überlassungsvertrag mit dem Käufer einbeziehen kann[1287]. Allerdings erfüllt der auf der Verpackung angebrachte Hinweis auf die Geltung des EULA des Herstellers nicht die Voraussetzungen des § 305 Abs. 2 BGB. Hiernach müsste der Händler dem Käufer die Möglichkeit zur Kenntnisnahme des EULA verschaffen, was in der Praxis nicht durchführbar erscheint. Das der Software beiliegende EULA befindet sich nämlich in einer versiegelten Verpackung, wohingegen eine Auflistung der Vorschriften im Rahmen des Überlassungsvertrags aus logistischen Gründen an der Vielzahl der potentiellen Hersteller, deren Software der Händler vertreibt, scheitert. Wenn – wie dies häufig der Fall ist – zwischen dem Händler und dem Käufer kein schriftlicher Vertrag abgeschlossen wird, müsste der Hinweis und die Möglichkeit zur Kenntnisnahme durch einen Aushang im Ladengeschäft erfolgen, was unter praktischen Gesichtspunkten ebenfalls nicht vorstellbar ist[1288]. Darüber hinaus ist zu berücksichtigen, dass der Händler bestrebt ist, die Geschäfte nach seinen eigenen, einheitlichen Bedingungen

1284 Vgl. Marly, Softwarerecht, Rn. 983; Söder, S. 89f.

1285 Marly, Softwarerecht, Rn. 983.

1286 Söder, S. 90.

1287 Söder, S. 94 unter Verweis auf Koch, Computervertragsrecht, 6. Aufl. 2002, Rn. 11.

1288 Zweifel an der rechtlichen Wirksamkeit äußern Marly, Softwarerecht, Rn. 981. sowie Söder, S. 94. Schmidt, in: Ulmer/Brandner/Hensen, Anh. §§ 310, Rn. 773 sieht hingegen solche Aushänge bei dem Erwerb geringwertiger Massensoftware regelmäßig als ausreichend an.

zu tätigen und nicht nach den unterschiedlichen EULA der verschiedenen Hersteller[1289].

bb) Eigenständiger Vertrag mit Hersteller

Die vorstehenden Ausführungen zeigen, dass eine Einbeziehung des EULA bei Abschluss des Überlassungsvertrags regelmäßig nicht möglich ist. Um dennoch eine vertragliche Beziehung mit dem Endbenutzer zu begründen, haben die Hersteller verschiedene Vertragsmodelle entworfen, mit denen sie den Abschluss des EULA zu einem dem Abschluss des Kaufvertrags nachgelagerten Zeitpunkt bezwecken. Das EULA wird in diesen Fällen nicht in den Überlassungsvertrag einbezogen, sondern stellt vielmehr einen eigenständigen Vertrag zwischen Hersteller und Endbenutzer dar.

(1) Schutzhüllen- und „Enter"-Vertrag

Um einen solchen separaten Vertragsschluss mit dem Nutzer nach Abschluss des Überlassungsvertrags herbeizuführen, verwenden die Softwarehersteller Schutzhüllen- und Enter-Verträge. Der Vertragsschluss soll hier durch das Aufreißen der Schutzhülle bzw. das Anklicken eines entsprechenden Buttons („Ja, ich stimme zu") herbeigeführt werden, was teilweise auch für wirksam gehalten wird[1290]. Ganz überwiegend wird jedoch angenommen, dass die angeführten Benutzungshandlungen nicht zu einem wirksamen Vertragsschluss führen[1291].

Die Wirksamkeit von Schutzhüllen- und Enter-Verträgen bestimmt sich nach den allgemeinen Grundsätzen zu Angebot und Annahme gem. §§ 145ff. BGB. Das Angebot zum Abschluss des EULA ist unproblematisch, da diesbezügliche Erklärungen des Herstellers auf der Verpackung der Software bzw. dem Bildschirm während des Installationsprozesses anzutreffen sind. Es handelt sich dabei um Angebote an einen unbestimmten Personenkreis (offerta ad incertas personas)[1292].

1289 Schuhmacher, CR 2000, 641, 642; Marly, Softwarerecht, Rn. 984; Schneider, Handbuch EDV-Recht, Rn. J 8.

1290 Die einzige gerichtliche Entscheidung, die zu den Schutzhüllenverträgen vorliegt, ist von deren Wirksamkeit ausgegangen, vgl. OLG Stuttgart, CR 1989, 685, 687. Jedoch geschah dies ohne weitere Begründung. In der Literatur spricht sich beispielsweise Schneider, CR 1996, 657, 662 für die Wirksamkeit von Schutzhüllenverträgen aus.

1291 Siehe Marly, Softwarerecht, Rn. 987ff.; Schuhmacher, CR 2000, 641ff.; Baus, S. 46ff.; Söder, S. 95ff.

1292 Schuhmacher, CR 2000, 641, 642; Söder, S. 97.

Problematisch ist allerdings, ob der Benutzer dieses Angebot zum Abschluss des EULA auch wirksam angenommen hat. Grundsätzlich kann eine Annahme konkludent durch das Aufreißen der Verpackung bzw. das Anklicken eines entsprechenden Buttons erklärt werden[1293]. Dass die Annahme dem Hersteller nicht zugeht, ist unter den Voraussetzungen des § 151 S. 1 BGB unerheblich, da der Hersteller offensichtlich auf diesen Zugang verzichtet hat. Erforderlich ist allerdings, dass dem Handeln des Endbenutzers, also dem Aufreißen der Verpackung bzw. dem Anklicken des Buttons eine nach außen erkennbare, eindeutige Betätigung des Annahmewillens zu entnehmen ist. Maßgeblich ist in diesem Zusammenhang nicht die vom Hersteller vorgenommene, einseitige Bestimmung tatsächlicher Handlungen als Annahmeerklärung[1294], sondern vielmehr die Sicht eines objektiven Dritten[1295].

Für eine wirksame Annahmeerklärung müssen die Voraussetzungen erfüllt sein, die generell an das Vorliegen einer Willenserklärung gestellt werden. Hierzu gehören neben dem zweifellos vorliegenden objektiven Tatbestand der Willenserklärung die subjektiven Elemente des Handlungs-, Erklärungs- und Geschäftswillens. Problematisch ist hier lediglich der Erklärungswille, also das Bewusstsein des Handelnden, durch sein Verhalten eine auf Rechtsfolgen irgendwelcher Art gerichtete Erklärung abzugeben[1296]. Früher wurde der Erklärungswille als konstitutives Element einer Willenserklärung angesehen (Willenstheorie)[1297]. Mittlerweile geht die überwiegende Ansicht aus Verkehrsschutzgründen vom Vorliegen einer Willenserklärung auch dann aus, wenn der Erklärende beim Empfänger der Erklärung fahrlässig das Vertrauen auf einen bestimmten Erklärungsinhalt hervorgerufen hat (Erklärungstheorie)[1298]. Dabei ist entscheidend, ob der Handelnde bei Anwendung pflichtgemäßer Sorgfalt erkennen konnte, dass sein Verhalten als Willenserklärung aufgefasst werden kann[1299]. Dies ist anhand der konkreten Umstände des Einzelfalls zu ermitteln.

In diesem Zusammenhang ist zunächst zu berücksichtigen, dass die Verpackung bzw. der Bildschirmtext einen Hinweis auf die Rechtserheblichkeit des Handelns enthalten. Wenn der Endbenutzer trotz dieser Hinweise die Software in

1293 Baus, S. 47.
1294 Schuhmacher, CR 2000, 641, 642.
1295 BGH NJW 2004, 287f.; siehe auch PWW/Brinkmann, § 151 Rn. 7.
1296 Soergel/Hefermehl, vor § 116, Rn. 12.
1297 Wieacker, JZ 1967, 385, 387; siehe auch Staudinger/Singer, vor § 116, Rn. 15.
1298 BGHZ 91, 324; 109, 171, 177; Larenz, AT, § 19 III.
1299 BGH NJW 2002, 3629.

Gebrauch nimmt, könnte dies dafür sprechen, dass er beim Hersteller fahrlässig das Vertrauen auf eine Annahme des EULA hervorgerufen hat. Gegen eine solche Annahme spricht jedoch, dass der Benutzer bei Vornahme der angeführten Handlungen bereits einen wirksamen Überlassungsvertrag mit dem Zwischenhändler geschlossen und damit das Recht erworben hat, die Software gem. § 69d Abs. 1 UrhG zu benutzen[1300]. Das Öffnen der Verpackung bzw. das Anklicken des Buttons erfolgt daher nur, um die erworbene Software installieren zu können und nicht aufgrund einer inhaltlichen Akzeptanz der Bestimmungen[1301]. Er muss nicht davon ausgehen, dass eine rechtmäßige Benutzung der Software den Abschluss eines weiteren Vertrags mit dem Hersteller erfordert[1302].

Weiterhin könnte der Benutzer durch die Vornahme der Handlungen fahrlässig das Vertrauen des Herstellers auf die Annahme des EULA hervorgerufen haben, wenn diese nach einer bestehenden Verkehrssitte als Annahmehandlungen anzusehen sind[1303]. Eine Verkehrssitte liegt vor, wenn sich im Verkehr der beteiligten Kreise über einen gewissen Zeitraum eine tatsächliche Übung herausgebildet hat, die bei den Beteiligten Zustimmung gefunden hat[1304]. Zwar werden Schutzhüllen- und Enter-Verträgen mittlerweile seit mehreren Jahrzehnten verwendet, so dass sie dem Endbenutzer in jedem Fall bekannt sind. Dennoch kann hier nicht von einer Verkehrssitte ausgegangen werden, da dies Freiwilligkeit der beteiligten Verkehrskreise voraussetzt[1305]. Da der Benutzer durch den Abschluss des EULA in seinen bereits bestehenden Nutzungsrechten beeinträchtigt wird, kann ihm nicht die Freiwilligkeit seines Handelns unterstellt werden. Vielmehr wird das Vorliegen einer Willenserklärung bei einem Schutzhüllen- oder Enter-Vertrag durch die einseitige Bestimmung der Softwarehersteller auferlegt[1306].

1300 Koch, ITRB 2002, 43, 44; Schuhmacher, CR 2000, 641, 643.

1301 Schuhmacher, CR 2000, 641, 643, Baus, S. 49.

1302 Marly, Softwarerecht, Rn. 991.

1303 BGH NJW 1990, 454, 456.

1304 BGH NJW 1990, 1723, 1724; Soergel/Wolf, § 157 Rn. 63; Baus, S. 49.

1305 Schneider, CR 1996, 657, 660; Marly, Softwarerecht, Rn. 989.

1306 Schneider, CR 1996, 657, 660. In diesem Zusammenhang wird häufig eine Parallele zu den Fällen der Zusendung unbestellter Ware gezogen. Hier definiert die zusendende Partei das Schweigen des Empfängers als Annahme des Kaufvertragsangebots. Überwiegend wird jedoch davon ausgegangen, dass die Bestimmung eines bestimmten Tuns oder Unterlassens als Annahmeerklärung auf einer Parteivereinbarung beruhen muss und nicht einseitig erfolgen kann. Siehe hierzu Soergel/Wolf, § 145 Rn. 26 sowie Soergel/Hefermehl, Vor § 116 Rn. 32ff. Siehe nunmehr auch § 241a BGB.

Der letztgenannte Aspekt wirft die grundsätzliche Frage auf, ob das Vertrauen des Herstellers im Zusammenhang mit der Verwendung von Schutzhüllen- und Enter-Verträgen überhaupt schutzwürdig ist. Grundsätzlich will die überwiegende Ansicht mit der Erklärungstheorie das Vertrauen des gutgläubigen Erklärungsempfängers schützen[1307]. Die Schutzwürdigkeit des Softwareherstellers wird aber überwiegend abgelehnt, da er Handlungen, die für die Benutzung der bereits erworbenen Software unumgänglich sind, durch eine einseitige Bestimmung als Annahme eines weiteren, für den Benutzer nachteiligen Vertrages deklariert[1308].

Schließlich wird die Anwendung der Erklärungstheorie auf Schutzhüllen- und Enter-Verträge grundsätzlich in Frage gestellt[1309]. Naturgemäß kann diese nämlich nur auf empfangsbedürftige Willenserklärungen Anwendung finden, da bei nicht empfangsbedürftigen Erklärungen kein schutzwürdiges Vertrauen des Erklärungsempfängers vorliegt. Zwar ist die Annahmeerklärung bei Schutzhüllen- und Enter-Verträgen grundsätzlich empfangsbedürftig. Jedoch hat der Hersteller hier gem. § 151 S. 1 BGB auf den Empfang der Annahme verzichtet, so dass ein Vertrauensschutz überwiegend abgelehnt wird[1310].

(2) Registrierkartenvertrag und Online-Registrierung

Weiterhin versuchen Softwarehersteller häufig im Rahmen einer vom Endbenutzer vorgenommenen Registrierung der Software eine vertragliche Beziehung zu begründen. Traditionell wurden der Software zu diesem Zweck Registrierkarten beigefügt, die der Benutzer der Software unter ausdrücklicher Anerkennung des EULA an den Hersteller zurücksendet. Im Gegenzug erhält der Käufer kostenlose Supportleistungen oder Informationen über neue Programmversionen. Mit der zunehmenden Verbreitung des Internets bieten die Hersteller dieses Registriersystem mittlerweile vornehmlich online an.

Im Gegensatz zu Schutzhüllen- und Enter-Verträgen werden die im Rahmen einer solchen Registrierung abgeschlossenen Verträge überwiegend für wirksam

---

1307 Staudinger/Singer, Vor § 116 Rn. 15.

1308 Schuhmacher, CR 2000, 641, 643; Baus, S. 50. Nach Marly, Softwarerecht, Rn. 990ff. soll der Softwarehersteller allerdings dann schutzwürdig sein, wenn er besonders deutlich darauf hinweist, dass das Aufreißen der Verpackung oder das Anklicken eines Buttons zu einem Vertragsabschluss führen kann.

1309 Schuhmacher, CR 2000, 641, 643; Baus, S. 50.

1310 Palandt/Ellenberger, Vor § 116 Rn. 17.

gehalten[1311]. Die Annahme des Vertrags ist hier nicht von einem Realakt abhängig. Der Endbenutzer gibt vielmehr im Rahmen der Registrierung eine ausdrückliche rechtsgeschäftliche Erklärung ab, mit welcher er die Geltung des EULA anerkennt. Voraussetzung ist freilich, dass der Hersteller gem. § 305 Abs. 2 BGB ausdrücklich auf die zusätzlichen Vertragsbedingungen aufmerksam macht und die Möglichkeit zu deren Kenntnisnahme verschafft.

Für die Wirksamkeit dieses Vorgehens spricht darüber hinaus die Tatsache, dass die Software auch ohne eine derartige Registrierung funktionsfähig ist. Die Anerkennung des EULA erfolgt daher nicht wie bei dem Schutzhüllen- und Enter-Verträgen, um die Software überhaupt nutzen zu können, sondern vielmehr, weil der Käufer sich bewusst für die Akzeptanz des EULA aufgrund der für ihn lohnenswerten Zusatzleistungen des Herstellers entschieden hat.

Zu beachten ist allerdings, dass die Verwendung von Registrierverträgen für den Hersteller den Nachteil hat, dass hierdurch keine flächendeckende Geltung des EULA ermöglicht werden kann. Er ist vielmehr darauf angewiesen, dass der Benutzer aus Interesse an den damit verbundenen Vorteilen eine Registrierung beim Hersteller vornimmt.

cc) Ergebnis

Der Hersteller kann seinem EULA bei einem Vertrieb der Software über Zwischenhändler weder durch ein Vertretungsverhältnis noch durch eine Einbeziehung in den Überlassungsvertrag zur Wirksamkeit verhelfen. Weiterhin scheidet auch der Abschluss eines eigenständigen Vertragsverhältnisses durch die Verwendung von Schutzhüllen- und Enter-Verträgen aus. Lediglich bei einer vom Kunden durchgeführten Registrierung unter Anerkennung der Vertragsbedingungen des Herstellers ist von einem wirksamen Vertragsschluss auszugehen.

b) Wirksamkeit der Freizeichnungsklauseln

An anderer Stelle wurde bereits ausgeführt, dass der Endbenutzer bei einem Vertrieb der Software über Zwischenhändler auf die gegenüber vertraglichen Ansprüchen tendenziell nachteiligen deliktischen Ansprüche angewiesen ist, sofern nicht ausnahmsweise ein Anspruch aus Garantie besteht[1312]. Ein Ausschluss der Haftung aus solchen deliktischen Ansprüchen ist jedoch mit erheblichen Risiken

---

1311 Marly, Softwarerecht, Rn. 995; Schuhmacher, CR 2000, 641, 643f.; Baus, S. 51f.

1312 Zu den bestehenden Ansprüchen im Vertrieb über Zwischenhändler siehe oben, S. 117ff., 130ff. sowie 196 und 202f.

verbunden. Zum einen ist dabei zu berücksichtigen, dass das EULA, wie gezeigt, im Regelfall unwirksam ist. Der Hersteller unterliegt damit in diesen Fällen einer unbeschränkten Haftung. Sofern ausnahmsweise eine Freizeichnung von diesen Ansprüchen aufgrund des Abschlusses eines Registriervertrags in Betracht kommt, muss die Haftungsfreizeichnung die im Direktvertrieb angeführten Anforderungen erfüllen. Dabei kann sich die Unwirksamkeit bereits aus § 276 Abs. 3 BGB sowie § 14 ProdHaftG ergeben. Weiterhin muss die Haftungsklausel im Rechtsverkehr mit Verbrauchern insbesondere die Anforderungen des § 309 Nr. 7 BGB erfüllen, dessen Wertungen über § 307 Abs. 1 BGB auch im unternehmerischen Geschäftsverkehr Anwendung finden.

Die im Regelfall gegebene Unwirksamkeit des EULA hat damit auch zur Folge, dass die typischerweise im EULA enthaltenen Garantien i.S.v. § 443 BGB unwirksam sind. Soweit sich die Erteilung einer Garantie allerdings aus anderen Umständen ableitet, beispielsweise der Beifügung einer Garantiekarte, unterliegen die darin enthaltenen Freizeichnungen in aller Regel einer Überprüfung anhand der §§ 305ff. BGB, da solche Klauseln zumeist vorformuliert sind und nicht die Garantieleistung an sich betreffen[1313]. Sofern die durch die Freizeichnung bewirkten Einschränkungen zu einer erheblichen Aushöhlung der Herstellergarantie führen, kann deren Einbeziehung gem. § 305c Abs. 1 BGB an ihrem überraschenden Inhalt scheitern[1314]. Im Hinblick auf deliktische Ansprüche muss die Haftungsfreizeichnung auch hier insbesondere den Anforderungen der §§ 309 Nr. 7, 307 BGB gerecht werden. Weiterhin können Freizeichnungen im Einzelfall gem. § 307 Abs. 1 BGB unwirksam sein, wenn diese beim Käufer den Eindruck erwecken, dass sie die gesetzlichen Rechte des Käufers gegen den Verkäufer beschränken[1315].

1313 Die Garantiezusage selbst unterliegt gem. § 307 Abs. 3 BGB nicht der Inhaltskontrolle. Dies gilt hingegen nicht für Haftungsausschlüsse und –beschränkungen, da sie eine Abweichung der nach dem dispositiven Recht bestehenden Haftung des Verwenders darstellen, vgl. Wolf/Lindacher/Pfeiffer, Anh. § 310 Rn. G32.

1314 In der Entscheidung OLG Hamm, MDR 1984, 53 hat der Hersteller den Käufern gegenüber eine Garantie für die kostenlose Reparatur oder Ersatz bei Material- und Herstellungsfehlern übernommen. Das Gericht hat daher eine Klausel in den Garantiebedingungen für unwirksam gehalten, durch welche sich der Hersteller vorbehalten hat, die Mängelbeseitigung abzulehnen und stattdessen den Kaufpreis ganz oder teilweise entsprechend dem Minderwert oder der bisherigen Nutzungsdauer zu erstatten.

1315 Im Rahmen eines Verbrauchsgüterkaufs sollen entsprechende Irreführungen durch die in § 477 Abs. 1 BGB enthaltenen Informationspflichten verhindert werden.

2. Englisches Recht

Auch im englischen Recht werden zunächst die Vertragsmodelle vorgestellt, die dem Hersteller im Verhältnis zum Endabnehmer die Geltung seiner Vertragsbedingungen ermöglichen sollen. Im Anschluss wird auf die inhaltliche Wirksamkeit der Freizeichnungsklauseln eingegangen.

a) Wirksamkeit des EULA

Diskutiert werden auch hier eine Einbeziehung des EULA in den Überlassungsvertrag sowie der Abschluss eines eigenständigen Vertrags mit dem Hersteller.

aa) Einbeziehung in Vertrag mit Zwischenhändler

Den Ausgangspunkt für eine Einbeziehung des EULA in den Überlassungsvertrag stellen die allgemeinen Regeln zum Vertragsschluss dar, wonach ein solcher zustande kommt, wenn der Käufer die in der Verpackung befindliche Software an die Kasse bringt und der Ladenangestellte dieses Angebot annimmt[1316]. Wenn sich in diesem Zeitpunkt auf der Verpackung der Software kein Hinweis auf das EULA des Herstellers befindet und der Käufer erst beim Öffnen der Verpackung mit den Lizenzbedingungen des Herstellers konfrontiert wird, ist eine Einbeziehung schon wegen des Grundsatzes abzulehnen, dass nach einem Vertragsabschluss eine einseitige Einführung von abweichenden Bestimmungen nicht mehr möglich ist[1317].

(1) Ticket cases

Allerdings wird teilweise vertreten, der ausdrückliche Hinweis auf der Verpackung der Software könne zu einer wirksamen Einbeziehung des EULA in den Überlassungsvertrag mit dem Händler führen. Zur Begründung beruft sich diese Ansicht auf die Rechtsprechung der englischen Gerichte zu den ticket cases. Hier haben die Gerichte nämlich in ständiger Rechtsprechung die Ansicht vertreten, dass ein deutlicher, auf dem Bahn-, Schiffs- oder Garderobenticket enthaltener Hinweis auf die Allgemeinen Geschäftsbedingungen des Betreibers zu deren Einbeziehung in den Vertrag führe[1318], sofern dieser erkennen lasse, wo die Vertragsbestimmungen eingesehen

---

1316 Rowland/Macdonald, S. 114. Das englische Recht enthält keine gesetzlichen Vorgaben für die Einbeziehung von Allgemeinen Geschäftsbedingungen. Hier ist ausschließlich das common law maßgeblich, vgl. Lloyd, Rn. 26.72.

1317 Thornton v Shoe Lane Parking [1971] 2 Q.B. 163; Olley v Marlborough Court Hotel [1949] 1 K.B. 532.

1318 Parker v South Eastern Railway Co. (1877) 2 C.P.D. 416.

werden können[1319]. Der Vertragspartner habe dann die Wahl, ob er dieses Angebot trotz Unkenntnis der zusätzlichen Bestimmungen annehme oder ob er vom Abschluss des Vertrags Abstand nehme. Übertragen auf den Schutzhüllenvertrag bedeute dies, dass der Hinweis auf der Verpackung der Software grundsätzlich ausreichend ist, die Bestimmungen des EULA in den Überlassungsvertrag mit dem Händler einzubeziehen, da der Benutzer durch den Kauf der Software sein Einverständnis zu diesen zusätzlichen Vertragsbedingungen zum Ausdruck bringe[1320]. Erforderlich sei lediglich, dass der Hinweis auf der Softwareverpackung die allgemeinen Anforderungen erfüllt, die an dessen Deutlichkeit gestellt werden[1321].

Zu beachten ist bei einer solchen Annahme der Einbeziehung des EULA in den Überlassungsvertrag allerdings, dass der Hersteller nicht Partei dieses Vertrages, sondern vielmehr Begünstigter eines Vertrags zugunsten Dritter ist. Bis zum Ende der 1990er Jahre wäre eine solche Konstruktion wegen eines Verstoßes gegen die doctrin of privity unwirksam gewesen. Danach ist die Möglichkeit der Geltendmachung von vertraglichen Ansprüchen und Rechten nämlich den Parteien des Überlassungsvertrags, also dem Händler und dem Endbenutzer, vorbehalten. Die Einführung des Contracts (Rights of Third Parties) Act 1999 hat jedoch insofern eine Änderung der Rechtslage herbeigeführt. Nach dessen sec. 1 (1) ist nämlich einer Nichtpartei die Durchsetzung des Vertrags erlaubt, wenn dieser ausdrücklich eine solche Ermächtigung enthält oder der Dritte von einem der Vertragsbestandteile unmittelbar profitieren soll. Damit ist nunmehr die Möglichkeit der Ausgestaltung als Vertrag zugunsten des Herstellers gegeben, da dieser aufgrund der Nutzungs- und Haftungsbeschränkungen unmittelbar von dem Vertrag profitiert[1322].

Eine andere Ansicht in der Literatur lehnt eine Einbeziehung des EULA in den Überlassungsvertrag jedoch ab, da die Rechtsprechung zu den ticket cases

---

1319 Thompson v London, Midland & Scottish Railway Co. [1930] 1 K.B. 41, S. 47. Hier waren die Allgemeinen Geschäftsbedingungen sogar in einem Fahrplan abgedruckt, welcher kostenpflichtig erworben werden musste.

1320 Lloyd, Rn. 26.74.

1321 In diesem Zusammenhang ist davon auszugehen, dass die Anforderungen an die Deutlichkeit des Hinweises in dem Umfang zunehmen, in dem die Klausel eine unangemessene oder ungewöhnliche Regelung enthält. Hier gilt wiederum die von Lord Denning in Spurling v Bradshaw [1956] 1 W.L.R. 461 aufgestellte red hand rule, vgl. Fn. 1040.

1322 Sec. 1 (6) Contracts (Rights of Third Parties) Act 1999 stellt ausdrücklich klar, dass bereits das Profitieren von einer Haftungsklausel in den Anwendungsbereich des Gesetzes fällt.

nicht geeignet sei, die Wirksamkeit von Schutzhüllenverträgen zu begründen[1323]. Der entscheidende Unterschied sei nämlich, dass in den ticket cases die Möglichkeit der Kenntnisnahme von den Vertragsbestimmungen bestand, da diese bei Vertragsschluss einsehbar waren[1324]. Im Zeitpunkt des Vertragsschlusses mit dem Zwischenhändler habe der Käufer jedoch keine Möglichkeit, von dem EULA des Herstellers Kenntnis zu nehmen, da dieses sich in der verschlossenen Verpackung befände und ein öffentlicher Aushang der Lizenzbestimmungen im Ladengeschäft des Händlers in aller Regel nicht stattfinde[1325]. Die Verwendung von Schutzhüllenverträgen sei daher eher mit den Fällen vergleichbar, in denen nach Abschluss des Vertrags durch einen Aushang, beispielsweise in einem Hotelzimmer oder einem öffentlichen Parkplatz, für den Benutzer nachteilige Regelungen in den Vertrag aufgenommen werden sollen. Solche Versuche, eine Einbeziehung von Geschäftsbedingungen nach dem Abschluss des Vertrags herbeizuführen, haben die Gerichte jedoch in ständiger Rechtsprechung als unwirksam angesehen[1326].

(2) Beta Computers v. Adobe Systems

Eine weitere Ansicht, die eine wirksame Einbeziehung des EULA in den Überlassungsvertrag annimmt[1327], umgeht die dargestellte Problematik der Möglichkeit der Kenntnisnahme im Zeitpunkt des Vertragsschlusses, indem sie diesen Zeitpunkt nach hinten verlagert. Nach Ansicht von Lord Penrose in der schottischen Entscheidung Beta Computers (Europe) Ltd. v Adobe Systems

---

1323 Siehe hierzu die Ausführungen von Johnson E.I.P.R., 2003, 25(2), 98, S. 100ff.

1324 Allerdings weist Thompson v London, Midland & Scottish Railway Co. [1930] 1 K.B. 41 die Besonderheit auf, dass die Vertragsbedingungen gegen ein Entgelt erworben werden mussten. Nach Treitel/Peel, Rn. 7-008, S. 242 würde dies heutzutage einer wirksamen Einbeziehung entgegenstehen. Siehe hierzu auch Stone, S. 294.

1325 Johnson, E.I.P.R., 2003, 25(2), 98, S. 101.

1326 Vgl. die Entscheidungen Olley v Marlborough Court Hotel (1949) 1 K.B. 532 und Thornton v Shoe Lane Parking, (1971) 2 Q.B. 163.

1327 Da die Entscheidung Beta Computers v. Adobe Systems unter schottischem Recht ergangen ist, stand einer solchen vertraglichen Konstruktion auch nicht die doctrine of privity entgegen. Das schottische Recht ermöglicht nämlich einem Dritten die Geltendmachung von vertraglichen Rechten und Ansprüchen nach dem Prinzip des ius quaesitum tertio. Da das englische Recht mittlerweile aufgrund der Regelung in sec. 1 (1) Contracts (Rights of Third Parties) Act 1999 eine vergleichbare Regelung kennt, steht dieser Aspekt, anders als bei Erlass der Entscheidung, deren Übertragbarkeit ins englische Recht nicht mehr entgegen.

(Europe) Ltd.[1328] biete der Händler die Software zu den Lizenzbedingungen des Herstellers an, so dass ein Vertrag sui generis[1329] zustande komme, wenn der Käufer die zusätzlichen Lizenzbedingungen zur Kenntnis genommen und akzeptiert habe[1330]. Die Wirksamkeit des Überlassungsvertrags mit dem Händler stehe damit unter der aufschiebenden Bedingung der Akzeptanz der Vertragsbedingungen des Herstellers[1331]. Wenn der Käufer nicht mit der Geltung der zusätzlichen Vertragsbestimmungen einverstanden sei, habe er das Recht, die Software an den Verkäufer gegen Erstattung des Kaufpreises zurückzugeben. Entscheide er sich hingegen zur Benutzung der Software, dann sind auch die in dem EULA des Herstellers enthaltenen Haftungsbeschränkungen wirksam[1332]. Nach Ansicht von Lord Penrose sei dieses Ergebnis in wirtschaftlicher Hinsicht erforderlich, um die Interessen des Softwareherstellers zu schützen, da er andernfalls nicht in der Lage wäre, Beschränkungen der Nutzung und der Haftung gegenüber dem Benutzer der Software durchzusetzen[1333].

An den letztgenannten Punkt anknüpfend, bezieht sich die Kritik an der Entscheidung zunächst darauf, dass ein hinreichender Schutz des Herstellers bereits über das englische Urheberrecht gewährleistet sei[1334]. Es bestehe daher kein Bedürfnis für die von Lord Penrose gewählte Konstruktion. Durch die Überbewertung der Interessen der Softwarehersteller verhindere die Entscheidung darüber hinaus die gebotene Analyse des Vertragsschlusses anhand der hergebrachten Grundsätze[1335]. Eine solche würde nämlich dazu führen, dass der Überlassungsvertrag bereits im Ladengeschäft des Händlers abgeschlossen wurde und die Einbeziehung des EULA daher nicht möglich sei. Weiterhin widerspreche die Annahme eines Vertrags sui generis der überwiegenden Ansicht, wonach die Überlassung von Standardsoftware auf einem Datenträger als Kaufvertrag anzusehen ist[1336]. Bei Kaufverträgen über klassische Waren sei aber anerkannt, dass die Beifügung von

---

1328 [1996] F.S.R. 367.

1329 Siehe hierzu bereits oben, S. 52.

1330 [1996] F.S.R. 367, 380.

1331 [1996] F.S.R. 367, 380.

1332 Siehe hierzu auch die Ausführungen von Gretton, J.B.L., 1996, Sep, 524f.

1333 So führt Lord Penrose aus, [1996] F.S.R. 371, 379: „There is little doubt, in my mind, that the interests of the industry as a whole in the efficient and sensible management of transactions requires that effect should be given to the conditions if possible.“.

1334 Johnson E.I.P.R., 2003, 25(2), 98, S. 101.

1335 Goodger, E.I.P.R. 1996, 18(11), 636, S. 638.

1336 Siehe hierzu bereits oben, S. 47.

Allgemeinen Geschäftsbedingungen nicht dazu führen könne, dass der Zeitpunkt des Vertragsschlusses hinausgezögert werde, bis der Käufer diesen zusätzlichen Bestimmungen zustimme. Durch die Konstruktion eines Überlassungsvertrags unter der aufschiebenden Bedingung der Zustimmung zu den Lizenzbedingungen würden dem Käufer nämlich bis zur Zustimmung keine vertraglichen Rechte zustehen[1337]. Es sei daher nicht ersichtlich, warum gerade bei Software eine solche Konstruktion Anwendung finden solle[1338].

bb) Eigenständiger Vertrag mit Hersteller

Alternativ zu der Einbeziehung in den Vertrag mit dem Zwischenhändler wird in der Literatur auch die Annahme eines eigenständigen Vertrags mit dem Hersteller vertreten[1339]. Das Angebot ist dabei regelmäßig unproblematisch. Bei einem Schutzhüllenvertrag ist ein solches Angebot in dem Hinweis zu sehen, dass der Käufer durch Öffnen der Verpackung oder des Umschlags die Lizenzbedingungen akzeptiert. Bei einem Enter-Vertrag hingegen erscheint das EULA des Herstellers auf dem Bildschirm.

Problematisch ist allerdings, ob das Aufreißen der Verpackung bzw. das Anklicken eines entsprechenden Buttons eine wirksame Annahme darstellen. Der fehlende Zugang der Annahmeerklärung steht einer wirksamen Annahme nicht entgegen, da ein solcher nach den Grundsätzen des common law nicht erforderlich ist[1340]. Allerdings müssen die genannten Handlungen eindeutig den Rückschluss auf einen Annahmewillen zulassen. In Ansehung von Art. 5 Abs. 1 der EG-Richtlinie über den Rechtsschutz von Computerprogrammen[1341] ist eine solche Eindeutigkeit

1337 Atiyah/Adams/MacQueen, S. 226.

1338 Andererseits erkennen Atiyah/Adams/MacQueen, S. 226 auch die good commercial reasons an, die eine Annahme der Wirksamkeit von Schutzhüllen- und Enter-Verträgen erfordern. Wenn der Zeitpunkt des Vertragsschlusses unter diesem Gesichtspunkt auf die Akzeptanz des EULA verschoben wird, dann solle der zugrunde liegende Überlassungsvertrag aber wenigstens als Kauf auf Probe (sale on approval) eingestuft werden, bei dem zunächst ein wirksamer Vertrag geschlossen wird, der aber unter der auflösenden Bedingung der Nichtakzeptanz der Bedingungen des Herstellers steht. Hierdurch stünden dem Benutzer schon vor der Akzeptanz des EULA vertragliche Ansprüche gegen den Händler zu.

1339 Siehe hierzu Rowland/Macdonald, S. 116.

1340 Vgl. die Entscheidung Carlill v Carbolic Smoke Ball Co. [1893] Q.B. 256. Siehe auch Gretton J.B.L., 1996, Sep, 524, 525.

1341 Richtlinie 91/250/EWG des Rates vom 14. Mai 1991 über den Rechtsschutz von Computerprogrammen (ABl.EG Nr. L 122 v. 17.5.1991, S. 42).

wohl nicht gegeben[1342]. Danach erwirbt der rechtmäßige Benutzer (lawful aquirer) mit dem Kauf der Software das Recht, diese bestimmungsgemäß zu benutzen. Problematisch ist dabei allerdings, dass die englische Umsetzung der Richtlinie in sec. 50C Copyright, Designs and Patent Act 1988 ein solches Gebrauchsrecht nicht dem rechtmäßigen Erwerber, sondern vielmehr dem rechtmäßigen Benutzer (lawful user) verleiht. Vereinzelt wird daher vertreten, dass ein solcher rechtmäßiger Benutzer nur derjenige ist, dem wirksam eine Lizenz seitens des Herstellers eingeräumt wurde[1343]. Da Art. 5 Abs. 1 der Richtlinie aber ausdrücklich anführt, dass die bestimmungsgemäße Nutzung nicht von einer Lizenz des Urhebers abhängig ist, wird die englische Umsetzung ganz überwiegend als ein Verstoß gegen die Vorgabe der Richtlinie angesehen[1344]. Aufgrund der vorzunehmenden richtlinienkonformen Auslegung steht das Benutzungsrecht auch dem rechtmäßigen Erwerber zu, so dass das Öffnen der Verpackung bzw. das Anklicken des Buttons nicht der Erklärungswert beigemessen werden kann, dass der Benutzer die für ihn nachteiligen Regelungen des EULA akzeptiert[1345].

Weiterhin wird die Annahme eines vom Überlassungsvertrag separaten Lizenzvertrags mit dem Hersteller abgelehnt, da es dem Käufer der Software in diesem Fall nicht möglich wäre, bei Nichtakzeptanz der Lizenzbedingungen den Kaufpreis vom Zwischenhändler zurückerstattet zu verlangen[1346]. Schließlich wird auch bezweifelt, dass das Öffnen der Verpackung eine hinreichende consideration im Gegenzug zu den umfassenden Nutzungs- und Haftungsbeschränkungen des EULA darstellt[1347].

1342 Rowland/Macdonald, S. 116.

1343 Rowland/Macdonald, S. 116.

1344 Sherwood v Edwards (1993) 9 CL & P 169. Da die Rechtslage insofern umstritten ist, wird in der Literatur in Anlehnung an das Patentrecht weiterhin die Erteilung einer limited license durch den Verkäufer angenommen, die dem Erwerber die Nutzung der Software ermöglicht. Ein vergleichbares Ergebnis wird über die Konstruktion eines implied terms erreicht, der die Benutzung der Software ermöglicht. Da ein solches Nutzungsrecht aber auch aus der richtlinienkonformen Auslegung von sec. 50C Copyright, Designs and Patent Act 1988 folgt, erscheinen solche Konstruktionen jedoch überflüssig.

1345 Rowland/Macdonald, S. 116.

1346 Vgl. Beta Computers Ltd. v. Adobe Systems Ltd, [1996] F.S.R. 367, 379. Siehe auch Rowland/Macdonald, S. 117.

1347 Vgl. Goodger, E.I.P.R., 1996, 18(11), 636. Neben Angebot und Annahme stellt das Erfordernis der consideration das dritte Merkmal für einen wirksamen Vertragsabschluss dar.

cc) Vertrag durch Registrierung

Die Begründung einer vertraglichen Beziehung kann allerdings unproblematisch durch die Rücksendung einer der Software beiliegenden Registrierkarte erfolgen[1348]. Hierbei erkennt der Benutzer die Geltung des EULA ausdrücklich an und erhält im Gegenzug, was unter dem Aspekt der consideration relevant ist, zusätzliche Leistungen des Herstellers. Hierzu können beispielsweise die kostenlose Bereitstellung einer neuen Version der Software oder bestimmte Produktinformationen gehören. Mittlerweile erfolgt der dargestellte Registrierungsvorgang aber vornehmlich über das Internet.

dd) Ergebnis

Die Wirksamkeit von Schutzhüllen- und Enter-Verträgen ist im englischen Recht umstritten. Sowohl den verschiedenen Ansätzen zur Einbeziehung des EULA in den Überlassungsvertrag mit dem Händler als auch die Annahme eines eigenständigen Vertrags mit dem Hersteller begegnen erheblichen Bedenken. Überwiegend wird daher geäußert, dass der Weg, den die englische Rechtsprechung einschlagen wird, nicht vorhersehbar ist[1349]. Lediglich im Hinblick auf Registrierverträge besteht Einigkeit, dass diese zu einer wirksamen Vereinbarung des EULA führen.

b) Wirksamkeit der Freizeichnungsklauseln

Im Rahmen dieser Untersuchung wurde bereits an anderer Stelle ausgeführt, dass der Endbenutzer bei einem Vertrieb über Zwischenhändler auf die deliktische Produkthaftung[1350] sowie Ansprüche aus dem tort of deceit[1351] angewiesen ist, wenn er gegen den Hersteller vorgehen will. Eine Freizeichnung von diesen Ansprüchen ist für den Hersteller jedoch nicht unproblematisch. Zunächst besteht mit Ausnahme von den Registrierverträgen die Unsicherheit, ob das EULA gegenüber dem Endbenutzer überhaupt wirksam ist. Bei der Verwendung von Schutzhüllen- und Enter-Verträgen ist die nur schwer vorhersehbare Entwicklung der Rechtsprechung abzuwarten.

Selbst wenn das EULA im Einzelfall wirksam ist, muss die darin enthaltene Haftungsklausel weiterhin den bereits im Direktvertrieb angeführten Maßstäben genügen. Dabei ist ein Ausschluss der Haftung aus dem tort of deceit bei einer

---

1348 Siehe hierzu Goodger, E.I.P.R. 1996, 18(11), 636, S. 637.

1349 Johnson, E.I.P.R., 2003, 25(2), 98, 101f.

1350 Siehe hierzu S. 145ff.

1351 Siehe hierzu S. 208f.

misrepresentation bereits nach den Grundsätzen des common law nicht möglich. Ein im Rahmen der Produkthaftung geltend gemachter Anspruch aus dem CPA 1987 scheitert indes an dessen sec. 7. Im Hinblick auf die Produkthaftung aus dem tort of negligence ist zu beachten, dass die hieraus resultierende Haftung gem. sec. 2 (1) UCTA 1977 nicht ausgeschlossen wird, soweit das fahrlässige Verhalten zu einer Tötung oder Körperverletzung geführt hat. Der Ausschluss von Ansprüchen, die auf Fahrlässigkeit beruhen und eine sonstige Rechtsgutverletzung betreffen, ist gem. sec. 2 (2) UCTA 1977 nur dann möglich, soweit ein solcher Ausschluss das Erfordernis der Angemessenheit erfüllt. Dabei ist im Rechtsverkehr zwischen Unternehmen mit vergleichbarer Verhandlungsmacht grundsätzlich von der Angemessenheit auszugehen, wohingegen die Rechtsprechung einen solchen Ausschluss im Rechtsverkehr mit Verbrauchern grundsätzlich nicht als angemessen beurteilt.

Abhängig von der Wirksamkeit des EULA können Ansprüche auch aus einer typischerweise in solchen Lizenzverträgen enthaltenen Garantie resultieren. Weiterhin kommt zumindest im Rechtsverkehr mit Verbrauchern die Begründung einer Garantie durch Beifügung einer Garantiekarte in Betracht[1352]. Auf die in solchen Garantien häufig enthaltenen Haftungsausschlüsse findet zunächst die Regelung der sec. 2 UCTA 1977 Anwendung. Darüber hinaus enthält sec. 5 UCTA 1977 weitergehende Vorgaben für den Rechtsverkehr mit Verbrauchern[1353]. Danach sind Freizeichnungen für ein fahrlässiges Verhalten, die in einer Garantie[1354] für Verbrauchsgüter enthalten sind, unwirksam, wenn der Fehler der Ware während der Benutzung durch den Verbraucher (consumer use[1355]) auftritt und durch den Hersteller oder einen seiner Vertriebspartner verschuldet wurde.

1352 Siehe hierzu S. 119ff.

1353 Aus sec. 5 (3) UCTA 1977 folgt, dass sich diese Vorschrift vornehmlich auf das Verhältnis des Herstellers zum Endbenutzer bezieht. Sofern die Garantie in einem Vertrag enthalten ist, der zum Eigentumsübergang führt – im englischen Recht kann dies auch ein Kaufvertrag sein – findet nicht sec. 5, sondern vielmehr sec. 6 UCTA 1977 Anwendung.

1354 Unter einer Garantie sind gem. sec. 5 (2) (b) UCTA 1977 schriftliche Zusicherungen oder Versprechen zu verstehen, welche bei Fehlerhaftigkeit der Ware das Recht auf Ersatz, Reparatur, Geldentschädigung oder andere Leistungen geben.

1355 Gem. sec. 5 (2) (a) UCTA 1977 sind Waren in consumer use, wenn sie von einer Person benutzt oder besessen werden, die diese nicht ausschließlich für unternehmerische Zwecke verwendet.

3. Recht der USA

Auch im Recht der USA ist zunächst zu untersuchen, inwieweit die diskutierten Vertragsmodelle zur Wirksamkeit des EULA führen können. Darüber hinaus ist anschließend von Bedeutung, inwieweit die im EULA enthaltenen Haftungsausschlüsse und –begrenzungen zu einer Freizeichnung des Softwareherstellers führen können.

a) Wirksamkeit des EULA

Ob der Hersteller bei einem Vertrieb der Software über Zwischenhändler einen wirksamen Abschluss seines EULA mit dem Endbenutzer herbeiführen kann, ist in den USA Gegenstand einer kontrovers geführten Debatte. Die Ansichten, die sich in diesem Zusammenhang gegenüberstehen, kommen in den beiden wegweisenden Entscheidungen Step-Saver Data Systems, Inc. v. Wyse Technology[1356] und ProCD, Inc. v. Zeidenberg[1357] zum Ausdruck.

aa) Step-Saver Data Systems, Inc. v. Wyse Technology

Bis Mitte der 1990er Jahre zeigte die Rechtsprechung eine klare Linie dahingehend, den Schutzhüllenverträgen die Wirksamkeit zu versagen[1358]. Die insofern bedeutendste Entscheidung stellt Step-Saver Data Systems, Inc. v. Wyse Technology[1359] des Third Circuit of Appeals dar, der seine Erwägungen auf eine gründliche Analyse des erforderlichen Vertragsschlusses stütze. Zwar ist insofern zu beachten, dass sich der Sachverhalt nicht auf das Verhältnis Hersteller-Endbenutzer, sondern vielmehr auf einen zwischen dem Hersteller und einem Softwarehändler bestehenden Vertrag bezog. Die vom Gericht angeführte Argumentation ist aber auf das hier zu untersuchende Verhältnis von Hersteller und Endbenutzer übertragbar.

Ein Softwarehändler, Step-Saver, hatte hier vom Hersteller, The Software Link, Inc. eine Standardsoftware per Telefon vorab bestellt und anschließend auf seine schriftliche Bestellung eine Rechnung erhalten. Hierbei erfolgte kein Hinweis auf die Vertragsbedingungen des Herstellers. Die anschließend versandte Software

---

1356 939 F.2d 91 (3d Cir. 1991).

1357 86 F.3d 1447 (7th Cir. 1996).

1358 Siehe neben der hier ausführlich behandelten Entscheidung Step-Saver v. Wyse insbesondere die Entscheidungen Vault Corp. v. Quaid Software Ltd., 847 F.2d, 255 (5th Cir. 1988) und Arizona Retail Systems, Inc. v. Software Link, Inc., 831 F.Supp. 759 (D. Ariz. 1993).

1359 939 F.2d 91 (3d Cir. 1991).

enthielt auf ihrer Verpackung verschiedene Bestimmungen, unter anderem weitreichende Haftungsausschlüsse des Herstellers. Darüber hinaus war ein Hinweis angebracht, dass der Benutzer durch das Öffnen der Verpackung seine Zustimmung zu den Vertragsbedingungen erkläre und bei deren Nichtakzeptanz die Software innerhalb von 15 Tagen gegen Erstattung des Preises zurückgeben könne. Da die Software in der Folgezeit nur unzureichend funktionierte, wurde Step-Saver von seinen Kunden in Anspruch genommen und wendete sich daraufhin gegen den Hersteller, der sich auf den Haftungsausschluss berief.

Im Rahmen der Frage, ob der Haftungsausschluss wirksam in den Vertrag einbezogen wurde, sah das Gericht § 2-207 UCC als die entscheidende Vorschrift an. Diese Vorschrift enthält zwar in erster Linie eine Regelung zur Behandlung von sich widersprechenden Geschäftsbedingungen (battle of the forms). Nach dem Official Comment kann diese Vorschrift aber auch zur Beurteilung der Wirksamkeit von abweichenden schriftlichen Bestätigungsschreiben angewendet werden, die nach dem Abschluss eines mündlichen Vertragsschlusses versandt werden. Nach § 2-207 (1) UCC stellen abweichende Vertragsbedingungen, die nach dem eigentlichen Vertragsschluss vorgelegt werden, ein abänderndes Angebot dar, dessen Annahme sich nach § 2-207 (2) UCC richtet. Im Rechtsverkehr zwischen Unternehmen wird ein solches abänderndes Angebot danach grundsätzlich Bestandteil des Vertrags, es sei denn (a) das ursprüngliche Angebot schließt dies ausdrücklich aus, (b) die zusätzlichen Bestimmungen führen zu einer wesentlichen Änderung des Vertragsinhalts oder (c) die andere Seite widerspricht unverzüglich[1360].

Ohne sich auf einen genauen Zeitpunkt für den Vertragsschluss festzulegen, stellte das Gericht fest, dass aufgrund der Bestellung der Software, deren Versendung und der erfolgten Bezahlung in jedem Fall von dem Bestehen eines Vertrags auszugehen sei[1361]. Die in der Verpackung befindlichen, zusätzlichen Vertragsbestimmungen stellten daher ein Angebot auf Abänderung des Vertrags nach § 2-207 (2) UCC dar. Dieses habe der Käufer nicht ausdrücklich angenommen. Von der Annahme könne auch nicht über § 2-207 (2) UCC ausgegangen werden, da die in der Verpackung enthaltenen Vertragsbestimmungen die Risikoverteilung zwischen den Parteien erheblich verändern und somit zu einer wesentlichen

1360 § 2-207 UCC stellt damit eine Abkehr von der mirror image rule des common law dar. Danach muss die Annahme das Spiegelbild des Angebots sein, vgl. Ferriell/Navin, S. 224. Andernfalls ist die Annahme unwirksam und stellt ein neues Angebot dar.

1361 939 F.2d 91 (3d Cir. 1991) S. 98.

Änderung des Vertragsinhalts führten[1362]. Im Ergebnis sah das Gericht den Schutzhüllenvertrag mithin als unwirksam an.

bb) ProCD, Inc. v. Zeidenberg

Mit einer Betrachtungsweise, die die wirtschaftliche Bedeutung der Schutzhüllenverträge in den Vordergrund stellt, kam der Seventh Circuit of Appeals durch Judge Easterbrook einige Jahre später in der Entscheidung ProCD, Inc. v. Zeidenberg[1363] zu dem Ergebnis, dass die Verwendung eines Schutzhüllenvertrags grundsätzlich zu einem wirksamen Vertragsschluss führt. Obwohl auch weiterhin die Ansicht aus Step-Saver vertreten wird, stellt diese Betrachtungsweise mittlerweile die überwiegende Ansicht in der Rechtsprechung dar[1364].

Der Beklagte, Zeidenberg, hat hier eine nach dem EULA von ProCD für den nichtgewerblichen Bereich bestimmte Software, die ein erstelltes Telefonverzeichnis enthielt, von einem Softwarehändler erworben und anschließend für gewerbliche Zwecke verwendet. Die Software befand sich zusammen mit dem EULA in einer Verpackung, welche den Hinweis enthielt, dass die Benutzung der Software den Bestimmungen des EULA unterliegt. Darüber hinaus konnte das EULA auf der CD-ROM eingesehen werden und musste im Rahmen des Installationsprozesses durch eine Enter-Vereinbarung akzeptiert werden. Wenn der Benutzer mit der Geltung der Vertragsbestimmungen nicht einverstanden ist, hat er nach dem EULA das Recht, die Software gegen Rückzahlung des Preises zurückgeben. Als ProCD Zeidenberg wegen der gewerblichen Verwendung der Software verklagte, berief sich dieser auf die Unwirksamkeit des „shrink-wrap"-Vertrags.

Das Gericht sah hier in einem ersten Schritt den auf der Verpackung angebrachten Hinweis auf die Geltung des EULA als ausreichend an, um von einem wirksamen Vertragsschluss zwischen Hersteller und Endbenutzer auszugehen. Dieses Prinzip „money now, terms later" werde auch in anderen Geschäftsbereichen, beispielsweise bei dem Abschluss einer Versicherung oder dem Erwerb eines

1362 939 F.2d 91 (3d Cir. 1991) S. 105.

1363 86 F.3d 1447 (7th Cir. 1996).

1364 So wurde die Entscheidung ProCD beispielsweise in M.A. Mortenson Co. v. Timberline Software Corporation, 998 P.2d 305 (Wash. 2000) S. 313 bestätigt, vgl. aber die der Argumentation von Step-Saver folgende dissenting opinion von Judge Sanders, S. 316ff. Die Beurteilung des Schutzhüllenvertrags als wirksam hat hier dazu geführt, dass der Anwender ein Schadensbetrag von $ 1.95 Millionen aufgrund des darin enthaltene Haftungsausschlusses nicht wirksam geltend machen konnte.

Flugtickets praktiziert[1365]. Weiterhin ermögliche die nachträgliche Beschränkung der Nutzungsrechte die Einführung eines Systems der Preisdiskriminierung, nach welchem unterschiedliche Preise, abhängig von einer privaten oder gewerblichen Nutzung der Software, verlangt werden können. Dies führe auch zu einem Vorteil für den Verbraucher, der aufgrund der Unterscheidung zwischen gewerblicher und nicht-gewerblicher Nutzung weniger für eine nicht-gewerblich genutzte Software zu zahlen habe[1366]. Im Hinblick auf die Wirksamkeit des Vertragsschlusses sah das Gericht ausdrücklich von der in der Entscheidung Step-Saver vorgenommenen Anwendung des § 2-207 UCC ab, da der vorliegende Fall keine sich widersprechenden Geschäftsbedingungen zum Gegenstand habe. Die Analyse des Vertragsschlusses richte sich vielmehr nach § 2-204 UCC, wonach der Abschluss eines Kaufvertrags aufgrund jeder Verhaltensweise angenommen werden kann, die auf eine Übereinkunft schließen lässt. Dabei könne der Hersteller als master of the offer ein Verhalten bestimmen, das als Annahme anzusehen sei. Im konkreten Fall war dies die Benutzung der Software oder das Verstreichenlassen der Rückgabefrist[1367]. Da der UCC die Möglichkeit eines solchen layered contract anerkenne, seien Schutzhüllenverträge grundsätzlich wirksam.

In konsequenter Fortführung der Argumentation in ProCD, Inc. v. Zeidenberg sieht die überwiegende Ansicht auch „Enter"-Verträge als wirksam an[1368]. Begründet wird dies insbesondere damit, dass die Zustimmung im Gegensatz zu den shrink-wrap Verträgen, bei denen diese konkludent durch die Benutzung der Software erfolgt, hier durch ein ausdrückliches Anklicken erfolgt.

Mit den Ausführungen von Judge Easterbrook haben sich in der Folgezeit eine Vielzahl von Gerichten und Autoren auseinandergesetzt. Obwohl sich die

---

1365 86 F.3d 1447 (7th Cir. 1996) S. 1451. Das Gericht folgt damit dem „contract-as-product-Modell, vgl. Radin, 75 Ind. L. J. 1125 (2000) S. 1134.

1366 ProCD v. Zeidenberg 86 F.3d 1447 (7th Cir. 1996) S. 1449ff.

1367 Der UCC eröffnet damit dem Hersteller die Möglichkeit, den für den Vertragsschluss relevanten Zeitpunkt auf die Kenntnisnahme von den zusätzlichen Vertragsbestimmungen und das Verstreichenlassen der Rückgabefrist zu verlegen, also den ursprünglichen Kauf und den nachträglichen Abschluss des EULA als einen einheitlichen Vertrag zu behandeln, vgl. Nadan 961 PLI/Pat 11 (2009) S. 101. Diese Vertragsart wird auch mit dem Begriff „layered contract" umschrieben, da dieser in verschiedenen Etappen geschlossen wird.

1368 Vgl. Nadan, 961 PLI/Pat 11 (2009) S. 102ff.; siehe auch die Entscheidung i.Lan Sys., Inc. v. Netscout Service Level Corp., 183 F.Supp.2d 328 (D. Mass. 2002) S. 338, in der das Gericht die Wirksamkeit sowohl nach § 2-204 als auch nach § 2-207 UCC für gegeben hält.

Rechtsprechung der Argumentation, die zur Wirksamkeit von nachträglichen Vertragsbestimmungen bei der Verwendung von Schutzhüllen- und Enter-Verträgen führt, mittlerweile überwiegend angeschlossen hat[1369], finden sich insbesondere in der Literatur zahlreiche kritische Stimmen[1370].

Zunächst wird in grundsätzlicher Hinsicht bezweifelt, ob die für die Argumentation des Gerichts zentrale Möglichkeit der Rückgabe der Software für den Fall der Nichtanerkennung des EULA in der Praxis tatsächlich möglich ist[1371]. Die Allgemeinen Geschäftsbedingungen der führenden Zwischenhändler schließen nämlich die Rückzahlung des Kaufpreises für zurückgegebene Software, deren Verpackung geöffnet wurde, aus. Da das Öffnen der Verpackung für die Kenntnisnahme der EULA unerlässlich ist, sei somit davon auszugehen, dass das in ProCD angeführte Recht zur Rückgabe der Software gegen Rückzahlung des Preises praktisch nicht durchsetzbar sei.

Weiterhin führe die Herbeiführung des wirtschaftlich für angemessen gehaltenen Ergebnisses dazu, dass die gebotene Genauigkeit bei der rechtlichen Bewertung in den Hintergrund trete[1372]. So bestehe die kaufrechtliche Beziehung, die eine Anwendung des UCC rechtfertigt, lediglich zwischen Händler und Endbenutzer. Die Wirksamkeit des EULA müsse sich daher nach den Regelungen des common law bestimmen. Durch die fehlende Unterscheidung zwischen den Vertragsverhältnissen hebe das Gericht die rechtlichen Unterschiede zwischen einem Direktvertrieb durch den Hersteller und dem Vertrieb über Zwischenhändler auf. Eine getrennte Beurteilung der Vertragsverhältnisse würde auch zu dem Ergebnis

1369 Die Argumentation aus ProCD wird nunmehr auch in anderen Geschäftsbereichen von den Gerichten verwendet, vgl. die ebenfalls von Judge Easterbrook verfasste Entscheidung Entscheidungen Hill v. Gateway 2000, Inc., 105 F.3d 1147 (7th Cir. 1997) [Nachträgliche Vertragsbestimmungen bei Lieferung Computersystem per Post wirksam] sowie Bischoff v. DirectTV, Inc., 180 F.Supp.2d 1097 (C.D. Cal. 2002) S. 1101 [Nachträgliche Vertragsbestimmungen, die mit der ersten monatlichen Rechnung kommen, sind wirksam] und Boomer v. AT & T Corporation, 309 F.3d 404 (7th Cir. 2002) S. 409 [Nachträgliche Vertragsbestimmungen, die einem Kunden während der laufenden Geschäftsbeziehung zugesendet werden, werden durch Weiterbenutzung der Telefondienste wirksam]. Für ProCD befürwortende Literatur siehe nur Baker, 92 Nw. U. L. Rev. 379 (1997) S. 420ff.

1370 Siehe ergänzend zu den folgenden Fußnoten Mahdi, 96 Nw. U. L. Rev. 403 (2001) S. 422ff.; Fraser, 6 Tul.J.Int'l & Comp.L. 183 (1998) S. 227f.

1371 Siehe hierzu Collins, 111 W. Va. L. Rev. 531 (2009) S. 543f; Rolling, 104 Com. L. J. 197 (1999) S. 226.

1372 Hazelwood, 55 Wash. & Lee L. Rev.1287 (1998) S. 1316ff.; Pitet, 31 Loy. L.A. L. Rev. 325 (1997) S. 327.

führen, dass der Überlassungsvertrag bereits im Geschäft des Händlers vollständig abgeschlossen wurde[1373]. Zwar beruft sich das Gericht darauf, dass die Verschiebung des Zeitpunkts des Vertragsschlusses durch die in § 1-102 (1) UCC vorgegebene offene und flexible Auslegung des Gesetzes gerechtfertigt sei. Jedoch könne dies nicht dazu führen, dass dieser allgemeine Grundsatz die rechtliche gebotene Unterscheidung in den Vertragsbeziehungen außer Kraft setze.

cc) Ergebnis

Die früher herrschende Ansicht, die der Entscheidung Step-Saver zugrunde liegt, geht von einem wirksamen Vertragsschluss im Zeitpunkt des Erwerbs der Software beim Zwischenhändler aus, so dass die Regelungen des EULA im Regelfall keine Wirksamkeit entfalten, da sie die im Überlassungsvertrag getroffene Risikoverteilung wesentlich abändern.

Mittlerweile wird zumindest von den Gerichten überwiegend die Ansicht vertreten, dass ein wirksamer Vertragsschluss durch das Prinzip des layered contract erst mit dem Gebrauch der Software bzw. dem Verstreichenlassen des Rückgabezeitraums zustande kommt, was die Einbeziehung von nachträglichen Vertragsbestimmungen ermöglicht. Nach der Entscheidung ProCD, Inc. v. Zeidenberg setzt dies allerdings voraus, dass der Erwerber der Software (1) durch einen Hinweis auf die Geltung der in der Verpackung befindlichen EULA aufmerksam gemacht wurde, (2) nach Verlassen des Ladengeschäfts die Möglichkeit hat, die Vertragsbestimmungen während eines gewissen Zeitraums zur Kenntnis zu nehmen und (3) das Recht hat, die Software gegen Erstattung des Preises zurückzugeben, wenn er mit deren Geltung nicht einverstanden ist[1374].

b) Wirksamkeit der Freizeichnungsklauseln

Wie bereits ausgeführt, besteht im Recht der USA die Besonderheit, dass dem Endbenutzer auch bei einem Vertrieb über Zwischenhändler ein kaufvertraglicher Anspruch wegen der Verletzung einer express oder implied warranty gegen den

---

1373 Morill, 32 New Eng. L. Rev. 513 (1998) S. 539; Cerny, 51 Ala. L. Rev. 821 (2000) S. 843.

1374 Da nach der mittlerweile überwiegenden Ansicht eine Bindung des Benutzers an das EULA des Herstellers bereits über die Verwendung von Schutzhüllen- und Enter-Verträge erreicht werden kann, spielen die Regstrierverträge in der wissenschaftlichen Diskussion keine Rolle. Aufgrund der ausdrücklichen Anerkennung der Lizenzbestimmungen des Herstellers sind solche Verträge aber auch im U.S.-amerikanischen Recht unproblematisch wirksam.

Hersteller zustehen kann[1375]. Das hierdurch bedingte erhöhte Haftungsrisiko ist für den Hersteller jedoch beherrschbar. Zum einen eröffnet die mittlerweile überwiegend vertretene Ansicht aus der Entscheidung ProCD, Inc. v. Zeidenberg dem Hersteller die Möglichkeit, auch bei einem Vertrieb der Software über Zwischenhändler sein EULA gegenüber dem Endbenutzer zur Wirksamkeit zu verhelfen[1376]. Darüber hinaus hat der Hersteller über die im EULA enthaltenen Haftungsausschlüsse und –begrenzungen die Möglichkeit, eine weitreichende Freizeichnung von seiner Haftung herbeizuführen, wobei für die Reichweite und die Grenzen dieser Freizeichnungsmöglichkeiten die Ausführungen zum Direktvertrieb entsprechende Anwendung finden. So gelten im Hinblick auf Ansprüche wegen der Verletzung einer express oder implied warranty auch gegenüber dem remote buyer die Regeln aus § 2-316 und § 2-719 UCC, welche jedenfalls im unternehmerischen Geschäftsverkehr einen weitgehenden Haftungsausschluss ermöglichen[1377]. Im Rechtsverkehr mit Verbrauchern ist bei der Erteilung einer schriftlichen express warranty der Ausschluss von implied warranties jedoch gem. § 2308 MMA unwirksam, sofern die Rechtslage in dem konkreten Bundesstaat überhaupt das Entstehen von express warranties im Verhältnis des Herstellers zum Endbenutzer ermöglicht[1378]. Im Übrigen kann aber auch hier durch die Begrenzung auf ein exklusives Recht ein weitgehender Ausschluss der Haftung herbeigeführt werden, da der Hersteller in diesem Fall gem. § 2-719 (3) UCC nur noch für Körperschäden zwingend haftet.

Die bislang von den Bundesstaaten nicht umgesetzte revidierte Fassung des UCC aus dem Jahr 2003 sieht für den Vertrieb über Zwischenhändler eine Möglichkeit der Freizeichnung in § 2-313A (5) (a) UCC vor. Danach kann der Hersteller die Rechte des remote purchasers ausschließen oder beschränken, wenn diese

1375 Siehe oben, S. 122ff.

1376 Vereinzelt haben Gerichte die Auffassung vertreten, dass sich der Hersteller auch auf die Haftungsausschlüsse berufen kann, die sich in dem Kaufvertrag zwischen dem Händler und dem Endbenutzer befinden, sofern diese nach den allgemeinen Regeln wirksam sind, vgl. Hunter v. Texas Instruments, Inc., 798 F.2d 299 (8th Cir. 1986) S. 300; a.A.: Leson Chevrolet Co. v. Oakleaf & Associates, 796 F.2d 76 (5th Cir. 1986). Dies bedeutet allerdings, dass ein solcher Haftungsausschluss auch den Anforderungen des § 2-316 UCC genügen muss. Da der Endbenutzer aber in aller Regel den Haftungsausschluss im Vertriebsvertrag mit dem Händler nie gesehen hat, ist das Erfordernis der conspicuousness in den meisten Fällen nicht erfüllt, vgl. Spagnol Enterprises, Inc. v. Digital Equipment Corp., 568 A.2d 948 (1990).

1377 Siehe hierzu ausführlich S. 289ff.

1378 Siehe Clifford, 75 Wash. U. L. Q. 413 (1997) S. 438ff.

Ausschlüsse oder Begrenzungen bei Erwerb der Kaufsache erfolgen oder wenn sie in dem Dokument enthalten sind, welches die Beschreibung oder das Versprechen enthält. Sofern öffentliche Aussagen des Herstellers die Annahme einer express warranty zur Folge haben, muss der Ausschluss oder die Beschränkung der Rechte gem. § 2-313B (5) (a) spätestens im Zeitpunkt des Kaufs der Sache erfolgen.

Vergleichbar mit der Rechtslage im Hinblick auf die kaufvertraglichen Ansprüche bestehen im unternehmerischen Geschäftsverkehr auch im Rahmen der deliktischen Produkthaftung und der Haftung für misrepresentation weitgehende Möglichkeiten der Freizeichnung. Dabei sehen die Gerichte häufig sogar die Freizeichnung von der Haftung für Körper- und Eigentumsverletzungen als wirksam an[1379]. Im Rechtsverkehr mit Verbrauchern stellt jedenfalls die Freizeichnung von Körperschäden einen Verstoß gegen den Grundsatz der public policy dar.

4. Vergleichende Analyse

a) Gegenüberstellung der nationalen Ergebnisse

Die untersuchten Rechtsordnungen stimmen zunächst darin überein, dass die Lizenzbestimmungen des Herstellers auch bei einem Vertrieb über Zwischenhändler immer dann wirksam vereinbart werden können, wenn der Endbenutzer dem EULA im Rahmen eines Registriervertrags ausdrücklich zugestimmt hat. Im Hinblick auf Schutzhüllen- und Enter-Verträge ist die Rechtslage jedoch weniger einheitlich. Gegen die Wirksamkeit des EULA wird in allen untersuchten Rechtsordnungen eingewendet, dass der Käufer im Zeitpunkt des Vertragsschlusses keine Möglichkeit hatte, die Bestimmungen des EULA zur Kenntnis zu nehmen und damit eine Vereinbarung nach den traditionellen Regeln zum Vertragsschluss nicht zustande kommen könne. Darüber hinaus wird im deutschen und englischen Recht gegen den Abschluss eines eigenständigen Vertrags mit dem Hersteller vorgebracht, dass der Endbenutzer mit dem Kauf der Software bereits sein Benutzungsrecht erworben hat und das Aufreißen der Verpackung oder das Anklicken eines Buttons daher nicht als Zustimmung zum Abschluss des für ihn nachteiligen EULA anzusehen sei.

Im Unterschied zum deutschen Recht, welches die Wirksamkeit von Schutzhüllen- und Enter-Verträgen ganz überwiegend ablehnt, wird im englischen und U.S. -amerikanischen Recht eine wirtschaftliche Betrachtungsweise vertreten, um die Wirksamkeit des Vertragsschlusses zu rechtfertigen. Danach ist die Einbeziehung

---

1379 Siehe hierzu oben, S. 300ff.

des EULA in den Überlassungsvertrag durch eine Verschiebung des Zeitpunktes des Vertragsschlusses auf einen späteren Zeitpunkt möglich, in welchem der Benutzer die Möglichkeit zur Kenntnisnahme des EULA hatte. Während diese Argumentation in den USA mittlerweile die überwiegende Ansicht in der Rechtsprechung darstellt, ist sie im englischen Recht bislang nur eine von mehreren Auffassungen, die zur Wirksamkeit von Schutzhüllen- und Enter-Verträgen vertreten werden.

Im Hinblick auf die Wirksamkeit von Freizeichnungsklauseln, die im EULA enthalten sind, gelten im Wesentlichen die Ausführungen zum Direktvertrieb[1380], da die dort angeführten Vorschriften auch bei einem Vertrieb über Zwischenhändler maßgeblich sind. Danach sind die Möglichkeiten einer Haftungsfreizeichnung gegenüber einem Verbraucher im englischen und deutschen Recht vergleichsweise gering, wohingegen das Recht der USA hier tendenziell größere Freiräume für Haftungsfreizeichnungen bietet. Weiterhin wendet das deutsche Recht im unternehmerischen Geschäftsverkehr im Wesentlichen den für den Rechtsverkehr mit Verbrauchern relevanten Maßstab an, während das englische und insbesondere das U.S.-amerikanische Recht hier umfassende Haftungsfreizeichnungen zulassen.

b) Bewertung und Ergebnis

Die vorstehenden Ausführungen zeigen, dass die untersuchten Rechtsordnungen die Interessen der Hersteller und der Nutzer bei einem Vertrieb von Software über Zwischenhändler unterschiedlich gewichten.

Dabei findet insbesondere im Recht der USA eine Privilegierung der Herstellerinteressen statt. Der Hersteller kann hier im unternehmerischen Geschäftsverkehr nach der mittlerweile überwiegend vertretenen Ansicht weitgehende Haftungsfreizeichnungen durch die Verwendung von Schutzhüllen- und Enter-Verträgen gegenüber Endbenutzern durchsetzen. Die zunächst nutzerfreundliche Rechtslage, die dadurch bedingt ist, dass der Endbenutzer kaufvertragliche Ansprüche wegen der Verletzung von express oder implied warranties gegen den Hersteller geltend machen kann[1381], wird auf diesem Weg relativiert. Darüber hinaus zeigt sich die

1380 Siehe S. 304ff.

1381 Interessant ist dabei, dass die auch bei einem Vertrieb der Software über Zwischenhändler in den EULA enthaltenen Gewährleistungsausschlüsse nur im Recht der USA nachvollziehbar sind, da nur hier kaufvertragliche Ansprüche direkt gegen den Hersteller bestehen können. Sofern solche Ausschlüsse auch in einem EULA enthalten sind, das dem deutschen oder englischen Recht unterliegt, handelt es dabei wohl um eine unreflektierte Übernahme der U.S.-amerikanischen Vertragspraxis. Siehe hierzu auch die Andeutungen von Schuhmacher, CR 2000, 641, 642.

Herstellerfreundlichkeit des U.S.-amerikanische Rechts daran, dass der Hersteller im Vergleich zum deutschen und englischen Recht auch im Hinblick auf deliktische Produkthaftungsansprüche sowie Ansprüche wegen misrepresentation umfassende Freizeichnungsmöglichkeiten hat.

Im Gegensatz zum Recht der USA kommt den Interessen der Nutzer im englischen Recht ein stärkeres Gewicht zu. Zwar ist zu berücksichtigen, dass das englische Recht wegen der privity of contract-Doktrin sowie der Zurückhaltung bei der Annahme von deliktischen Sorgfaltspflichten zunächst eine herstellerfreundliche Tendenz aufweist. Allerdings wird diese Herstellerfreundlichkeit dadurch relativiert, dass nur schwer vorhersehbar ist, ob die Rechtsprechung den Abschluss eines EULA durch Schutzhüllen- oder Enter-Verträge für wirksam hält. Weiterhin ist für die Nutzer von Vorteil, dass die Möglichkeit der Freizeichnung von deliktischen Ansprüchen weniger stark ausgeprägt ist als im U.S.-amerikanischen Recht. So ist ein Haftungsausschluss für fahrlässiges Verhalten im unternehmerischen Geschäftsverkehr zwischen Unternehmen mit vergleichbarer Verhandlungsstärke zwar grundsätzlich wirksam, allerdings nur sofern im Einzelfall keine Tötung oder Körperverletzung vorliegt. Im Rechtsverkehr mit Verbrauchern ist ein solcher Ausschluss sogar regelmäßig unwirksam.

Auch im deutschen Recht kommt den Interessen der Nutzer mehr Gewicht zu als im Recht der USA, da die Möglichkeiten des Herstellers zur Haftungsfreizeichnung hier nur sehr begrenzt sind. Zwar ist die Ausgangslage – wie im englischen Recht – für den Anwender zunächst nachteilig, da kaufvertragliche Ansprüche gegen den Hersteller an dem Grundsatz der Relativität der Schuldverhältnisse scheitern. Jedoch ist davon auszugehen, dass die Rechtsprechung dem Hersteller die Möglichkeit verwehrt, durch die Verwendung von Schutzhüllen- und Enter-Verträgen einen wirksamen Abschluss seines EULA herbeizuführen. Damit kann eine Haftungsfreizeichnung nur durch den Abschluss eines Registrierungsvertrags erfolgen. Selbst in diesem Fall unterliegt die Möglichkeit eines Haftungsausschlusses weitreichenden Grenzen. So muss dieser insbesondere die Anforderungen des § 309 Nr. 7 BGB erfüllen, welcher auch im unternehmerischen Geschäftsverkehr über § 307 BGB Indizwirkung entfaltet. Das dadurch bedingte, vergleichsweise hohe Haftungsrisiko des Softwareherstellers erscheint jedoch unter Wertungsgesichtspunkten angemessen. Die Wirksamkeit des EULA würde bei einem Vertrieb über Zwischenhändler voraussetzen, dass der Zeitpunkt der Annahme des EULA nach hinten verschoben wird. Dies würde jedoch ein Verstoß gegen die hergebrachten und allgemein akzeptierten Grundsätze zum Vertragsschluss darstellen und wäre allein den wirtschaftlichen Interessen des Softwareherstellers geschuldet.

Teil 3: Abschließende Gesamtbetrachtung

Die abschließende Gesamtbetrachtung dient dazu, die im Rahmen der Einleitung aufgeworfene Frage zu beantworten, in welchem Umfang ein Softwarehersteller in den untersuchten Rechtsordnungen für fehlerhafte Software haftet und welche Auswirkungen damit für die Stellung des deutschen Rechts im Wettbewerb der Rechtsordnungen verbunden sind. Zu diesem Zweck werden im Rahmen der abschließenden Gesamtbetrachtung die zentralen Vergleichsergebnisse der jeweiligen Teilabschnitte aufgegriffen[1382]. In diesem Zusammenhang wird deutlich, dass die deutschen haftungsrechtlichen Regelungen in weiten Teilen zu Ergebnissen führen, die denen des englischen und des U.S.-amerikanischen Rechts entsprechen. Einen erheblichen Unterschied weist das deutsche Recht jedoch an dem zentralen Punkt auf, unter welchen Voraussetzungen eine Haftungsfreizeichnung im unternehmerischen Geschäftsverkehr möglich ist. Dabei kann die hinter dem deutschen Ansatz stehende Interessenabwägung nur bedingt überzeugen, so dass der sich anschließende Ausblick darlegt, wo angesetzt werden muss, um die Stellung des deutschen Rechts im Wettbewerb der Rechtsordnungen zu stärken.

A. Zusammenfassung

Im Rahmen der vertraglichen und außervertraglichen Haftung des Softwareherstellers sowie der Haftung im vorvertraglichen Bereich ist auffällig, dass die untersuchten Rechtsordnungen eine weitestgehend vergleichbare Gewichtung der Interessen der Softwarehersteller und der Nutzer vornehmen. Damit hat sich in diesen Bereichen die „praesumtio similitudinis" bewahrheitet, wonach zu vermuten ist, dass die verschiedenen Rechtsordnungen dieselben tatsächlichen Probleme auf identische oder zumindest ähnliche Weise lösen[1383]. Soweit die untersuchten Rechtsordnungen bestimmte Teilaspekte abweichend bewerten, sind diese

1382 Für die ausführlichen Ergebnisse der jeweiligen Teilabschnitte siehe S. 101ff.; S. 127ff.; S. 176ff.; S. 221ff.; S. 304ff. und S. 341ff.

1383 Zweigert/Kötz, § 3 III., S. 39. Die grundlegenden systematischen Unterschiede zwischen dem kontinentaleuropäischen und dem anglo-amerikanischen Recht

Unterschiede zumeist nur gradueller Natur und werden häufig an anderer Stelle wieder ausgeglichen.

So stellt sich das deutsche Recht im Hinblick auf die vertraglichen Ansprüche und Rechte der geschädigten Nutzer auf den ersten Blick vergleichsweise herstellerfreundlich dar, was sich beispielweise an der grundsätzlich vorgeschalteten Nacherfüllung, der Beschränkung des Rücktrittsrechts und des verschuldensabhängigen Schadensersatzanspruchs zeigt. Denn derartige Beschränkungen sind im englischen und dem U.S.-amerikanischen Recht nicht oder nur in begrenztem Umfang vorgesehen[1384]. Allerdings hat die Untersuchung gezeigt, dass die herstellerfreundliche Tendenz des deutschen Rechts aufgrund der besonderen Eigenschaften von Software und deren Direktvertrieb nur in Ausnahmefällen zum Tragen kommt und durch die Regelungen des common law zur Schadensberechnung weitgehend neutralisiert wird[1385]. Auch bei einem Vertrieb über Zwischenhändler steht im deutschen, wie auch im englischen Recht, zunächst das Interesse der Softwarehersteller im Vordergrund, da eine vertragliche Haftung nur bei der an hohe Anforderungen geknüpften Übernahme einer Garantie in Betracht kommt, wohingegen der Endbenutzer im Recht der USA auch bei dieser Vertriebsform kaufvertragliche Ansprüche aus der Verletzung einer express oder implied warranty gegen den Hersteller geltend machen kann[1386]. Bei einer Gesamtschau relativiert sich jedoch die Nutzerfreundlichkeit des U.S.-amerikanischen Rechts, da der Hersteller sein Haftungsrisiko durch die vertraglichen Freizeichnungsmöglichkeiten umfassend begrenzen kann[1387].

Im Gegensatz dazu stellt sich das deutsche Recht im Rahmen der außervertraglichen Produkthaftung zunächst vergleichsweise nutzerfreundlich dar. Zwar gelten für die Produzentenhaftung aus § 823 Abs. 1 BGB und den tort of negligence ähnliche Anspruchsvoraussetzungen. Aufgrund einer Beweislastverteilung, die den Interessen der Geschädigten zugute kommt, können diese im deutschen Recht allerdings leichter nachgewiesen werden[1388]. Jedoch handelt es sich hierbei nur um einen graduellen Unterschied und zumindest im Hinblick auf das U.S.-amerikanische Recht ist zugunsten der Endbenutzer zu

bezweifelnd, Gordley, ZEuP 1993, 498ff. sowie speziell für das Deliktsrecht Van Gerven/Lever/Larouche, S. 675.

1384 Dazu siehe oben, S. 106ff.

1385 Dazu siehe oben, S. 112ff.

1386 Dazu siehe oben, S. 127ff.

1387 Dazu siehe oben, S. 341ff.

1388 Dazu siehe oben, S. 176ff.

berücksichtigen, dass die Gerichte nach dem Recht der meisten Bundesstaaten punitive damages zusprechen können[1389].

Zu vergleichbaren Ergebnissen kommen die untersuchten Rechtsordnungen auch im Hinblick auf die verschuldensunabhängige Produkthaftung. Zwar werden die Interessen der Nutzer in Deutschland und England auf den ersten Blick stärker geschützt als in den USA, da sich die Fehlerhaftigkeit der Software nach dem ProdHaftG und dem CPA 1987 – zumindest theoretisch – allein nach den Verbrauchererwartungen bestimmt, wohingegen im Rahmen der strict liability in tort ein fahrlässiges Handeln des Herstellers erforderlich ist[1390]. In diesem Zusammenhang ist jedoch zu berücksichtigen, dass in manchen Bundesstaaten der USA ein Fehlerbegriff Anwendung findet, der mit dem europäischen Ansatz zu vergleichen ist und umgekehrt auch eine Fehlerbestimmung nach dem U.S.-amerikanischen Ansatz im deutschen und englischen Recht vertreten wird. Jedenfalls sind die zahlreichen Beschränkungen des ersatzfähigen Schadens geeignet, die zumindest konzeptionelle Privilegierung der Nutzerinteressen im deutschen, wie auch im englischen Recht, zu relativieren[1391].

Auch im Rahmen der Haftung des Herstellers für Aussagen im vorvertraglichen Bereich setzt sich die aufgezeigte Tendenz der untersuchten Rechtsordnungen fort, eine vergleichbare Gewichtung der Interessen der Softwarehersteller und der Nutzer vorzunehmen[1392]. Zwar enthalten das deutsche und das englische Recht in diesem Zusammenhang eine erhebliche Privilegierung der Herstellerinteressen, da sich deren Haftung im Wesentlichen auf den Direktvertrieb beschränkt. Allerdings sehen beide Rechtsordnungen im Rahmen der culpa in contrahendo bzw. der sec. 2 (1) Misrepresentation Act 1967 auch bei fahrlässigem Verhalten den Ersatz von reinen Vermögensschäden vor, wohingegen im Recht der USA zumeist nur Körper- und Eigentumsschäden ersatzfähig sind. Auch die Haftung bei einem Vertrieb über Zwischenhändler ist im Recht der USA weitergehend, da der Endbenutzer Körper- und Eigentumsschäden im Rahmen eines verschuldensunabhängigen Anspruchs geltend machen kann. Im Gegensatz dazu muss der Hersteller im deutschen Recht zumindest fahrlässig gehandelt haben. Allerdings wird die weitergehende Haftung nach dem U.S.-amerikanischen Recht durch verschiedene Möglichkeiten der vertraglichen Haftungsfreizeichnung wieder ausgeglichen[1393].

1389 Dazu siehe oben, S. 189f.
1390 Dazu siehe oben, S. 181ff.
1391 Dazu siehe oben, S. 189ff.
1392 Dazu siehe oben, S. 221ff.
1393 Dazu siehe oben, S. 310f.

Die allgemein zu beobachtende Tendenz der Rechtsordnungen, die Interessen der Softwarehersteller und der Nutzer vergleichbar zu gewichten, setzt sich allerdings im Rahmen der AGB-Kontrolle nicht fort, da eine vertragliche Haftungsfreizeichnung in Allgemeinen Geschäftsbedingungen im deutschen Recht nur unter vergleichsweise strengen Voraussetzungen möglich ist. Dies zeichnet sich bereits im Rechtsverkehr mit Verbrauchern ab. Der erhöhte Freizeichnungsschutz erscheint in diesem Bereich jedoch angemessen, da die Hersteller ihre Vertragsbestimmungen auf einer „take it or leave it"-Basis anbieten und die Verbraucher aufgrund ihrer schlechten Verhandlungsposition keine Möglichkeit haben, diese Bestimmungen individualvertraglich abzuändern.

Weniger überzeugend ist dieser weitgehende Freizeichnungsschutz allerdings im unternehmerischen Geschäftsverkehr. Denn das deutsche Recht wendet hier über § 307 BGB im Wesentlichen das Schutzniveau an, das im Rechtsverkehr mit Verbrauchern besteht. Dies scheint insbesondere im Hinblick auf Unternehmen, die eine vergleichbare Verhandlungsstärke aufweisen, fragwürdig. So haftet der Hersteller im unternehmerischen Geschäftsverkehr nicht bloß für die Verletzung von Leben, Körper und Gesundheit sowie grobe Fahrlässigkeit[1394]. Darüber hinaus besteht eine zwingende Haftung für die Verletzung von wesentlichen Vertragspflichten. Dieser Effekt wird noch durch den Umstand verstärkt, dass die Rechtsprechung an ein „Aushandeln" i.S.v. § 305 Abs. 1 S. 3 BGB hohe Anforderungen stellt. Die Folge hiervon ist, dass der Hersteller im Direktvertrieb, welcher regelmäßig die wirksame Vereinbarung des EULA ermöglicht, unter Geltung des englischen oder U.S.-amerikanischen Rechts einem wesentlich geringeren Haftungsrisiko unterliegt. Im Recht der USA kann der Hersteller nämlich durch die Begrenzung auf ein exklusives Recht sämtliche darüber hinausgehende Haftung ausschließen. Im englischen Recht besteht zwar ebenfalls eine zwingende Haftung für die Tötung und Körperverletzung. Im Übrigen ist ein Ausschluss aber regelmäßig wirksam, wenn er von Unternehmen mit vergleichbarer Verhandlungsmacht vertraglich vereinbart wurde.

Bei einem Vertrieb der Software über Zwischenhändler ist darüber hinaus zu beachten, dass das deutsche Recht keine Einbeziehung des EULA durch die Verwendung von Schutzhüllen- und „Enter"-Verträgen ermöglicht, weshalb der Hersteller sein Haftungsrisiko schon aus diesem Grund nicht begrenzen kann[1395]. Im Gegensatz dazu gehen die anglo-amerikanischen Rechtsordnungen überwiegend von der Wirksamkeit derartiger Vertragsmodelle aus. Dies hat insbesondere

1394 Dazu siehe oben, S. 312ff.

1395 Dazu siehe oben, S. 341ff.

im US-amerikanischen Recht zur Folge, dass das zunächst erhebliche Haftungsrisiko, welches aus der Geltendmachung von kaufvertraglichen Ansprüchen des Endbenutzers gegen den Hersteller resultiert, durch die angeführten Freizeichnungsmöglichkeiten ausgeglichen werden kann.

B. Ausblick

Der Rechtsvergleich hat gezeigt, dass die erschwerte Haftungsfreizeichnung im unternehmerischen Geschäftsverkehr, die das deutsche Recht im Vergleich zum englischen und U.S.-amerikanischen Recht vorsieht, nur bedingt überzeugen kann. Angemessen ist insoweit lediglich die regelmäßig nicht gegebene Einbeziehungsmöglichkeit des EULA bei einem Vertrieb der Software über Zwischenhändler. Denn die Annahme der Wirksamkeit des EULA würde in diesen Fällen voraussetzen, dass der Zeitpunkt der Annahme des EULA nach hinten verschoben wird und somit die wirtschaftlichen Interessen des Softwareherstellers vor die hergebrachten und allgemein akzeptierten Grundsätze zum Vertragsschluss gestellt werden[1396].

Soweit die fehlende Freizeichnungsmöglichkeit im unternehmerischen Geschäftsverkehr jedoch auf die Indizwirkung der Klauselverbote der §§ 308, 309 BGB zurückzuführen ist, erscheint eine Neuorientierung erforderlich. Zwar beruht diese Indizwirkung auf nachvollziehbaren und gewichtigen Gründen. So ist der Schutzzweck des deutschen AGB-Rechts darauf gerichtet, eine einseitige Inanspruchnahme von Vertragsgestaltungsfreiheit zu verhindern, wobei diese Gefahr grundsätzlich auch im unternehmerischen Geschäftsverkehr denkbar ist[1397]. Weiterhin wirkt sich die Indizwirkung positiv auf die Rechtssicherheit sowie die Effizienz und Schnelligkeit von gerichtlichen Verfahren aus, da sie Feststellungen im Einzelfall zur Verhandlungsmacht und der Erfahrung der beteiligten Unternehmen überflüssig macht[1398].

Aufgrund der zunehmenden Globalisierung und dem dadurch bedingten Wettbewerb der Rechtsordnungen müssen aber auch solche Regelungen überdacht werden, die sich im nationalen Recht etabliert haben, wenn sie erkennbar zu einer geringeren Anwendung der nationalen Rechtsordnung bei grenzüberschreitenden Rechtsgeschäften führen. Dies gilt umso mehr, wenn die hinter der Regelung

1396 Dazu siehe oben, S. 341ff.
1397 Westphalen, BB 2010, 195, 200.
1398 Westphalen, ZIP 2007, 149, 156f.

stehende Interessenabwägung – wie im vorliegenden Fall – nicht überzeugen kann. Vor diesem Hintergrund erscheint eine Stärkung des Differenzierungsgebots in § 310 Abs. 2 S. 2 HS 2 BGB unausweichlich[1399]. Hierdurch könnte nämlich im Rahmen der AGB-Kontrolle zukünftig Berücksichtigung finden, ob die Haftungsfreizeichnung einen schutzbedürftigen Verbraucher betrifft oder ob ein erfahrenes und professionell beratenes Unternehmen in Ausübung seiner Vertragsfreiheit das durch die Haftungsfreizeichnung bedingte Risiko bewusst in Kauf genommen hat.

Es ist davon auszugehen, dass Unternehmen ihre Allgemeinen Geschäftsbedingungen mit der vorgeschlagenen Änderung häufiger dem deutschen Recht unterstellen würden. Auch wenn teilweise vertreten wird, dass eine Stärkung des Differenzierungsgebots bereits durch eine andere Auslegung des bestehenden Rechts möglich ist, erscheint eine ausdrückliche Regelung durch den Gesetzgeber vorteilhaft[1400]. Hierdurch wäre nämlich, um an das eingangs angeführte Zitat des Bundespräsidenten anzuknüpfen, ein international wahrnehmbares Zeichen gesetzt, dass das deutsche Recht den Wettbewerb der Rechtsordnungen „unverzagt annimmt und an ihm wächst".

1399 So auch Müller/Griebeler/Pfeil, BB 2009, 2658ff.; Kessel/Stomps, BB 2009, 2666ff.; Berger, NJW 2010, 465, 469f. (jeweils mit konkreten Reformvorschlägen). A.A.: Westphalen, BB 2010, 195ff.

1400 So auch Berger, NJW 2010, 465, 466ff.; Dauner-Lieb/Axer, ZIP 2010, 309, 314.

Literaturverzeichnis

Adams, John, Damages in Sale of Goods: A Critique of the Provisions of the Sale of Goods Act and Article 2 of the Uniform Commercial Code, J.B.L., 2002 *(Sep)*, S. 553–566

Adams, John/*Brownsword*, Roger, The Unfair Contract Terms Act: A Decade of Discretion, *104* L.Q.R., 1988, S. 94–119

Agin, Warren/*Kumis*, Scott, A Framework for Understanding Electronic Information Transactions, *15* Alb. L. J. Sci. & Tech., 2005, S. 277–335

Atiyah, Patrick/*Adams*, John/*MacQueen*, Hector, Sale of Goods, 11th ed., Harlow 2005

Atiyah, Patrick/*Treitel*, Guenter, Misrepresentation Act 1967, M.L.R., 1967, S. 369–388

Auer-Reinsdorff, Astrid, Haftungsregelungen für Folgeschäden in IT-Projekten, ITRB 2006, S. 181–186

Bainbridge, David, Introduction to Information Technology Law, 6th ed., London 2008

Baker, Darren, ProCD v. Zeidenberg: Commercial Reality, Flexibility in Contract Formation, and Notions of Manifested Assent in the Arena of Shrinkwrap Licenses, *92* Nw. U. L. Rev., 1997, S. 379–433

Bamberger, Heinz/*Roth*, Herbert, Kommentar zum Bürgerlichen Gesetzbuch, Bd. 1, 3. Aufl., München 2012, zitiert: Bamberger/Roth/Bearbeiter

Bartl, Harald, Hardware, Software und Allgemeine Geschäftsbedingungen, CR 1985, S. 13–22

Bartsch, Michael, Rechtsmängelhaftung bei der Überlassung von Software, CR 2005, S. 1–10

Bartsch, Michael, Softwareüberlassung–was ist das?, CR 1992, S. 393–397

Bartsch, Michael, Das neue Schuldrecht–Auswirkungen auf das EDV-Vertragsrecht, CR 2001, S. 649–657

Baus, Christoph, Verwendungsbeschränkungen in Software-Überlassungsverträgen, Köln 2004

Beale, Hugh, Legislative Control of Fairness: The Directive on Unfair Terms in Consumer Contracts, in: Beatson, Jack/Friedmann, Daniel [Hrsg.], Good Faith and Fault in Contract Law, S. 231–261, Oxford 1995, zitiert: Beale, in: Beatson/Friedmann

Beale, Hugh/*Hartkamp*, Arthur/*Kötz*, Hein/*Tallon*, Dennis, Cases, Materials and Text on Contract Law, Oxford 2002

Beatson, Jack, Anson's Law of Contract, 28th ed., Oxford 2002, zitiert: Beatson, in: Anson's Law of Contract

Berger, Christian, Der Beschaffenheitsbegriff des § 434 Abs. 1 BGB, JZ 2004, S. 278–283

Berger, Klaus, Abschied von der Privatautonomie im unternehmerischen Geschäftsverkehr?, ZIP 2006, S. 2149–2156

Berger, Klaus, Für eine Reform des AGB-Rechts im Unternehmensverkehr, NJW 2010, S. 465–470

Berger, Klaus/*Kleine*, Lucas, AGB-Gestaltung und Transparenzgebot–Beispiele aus der jüngeren BGH-Rechtsprechung zum unternehmerischen Geschäftsverkehr, NJW 2007, S. 3526–3530

Boss, Amelia/*Woodward*, William, Scope of Uniform Commercial Code: Survey of Computer Contracting Cases, *43* Bus. Law., 1988, S. 1513–1554

Bradley, Patrick/*Smith*, Jennifer, Liability Issues Regarding Defects in Computer Software, *19 NO. 5* Prod. Liab. L. & Strategy, 2000, S. 5

Brandi-Dohrn, Matthias, Die gewährleistungsrechtliche Einordnung des Software-Überlassungsvertrages, CR 1986, S. 63–73

Braucher, Jean, Contracting out of Art. 2 Using a „License" Label: A Strategy That Should Not Work For Software Products, *40* Loy. L.A. L. Rev., 2006, S. 261–279

Bräutigam, Peter/*Rücker*, Daniel, Softwareerstellung und § 651–Diskussion ohne Ende oder Ende der Diskussion?, CR 2006, S. 361–368

Brennan, Lorin, Why Article 2 Cannot Apply to Software Transactions, *38* Duq. L. Rev., 2000, S. 459–589

Bridge, Michael, Mitigation of Damages in Contract and the Meaning of Avoidable Loss, *105* L.Q.R., 1989, S. 398–423

Bridge, Michael, The Sale of Goods, Oxford 2000

Brown, Ian, Commercial Law, London 2001

Brownsword, Roger, Brownsword, Retrieving Reasons, Retrieving Rationality?, *5* Journal of Contract Law, 1992, S. 83–107

Burnham, Scott, Incorporating the Doctrine of Reasonable Expectations in Article 2, *11* Duq. Bus. L.J., 2009, S. 217–242

Bydlinski, Peter, Der Sachbegriff im elektronischen Zeitalter: zeitlos oder anpassungsbedürftig?, AcP 1998, S. 287–328

Cahn, Andreas, Produkthaftung für verkörperte geistige Leistung, NJW 1996, S. 2899–2905
Calamari, John/*Perillo*, Joseph, Calamari and Perillo on Contracts, 5th ed., St. Paul 2003
Cartwright, John, Misrepresentation, Mistake and Non-Disclosure, London 2007
Cavico, Frank, The Strict Tort Liability of Retailers, Wholesalers, and Distributors of Defective Products, *12* Nova L. Rev., 1987, S. 213–246
Cerny, Mark, A Shield against Arbitration: U.C.C. Section 2-207's Role in the Enforceability of Arbitration Agreements included with Delivery of Products, *51* Ala. L. Rev., 2000, S. 821–845
Chissick, Michael/*Kelman*, Alistair, Electronic Commerce, 3rd ed., London 2002
Collins, David, Shrinkwrap, Clickwrap and Other Software License Agreements: Litigating a Digital Pig in a Poke in West Virginia, *111* W. Va. L. Rev., 2009, S. 531–580
Dauner-Lieb, Barbara/*Axer*, Constantin, Quo vadis AGB-Kontrolle im unternehmerischen Geschäftsverkehr, ZIP 2010, S. 309–314
Dean, Meryll, Defining Unfair Terms in Consumer Contracts – Crystal Ball Gazing? Director General of Fair Trading v First National Bank, *65* M.L.R., 2002, S. 773–781
Department of Trade and Industry, Implementation of the EC Directive on Product Liability, November 1985
Deveci, Hasan, Consent in online contracts: old wine in new bottles, *13(8)* C.T.L.R., 2007, S. 223–231
Diamond, John, Cases and Materials on Torts, St. Paul 2001
Diedrich, Kay, Typisierung von Softwareverträgen nach der Schuldrechtsreform, CR 2002, S. 473–480
Dobbs, Dan, The Law of Torts, St. Paul 2000, zitiert: Dobbs, Torts
Dobbs, Dan, The Law of Remedies, 2nd ed., St. Paul 1993, zitiert; Dobbs, Remedies
Dugdale, Anthony/Jones, Michael [Hrsg.], Clerk & Lindsell on Torts, 19th ed., London 2006, zitiert: Bearbeiter, in: Clerk & Lindsell on Torts
Durney, Edward, The Warranty of Merchantibility and Computer Software Contracts: A Square Peg Won't Fit in a Round Hole, *59* Wash. L. Rev., 1984, S. 511–530
Eckert, Hans-Werner/*Maifeld*, Jan/*Matthiessen*, Michael, Handbuch des Kaufrechts, München 2007
Eickmeier, Lars/*Eickmeier*, Jens, Verkauf von Standardsoftware mit Installationsverpflichtung, CR 1993, S. 73–80
Emmerich, Volker, BGB – Schuldrecht, Besonderer Teil, 12. Aufl., Heidelberg 2009

Erman, Walter, Handkommentar zum Bürgerlichen Gesetzbuch, Band 1, 13. Aufl., Köln 2011, zitiert: Erman/Bearbeiter

Ervine, W., Cure and Retender Revisited, J.B.L., 2006 *(Dec)*, S. 799–815

Farnsworth, E. Allan, Farnsworth on Contracts, Band I–III, 3rd ed., New York 2004

Ferriell, Jeffrey/*Navin*, Michael, Understanding Contracts, Newark 2004

Fikentscher, Wolfgang/*Heinemann*, Andreas, Schuldrecht, 10. Aufl., Berlin 2006

Flechtner, Harry, Enforcing Manufacturer's Warranties, „Pass Through"-Warranties and the Like: Can the Buyer Get A Refund?, *50* Rutgers L.Rev., 1998, S. 397–471

Frank, Christoph, Made in Germany: Dieses international anerkannte Qualitätssiegel gilt auch für das deutsche Recht!, DRiZ 2009, S. 1

Fraser, Stephen, Canada-United States Trade Issues: Back From Purgatory? Why Computer Software „Shrink-Wrap" Licenses Should be Laid to Rest, *6* Tul. J.Int.'l & Comp. L., 1998, S. 183–234

Frisch, David, Amended U.C.C. Article 2 as Code Commentary, *11* Duq. Bus. L.J., 2009, S. 175–193

Fuller, Lon/*Eisenberg*, Melvin, Basic Contract Law, 7th ed., St. Paul 2001

Furmston, M.P., Cheshire, Fifoot & Furmston's Law of Contract, 15th ed., Oxford 2007, zitiert: Cheshire/Fifoot/Furmston

Gabriel, Henry, The Inapplicability of the CISG as a Model of the Revision of Article Two of the UCC, *72* Tul. L. Rev., 1998, S. 1995–2014

Gardner, Sheldon/*Kuehl*, Robert, Acquiring an Historical Understanding of Duties to Disclose, Fraud, and Warranties, *104* Com. L.J., 1999, S. 168–194

Garner, Bryan [Hrsg.], Black's Law Dictionary, 8th ed., St. Paul 2004

Gaul, Björn, Standardsoftware: Veränderung von Gewährleistungsansprüchen durch AGB, CR 2000, S. 570–577

Gehb, Jürgen, German law goes Hollywood – Sind wir fit für den Wettbewerb der Rechtsordnungen?, DRiZ 2008, S. 222–224

Giliker, Paula/*Beckwith*, Silas, Tort, 3rd ed., London 2008

Goldmann, Bettina/*Redecke*, Rebecca, Gewährleistung bei Softwarelizenzverträgen nach dem Schuldrechtsmodernisierungsgesetz, MMR 2002, S. 3–8

Gomulkiewicz, Robert, The License is the Product: Comments on the Promise of Article 2B for Software and Information Licensing, *13* Berkeley Tech. L. J., 1998, S. 891–930

Gomulkiewicz, Robert, The Implied Warranty of Merchantability in Software Contracts: A Warranty that No one Dares to Give and How to Change That, *16* J. Marshall J. Computer & Info. L., 1997, S. 393–401

Goodger, Ben, Beta plus for effort; beta minus for clarity, *18(11)* E.I.P.R., 1996, S. 636–639
Goodman, Batya, Honey, I Shrink-Wrapped the Consumer: The Shrink-Wrap Agreement as an Adhesion Contract, *21* Cardozo L. Rev., 1999, S. 319–360
Green, Sarah/*Saidov*, Djakhongir, Software as Goods, J.B.L., 2007 *(March)*, S. 161–181
Gretton, George, Software: binding the end-user, J.B.L., 1996 *(Sep.)*, S. 524–525
Guest, A. [Hrsg.], Benjamin's Sale of Goods, 5th ed., London 1997, zitiert: Autor, in: Benjamin's Sale of Goods
Guest, A. [Hrsg.], Chitty on Contracts, Bd. I, 29th ed., London 2007, zitiert: Autor, in: Chitty on Contracts
Hamilton, Walton, The Ancient Maxim Caveat Emptor, *40* Yale L.J., 1931, S. 1133–1187
Harrison, Reziya, Good Faith in Sales, London 1997
Hazelwood, Kristin, Let the Buyer Beware: The Seventh Circuit's Approach to Accept-Or-Return Offers, *55* Wash. & Lee L. Rev., 1998, S. 1287–1334
Heller, James, UCITA: Still Crazy After All These Years, and Still Not Ready for Prime Time, *8* Rich. J.L. & Tech., 2001, S. 5–12
Henderson, James/*Twerski*, Aaron, What Europe, Japan and other Countries can learn from the New American Restatement of Products Liability, *34* Tex. Int'l. L.J., 1999, S. 1–20
Heussen, Benno, Unvermeidbare Softwarefehler – Neue Entlastungsmöglichkeiten für Hersteller, CR 2004, S. 1–10
Heussen, Benno, Urheber- und lizenzrechtliche Aspekte bei der Gewährleistung für Computersoftware, GRUR 1987, S. 779–792
Hillman, Robert/*Barakat*, Ibrahim, Warranties and Disclaimers in the Electronic Age, *11* Yale J.L. & Tech., 2009, S. 1–69
Hilty, Reto, Der Softwarevertrag – ein Blick in die Zukunft – Konsequenzen der trägerlosen Nutzung und des patentrechtlichen Schutzes von Software, MMR 2003, S. 3–15
Hodges, Christopher, England and Wales, Product Liability – European Laws and Practice, London 1993
Hoeren, Thomas, IT-Verträge, in: v. Westphalen [Hrsg.], Vertragsrecht und AGB-Klauselwerke, München 2012, zitiert: AGB-Klauselwerke/Hoeren, IT-Verträge
Hoeren, Thomas, Softwareüberlassung an der Schnittstelle von Urheber- und Vertragsrecht, GRUR 1988, S. 340–349
Hooley, Richard, Damages and the Misrepresentation Act 1967, *107* L.Q.R., 1991, S. 547–551

Hörl, Bernhard, Haftungsklauseln in IT-Verträgen, ITRB 2005, S. 217–219
Howarth, David, Textbook on Tort, London 1995
Howells, Geraint/*Mildred*, Mark, Is European Products Liability More Protective Than The Restatement (Third) Of Torts: Products Liability?, *65* Tenn. L.Rev., 1998, S. 985–1030
Hull, Katy, The Overlooked Concern with the Uniform Computer Information Transactions Act, *51* Hastings L.J., 2000, S. 1391–1412
Intveen, Michael, Haftungsklauseln in Allgemeinen Geschäftsbedingungen im kaufmännischen/unternehmerischen Verkehr, ITRB 2002, S. 295–297
Jackson, Rupert/*Powell*, John, Professional Negligence, 4th ed., London 1997
Jauernig, Othmar, Bürgerliches Gesetzbuch, 14. Aufl., München 2011, zitiert: Jauernig/Bearbeiter
Johnson, Phillip, All wrapped up? A review of the enforceability of „shrink-wrap“ and click-wrap“ licenses in the United Kingdom and the United States, *25(2)* E.I.P.R., 2003, S. 98–102
Junker, Abbo/*Benecke*, Martina, Computerrecht, 3. Aufl., Baden-Baden 2003
Kamphausen, Brigitte, Bündnis für das deutsche Recht – eine Aufgabe für den Deutschen Richterbund, DRiZ 2009, S. 2–4
Kaner, Cem, Software Engineering and UCITA, *18* J. Marshall J. Computer & Info. L, 1999, S. 435–546
Kappus, Andreas, BGH „succurit ignoranti“ – Transparenz des „Kardinalpflichten“ -Begriffs im Unternehmensverkehr, NJW 2006, S. 15–17
Karger, Michael, Fallstricke in Clickwrap-Agreements, ITRB 2004, S. 110–114
Katzenmeier, Christian, Entwicklungen des Produkthaftungsrechts, JuS 2003, S. 943–951
Kaufhold, Sylvia, Anmerkung zu BGH, Urt. v. 17.2.2010, ZIP 2010, S. 631–635
Kawawa, Noriko, Contract Law Relating to Liability for Injury Caused by Information in Electronic Form: Classification of Contracts – A Comparative Study, England and the US, *1* JILT, 2000, abrufbar unter http://www2.warwick.ac.uk/fact/soc/law/elj/jilt/2000_1/kawawa
Keenan, Denis/*Riches*, Sarah, Business Law, 8th ed, London 2007
Kessel, Christian/*Stomps*, Andreas, Haftungsklauseln im Geschäftsverkehr zwischen Unternehmern – Plädoyer für eine Änderung der Rechtsprechung, BB 2009, S. 2666–2675
Kilian, Wolfgang/*Heussen*, Benno, Computerrechts-Handbuch, 30. Ergänzungslieferung, 2011
Kilian, Wolfgang, Vertragsgestaltung und Mängelhaftung bei Computersoftware, CR 1986, S. 187–196

Kirk, J., Software and the Consumer Protection Act 1987, *5* CL&P, 1989, S. 2–11

Kluth, Peter/*Böckmann*, Julius/*Grün*, Anselm, Beratungshaftung – Bewertungskriterien für rechtsverbindliche Aussagen beim Sachkauf, MDR 2003, S. 241–247

Koch, Frank, Schlechtleistung bei softwarebezogener Nacherfüllung, ITRB 2008, S. 131–134

Koch, Frank, Wirksame Vereinbarung von Kundenpflichten zur Software-„Aktivierung", ITRB 2002, S. 43–49

Koch, Robert, Auswirkungen der Schuldrechtsreform auf die Gestaltung Allgemeiner Geschäftsbedingungen, WM 2002, S. 2173–2183

Koffman, Laurence/*Macdonald*, Elizabeth, The law of contract, 6th ed., Oxford 2007

Kötz, Hein, Deutsches Recht und Common Law im Wettbewerb, Anwaltsblatt 2010, S. 1–7

Kötz, Hein, Ist die Produkthaftung eine vom Verschulden unabhängige Haftung?, FS Werner Lorenz (70.Geburtstag), S. 109–121. Tübingen 1991

Kunick, James/*Patzak*, Andrea, Issues to Consider When Licensing US Software in Germany, CRi 2007, S. 1–7

Lannetti, David, Toward a Revised Definition of „Product" under the Restatement (Third) of Torts: Product Liability, *55* Bus. Law., 2000, S. 779–844

Lautsch, John, American Standard Handbook of Software Business Law, Reston 1985

Leff, Arthur, Unconscionability and the Code: The Emperor's New Clause, *115* U. Pa. L. Rev., 1967, S. 485–559

Lehmann, Michael, Anmerkungen zum Urteil des BGH v. 25.3.1987, CR 1987, S. 422–425

Lehmann, Michael, Anmerkungen zum Urteil des BGH v. 20.1.1994, CR 1994, S. 277–280

Lehmann, Michael, Produzenten- und Produkthaftung für Soft- und Hardware, in: Lehman, Michael [Hrsg.], Rechtsschutz und Verwertung von Computerprogrammen, 2. Aufl., Köln 1993, zitiert: Lehmann in: ders., Rechtsschutz

Lehmann, Michael, Produkt- und Produzentenhaftung für Software, NJW 1992, S. 1721–1725

Lehmann, Michael, Das Urhebervertragsrecht der Softwareüberlassung, FS Schricker, S. 543 – 566, München 1995

Lejeune, Mathias, in: Ullrich, Hanns/Lejeune, Mathias [Hrsg.], Der internationale Softwarevertrag, 2. Aufl., Frankfurt am Main 2006, zitiert: Lejeune, Der internationale Softwarevertrag

Lejeune, Mathias, IT-Besonderheiten der Schuldrechtsreform: Ein Praxisüberblick, K & R 2002, S. 441–447

Leo, Ulrich/*Ghassemi-Tabar*, Nima, Anmerkung zu BGH, Urt. v. 9.6.2010, NJW 2010, S. 3710

Lesshaft, Karl, Anforderungen an Spezifikation und Dokumentation, CR 1989, S. 146–151

Levy, Lawrence/*Bell*, Suzanne, Software Product Liability: Understanding and Minimizing the Risks, *5* High Tech. L.J., 1990, S. 1–27

Lipner, Seth/Catalano, Lisa, The Tort of Giving Negligent Investment Advice, *39* U. Mem. L. Rev., 2009, S. 663–726

Lischek, Jan/*Mahnken*, Volker, Vertragsverhandlungen zwischen Unternehmen und AGB – Anmerkungen aus der Sicht der Praxis, ZIP 2007, S. 158–163

Lloyd, Ian, Information Technology Law, 3rd ed., London 2000

Lloyd, Ian, UK: Contract Protection Against Monday Software Packages, CRi 2003, S. 186–188

Lloyd, Ian, Liability for defective software, *32* Reliability Engineering and System Safety, 1991, S. 193–201

Macdonald, Elizabeth, The Council, the Computer and the Unfair Contract Terms Act, *58* M.L.R., 1995, S. 585–594

Macdonald, Elizabeth, Exemption Clauses and Unfair Terms, 2nd ed., West Sussex 2006

Macdonald, Elizabeth, Bugs and Breaches, *13* Int JLIT, 2005, S. 118–138

Macdonald, Elizabeth, Scope and Fairness of the Unfair Terms in Consumer Contracts Regulations: *Director General of Fair Trading v First National Bank*, *65* M.L.R., 2002, S. 763–773

Maggs, Gregory, The Waning Importance of Revisions to U.C.C. Article 2, *78* Notre Dame L. Rev., 2003, S. 595–628

Mahdi, Sajida, Gateway to Arbitration: Issues of Contract Formation under the U.C.C. and the Enforceability of Arbitration Clauses included in Standard Form Contracts Shipped with Goods, *96* Nw. U.L.Rev., 2001, S. 403–445

Mann, Richard/*Roberts*, Barry, The Applicability of Tort Law to Commercial Buyers, *79* Neb. L. Rev., 2000, S. 215–250

Marly, Jochen, Praxishandbuch Softwarerecht, 5. Aufl., München 2009, zitiert: Marly, Softwarerecht

Massey, Gary, Interpreting the Restatement of Torts Section 402B After the Changes to Section 402A, *28* Cumb. L.Rev., 1997–98, S. 177–213

Maule, Michael, Applying Strict Products Liability to Computer Software, *27* Tulsa L.J., 1992, S. 735–756

McBride, Nicholas/*Bagshaw*, Roderick, Tort Law, 3rd ed., Harlow 2008

McKendrick, Ewan, Contract Law, 3rd ed., Oxford 2008

McNichols, William, Who Says that Strict Tort Disclaimers Can Never Be Effective? The Courts Cannot Agree, *28* Okla. L. Rev., 1975, S. 494–529
Medicus, Dieter/*Lorenz*, Stephan, Schuldrecht I, 19. Aufl., München 2010
Mehrings, Josef, Computersoftware und Mängelhaftung, GRUR 1985, S. 189–197
Meier, Klaus/*Wehlau*, Andreas, Produzentenhaftung des Softwareherstellers, CR 1990, S. 95–100
Mentschikoff, Soia, Highlights of the Uniform Commercial Code, *27* Mod. L. Rev., 1964, S. 167–189
Mertens, Bernd, Die Rechtsfolgen einer Haftung aus culpa in contrahendo beim zustande gekommen Vertrag nach neuem Recht, ZGS 2004, S. 67–73
Meyer, Oliver/*Harland*, Hanno, Haftung für softwarebezogene Fehlfunktionen technischer Geräte am Beispiel von Fahrerassistenzsystemen, CR 2007, S. 689–695
Michael, Lothar, Wettbewerb von Rechtsordnungen, DVBl 2009, S. 1062–1072
Mintz, Jonathan, Strict Liability for Commercial Intellect, *41* Cath. U. L. Rev., 1992, S. 617–649
Mogey, James, Sotware As UCC Goods: A Critical Look, *34* How. L.J., 1991, S. 299–312
Möhring, Philipp/*Nicolini*, Käte, Urheberrechtsgesetz, Kommentar, 2. Aufl., München 2000, zitiert: Möhring/Nicolini/Bearbeiter
Morill, Robert, Contract Formation and the Shrink Wrap License: A Case Comment on ProCD, Inc. v. Zeidenberg, *32* New Eng. L.Rev., 1998, S. 513–551
Moritz, Hans-Werner, Überlassung von Computersoftware, CR 1989, S. 1049–1056
Moritz, Ralf, Überlassung von Programmkopien – Sachkauf oder Realakt in Vertrag sui generis?, CR 1994, S. 257–263
Müller, Werner/*Griebeler*, Carsten/*Pfeil*, Julia, Für eine maßvolle AGB-Kontrolle im unternehmerischen Geschäftsverkehr, BB 2009, S. 2658–2665
Müller-Hengstenberg, Claus, Computersoftware ist keine Sache, NJW 1994, S. 3128–3134
Müller-Hengstenberg, Claus, Vertragstypologie der Computersoftware, CR 2004, S. 161–166
Mullis, Alastair/*Oliphant*, Ken, Torts, 3rd ed., Basingstoke 2003
Münchener Kommentar, Kommentar zum Bürgerlichen Gesetzbuch, Band 2, 6. Aufl., München 2012, zitiert: MüKo/Bearbeiter
Münchener Kommentar, Kommentar zum Bürgerlichen Gesetzbuch, Band 3, 6. Aufl., München 2012, zitiert: MüKo/Bearbeiter
Münchener Kommentar, Kommentar zum Bürgerlichen Gesetzbuch, Band 5, 5. Aufl., München 2009, zitiert: MüKo/Bearbeiter

Nadan, Christian, Software Licensing in the 21st Century: Are Software „Licenses“ Really Sales and how will the Software Industry respond?, *961* PLI/Pat, 2009, S. 11–114

Napier, Brian, The future of information technology law, CLJ, 1992, S. 46

Neumayer, Karl-Heinz, Contracting Subject to Standard Terms and Conditions, in: Mehren, Arthur von [Hrsg.], International Encyclopedia of Comparative Law, Band 2, Tübingen 2008

Nimmer, Raymond, The Law of Computer Technology, Boston 1995

Niranjan, N., A Software Transfer Agreement and its Implications for Contract, Sale of Goods and Taxation, J.B.L., 2009 *[Aug.]*, S. 799–825

O'Sullivan, Janet/*Hilliard*, Jonathan, The Law of Contract, 3rd ed., Oxford 2008

Owen, David, Products Liability Law Restated, *49* S.C.L. Rev., 1998, S. 273–292

Owen, David, Products Liability Law, St. Paul 2005

Palandt, Otto, Bürgerliches Gesetzbuch, 71. Aufl., München 2012, zitiert: Palandt/Bearbeiter

Peel, Edwin, Reasonable Exemption Clauses, L.Q.R., 2001, S. 545–552

Phillips, Douglas, When Software Fails: Emerging Standards of Vendor Liability under the Uniform Commercial Code, *50* Bus. Law., 1994, S. 151–181

Pitet, Christopher, The Problem with „Money Now, Terms Later“: ProCD, Inc. v. Zeidenberg and the Enforceability of „Shrinkwrap“ Software Licenses, *31* Loy. L.A. L.Rev., 1997, S. 325–352

Poole, Jill, Textbook on Contract Law, 10th ed., Oxford 2010

Priest, George, Breach and Remedy for the Tender of Nonconforming Goods under the Uniform Commercial Code: An Economic Approach, *91* Harv. L. Rev., 1978, S. 960–1001

Prosser, William/*Keeton*, W. Page, Prosser and Keeton on Torts, 5th ed., St. Paul 1984

Prütting, Hanns/*Wegen*, Gerhard/*Weinreich*, Gerd, BGB Kommentar, 6. Aufl., Köln 2011, zitiert: PWW/Bearbeiter

Radin, Margaret, Humans, Computers and Binding Commitment, *75* Ind. L.J., 2000, S. 1125–1162

Redeker, Helmut, Wirksame Allgemeine Geschäftsbedingungen zur Mängelhaftung, ITRB 2004, S. 163–165

Reed, Chris/*Angel*, John, Computer Law, 6th ed., Oxford 2007

Reese, Jürgen, Produkthaftung und Produzentenhaftung für Hard- und Software, DStR 1994, S. 1121–1127

Reimann, Mathias, Liability for Defective Products at the Beginning of the Twenty-First Century: Emergence of a Worldwide Standard?, *51* Am. J. Comp. L., 2003, S. 751–838

Reinhard, Christine, Tangible or Intangible – Is That the Question? Conflict in the Texas Tax Classification System of Computer Software, *29* St. Mary's L.J., 1998, S. 871–927

Reinicke, Dietrich/*Tiedtke*, Klaus, Kaufrecht, 8. Aufl., Köln 2009

Richards, Paul, Law of Contract, 8th ed., London 2007

Rogers, W.V.H., Winfield & Jolowicz on Tort, 17th ed., London 2006, zitiert: Winfield/Jolowicz/Rogers

Rogers, W.V.H./*Clarke*, M.G., The Unfair Contract Terms Act 1977, London 1978

Rolling, Jane, The UCC Under Wraps: Exposing the Need for More Notice to Consumers of Computer Software with Shrinkwrapped Licenses, *104* Com. L.J., 1999, S. 197–228

Rowland, Diane, Liability for Defective Software, Cambrian L.R., 1991, S. 78–92

Rowling, Diane/*Macdonald*, Elizabeth, Information Technology Law, 3rd ed., London 2005

Rustad, Michael/*Koenig*, Thomas, The Tort of Negligent Enablement of Cybercrime, *20* Berkeley Tech. L.J., 2005, S. 1553–1611

Rustad, Michael/*Eisenschmidt*, Lori, The Commercial Law of Internet Security, *10* High Tech. L.J., 1995, S. 213–301

Savino, William/*Widenor*, David, 2002–2003 Survey of New York Law, *54* Syracuse L. Rev., 2004, S. 855–931

Schmidl, Michael, Softwareerstellung und § 651 BGB – ein Versöhnungsversuch, MMR 2004, S. 590–593

Schmidt, Harry, Die Kontrolle Allgemeiner Geschäftsbedingungen in Programmüberlassungsverträgen, in: Lehman, Michael [Hrsg.], Rechtsschutz und Verwertung von Computerprogrammen, 2. Aufl., Köln 1993, zitiert: Schmidt in: Lehman Rechtschutz

Schneider, Jochen, Handbuch des EDV-Rechts, 4. Aufl., Köln 2009

Schubert, Anja, Schutzhüllen-, Gebrauchs- und Enter/Return-Verträge, Berlin 2006

Schuhmacher, Dirk, Wirksamkeit von typischen Klauseln in Softwareüberlassungsverträgen, CR 2000, S. 641–651

Schumacher, Ulrich, Materielle Neuregelungen im Recht der Allgemeinen Geschäftsbedingungen, MDR 2002, S. 973–980

Schuster, Fabian, Haftung, Aufwendungsersatz und Rückabwicklung bei IT-Verträgen, CR 2011, S. 215–221

Scott, Andrew, Software as goods: *nullum simile est idem*, *4* CL & P, 1987, S. 133–167

Scott, Michael, Tort Liability for Vendors of Insecure Software: Has the Time Finally Come?, *67* Md. L. Rev., 2008, S. 425–484

Sealy, L.S./*Hooley*, R.J.A., Commercial Law, 4th ed., Oxford 2008
Sebert, John, Rejection, Revocation, and Cure Under Art. 2 of the Uniform Commercial Code: Some Modest Proposals, *84* Nw. U.L. Rev., 1990, S. 375–436
Seffer, Adi, Die Anpassung von Lizenzvertragsklauseln aus dem anglo-amerikanischen Raum an deutsches Recht, ITRB 2002, S. 244–247
Selman, Jeffrey/*Chen*, Christopher, Steering the Titanic Clear of the Iceberg: Saving the Sale of Software from the Perils of Warranties, *31* U.S.F. L.Rev., 1997, S. 531–562
Shapo, Marshall, Principles of Tort Law, 2nd ed., St. Paul 2003
Smith, Margaret, Adhesion Contract don't stick in Michigan: Why Rory got it right, *5* Ave Maria L.Rev., 2007, S. 237–272
Söder, Stefan, Schutzhüllenvertrag und Shrink-Wrap License, München 2006
Soergel, Thomas, Kommentar zum Bürgerlichen Gesetzbuch mit Einführungsgesetz und Nebengesetzen, Band 12, 13. Aufl., Stuttgart 2005, zitiert: Soergel/Bearbeiter
Spindler, Gerald, Haftung und Verantwortlichkeit im IT-Recht, CR 2005, S. 741–747
Spindler, Gerald/*Klöhn*, Lars, Neue Qualifikationsprobleme im E-Commerce, CR 2003, S. 81–86
Stallworth, William, An Analysis of Warranty Claims Instituted by Non-Privity Plaintiffs in Jurisdictions That Have Adopted Uniform Commercial Code Section 2-818 (Alternative A), *20* Pepp. L.Rev., 1993, S. 1215–1293
Stapleton, Jane, Product Liability, London 1994, zitiert: Stapleton, Product Liability
Stapleton, Jane, Three Problems with the New Product Liability, in: Cane, Peter/Stapleton, Jane [Hrsg.], Essays for Patrick Atiyah, Oxford 1991
Stapleton, Jane, Products Liability in the United Kingdom: The Myths of Reform, *34* Tex. Int'l. L.J., 1999, S. 45–69
Staudinger, Julius von, Kommentar zum Bürgerlichen Gesetzbuch mit Einführungsgesetz und Nebengesetzen, Band 1 (Allgemeiner Teil) und Band 2 (Recht der Schuldverhältnisse), Berlin 2004–2011, zitiert: Staudinger/Bearbeiter
Stichtenoth, Jonas, Softwareüberlassungsverträge nach dem Schuldrechtsmodernisierungsgesetz, K & R 2003, S. 105–110
Stone, Richard, The Modern Law of Contract, 7th ed., London 2008
Strasser, Kurt, Magnuson-Moss Warranty Act: An Overview and Comparison with UCC Coverage, Disclaimer, and Remedies in Consumer Warranties, *27* Mercer L. Rev., 1976, S. 1111–1145
Summers, Robert/*Hillman*, Robert, Contract and Related Obligation: Theory, Doctrine and Praxis, 4th ed., St. Paul 2001

Swanson, Carol, Unconscionable Quandary: UCC Article 2 and the Unconscionability Doctrine, *31* N.M. L. Rev., 2001, S. 359–399
Taeger, Jürgen, Produkt- und Produzentenhaftung bei Schäden durch fehlerhafte Software, CR 1996, S. 257–271
Tangl, Astrid, Die rechtliche Behandlung mißbräuchlicher Klauseln in den USA, ZfRV 2000, S. 16–30
Taschner, Hans/*Frietsch*, Edwin, Produkthaftungsgesetz und EG-Produkthaftungsrichtlinie, 2. Aufl., München 1990
Terry, Nicolas, State of the Art Evidence: From Logical Construct to Judicial Retrenchment, Anglo-American L. Rev., 1991, S. 285–308
Treitel, Guenter, An outline of the law of contract, 6th ed., Oxford 2004
Treitel, Guenter, Some Landmarks of Twentieth Century Contract Law, Oxford 2002, zitiert: Treitel, Landmarks
Treitel, Guenter, „Conditions" and „Conditions Precedent", *106* L.Q.R., 1990, S. 185–192
Treitel, Guenter/*Peel*, Edwin, The Law of Contract, 12th ed., London 2007
Ulen, Thomas, The Efficiency of Specific Performance: Toward a Unified Theory of Contract Remedies, *83* Mich. L. Rev., 1984, S. 341–403
Ulmer, Peter/*Brandner*, Hans Erich/*Hensen*, Horst Diether, AGB-Recht Kommentar, 11. Aufl., Köln 2011, zitiert: Bearbeiter, in: Ulmer/Brandner/Hensen
Van Gerven, Walter/*Lever*, Jeremy/*Larouche*, Pierre, Cases, Material and Text on National, Supranational and International Tort Law, Oxford 2000
Wade, John, On the Nature of Strict Tort Liability for Products, *44* Miss. L.J., 1973, S. 825–851
Waldman, Michael, NTS Am. Jur. 2d Computers and the Internet § 50, 2005
Walker, Gary, The Expanding Applicability of Strict Products Liability: How is a ‚Product' defined?, *22* Tort & Ins. L. J., 1986, S. 1–15
Wäßle, Florian/*Gatzweiler*, Anna, Die Mängelrüge bei Software, K&R 2010, S. 18–24
Weber, Lori, Bad Bytes: The Application of Strict Products Liability to Computer Software, *66* St. John's L.Rev., 1992, S. 469–485
Weir, Tony, An Introduction to Tort Law, 2nd ed., Oxford 2006
Westphalen, Friedrich Graf von [Hrsg.], Produkthaftungshandbuch, München 1999, zitiert: Bearbeiter, in Westphalen, Produkthaftungshandbuch
Westphalen, Friedrich Graf von, AGB-Recht ins BGB- Eine erste „Bestandsaufnahme", NJW 2002, S. 12–25
Westphalen, Friedrich Graf von, Nach der Schuldrechtsreform: Neue Grenzen für Haftungsfreizeichnungs- und Haftungsbegrenzungsklauseln, BB 2002, S. 209–216

Westphalen, Friedrich Graf von, Das neue Produkthaftungsgesetz, NJW 1990, S. 83–93

Westphalen, Friedrich Graf von, 30 Jahre AGB-Recht – Eine Erfolgsbilanz, ZIP 2007, S. 149–163

Westphalen, Friedrich Graf von, Stellen vs. Aushandeln von AGB-Klauseln im unternehmerischen Geschäftsverkehr – der BGH weist die Lösung, ZIP 2010, S. 1110–1115

Westphalen, Friedrich Graf von, Wider die angebliche Unattraktivität des AGB-Rechts, BB 2010, S. 195–202

Westphalen, Friedrich Graf von, AGB-Recht im Jahr 2010, NJW 2011, S. 2098–2106

White, Alison, Caveat vendor? A review of the Court of Appeal decision in St Albans City and District Council v International Computers Limited, JILT, 1997, S. 1–7

White, James/*Summers*, Robert, Uniform Commercial Code, 5th ed., St. Paul 2000

Whittaker, Simon, European product liablity and intellectual products, *105* L Q.R., 1989, S. 125–200

Willet, Chris, Good Faith in Consumer Contract Terms, in: Brownsword, Roger/Hird, Norma/Howells, Geraint [Hrsg.], Good Faith in Contract, Hants 1999

Wiseman, Zipporah, The Limits of Vision: Karl Llewellyn and the Merchant Rules, *100* Harv. L. Rev., 1987, S. 465–545

Woodard, John, Oops, my GPS made me do it!: GPS Manufacturer Liability under a Strict Products Liability Paradigm, *34* U. Dayton L. Rev., 2009, S. 429–466

Ziegler, Eduard, Die Beschränkung der Haftung aus culpa in contrahendo in Allgemeinen Geschäftsbedingungen, BB 1990, S. 2345–2346

Zollers, Frances/*McMullin*, Andrew/*Hurd*, Sandra/*Shears*, Peter, No More Soft Landings for Software: Liability for Defects in an Industry that has come of Age, *21* Santa Clara Computer & High Tech. L. J., 2005, S. 745–782

Zweigert, Konrad/*Kötz*, Hein, Einführung in die Rechtsvergleichung, 3. Aufl., Tübingen 1996, zitiert: Zweigert/Kötz, Rechtsvergleichung

www.ingramcontent.com/pod-product-compliance
Ingram Content Group UK Ltd.
Pitfield, Milton Keynes, MK11 3LW, UK
UKHW021917290926
8980IPUK00015B/1313

9 783631 644904